盘点成就 探索问题 预测未来

广东教育改革发展研究报告

广东省教育研究院 组编

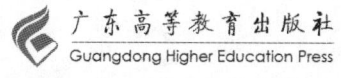

广州

图书在版编目（CIP）数据

广东教育改革发展研究报告.2020/广东省教育研究院组编.—广州：广东高等教育出版社，2020.4
ISBN 978-7-5361-6730-8

I.①广… II.①广… III.①教育改革-研究报告-广东-2020 IV.①G527.65 ②G639.21

中国版本图书馆 CIP 数据核字（2020）第 037353 号

广东教育改革发展研究报告(2020)
Guangdong Jiaoyu Gaige Fazhan Yanjiu Baogao（2020）

出版发行：	广东高等教育出版社
地　　址：	广州市天河区林和西横路/510500
电　　话：	（020）87553735
印　　刷：	广东信源彩色印务有限公司
开　　本：	787 mm×1 092 mm　1/16
印　　张：	24.25
字　　数：	422 千
版　　次：	2020 年 4 月第 1 版
印　　次：	2020 年 4 月第 1 次印刷
定　　价：	80.00 元

《广东教育改革发展研究报告(2020)》
编辑委员会

顾　　问：景李虎　王　创
主　　任：汤贞敏
副 主 任：朱仲庆　李海东　汪昌明
委　　员：刘慧婵　姚轶洁　杜怡萍　孙丽昕　耿景海　曾令鹏
　　　　　詹　斌　耿丹青　黄红丽　林日团　陈学明　沈小明
　　　　　李志奎　吴永高

总 主 编：汤贞敏
副总主编：朱仲庆　李海东　汪昌明
编　　辑：耿丹青　张　辛　蔡　炜　向　阳　贺蓓蓓　冯洁莹
　　　　　丁　怡　刘丽丽

深化教育综合改革　加快推进教育现代化

（代总序）

景李虎[*]

全省教育系统在省委、省政府的领导下，坚持以习近平新时代中国特色社会主义思想为指导，全面贯彻党的十九大和十九届二中、三中、四中全会精神，深入贯彻习近平总书记对广东重要讲话、指示批示精神和全国、全省教育大会精神，紧扣省委"1＋1＋9"工作部署，牢牢把握推进粤港澳大湾区建设、支持深圳建设中国特色社会主义先行示范区"双区驱动"战略机遇，加强党对教育工作的全面领导，全面贯彻党的教育方针，落实立德树人根本任务，深化教育领域综合改革，加快推进教育现代化，教育公平日益彰显，教育质量不断提高，为广东实现"四个走在全国前列"、当好"两个重要窗口"提供人才保障和智力支撑。

一、2019年主要工作情况

（一）加强政治建设，教育系统党的领导和党的建设持续强化

一是基层党组织建设全面进步，组织领导体系更趋完善。省委、省政府召开全省教育大会，全面深入落实党中央决策和全国教育大会精神。成立省委教育工作领导小组，推动21个地级以上市党委成立教育工作领导小组。印发《广东省教育系统加强党的建设和意识形态工作行动计划（2019—2021年）》，开展高校党委书记抓基层党建述职评议考核，完成

---

[*] 作者简介：景李虎，男，中共广东省委教育工委书记，广东省教育厅党组书记、厅长。

1.3万名党支部书记年度轮训和2.4万名党员发展计划,选派11名在职领导干部到民办高校担任党委书记。把政治建设摆在首位,深学笃行习近平新时代中国特色社会主义思想,高质量开展"不忘初心、牢记使命"主题教育,梳理3个清单、47项问题、140条整改举措,推进8个方面专项整治。指导46所民办高校和厅直属学校高质量开展第二批主题教育,确保1 054个基层党组织和2.6万名党员全员、全覆盖、全过程参与。

二是省领导带头讲思政课,学校思想政治工作进一步加强。李希书记、马兴瑞省长等17位省领导带头到高校讲思政课,示范带动所有高校更加重视思政课建设。印发《广东省学校思想政治理论课建设行动计划(2019—2021年)》,落实16条举措,重点建设"马克思主义中国化进程与青年学生使命担当"精品思政课程并在全省高校推广使用。出台《广东省教育厅关于强化课程思政建设一流课程的意见》,推动专业课程与思政课程同向同行。"粤易班"建设基本覆盖全省高校,学生网络教育阵地建设取得重要进展,高校"三全育人"工作体系进一步巩固提升。举办"我和我的祖国"大中小学主题教育活动,深入实施高校"校地结对、实践育人"计划,组团式开展"携手奔小康、共筑中国梦"大学生暑期社会实践活动,全省高校5 000多支队伍、7万多名师生到我省对口帮扶地区和省内经济欠发达地区当好思想政策宣传队、扶贫扶智突击队、劳动教育求学队,助力脱贫攻坚。

三是政治安全、意识形态安全形势平稳向好。召开全省高校党建暨意识形态工作会议,印发全省教育系统政治安全工作方案和工作指引。深入开展政治安全专项整治,政治安全、意识形态安全形势持续向好。在第二十六次全国高校党的建设工作会议上作意识形态工作专题经验介绍。

四是全面从严治党向纵深推进。主动担当责任,严格落实《关于主动接受中共广东省纪委监委驻省教育厅纪检监察组监督的实施办法》,持续传导全面从严治党压力,驰而不息正风肃纪反腐。强化教育审计,全年教育系统开展审计项目2.5万项,促进增收节支5.2亿元。

(二)落实教育优先发展战略,推动教育事业不断取得新进步

一是基础教育优质资源覆盖面不断扩大。国家反馈首次对省政府履行教育职责评价结果,我省获得"优秀"等次。出台《广东省城镇小区配套幼儿园治理工作方案》,召开学前教育推进现场会,推动落实乡镇中心幼儿园、村级幼儿园、小区配套幼儿园建设,促进我省学前教育质量提升,公办幼儿园和普惠性民办幼儿园在园幼儿占比达78.98%。出台《广东省教育厅推进落实乡村振兴战略教育行动计划（2019—2021年）》，全面加强乡村小规模学校和乡镇寄宿制学校建设。大力推进消除"大班额"，全面消除66人以上超大班额。开展优化基础教育资源均衡配置改革试点，推进集团化办学，目前组建中小学、幼儿园教育集团260多个。义务教育质量监测全省覆盖，全国发布首份义务教育质量监测报告。强化高中阶段学校招生统筹，坚持普通高中和中职招生规模大体相当，落实优质普通高中招生指标分配到初中学校等要求，全省高中阶段教育毛入学率持续稳定在95%以上。适应普通高中育人方式改革和高考综合改革，印发《广东省推进普通高中全面提升行动方案》《广东省教育厅关于加强普通高中学生发展指导工作的意见》《广东省教育厅关于做好普通高中教育教学管理工作的指导意见》等文件。全省18 218所义务教育学校（含教学点）达到国家"20条底线"要求，达标率100%，圆满完成"全面改薄"收尾工作。全省推进教育现代化先进县（市、区）覆盖率达到100%，提前一年完成省政府工作任务。

二是职业教育"扩容、提质、强服务"加快推进。印发《广东省职业教育"扩容、提质、强服务"三年行动计划（2019—2021年）》。实现高职扩招12.5万人，超额完成国家下达的扩招任务。14所高职院校入选国家"双高"计划。制定《省属职业院校集团办学实施方案》，组织第一批集团办学学校开展对接。印发《关于进一步优化中等职业学校布局结构的意见》，推动中等职业学校办学资源整合。实施一流高职院校结对帮扶"19＋18"计划，加强对经济欠发达地区职业教育的支持。省职业教育城首期工程投入使用，2019年10月入驻新生近2万人，二期工程顺利开工，三期工程正积极谋划。职业院校学生参加全国技能大赛获奖数位列全国前三，教师获一、二等奖数量蝉联全国第一。推进"粤菜师傅""南粤家政""广东技工"工程，服务脱贫攻坚、乡村振兴、高端制造业转型、创新驱动发展。全省职业教育发展成效显著，在上半年受到国务院办公厅督查激励表扬通报，国务院于11月在深圳召开职业教育高质量发展现场会。

三是高等教育高质量发展势头良好。制定《广东省进一步提高高等教育毛入学率的实施方案（2019—2021年）》，着力加强高校规划和建设，改善高校办学条件，扩大办学规模，预计2019年高等教育毛入学率达到46%以上。省政府批准成立广东江门幼儿师范高等专科学校、广东财贸职业学院。广州科技职业技术学院、广东工商职业学院获教育部批准更名为职业技术大学。完成广东舞蹈戏剧职业学院等13所院校成建制划转省教育厅管理工作。顺利完成"十三五"高等学校设置规划中期调整。加快推进粤东粤西粤北地区新建、迁建高校项目建设，协调华南理工大学等8所高校对口帮扶。深入实施高等教育"冲一流、补短板、强特色"提升计划。联合省科技厅印发《关于科教融合协同推进高校科技创新能力提升工作计划》，对高校科技创新研究领域和发展方向进行整体布局。大力加强重点学科建设，打造一流学科。入选基本科学指标（ESI）全球排名前1%学科数较2018年增加8个；软科中国最好学科排名入榜数329个，较2017年增加39个，增量居全国首位。大力开展专业认证，全省本科高校通过权威认证专业点达104个。开展一流本科专业建设，遴选145个省级一流本科专业建设点，234个专业入选国家级一流本科专业建设点，名列全国前茅。强化一流课程建设，立项建设新工科、新师范等10余类在线开放课程85门。创新创业教育取得新成效，第五届中国"互联网+"大学生创新创业大赛广东金银奖获奖总数位居全国第三。

（三）全面深化新时代教师队伍建设改革，教师队伍水平不断提高

加大师德建设指导监督力度，严肃查处师德违规行为。深入实施高校毕业生到农村从教"上岗退费"政策，组织农村从教专场招聘活动，新增享受退费人员2 809人。实施公费定向培养粤东粤西粤北中小学教师计划，全年招收公费定向培养本专科师范生和教育硕士3 400人，培养了一批"下得去、留得住、教得好、有发展"的乡村教师。印发《广东省银龄讲学计划实施方案》，招募108名退休教师到乡村学校讲学支教。组织200多名名教师、名校长培养对象开展送教下乡行动，全年共开展活动1 400多场，受益乡村教师12万余人。推进落实中小学教师"县管校聘"管理改革，全省122个县（市、区）均已出台本地实施办法。深入实施珠江学者岗位计划，新增珠江学者岗位107个、珠江学者101人。全省高校有73人入选第15批海外高层次人才计划。推进高校落实教师职称制度改革，全省已有138所高校完成本校教师职称制度文件备案，102所高校完成改革后首次教师职称评审工作。会同相关部门完善中小学教师工资收入水平年报制度，全面落实山区和农村边远地区学校教师生活补助，将各地落实生活补助政策情况纳入省财政重点绩效评价。印发《关于向原民办教师和原代课教师发放生活困难补助的工作方案》，各地市均已出台本地区补助方案。

全力推进市、县级教师发展中心建设,目前已挂牌成立65所,已获正式批复108所,正在筹备和建设133所。全年共认定教师资格121 954人,其中港澳台居民57人。全年共有603名港澳台居民申请参加中小学教师资格考试。分层分类、分科分段组织开展"强师工程"省级中小学幼儿园骨干教师、校(园)长示范培训和全省教研员研修培训,共培训3万余人;完善培训制度,研制《广东省教师、校(园)长分层分类培训课程指南》,为递进式精准培训提供课程指导。

(四)主动作为,加快推进粤港澳大湾区教育合作发展

一是粤港澳合作办学稳妥推进。加强顶层设计,与教育部共同编制《教育部　广东省人民政府推进粤港澳大湾区高等教育合作发展规划》。粤港澳合作办学进展顺利,香港科技大学(广州)正式获教育部批准筹设并动工建设。香港中文大学(医学院)、香港公开大学、香港理工大学、香港城市大学、澳门城市大学等合作办学项目稳步推进。推动建设大湾区终身学习资历框架及标准体系,与香港、澳门教育部门签署合作意向书,探索粤港澳资历框架合作。谋划布局一批高水平大学,重点推进东莞市高起点筹建大湾区大学,建设华南师范大学粤港澳大湾区教师教育学院。推动广东高校联合港澳高校、科研院所建设8家粤港澳联合实验室,支撑大湾区国际科技创新中心建设。

二是加强粤港澳青少年学习交流。努力推动港澳年轻一代人心回归,明确对港澳居民随迁子女来我省接受义务教育实行"欢迎就读、一视同仁、就近入学"政策,持有港澳居民居住证的港澳居民随迁子女按当地随迁子女入学政策入读,按规定享受居住地基本教育公共服务。指导大湾区内地九市出台落实符合条件的港澳居民子女在大湾区内地接受基础教育以及参加中考的政策措施。支持设立港澳子弟学校或港澳子弟班,加强对引进课程和教材的管理,制定《港澳子弟学校(班)课程和教材管理办法(试行)》。继续实施粤港澳姊妹学校(园)缔结计划,粤港澳三地已缔结姊妹学校(园)1 046对;支持粤港澳高校联盟等粤港澳教育联盟发展;粤港澳三地学校通过姊妹学校、粤港澳大湾区音乐教育和艺术发展联盟等多个师生交流平台,开展姊妹学校夏令营、音乐节、体育节、艺术节等一批规模大、水平高、影响广的品牌项目,成功举办2019粤港澳大湾区中小学校长论坛、STEM教育论坛、财经素养教育论坛。

（五）深化教育热点、难点领域综合改革，为加快推进教育现代化创造有利条件

一是优化教育支出结构，落实"两个只增不减"。制定《广东省进一步调整优化结构提高教育经费使用效益的实施方案》。全面建立从学前教育到研究生教育全覆盖的生均拨款制度，全面完成2019年省政府民生实事工作任务。进一步完善省属高校（含省市共建高校）生均拨款制度，调整省属高校部分专业生均拨款折算系数，提高省属公办学校生均综合定额拨款标准，省财政增加安排省属学校资金27亿多元。助推脱贫攻坚，印发《广东省建档立卡学生补助工作指引》，将本科生和研究生纳入建档立卡学生补助范围，全省年度各级财政共下达资助资金68.5亿元，受助学生304万人次。

二是深化高考综合改革，完善育人机制。印发《广东省深化普通高校考试招生制度综合改革实施方案》，顺利出台高考综合改革"3＋1＋2"方案，省教育厅领导带头开展形式多样的宣讲培训，做到改革方案家喻户晓、改革内容应知尽知。积极推进考务管理、"中职升本科"、特殊类专业考试招生、录取批次调整、综合评价招生等5个方面17项内容的高考单项改革，考生录取投档率达到97%。有序推进中考改革，初步建立依据初中学业水平考试成绩、结合初中学生综合素质评价的高中阶段学校考试招生录取模式和公平科学的管理机制。

三是深入推进新型教育智库建设，支撑教育改革发展和现代化走实走稳。大力开展教育改革发展及人才培养战略研究、政策研究、理论研究和实践研究，研制《广东省教育现代化2035》《广东省加快推进教育现代化实施方案（2019—2022年）》。以"面向2035的教育现代化：新时代·新使命·新路径"为主题，举办第七届中国南方教育高峰年会。编撰出版《广东教育改革发展研究报告（2019）》，坚持打造"岭南教育文库"研究出版工程。深入共建珠海市、韶关市始兴县、梅州市丰顺县、中山市南头镇教育现代化实验区。深入开展基础教育、职业教育、高等教育、民办教育研究，注重基础教育课程、教材、教学研究与实践指导，全年"互联网＋教研"活动参与人数达517.1万人次。组织开展全省幼儿园、中小学、中等职业学校、特殊教育学校青年教师教学能力大赛。着力推进广东省教育科技协同创新中心建设。完成广东省教育发展"十四五"规划前期研究。

四是以改革创新为动力，推动解决人民群众关心的"老大难"问题。全面推进依法治教，加强法治教育，制定民办学校规范达标和品牌提升计划，规范办学行为，防范和化解办学风险，提升办学内涵和教育质量。规范管理基础教育领域各类竞赛挂牌命名活动。出台《广东省面向中小学生校园学习类APP管理暂行办法》，在全国率先开展省级层面在线教育监管，线上教育呈现规范发展、健康有序的良好态势。制定落实《广东省综合防控儿童青少年近视实施方案》，编制《广东省小学生（幼儿）家庭用眼卫生监督手册》，促进学校、家庭和广大学生注重保护视力健康。开展校园欺凌专项治理，推进"厕所革命"，推动学校安全立法，校园安全文明水平不断提升，在教育部校园食品安全联合整治行动新闻发布活动上介绍工作经验。稳妥推进独立学院转设，加强省外高校在粤合作办学管理，出台《省外高校在粤办学机构管理指引》。治理"高考移民"，切实维护高考公平公正。在全国率先以规范性文件形式出台就业择业期政策，为毕业生就业和升学创造便利条件。打造广东省高校毕业生就业创业智慧服务平台，实现就业手续一网通办、异地可办、掌上可办。

二、2020年主要工作安排

全省教育系统在省委、省政府领导下，坚持以习近平新时代中国特色社会主义思想为指导，深入贯彻党的十九大及十九届二中、三中、四中全会精神和习近平总书记对广东重要讲话、指示批示精神，紧扣省委"1+1+9"工作部署，把握"双区驱动"战略机遇，大力落实《广东省教育现代化2035》《广东省加快推进教育现代化实施方案（2019—2022年）》，重点做好十方面工作。

（一）全面加强党的领导和党的建设

不断加强教育系统党的领导和党的建设工作。继续落实省委"三年行动计划"，进一步加强对民办高校的分类指导，开展全省中小学党建工作示范校创建工作，加强教育系统各级党组织建设。坚持正面引领和负面防范一起抓，维护学校政治安全和意识形态安全。持续推动习近平新时代中国特色社会主义思想"五进"工作。全力构建"大思政""大德育"工作格局。持续推动学校思想政治工作队伍建设，全面提升思政课建设质量和水平。

（二）着力推进粤港澳大湾区教育合作发展

争取尽快出台《教育部 广东省人民政府关于推进粤港澳大湾区高等教育合作发展规划》，加快推进大湾区内地新设高校（校区）筹建工作。协调推进中外合作办学、港澳居民或其随迁子女同等享受基础教育、粤港澳三地学校交流相关政策措施的实施。加强省外高校在粤办学机构、中外、中国内地与港澳合作办学机构管理。加大科研合作力度，鼓励广东高校与港澳高校联合共建优势学科、实验室和研究中心。

（三）切实支持深圳建设中国特色社会主义先行示范区

贯彻落实2019年部省联席会议精神及2019—2020年工作备忘录，指导支持深圳教育体制改革先行先试。积极争取教育部支持，重点推进深圳大学、南方科技大学列入国家"双一流"高校创建工作。高起点、高标准筹建深圳理工大学、深圳海洋大学、深圳创新创意设计学院等。支持广州实现老城市新活力和"四个出新出彩"，推动广州、深圳"双核联动、比翼双飞"。

（四）不断扩大基础教育优质资源覆盖面

出台《关于深化综合改革 推动基础教育高质量发展的意见》。全省公办普通高中生均公用经费补助标准提高到1 000元，学前教育生均拨款标准提高到400元。全力以赴实施学前教育"5080"行动计划，力争实现"5080"目标。加快新建、改扩建一批义务教育学校，深化办学体制改革，推进集团化办学，落实乡村振兴战略教育行动计划，加强"两类学校"建设，加快提升粤东粤西粤北基础教育发展水平。下大力气解决珠江三角洲地区城镇义务教育学位供需矛盾问题。用好义务教育优质均衡督导评估抓手，促进义务教育优质均衡发展；加强义务教育质量监测结果运用，提升义务教育质量水平。提升教育信息化应用水平，促进基础教育优质均衡和现代化。

（五）大力推进职业教育"扩容、提质、强服务"

深入实施《广东省职业教育"扩容、提质、强服务"三年行动计划（2019—2021年）》，推动职业教育与经济社会融合发展。推动地方政府落实发展职业教育责任，加快职业院校扩容提质。推进省属职业院校集团办学，加快省职教城建设。推进实施一流高职院校结对帮扶计划，促进粤东粤西粤北职业教育提升发展。深化产教融合、校企合作，推进职业教育校

企精准对接、精准育人,提升职业教育支撑制造业高质量发展的能力。探索创新方法路径,保证高职扩招教育质量。

(六) 加快提升高等教育内涵发展水平

继续深入抓好高等教育"创新强校工程"、高等教育"冲一流、补短板、强特色"提升计划。大力深化教育、科技、产业协同发展,优化高校学科结构,推进具有重大竞争力和影响力的科技创新平台建设。深入做好推进普通高校产业学院建设工作。大力推进粤东粤西粤北新建迁建高校项目建设,力争完成2020年高等教育毛入学率不低于50%的目标。高标准做好第六届中国国际"互联网+"大学生创新创业大赛组织承办工作。

(七) 全面深化新时代教师队伍建设改革

加强师德师风建设。深入实施教师教育振兴行动计划,加大对师范院校支持力度,全面推进师范类专业认证。促进教师专业发展,全面提升教师队伍素质。深化教师管理制度改革,完善教师编制、岗位管理制度和教师准入、招聘、评价制度。保障提高教师地位待遇。持续推进市、县级教师发展中心建设,力争2020年底全省150所市、县级教师发展中心全部挂牌成立。实施粤东粤西粤北中小学教师全员轮训计划,提高粤东粤西粤北教师教育教学水平和教研能力。

(八) 持续提升校园安全文明水平

指导各地各学校制定完善应急处置预案,建立统一指挥、快速反应、协调联动的应急指挥体系,加强模拟演练,提升应急处突能力。全面排查各级各类学校食堂及食品安全工作情况,继续推进食堂餐饮量化提级工作和"明厨亮灶"工程,开展专项培训,督促落实责任,有效提升校园食品安全保障水平。大力推进中小学校"厕所革命",完善中小学卫生厕所建设标准,加快推进全省不达标中小学校厕所建设和改造工作。

(九) 全力以赴助力脱贫攻坚

继续完善建档立卡学生补助工作制度,加强工作指导监督,及时跟进扶贫数据变化,确保教育、扶贫数据同步;继续完善信息管理系统功能,提高资金预算、学籍确认、补助资金发放信息化管理水平;加强与扶贫、财政部门的沟通协调,加强宣传督查力度,确保补助政策落实到位,打赢教育脱贫攻坚战。

(十) 加快推进教育智库建设和教育督导评估工作

建立健全新时代教育科学研究及教学研究体系，完善机构、加强编制、加大投入、强化职责，切实开展教育战略研究、政策研究、理论研究、实践研究和教育水平评估、教育质量监测、教育舆论引导工作，助力提升教育内涵发展水平。助推落实《广东省教育现代化2035》《广东省加快推进教育现代化实施方案（2019—2022年）》，全面评估分析"十三五"教育发展状况，科学研制教育发展"十四五"规划。强化教育督导评估，落实各级政府发展教育主体责任。全面推进依法治教、依法治校，促进创新体制机制，完善各级各类教育制度体系，加快构建服务全民终身学习的教育体系。

各级各类教育改革发展研究

广东省幼儿园信息化建设调研报告	3
广东省中小学校党的建设工作研究报告	24
广东省中小学STEM教育：现状调查与对策建议	37
薄弱学校发展路径探索："互联网+教育精准扶贫"视域	53
激发学生参与　促进学习方式转变	
——广东省乡村小学数学课堂中学生参与状况调研报告	65
中学理科实验操作考试研究报告	81
新高考背景下广东省普通高中选课走班及学生发展指导研	
究报告	112
依托高水平教研促进教师专业发展、提高中学生物学教学质	
量的研究与实践	132
广东省中小学研学旅行课程建设与应用研究	144
广东省基础教育教学研究机构及队伍发展现状与建设对策	
建议	171
提升广东省基础教育教研员研修质量调研报告	178
广东财经素养教育的实践探索经验启示	187
资历框架与"1+X"证书制度研究	208
混合所有制产业学院的生成逻辑与制度建设研究	216

职业教育作为类型教育的基本特征研究 …………………………… 226

粤港澳大湾区国际高等教育示范区内涵式发展研究 …………… 235

面向 2035 的粤港澳大湾区一流本科教育发展路径研究………… 247

"新工科"背景下广东本科高校产业学院建设路径研究 ………… 257

"十四五"广东高等教育发展的基础、问题与重点任务研究 …… 270

教育宣传舆论研究

新媒体环境下区域教育智库舆论引导现状与策略研究

　　——以广东省各地级以上市教育智库为例 ……………… 285

粤港澳大湾区建设背景下应用型课程教材建设研究 …………… 303

探索数字教材在广东省中小学校课堂应用的途径和方法 ……… 312

教育改革发展个案研究

《3-6岁儿童学习与发展指南》背景下区域幼儿园课程质量

　提升的研究

　　——以广州市越秀区为例 …………………………………… 321

高质量实施国家课程，探索立德树人的实践路径

　　——来自珠海市义务教育改革发展的经验 ……………… 330

依托教育科学发展实验区推进教研工作转型创新的实践探索

　　——以韶关市始兴县为例 …………………………………… 340

镇域"立体式"教师队伍培养实践探索

　　——来自中山市南头镇的样本 ……………………………… 350

内外结合　上下联动

　　——梅州市丰顺县普通高中教育质量提升的实践探索 …… 359

后　　记 …………………………………………………………………… 369

广东教育改革发展
研究报告

2020

各级各类教育改革发展研究

广东省幼儿园信息化建设调研报告

○广东省教育研究院教育评估室

摘 要：针对当前幼儿园信息化建设现状进行问卷调查与分析，调查结果呈现广东省幼儿园信息化建设相对滞后、整体水平较低的真实状态，梳理具体存在的问题及其原因，提出提高幼儿园信息化水平的主要措施，包括加强幼儿园信息化建设领导、加大幼教从业人员信息化培训力度、加大幼儿园信息化建设资金投入、教育部门牵头组织建设幼教资源共享平台等。

关键词：幼儿园 信息化建设

一、调研背景

2018年4月13日，教育部印发了《教育信息化2.0行动计划》，提出了"三全两高一大"的发展目标①。"三全"是指教学应用覆盖全体教师，学习应用覆盖全体适龄学生，数字校园建设覆盖全体学校；"两高"是指着力提高教育信息化应用水平，着力提高广大师生信息素养；"一大"是指建成"互联网+教育"大平台。2018年4月16日，教育部发布了《中小学数字校园建设规范（试行）》（以下简称《规范》），启动了数字校园规范建设行动，明确提出幼儿园信息化建设参照本规范执行。② 当前，教

---

① 王珠珠. 教育信息化2.0：核心要义与实施建议［J］. 中国远程教育，2018（7）：5-8.
② 《规范》编制项目组.《中小学数字校园建设规范（试行）》解读［J］. 中国电化教育，2018（10）：1-6.

育信息化在我国发展迅猛,成为教育现代化和实现教育均衡公平的主要推动力。然而,与中小学教育、职业教育和高等教育相比,幼儿园信息化建设水平明显滞后。一方面是因为幼儿教育发展基础薄弱;另一方面是幼儿教育在教育对象、教育方式和教育内容等方面与大中小学教育存在明显区别,幼儿园信息化建设不能简单复制中小学教育信息化的成功模式和经验。

幼儿教育信息化是指在幼儿教育中恰当地运用信息技术,开发适宜幼儿学习的数字化教育资源,优化幼儿教育教学活动,培养幼儿的信息素养,促进幼儿的学习和发展的过程。①② 幼儿学习是以直接经验为基础,在游戏和日常生活中学习,强调直接感知、直接操作和亲身体验。因此,在幼儿直接参与的教学活动环节中,应用信息技术要强调"适宜性原则",也就是要与幼儿的心理和生理特征相适应,确保信息技术的应用能促进幼儿身心健康发展。③ 2016 年 10 月,美国教育部和卫生部联合发布《早教与教育技术政策简报》,明确提出了以下四个原则:信息技术在恰当使用时会成为儿童学习的工具;信息技术应该用来增加所有儿童学习的机会;信息技术可用于增进父母、家庭、早教工作者和儿童之间的联系;当同伴、成年人与儿童互动或共同使用技术时,信息技术对学习更为有效。④ 除了教育教学活动外,幼儿园工作还包括保教管理、家园联系和社会服务等。这些工作幼儿很少或基本不参与,但信息化能提升幼儿园的工作效率,使幼儿园行政管理人员和教师能腾出更多的时间和精力来关注保教工作,促进幼儿健康发展。从这个角度上看,幼儿园管理信息化实际上是间接作用于幼儿,进而提高幼儿教育的整体质量。

基础教育信息化整体迈进 2.0 的时代,幼儿园的信息化建设不可或缺。在探索幼儿园信息化建设的过程中,有必要厘清幼儿园信息化建设的真实状态以及幼儿园工作人员和家长对此的态度、观念和认知,以期能梳理出我省幼儿园信息化推进过程中存在的问题,并提出可行对策。

---

① 汪基德,朱书慧,张琼. 学前教育信息化的内涵解读 [J]. 电化教育研究,2013 (7):27 - 32.

② 李红霞,赵呈领,蒋志辉,等. 学前教师信息化教学接受度的影响因素:基于 UTAUT 模型的实证分析 [J]. 学前教育研究,2017 (4):14 - 25.

③ 张炳林,王程程. 国外学前教育信息化发展与启示 [J]. 电化教育研究,2014 (10):29 - 35.

④ 王洪渊. 美国学前教育信息化的新进展及启示:基于《早教与教育技术政策简报》的解读 [J]. 现代教育技术,2017 (9):40 - 46.

二、研究方法

（一）问卷设计

本研究采用问卷调查的方式进行，调查对象为随机抽取的广东省内正式注册的幼儿园，分别按照幼儿园问卷、教师问卷、家长问卷进行不同的内容设计。幼儿园问卷共有 43 题，其中选择题 32 项，主观题 11 项；教师问卷共有 51 项，其中选择题 49 项，主观题 2 项；家长问卷共有 24 项，其中选择题 23 项，主观题 1 项。问卷主要内容如下。

1. 被调查对象的背景信息，包括被调查对象的年龄、学历、从事教育工作的年限，以及所在幼儿园的属性、类型和所在地区等基础信息。
2. 个人信息情况，包括个人对各种软件工具的掌握情况。
3. 所在幼儿园目前总体的信息化状况，包括园所在软件、硬件上的信息化水平等。
4. 调查对象关于幼儿园信息化的态度和认知。
5. 目前在幼儿园信息化过程中存在的热点问题。

（二）调研对象

本研究主要按幼儿园的性质（公办园、普惠性民办园、营利性民办园）随机抽取了 354 所幼儿园的管理人员、教师、家长作为主要调研对象。这 354 所幼儿园分布在广州、深圳、佛山、东莞、惠州、揭阳等地城市、城镇和乡村，确保调查对象具有一定的代表性（见表1）。

表 1 调查对象分布表

项目	调查幼儿园数/所					调查人数/人					
	级别					地区			管理人员		教师		家长
	省级	市级	区级	未评级	合计	省城、特区	地级市	县级市	村镇	大专及以上	大专以下	大专及以上	大专以下	—
公办园	65	32	25	24	146	42	33	23	48	174	4	1 121	247	12 502
普惠性民办园	8	25	39	81	153	40	38	26	49	108	5	383	146	3 881
营利性民办园	7	11	14	23	55	18	16	6	15	83	2	370	129	6 648
小计	80	68	78	128	354	100	87	55	112	365	11	1 874	522	23 031
总计	354				—	354				376		2 396		

（三）问卷的信效度分析

1. 问卷一《幼儿园信息化建设现状调查问卷》。共发放 354 份问卷，有效问卷为 354 份，问卷有效率为 100%。除幼儿园办园性质、等级类型和所在地区等基础信息外，问卷的其他内容主要依据《规范》设计，包括以下内容。

（1）幼儿园在教学、管理、教研、评价等方面的信息化应用调查。

（2）幼儿园的网络环境、数字终端等基础设施的调查。

（3）幼儿园在组织架构、全员培训、制度建设、资金投入等方面的保障机制调查。

2. 问卷二《幼儿园信息化建设情况调查问卷（幼教工作者卷）》。共向教师与管理人员发放 2 772 份问卷，剔除作答时间低于 120 秒的问卷 6 份，有效问卷为 2 766 份，问卷有效率为 99%。其中问卷的调查内容分为两大部分，第一部分主要是问卷填写人所在幼儿园的办园性质、等级类型、所在地区、个人学历与岗位等基础信息；第二部分根据《中小学教师信息技术应用能力标准（试行）》（以下简称《能力标准》）设计，包括以下内容。

（1）教工个人信息技术的素养。

（2）个人对信息化的看法。

（3）热点问题的看法。

3. 问卷三《幼儿园信息化建设情况调查问卷（家长卷）》。共发放 23 031 份问卷，剔除非父母作答的 349 份问卷，剔除作答时间在 1 分钟之内的问卷 68 份，有效问卷 22 614 份，问卷有效率为 98%。其中问卷的调查内容分为两大部分，第一部分是孩子所在幼儿园的办园性质、等级类型和所在地区等基础信息；第二部分主要是家长对幼儿园信息化建设的态度与热点问题的看法。

三类问卷除基础信息的调查外，平均取样适当性（KMO）系数为 0.768，平均 Cronbach α 系数为 0.770，说明这三类问卷具有较好的效度和信度。

三、广东省幼儿园信息化建设现状分析

（一）幼儿园信息化建设现状

1. 信息化建设组织与保障。幼儿园信息化建设组织与保障包括组织

架构、制度建设、资金投入、人员培训与网络安全等方面。调查主要从组织架构、制度建设、资金投入和人员培训四个方面进行。

在组织架构方面,调查内容包括:是否成立以园长为组长的信息化建设工作小组;是否有首席信息官(CIO);是否使用了社会化服务;是否有专人负责信息化建设、管理和维护。调查结果见表2。

表2　幼儿园信息化建设组织及人员保障表

项目	公办园园所数及占比				小计 146所	民办园园所数及占比				小计 208所	合计 354所
	省级	市级	区级	未评级		省级	市级	区级	未评级		
有工作小组	52 (80.00%)	21 (65.65%)	19 (76.00%)	16 (66.67%)	108 (74.00%)	9 (60.00%)	26 (72.20%)	28 (52.80%)	64 (61.50%)	92 (44.23%)	200 (56.50%)
设置CIO	29 (45.00%)	4 (12.50%)	5 (20.00%)	1 (4.00%)	39 (27.00%)	5 (33.30%)	9 (25.00%)	14 (26.40%)	23 (22.00%)	51 (25.00%)	90 (25.00%)
服务社会化	56 (86.00%)	15 (47.00%)	19 (76.00%)	5 (20.80%)	95 (65.00%)	12 (80.00%)	28 (78.00%)	23 (43.30%)	47 (45.20%)	110 (53.00%)	205 (58.00%)
配备专业人员	49 (75.40%)	15 (46.80%)	8 (32.00%)	6 (25.00%)	78 (53.00%)	10 (66.70%)	21 (58.30%)	20 (37.70%)	43 (41.30%)	94 (45.00%)	172 (49.00%)

由表2可知,成立信息化建设工作小组的公办园达到74%,民办园仅达44.23%,这说明民办园对教育信息化建设的重视程度偏低。

公办园与民办园的CIO设置总体比例偏低,只有25%的幼儿园设立了该职务。主要原因一是CIO在我国还是一个很新的职务类别;二是缺乏具备高信息化素养的园长或副园长。

服务社会化使用情况是公办园占比为65%,民办园占比为53%,总体占比达58%,这说明大多数幼儿园在信息化建设方面均依赖外部的专业服务。

在配备专业人员方面,公办园占比53%,民办园占比45%,合计只有49%的幼儿园配备了信息技术专业人员,还有51%的幼儿园没有专业人员。其中省级公办幼儿园占比为75.4%,明显高出平均水平。总的配备人数为248人(有少数幼儿园配备了2名专业人员),其中专职人员142人,兼职人员91人,服务机构派驻人员15人。胜任本职工作比高达96%。专职人员的学历和专业分布见图1。

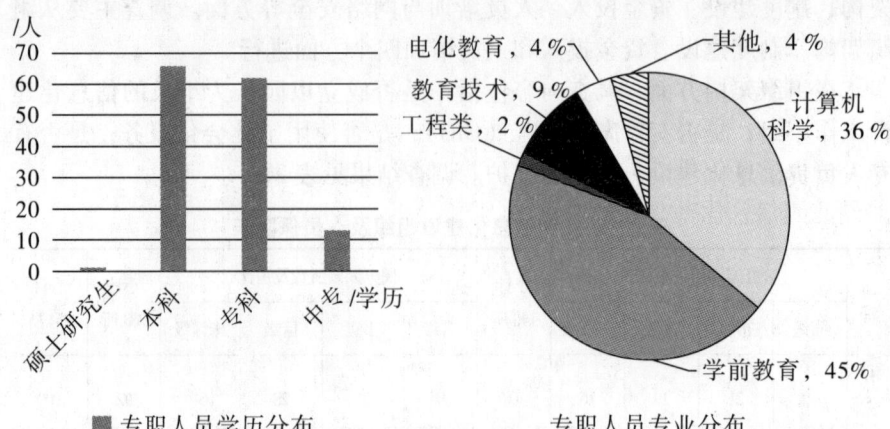

专职人员学历分布　　　　　专职人员专业分布

图1　专职人员学历和专业分布

由图1可知，信息化技术人员学历层次较高，本专科学历占大多数，但有45%的人员专业为学前教育，只是接受过信息技术的相关培训而转岗成为信息技术人员。

幼儿园信息化建设是一个系统工程，几乎涉及每一个人、每一个岗位，需要配套制度予以保障才可能正常、高效运转。为此，问卷内容包括以下几个方面：A"是否已建立了信息化管理的相关制度"；B"是否制定了符合本园实际的教育信息化发展规划，并将其纳入本园的中长期发展规划"；C"年度工作计划是否包含了当年年度信息化建设内容"。调查结果具体见图2。

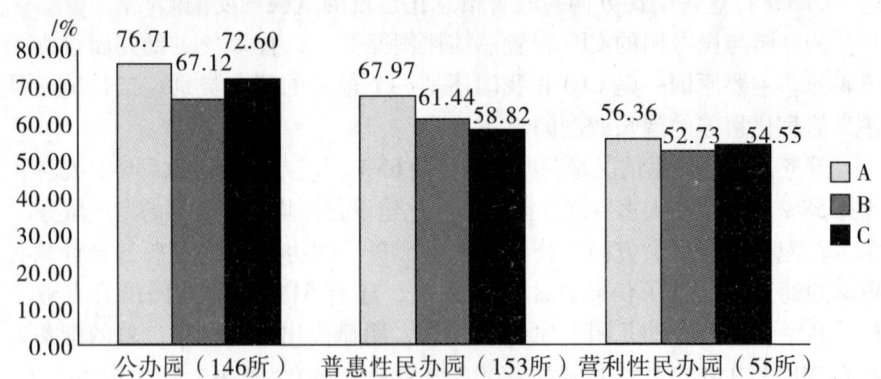

图2　幼儿园信息化制度建设情况

由图2可知，公办园在信息化建设的制度保障方面整体做得较好，三项占比均在70%左右；普惠性民办园其次，三项占比均在60%左右；营利性民办园在信息化建设的制度保障方面较为欠缺，三项占比仅过半。

2. 现有基础设施建设。数字校园基础设施主要包括五类，分别是网络环境、数字终端、数字化教学空间、创新创造空间和文化生活空间。针对幼儿园信息化基础设施建设的现实需求，我们以网络环境、数字终端、数字化教学空间和资金投入方面的调查为主，调查结果见图3。

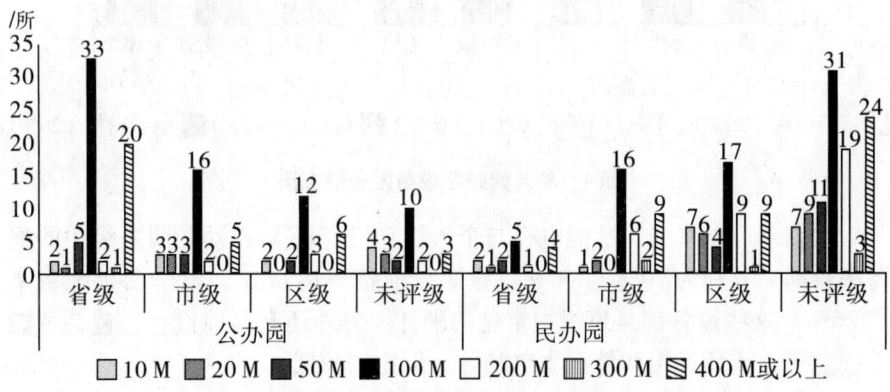

图3　幼儿园网络环境现状图

调查发现，有93%的幼儿园做到了无线网线（Wi-Fi）全园覆盖，但网络出口带宽配置不理想。据统计，目前幼儿园互联网出口带宽达到100 M的占71%左右，仍有约15%的幼儿园的无线网络是在50 M以下。

互联网时代，无线网络是幼儿园信息化建设的基本条件。我们走访幼儿园进行实地考察时发现，教师给小朋友播放音乐、视频，使用的基本上都是在线资源，这一类应用占用了很大的流量。除了班上电脑、办公室电脑，还有教师的手机、平板电脑等，在上网时也会占用无线网络。在网络出口带宽低于400 M的情况下，如果有超过8台设备同时访问外网音频、视频资源，网速就会急剧下降。但调查显示用上了400 M或以上无线网络的幼儿园只占幼儿园总数的23%。由此可见，多数幼儿园的网络环境难以支撑其信息化建设。

除了网络环境外，我们还调查了幼儿园的数字终端与数字化教学空间的配置情况。幼儿园的数字终端包括配备的计算机设备，数字化教学空间包括每个班活动室配备的各种多媒体教学设备，配备情况见图4。

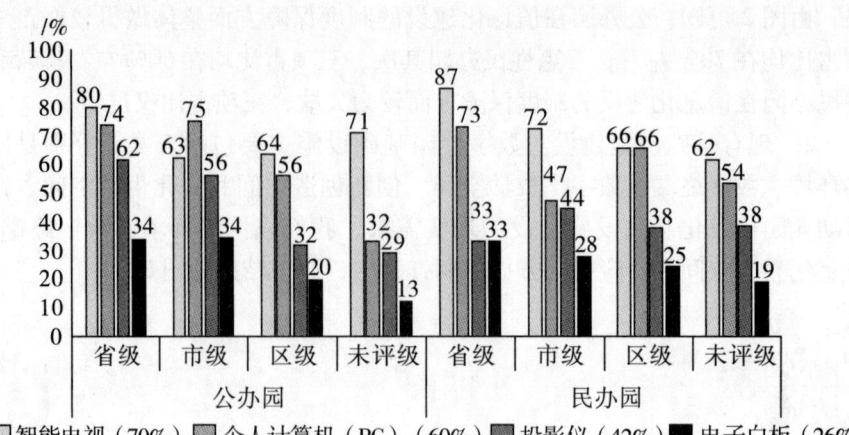

图4 幼儿园数字设备配备情况图

从图4可以看到,智能电视与个人计算机(PC)在幼儿园班级中的配备率较高,分别为70%与60%。投影仪配备率达42%,电子白板配备率达26%。这些设备都是班级中常见的硬件。另外还有其他设备,包括智能电视盒子、蓝牙音箱和笔记本电脑等,但比例较低。

在调查信息化基础设施中,门禁系统、安防监控系统和广播系统普及率很高,基本达到90%左右,见图5。

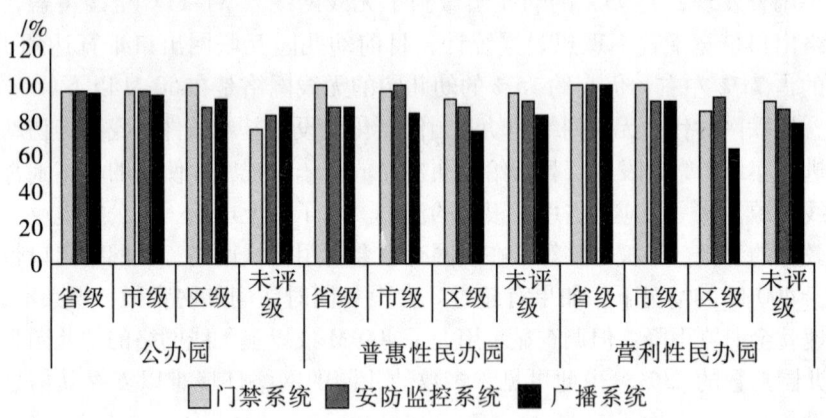

图5 门禁系统、安防监控系统及广播系统配备情况图

信息化要真正从规划到落地,经费投入是必不可少的,因为信息化建设需要购买硬件、软件系统和信息化服务。这些系统在使用过程中还需要维护和更新,从而产生更多的资金投入。为此我们对这354所幼儿园,从

"近三年信息化建设方面年均投入金额""年生均信息化建设经费""上级拨款占比""自筹经费占比""家长交费占比"这五个方面进行了调查，调查结果见表3。

表3 近三年信息化建设方面年均投入金额及占比情况统计表

项目	公办园	普惠性民办园	营利性民办园
近三年信息化建设方面年均投入金额/元	409 379	86 659	51 773
年生均信息化建设经费/元	255.52	186.00	138.50
上级拨款占比/%	54.08	11.96	0.18
自筹经费占比/%	34.59	70.90	85.00
家长交费占比/%	11.33	17.14	14.82

在调查的354所幼儿园中，有180所幼儿园（约50.84%）最近三年有经费投入到信息化建设中，其中有69.7%的幼儿园做到了逐年递增。公办园在信息化建设经费投入方面比民办园高得多，约是民办园的6倍。但公办园的经费主要来自于上级拨款，而民办园的经费主要靠自筹。

3. 信息化应用。《规范》将数字校园中的信息化应用体系分为四类，分别是教育教学、教育管理、教育评价和生活服务。为了解目前幼儿园在信息化应用方面的情况，我们对其中的教育管理、教育教学和教育评价三个方面进行了调查。

在教育管理信息化方面，我们调查了表4中的9类常用系统在幼儿园的使用情况。

表4 教育管理信息化应用现状表

项目	幼儿园购买	从网络等渠道下载	企业免费赠送	上级部门配送	配备总数
办公自动化系统（占比）	133 (37.57%)	41 (11.58%)	13 (3.67%)	59 (16.67%)	208 (58.76%)
财务系统（占比）	115 (32.49%)	18 (5.08%)	5 (1.41%)	62 (17.51%)	222 (62.71%)
营养配餐系统（占比）	220 (62.15%)	12 (3.39%)	4 (1.13%)	22 (6.21%)	240 (67.80%)
访客登记系统（占比）	105 (29.66%)	19 (5.37%)	3 (0.85%)	13 (3.67%)	123 (34.75%)

续上表

项目	幼儿园购买	从网络等渠道下载	企业免费赠送	上级部门配送	配备总数
幼儿接送系统（占比）	270（76.27%）	9（2.54%）	20（5.65%）	8（2.26%）	296（83.62%）
档案管理系统（占比）	102（28.81%）	25（7.06%）	8（2.26%）	27（7.63%）	145（40.96%）
电子班牌（占比）	56（15.82%）	5（1.41%）	3（0.85%）	13（3.67%）	67（18.93%）
人事管理系统（占比）	89（25.14%）	15（4.24%）	5（1.41%）	55（15.54%）	150（42.37%）
资产管理系统（占比）	108（30.51%）	19（5.37%）	18（5.08%）	30（8.47%）	147（41.53%）

由表4可知，在调查的9类管理信息系统中，幼儿接送系统配备率最高，超过80%。配备率较低的是访客登记系统和电子班牌。调查数据表明，多数管理信息系统是由幼儿园购买，且需要足够的经费支撑。

根据《规范》中信息化应用建设要求，各个应用应实现基础数据共享，避免出现"信息孤岛"的现象。从调查数据看来，幼儿园的应用来源五花八门，彼此之间不能互联互通，更不能共享，容易形成一个个"信息孤岛"。

在教育教学方面，我们侧重调查了教育游戏、电子教育资源和园本资源库的建设情况，调查结果见图6。

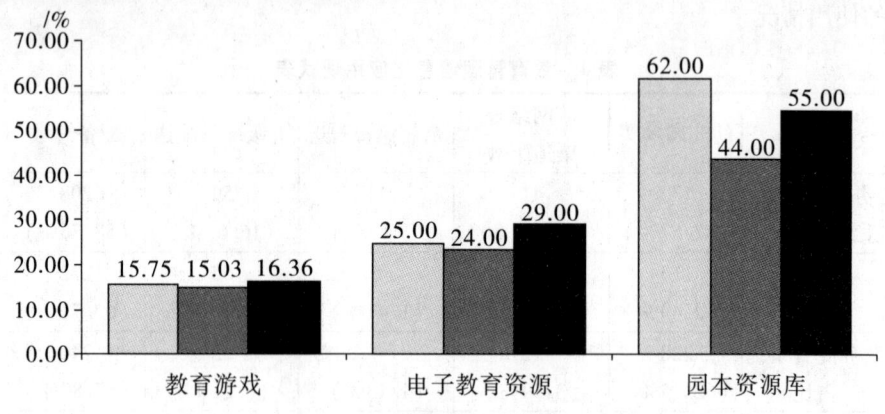

图6 电子资源建设现状图

从调查结果可见,园本资源库的建设率是最高的,其中最高的是公办园,达62%;但电子教育资源和教育游戏这两块的建设率非常低,无论是公办园还是民办园都不超过30%,尤其是公办园和普惠性民办园的教育游戏建设方面,仅为15%左右。由此可见,目前幼儿园在教育教学方面的信息化还有很大的提升空间。

教育评价主要包括学生发展性评价、教师发展性评价与学校发展性评价。我们着重调查了幼儿园在幼儿与教师的发展性评价方面是否配备了相关应用系统,调查结果见表5。

表5 评价类应用系统配备情况

评价系统	公办园/所				普惠性民办园/所				营利性民办园/所			
	省级	市级	区级	未评级	省级	市级	区级	未评级	省级	市级	区级	未评级
幼儿	6	4	2	0	0	1	1	0	1	2	0	0
教师	2	1	1	0	0	3	2	0	1	0	0	0

从调查结果可以看到,无论是幼儿发展性评价还是教师发展性评价,这两种系统在354所被调查幼儿园中普及率都非常低。说明目前学前教育评价的信息化程度很低。

(二)幼教工作者信息素养

一般说来,信息素养包括信息意识、信息知识、信息技能和信息道德四个部分。幼教工作者的信息素养主要包括信息意识和态度、信息技术水平和教学设计能力①②③。调查对象分为教师岗位和管理岗位,其中管理岗位不包括教学设计能力的调查,但增加了对新技术的接纳态度、园本资源共享、优质教学资源和互联互通信息化应用的购买使用意见等调查。

1. 信息态度和意识。针对幼教工作者的信息态度,我们从家园联系、幼儿园宣传、日常教研与办公等方面设计了以下几个问题进行调查:

---

① 任友群,闫寒冰,李笑樱.《师范生信息化教学能力标准》解读[J].电化教育研究,2018(10):5-14.

② 刘洋."互联网+教育"新常态下学前教育教师信息技术素养调查与提升策略研究[J].中国电化教育,2018(7):90-96.

③ 李金霞,徐祖胜."互联网+"背景下幼儿教师信息素养提升策略研究[J].齐齐哈尔师范高等专科学校学报,2018(3):5-6.

A. 您认为幼儿园信息化建设有必要吗?

B. 您是否认为家园联系应以网络渠道为主?

C. 如果幼儿园将所有给教职工、家长、同行、领导、专家等成年人阅读的资讯全部从墙面撤换下来,放进幼儿园网站上,幼儿园的环境将会大为改观,您的态度是?

D. 您是否希望幼儿园采用办公自动化系统,把日常大部分工作搬到线上去进行?

E. 您是否愿意用网络版幼儿成长档案袋替代纸质版幼儿成长档案袋?

F. 在成本大幅降低的情况下,您是否愿意邀请外地知名专家通过网络途径(如视频会议)参与贵园的教研活动,远程指导你们的业务工作?

G. 您是否认为幼儿园应该建设园本课程资源库?

调查结果见表6。

表6 教工信息化态度统计表

选项	教工对信息化的态度						
	A	B	C	D	E	F	G
赞同/是/欢迎/必要(占比)	2 618 (94.00%)	1 896 (68.00%)	1 976 (71.00%)	2 251 (81.00%)	2 583 (93.00%)	2 689 (97.00%)	2 683 (97.00%)
无所谓/可有可无(占比)	118 (4.00%)	0	623 (22.00%)	0	0	0	0
不赞同/否/不喜欢/没必要(占比)	36 (1.00%)	876 (32.00%)	173 (6.00%)	521 (19.00%)	189 (7.00%)	84 (3.00%)	89 (3.00%)

从这7个问题的作答情况可见,绝大多数教工对信息化持肯定态度。但是为什么幼儿园的信息化程度会这么低呢?信息化过程中存在哪些问题与困难?我们对此进行了进一步调查。

有29.11%的教工认为,幼儿园信息化建设最困难的是经费保障方面,其次是硬件设施配备方面(见图7)。

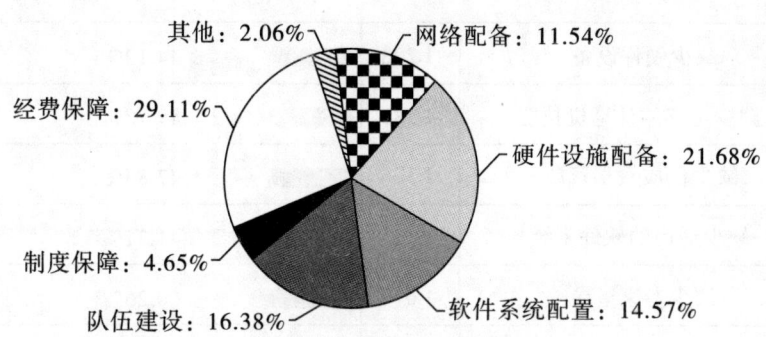

图 7 　信息化建设困难情况调查分布图

有 57.03% 的教工认为，幼儿园信息化建设经费不足是主要问题，其次是幼儿园财务制度限制（34.90%）和没有合适的产品（33.84%）（见图 8）。

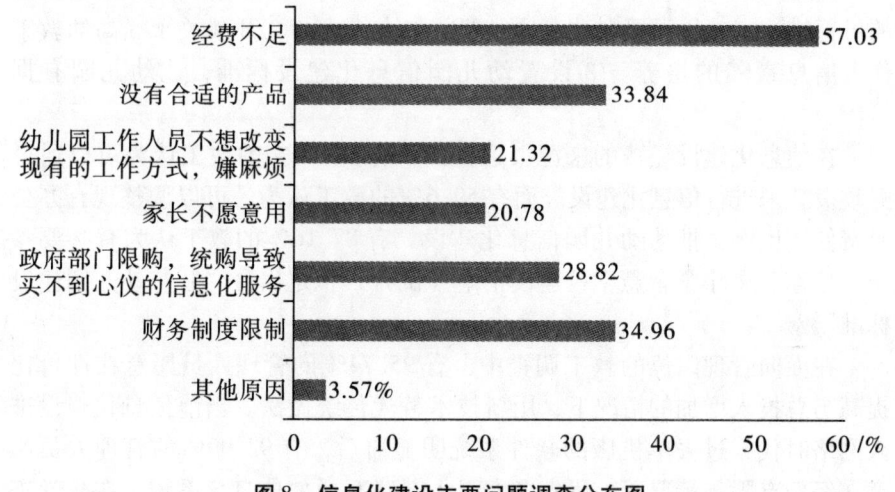

图 8 　信息化建设主要问题调查分布图

分别有 60.25%、50.11%、49.78%、47.84%、44.12%、41.31% 的教工认为在工作中，个人使用信息技术主要存在的困难有"缺少专家指导""缺少学习提高的机会""缺少足够的计算机技能""缺少优质教学资源""缺少硬件设备""缺少适用的软件系统"（见图 9）。

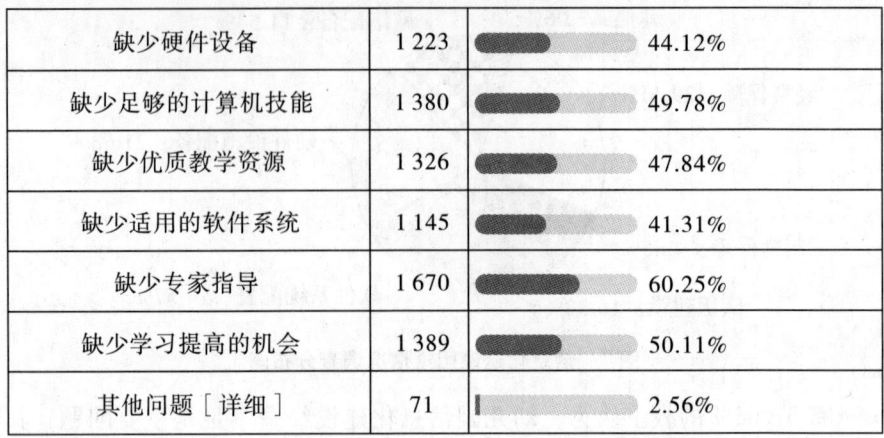

图9 使用信息技术存在的主要困难调查分布图

针对以上问题，超过50%的教工认为改变幼儿园信息化建设落后局面的可行措施有：①设置财政专项经费，加大投入。②开展关于提高幼教工作者信息素养的培养。③设置幼儿园信息化建设标准，让幼儿园有据可依。

在信息化建设经费的来源渠道方面，有76.44%的教工认为可以通过财政拨款来进行信息化建设。而有59.6%的教工认为，可以调整现有办公经费使用比例，推动幼儿园信息化建设。有87.16%的教工认为有必要参照《广东省中小学智慧学校建设指南（试行）拟定出台"智慧幼儿园建设标准"》。

在面向管理岗位的教工调查中，有95.74%的管理人员愿意在性价比提高与总投入增加的情况下，用新技术替代传统做法。当前信息化建设进入网络时代，过去单机版的软件系统明显滞后，有93.09%的管理人员愿意在经费有限的情况下，优先考虑引入互联互通的信息化系统。在教学资源购买和共享方面，有85.37%的管理人员愿意购买使用企业开发的优质教学资源。如果企业搭建教学资源平台，有87.77%的管理人员愿意在有相应回报的情况下上传本园资源，供平台使用。

2. 信息技术水平。在信息技术水平方面，我们主要对教工的计算机操作水平与软件工具使用的熟练程度进行了调查，软件工具包括常用办公软件与教学软件，调查结果见表7。

表7 个人信息技术能力表

项目		计算机操作水平/人（占比）				软件工具使用情况/人（占比）			
		不熟练	一般	熟练	非常熟练	文档编辑软件	制作多媒体课件	使用电子表格	使用电子白板
管理岗位（共376人）	公办园（共178人）	0（0%）	79（44.38%）	93（52.25%）	6（3.37%）	160（89.89%）	152（85.39%）	169（94.94%）	107（60.11%）
	普惠性民办园（共113人）	0（0%）	35（30.97%）	68（60.18%）	10（8.85%）	107（94.69%）	93（82.30%）	112（99.12%）	87（76.99%）
	营利性民办园（共85人）	1（1.18%）	24（28.24%）	49（57.65%）	11（12.94%）	76（89.41%）	74（87.06%）	80（94.12%）	62（72.94%）
教师岗位（共2 396人）	公办园（共1 368人）	75（5.48%）	773（56.51%）	478（34.94%）	42（3.07%）	1 174（85.82%）	1 115（81.51%）	1 192（87.13%）	927（67.76%）
	普惠性民办园（共529人）	21（3.97%）	362（68.43%）	139（26.28%）	7（1.32%）	457（86.39%）	450（85.07%）	476（89.98%）	366（69.19%）
	营利性民办园（共499人）	26（5.21%）	319（63.93%）	141（28.26%）	13（2.61%）	441（88.38%）	427（85.57%）	454（90.98%）	374（74.95%）

管理岗位人员在计算机操作水平上比教师岗位人员好：管理岗位人员对计算机操作不熟悉的人数只有1位，而教师有122位，占教师岗位总人数5.1%。无论是管理岗位还是教师岗位，大部分教工的计算机操作水平都处于一般、熟练两个阶段，非常熟练的占比不高，管理岗位中非常熟练的合计只有27人，占管理岗位调查对象的7.2%，而教师岗位中非常熟练的人数占总人数的2.6%。

《能力标准》指出五个维度中的"技术素养"包括如下两个方面。

（1）教师应该"了解与教学相关的通用软件及学科软件的功能及特点，并能熟练应用"。此处通用软件是指广泛应用于教育教学活动中的通用性软件，例如办公软件、即时交流软件、音视频编辑软件等。

(2) 教师应该"了解多媒体教学环境的类型与功能,熟练操作常用设备",多媒体教学环境是指包括简易多媒体教学环境与交互多媒体教学环境。简易多媒体教学环境主要由多媒体计算机、投影机、电视机等构成,以呈现数字教育资源为主。交互多媒体教学环境主要由多媒体计算机、交互式电子白板、触控电视等构成,在支持数字教育资源呈现的同时还能实现人机交互。

《能力标准》要求每位教工在个人的技术水平上达到熟练及非常熟练程度,但是从数据上看,管理岗位的只有63.0%(公办园99人,普惠性民办园78人,营利性民办园60人)的教工达到该水平,而教师岗位达到该水平的则只有34.2%(公办园520人,普惠性民办园146人,营利性民办园154人)。调查结果表明教师的个人信息技术水平还需要不断提高。

3. 教学设计能力。幼儿教育对象是学龄前儿童,他们的年龄小,但是兴趣广泛,他们的思维正处于具体形象思维阶段,对比较抽象的事物还很难大量接受。这就要求幼儿教师在进行教学设计时,要根据幼儿的认知特点和认知方式,创设教学情境,优化教学效果,将文字、图片、声音、动画等通过多媒体的形式合理地组织起来,使得课堂教学更具有动感和趣味性,以便发挥幼儿学习的主动性,提高教学效率[①]。为此我们对教师进行了调查,了解他们在哪些领域的教育活动中应用了信息技术。调查结果见表8。

表8 教师在教育活动中应用信息技术的情况

领域	人数/人	占比/%
健康	1 683	77.45
语言	1 898	87.34
科学	1 782	82.01
社会	1 755	80.76
艺术	1 784	82.10

由表8可知,大部分的教师在健康、语言、科学、社会和艺术这五大领域中都应用到信息技术,其中语言领域中的应用的情况最好,有87.34%的教师都会在该领域中应用信息技术。

---

① 赵晓声,卢燕,袁新瑞. 中小学和幼儿园教育信息化评价:教育视野与需求导向[J]. 电化教育研究,2014(6):51-57.

（三）家长对信息化的态度与看法

除了对教工进行调查外，我们也对家长的态度与看法进行了调查。我们选择家园联系、幼儿园宣传、幼儿成长档案构建等方面的相关内容，设计了以下几个问题。

A. 您认为幼儿园信息化建设有必要吗？

B. 如果幼儿园将所有给教职工、家长、同行、领导、专家等成年人阅读的资讯全部从墙面撤换下来，放进幼儿园网站上，幼儿园的环境将会大为改观，您的态度是？

C. 您是否希望使用网络版成长档案记录孩子成长过程？

D. 您是否赞同通过网络分享？

E. 您是否愿意在网络平台上参与幼儿成长档案的构建？

F. 您愿意每周双休日用一小时查阅幼儿园上传到网络档案袋平台上的资料，并与孩子一起回顾、讨论、选择进入档案的资料吗？

G. 如果幼儿园建设与家园联系密切相关的系统，如幼儿成长档案、幼儿接送系统，您是否愿意分担相应的费用？

调查结果见表9。

表9　家长信息化态度调查情况表

选项	家长对信息化的态度						
	A	B	C	D	E	F	G
赞同/是/欢迎/必要（占比）	21 111（93.00%）	15 859（70.00%）	19 939（88.00%）	18 333（81.00%）	19 792（88.00%）	21 217（94.00%）	19 183（85.00%）
无所谓/可有可无（占比）	1 409（6.00%）	5 252（23.00%）	0	0	0	0	0
不赞同/否/不喜欢/没必要（占比）	94（0.01%）	1 503（7.00%）	2 675（12.00%）	4 281（19.00%）	2 822（12.00%）	1 397（6.00%）	3 431（15.00%）

从这七个问题的作答情况可知，大多数家长对信息化持肯定态度，并愿意分担一些与家园联系密切相关的系统建设和服务费用。在幼儿成长档案的网络系统构建与分享、幼儿园社会宣传这两方面，绝大多数家长都是同意网络化代替传统方式。由此可见，幼儿园信息化建设，并不仅仅是教工的需求，同样也是家长的需求。

(四) 热点问题

1. 班级安装视频监控并且开放给家长。目前，大多数幼儿园的班级都安装视频监控，网络直播技术也很成熟，是否应该开放给家长查看幼儿在园的活动情况，这是一个比较有争议的话题。此次调查，我们针对该话题进行了调查与分析，主要对家长与教师在该问题上的态度与观点进行对比。

对于家长的调查，我们对其提出了"如果幼儿园条件允许，您是否更乐意通过网络直播平台随时了解孩子在园情况"，"您是否担心直播给班任教师带来压力"调查结果见图10。

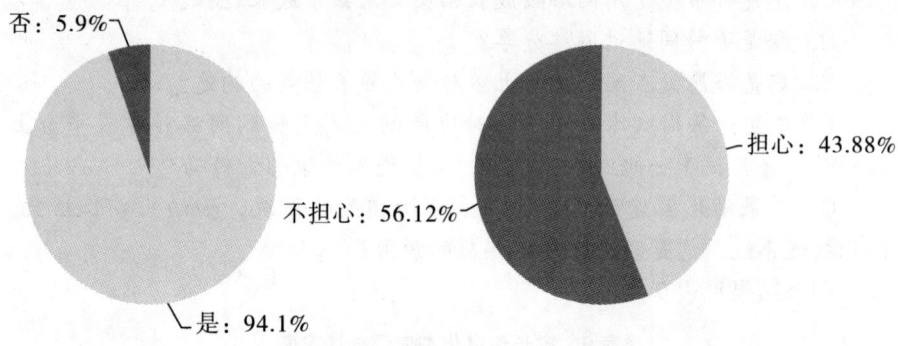

图10　家长对待课堂直播的态度

由图10可知，有94.1%的家长愿意通过网络直播平台随时了解幼儿在园的情况，但同时也有43.88%的家长担心直播给班任教师带来压力。

我们对教师开展了相关调查，包括教师所在的班级是否已安装视频监控，安装监控的原因以及是否开放网络直播给家长查看等。有76.37%的教工赞同每个班级都安装视频监控。在调查的幼儿园中，有64.86%的幼儿园所有班级都已经安装了视频监控。安装原因主要有以下几个方面：①行政指令要求。②幼儿园管理需要。③满足家长要求。④监控教学过程。⑤保护教师权益。已安装视频监控的幼儿园中在安装原因方面有91.16%选择了"幼儿园管理需要"，有81.31%选择了"保护教师权益"。尽管很多幼儿园都安装了视频监控，但是已安装的视频监控中只有10.62%是全天开放网络直播，有16.3%的幼儿园是定时开放网络直播，更多的是从不开放给家长查看，占比55.12%。由此可见，安装视频监控不是为了开放给家长查看，而是便于管理和保护教师权益。

笔者为此还做了更进一步的调查，调查结果显示，有62.48%的教师认为安装视频监控会给自己造成压力，有52.09%的教师认为视频监控会让教师和家长的关系变得紧张。由此可见,尽管有超过半数的家长不担心视频直播会给教师带来压力,而实际上大多数教师都会因此而感受到压力,并且还会让家园关系变得紧张。

2. 家长对幼儿使用电子产品的态度。目前手机、电脑的普及率很高,根据其他地区的调查,上海浦东新区有99.4%的被调查儿童平日会使用手机、电脑、电视、平板电脑以及学习机等各类电子产品。① 扬州市学龄前儿童每天使用电子产品总时间为(1.68±1.45)小时,有98%的儿童每天接触至少1种以上的电子产品,而且周末较工作日使用电子产品更频繁、时间更长。② 可见大多数幼儿在日常生活中都会用到电子产品。家长对于孩子使用电子产品的态度是持赞同还是反对意见,为此我们进行了调查,调查结果见图11。

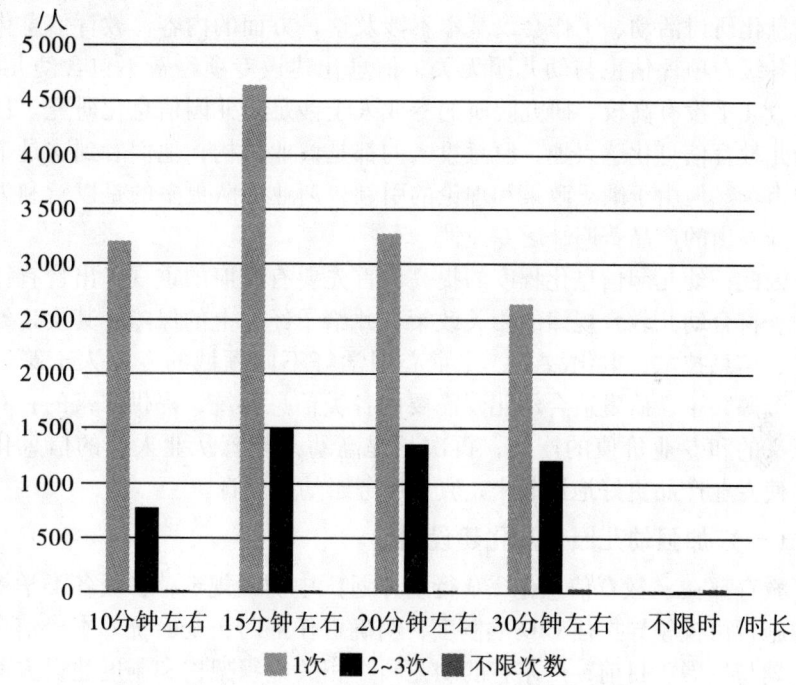

图11 家长允许孩子使用电子产品次数与时长统计

---

① 曹斌,周伟,陈芳荣,等. 浦东新区学龄前儿童电子产品使用情况调查研究[J]. 中国初级卫生保健,2018(5):41-43.

② 章景丽,苏亭娟,左笑宇,等. 家庭环境对学龄前儿童电子产品使用影响[J]. 中国公共卫生,2018(1):49-52.

从图 11 可见，有 61% 的家长认为孩子每天使用电脑或手机的合理次数为 1 次，另有 21% 的家长认为使用次数在 2～3 次之间。进一步进行对比分析可知，大部分家长都认为每次使用的合理时间不超过 30 分钟，不限时间的占比只有 0.23%。当然，也有 17% 的家长认为不能给孩子使用电脑或手机，一次都不行。

四、推进幼儿园信息化的对策与建议

本次调研显示，广大家长和幼教工作者对幼儿园各方面工作的信息化持有积极的、欢迎的态度，迫切希望幼儿园在各方面工作都能实现信息化。但现实是政府对幼儿园信息化重视程度不够，各级各类关于教育信息化的政策、文件以及对幼儿园信息化建设鲜有提及，而行政部门主导的教育信息化研讨活动、工作会议基本不涉及这一方面的内容，教育信息化相关的各级专项评估也与幼儿园无关，信息化建设专项经费不包含幼儿园，等等。几乎没有高校、研究院所的专业人士涉足幼儿园信息化研究。目前对幼儿教育信息化感兴趣、愿意投入的都是商业机构，他们看到这是个巨大的市场。但由于缺乏政策和理论的引领，商业团队更多的是以营利为目的，开发出的产品普遍缺乏专业性。

因此，幼儿园信息化程度的提高，首先要有政府的重视，出台有针对性的、符合幼儿教育规律的相关政策，并给予经费上的保障；其次是幼儿教育、信息技术、电化教学、儿童心理学等不同领域的专业人士跨界联合、资源共享，研发适合幼儿园需要的各类信息系统，提供丰富的、有现实意义的和专业价值的产品；再次是提高幼儿教育从业人员的信息化素养，使专业产品更好地用起来，真正服务于幼儿教育。

（一）加强幼儿园信息化建设领导

教育部在《教育信息化 2.0 行动计划》中明确规定，各级各类学校应普遍施行由校领导担任 CIO 的制度，明确责任部门，全面统筹本校信息化的规划与发展。目前，广东省的幼儿园在相关组织架构和制度建设方面还很薄弱，不能很好地开展幼儿园信息化工作的顶层设计，迫切需要加强幼儿园信息化建设领导。

信息化建设具有系统性和全局性，需要全员参与。信息化建设往往会涉及工作流程再造，各种岗位工作职责也会随之发生变化。幼儿园需要制定切实可行的工作制度来保障信息化建设的实施。只有幼儿园领导担任 CIO，重视信息化建设工作并身体力行，才能推动相关制度建设和系统实施。

（二）加大幼教从业人员信息化培训力度

目前，幼儿教育行业的社会地位和经济待遇缺乏优势，很难吸引计算机的相关专业人员到幼儿园工作。因此在幼儿园工作的信息技术专兼职人员中，有一半以上来自幼儿教育专业。园长和教师的信息素养普遍不高。这些现实情况决定了有关部门必须依据《教育部关于实施全国中小学教师信息技术应用能力提升工程2.0的意见》，加大对幼儿园教职员工信息化素养提升的培训力度。

在信息化素养提升培训方面，应根据不同岗位人员开展有针对性的培训。对园长要进行信息化政策、新技术和各种信息化创新模式的培训，便于他们把握全局，做好幼儿园信息化建设的统筹规划与领导；对信息化专兼职人员，要开展各种专业技术培训，使他们成为幼儿园信息技术专家，为幼儿园信息化建设提供专业的服务与指导，为园长决策提供专业咨询；对教师和其他教职员工，要加强具体软件工具的使用培训，确保他们在日常工作中，能熟练使用各种应用，提高工作效率。

（三）加大幼儿园信息化建设资金投入

幼儿园信息化建设滞后，主要表现为绝大部分幼儿园缺乏良好的网络环境，教学资源匮乏，有品质保障、符合专业发展需要的软件系统缺失。各种应用来源混乱，有很多是幼儿园自行下载或企业免费赠送的。而导致这些现象的根本原因在于资金投入不足。为此，建议各级政府部门每年能够有专项经费下拨到幼儿园，支持幼儿园的信息化建设。

（四）教育部门牵头组织建设幼教资源共享平台

幼儿园逐渐开始建有自己的园本资源库，幼儿园管理人员在保证版权和适当收益的前提下，愿意向社会共享本园资源，也愿意付费购买社会开发的优质资源。为保证信息化经费使用效率、普及优质教学资源，提升区域内幼儿教育整体质量，地市级教育部门应牵头组织建设幼教资源共享平台，制定使用政策，鼓励幼儿园共享园本资源。

（执笔人：刘景容；审稿人：詹斌）

广东省中小学校党的建设工作研究报告

○广东省教育研究院基础教育研究室

摘　要：为了解全省中小学党的建设工作现状，总结当前中小学党建工作的做法与经验，分析研判存在的突出问题和薄弱环节，组织中小学党建工作专题调研，提出解决问题与改进工作的建议。

关键词：中小学党建工作　工作覆盖空白点　隶属关系　党教融合　机制保障　特色做法　团队建设

一、调查问卷分析

中小学教育是整个教育链条中最基础、最关键的阶段。中小学党建是党的建设新的伟大工程的重要组成部分，是落实全面从严治党要求的关键环节。新时代，中小学落实立德树人这一根本任务，需要以加强党建工作为引领，不断提升德育工作实效，为学生健康成长奠定坚实基础。2016年中央组织部和教育部党组联合印发《关于加强中小学校党的建设工作的意见》（以下简称《意见》）指出：各级各类学校党组织要把抓好学校党建工作作为办学治校的基本功，把党的教育方针全面贯彻到学校工作各方面。为深入了解我省《意见》贯彻落实情况，总结中小学校党建工作的经验与做法，找到薄弱环节，分析研判存在的突出问题，研究提出解决问题、改进工作的举措，从而推动我省中小学把党组织工作融入学校教育的各领域和全过程，全面提升党组织建设水平，我院成立专题调研组，于2019年7—9月展开中小学党建工作专题调研。

（一）问卷调查基本情况

专题调研组采用专访、座谈与问卷调查相结合的形式在珠江三角洲地区、粤东、粤西、粤北地区对中小学校党务工作者、党员教师开展专题调研。另外，为节约被调查者的答题成本，便于问卷回收和结果统计，调研组采用线上调查的形式进行。

问卷调查以中小学党建工作为主题，共设计了28个有关党的组织生活、党员发展、党务工作、党建与教育教学等问题。参与调查的党员教育工作者共11 813人。从性别看，男性党员教师占50.44%，女性党员教师占49.56%。从教龄看，教龄在1~5年的党员教师629人，占5.32%；教龄在5~10年的党员教师1 978人，占16.74%；教龄在10~20年的党员教师3 554人，占30.09%；教龄在20年以上的党员教师5 652人，占47.85%。从党龄看，党龄在5年以下的党员教师1 527人，占12.93%；党龄在5~10年的党员教师3 042人，占25.75%；党龄在10~20年的党员教师5 098人，占43.16%；党龄在20年以上的党员教师2 146人，占18.17%。从学段构成看，小学教师4 350人，占36.82%；中学教师6 724人，占56.92%。

（二）有关调查结果分析

1. 通过调查可知，党组织生活基本能正常开展，绝大多数党员教师积极参加党员组织生活，认为学校党建工作意义重大。调查显示，有65.89%的党员教师熟悉《意见》的主要内容；有66.69%的党支部每月开展一次组织生活；有18.76%的党支部每季度开展一次党组织生活，偶尔开展党组织生活的占9.18%；有98.98%的党员教师都能积极参与党员组织生活，其中有81.11%的人认为学校党建工作有助于推动教育事业的发展，促进个人成长（见表1）。这表明，要继续加强党对中小学校的领导，更好发挥中小学党组织的战斗堡垒作用和党员的先锋模范作用，全面贯彻党的教育方针，保证社会主义办学方向，落实立德树人根本任务。

表 1　学校党建工作的作用和影响

选项	小计/人	比例/%
有力地推动和促进了事业的改革和发展	9 582	81.11
对促进个人成长起到很大作用	7 353	62.24
树立了一批先进优秀党员，发挥了党员的模范带头作用	7 383	62.50
内容比较陈旧，形式单一，作用越来越小	1 075	9.10
党建工作与教育教学、科研等工作相脱节	935	7.92
不了解或了解不多	349	2.95

2. 对党建工作的总体评价较高，但党组织运行不顺畅，党建工作专项经费不足，党务工作者的业务素质不高是当前党建工作中较为突出的问题。调查显示，有94.63%的党员教师对所在单位党建工作评价较高；有70.56%的党员教师认为身边党员能很好地发挥模范带头作用。有78.86%的党员教师认为党组织的工作与学校教育教学结合较为紧密（见表2）。有36.16%的党员教师认为党组织活动能正常开展，但形式单调，吸引力一般（见表3）。这表明党建工作组要进一步增强组织生活内容的针对性，创新活动形式，增加民主互动，提升活动的吸引力。

表 2　党建工作与教育教学工作的关系

选项	小计/人	比例/%
联系紧密，党建工作全面融入教学、科研、管理、服务中	9 316	78.86
一般，有时会举行与教育教学相关的活动	1 999	16.92
没什么联系，党建工作与学校核心工作脱节	377	3.19
不清楚	121	1.02

表3 党组织活动状况

选项	小计/人	比例/%
内容丰富，有特色，吸引力强	6 926	58.63
能正常开展活动，吸引力一般	3 910	33.10
形式单调、老套，没有吸引力	361	3.06
很少开展活动	616	5.21

但目前党建工作中也存在不少问题，其中较为突出的是，党务工作者和思想政治工作队伍的能力水平有待提高、党组织活动缺乏有针对性实效性的载体、党建工作专项经费缺乏，党员活动场所和设备缺乏（见表4）。另一项调查显示，各地区仍普遍存在各级基层党组织间的隶属关系不明确的问题。其中乡镇中小学的问题较为突出。当前，大多数中小学党建工作仍然是属地管理，即由所在乡镇（街道）党组织管理，而教育教学工作又是由各级教育局管理。以湛江市为例，全市成立党组织的中小学校中，有862所的党组织关系隶属乡镇党委，有67所隶属于县（市、区）机关党委，大部分没有归口教育部门统一管理。在中小学校，由于管党建和管业务的部门不一致，不仅容易造成党建工作和中心工作脱节，也容易出现重业务轻党建的情况，更容易导致党建工作的开展不及时、不到位、不落地等问题。

表4 党建工作中的薄弱环节

选项	小计/人	比例/%
党组织运行不顺畅	1 471	12.45
党务工作者和思想政治工作队伍的能力水平有待提高	3 516	29.76
党组织活动缺乏有针对性实效性的载体	3 432	29.05
党组织成员积极性不高	1 809	15.31
党建工作专项经费缺乏	6 651	56.30
考核评价机制和激励机制不健全	2 625	22.22
党员活动室等活动场所和设备缺乏	5 946	50.33

3. 党员教师对党务工作者、党支部的领导班子总体满意，中小学党

员队伍发展步伐稍显迟缓。调查显示，有80.08%的党员教师认为所在单位的党务工作者有工作热情，熟悉党务工作，能全身心投入党务工作；有82.14%的党员教师认为党支部的班子讲政治、年轻、有文化，结构比较合理（见表5）。

表5　党支部班子情况

选项	小计/人	比例/%
讲政治、年轻、有文化，结构比较合理	9 703	82.14
政治素养高，但年龄老化，缺乏活力	1 744	14.76
不团结，政治素质不高	197	1.67
不关心，没看法	169	1.43

调查显示，有90.9%的党员教师认为所在单位能严格按照标准和程序发展党员，并定期开展学习。但在中小学发展党员的问题上，有65.43%的党员教师认为青年骨干教师入党积极性不高，申请入党人数少，还有34.86%的党员教师认为入党积极分子和预备党员培养衔接不够（见表6）。这表明要切实增强党组织的吸引力和凝聚力，把优秀教师培养成党员，把党员教师培养成优秀教师，使党组织永葆生机与活力。

表6　中小学校发展党员工作中存在的突出问题

选项	小计/人	比例/%
青年骨干教师入党积极性不高，申请入党人数少	7 729	65.43
有突击发展师生党员的现象	2 100	17.78
入党积极分子和预备党员培养衔接不够	4 118	34.86
发展党员标准不严格程序不规范	1 653	13.99
发展党员计划少，有"卡比例、下指标"现象	2 687	22.75
入党动机不纯	1 016	8.60
其他	2 077	17.58

二、中小学党建工作典型做法与经验

全省深入学习贯彻落实中央组织部、教育部党组印发《意见》《中共

广东省委办公厅关于加强民办学校党的建设工作的实施意见》,积极探索新时期党建工作的新思路、新方法,并取得一定的成果。

(一)抓牢主体,落实中小学校党建责任

2018年10月,珠海市教育系统结合自身实际,出台《关于进一步规范和加强我市中小学校党的建设工作的实施方案》,确保将中小学校党的建设摆到全市教育工作的战略和全局高度抓紧抓实。2018年起,将各直属学校、各区教育行政部门全部纳入基层党组织书记抓党建述职评议范畴,听取关于加强中小学校党建工作的专题汇报,将党建考核结果关联学校评优评先。2019年4月,聚焦《广东省加强党的基层组织建设三年行动计划(2018—2020年)》规定的"组织力提升年",制定《2019年珠海市中小学校党建工作要点》,明确了2019年重点抓落实的5大类22项具体工作任务。珠海市各区也积极制定相关文件,落实党建工作责任。香洲区2017年出台《关于加强和改进香洲区教育系统党的建设工作的意见》,2019年出台《关于加强民办学校党的建设工作的实施意见的通知》。

2019年6月,珠海市研究制定《中共珠海市委教育工委关于建立直属学校党组织工作督查和通报机制的通知》。完善党建联系点制度,落实《市委教育工委、市教育局党员领导干部挂点分片调研工作方案》,每年分阶段、分类别走访联系的中小学校,明确每季度至少到学校1次,确保深入实地、压实责任,切实提高学校抓党建的思想自觉和行动自觉。明确基础教育阶段学校党组织的领导核心地位,推动全市中小学校将党的建设写入学校章程,将党组织机构设置纳入学校管理体系,确保党组织把方向、管大局、做决策、保落实,已指导市直属学校按照要求修订学校章程。完善学校党组织议事决策制度,完善沟通协调机制。重大议题和事项决策前须经党组织与行政领导班子成员充分酝酿、形成共识;涉及党建、统战和思想政治等内容的议题和事项,须提交党组织会议研究决定;由党组织对选人用人发挥主导作用,党组织书记和校长事先沟通,提出动议,党组织负责制定方案、组织考察,拟推荐提名的干部人选经党组织会议研究同意后方可提交校务会讨论决定;涉及师生利益的问题,须及时组织召开教职工(代表)大会,广泛听取各方意见;由党组织对人才引进、岗位聘用、考核评价、职称评定等把好政治关、师德关,落实"一票否决"。打破抓党建是党组织书记和党务人员"专利"的错误观念,以党建责任制清单、党组织和党员承诺书等形式,明确学校党组织、基层党支部和普通党员的职责,加强对领导班子成员落实"一岗双责"的考核,构建从严治党责任链。

（二）创新机制，激发党员队伍活力

湛江市不断加强中小学校党建引领工作，发挥学校党组织的核心作用。湛江市赤坎区坚持通过推行党员示范岗制度，激励党员争先创优的方式，充分发挥党员先锋模范作用，找准有效载体，把党的组织优势和党员的个人优势结合起来，以"立足岗位、重在日常，示范引领、正向引导"的原则，推行党员示范岗制度，既能突出中心工作，又能带动整体工作。建立党员班主任工作示范岗、教学课改示范岗（语文、英语、信息技术）等示范岗，通过党员示范岗，提升总支部党员的党性认识，增强党员发挥先锋模范作用的荣誉感和责任感，最大限度地调动党员发挥先锋模范作用的积极性和主动性，做好对全体党员及教职员工的引领。

珠海市按照"党性强、懂教育、会管理、有威信、善于做思想政治工作"的标准，选优配强中小学校党组织书记，全面推行公办中小学校书记、校长"一肩挑"和民办中小学校党政领导班子"双向进入、交叉任职"。全市直属15所公办学校中有14所公办学校实现了书记、校长"一肩挑"。香洲区要求中小学校德育处主任由共产党员担任，全区57所公办校（园）党组织中书记、校长"一肩挑"占比达82.6%，2018年提拔的41个校级领导中党员占比87.8%。

梅州市曾宪梓中学选派党员骨干教师担任支部委员，将党建与教学紧密结合起来；由年级组长担任党支部书记，党员教师担任学科带头人，同时把党员教师结合到各个教学班，实行党员与普通教师结对"一帮一"，大大强化了基层党组织建设。

（三）党建工作融入校园文化建设、师德建设

珠海市开展"一校一品"党建品牌创建活动，鼓励中小学校结合校情校史、聚焦教风学风、挖掘校本资源、凸显办学特色，组织基层党组织和广大师生集思广益、多方论证，凝练适合本校师生特点的党建文化主题名称、标志、内涵和理念，并制定实施方案，打造体现时代性、典型性的"一校一品"党建文化矩阵。

梅州市广泛开展师德师风建设主题教育活动，通过举办"优秀共产党员""最美教师"等评选表彰活动，营造尊师重教氛围，激发广大教师的工作热情。按照有理想信念、有道德情操、有扎实学识、有仁爱之心的"四有"好教师的标准，引导全体教师践行坚持教书育人相统一，言传身教相统一，潜心问道和关注社会相统一，学术自由和学术规范相统一的四

个"相统一"的要求,进一步健全教育引导、制度规范、监督约束、查处警示的师德建设长效机制,坚决执行师德"一票否决制";特别注重发挥各地中小学校党员干部在创建示范岗、争先创优活动的模范带头作用。据统计,2019 年教师节获评市级以上先进的 572 名先进个人中,党员干部达 416 人,占比达 72.7%;全市 20 个省级名校长、名教师工作室中,党员身份的主持人达 19 名,占比达 95%。

湛江市坡头区将师德师风建设作为学校党的建设的"立足点""着力点"。坡头区第一中学建立常态化的政治理论学习制度,领导干部和优秀党员教师讲党课,建立党支部学习微信群组。官渡镇中心小学党支部开展"党员四评议",争做优秀共产党员活动:领导点评党员、同志评议党员、学生评议党员、家长评议党员。坡头区第一小学通过开展"育师德、铸师魂"主题系列教育活动、"我为党旗争辉"为题的岗位示范活动和"党员结对帮扶活动",让党员教师纷纷亮身份、戴党徽,上示范课,关注"贫困学生、留守学生"等弱势群体等,让党徽在课堂当中闪耀,让党员的言谈举止成为表率,在岗位上发挥示范作用。

三、存在问题

(一)党组织覆盖尚有空白点

由于部分地区及学校的党建意识仍相对薄弱,对于党建工作的重视度不够高,加之并未深化监管力度,部分学校内的党员教职员工人数完全具备成立相应党组织的条件,却没有成立,特别是民办学校。全省中小学幼儿园尚未能实现党组织无缝覆盖,党组织的覆盖尚有空白点。

(二)党组织隶属关系不够规范

各地区仍普遍存在各级基层党组织间的隶属关系不明确的问题。其中较为突出地体现在乡镇中小学上。例如,部分县(市、区)并没有及时成立教育工委。中小学党建工作仍然是属地管理,即由所在乡镇(街道)党组织管理,同时教育教学工作又是由各级教育局统筹管理;县(市、区)直属学校的党组织隶属教育局党委,乡镇中小学党组织隶属地方党委等多方隶属关系混乱不清,造成中小学党建工作发展不平衡,无法统筹安排部署,时常出现开展各类工作不明确应该由谁主导,从而大大降低党建工作的开展效率,影响中小学党建工作的落实进度。

(三)党组织政治功能弱化

目前,就如何将党建工作与教育工作深度结合这一点,多数地区仍没

有找到明确的工作方向。而党建工作一旦与教学工作相分离,则极易出现"重业务、轻党建",党建、教学"两张皮"的现象,从而导致党组织对学校发展以及教育方向的领导力弱化。就这一点而言,民办学校的情况更为严峻。与公办学校相比,民办学校由于教师流动性大,出资人思想认识不到位、规模较小、党员人数较少、人员流动性差、无党务工作者等原因,而导致党的领导体制和机制较难发挥作用。

(四)党员教育管理松散且思政工作薄弱

目前各中小学、幼儿园的基层党组织的战斗堡垒作用发挥仍不够完善。党建工作开展不够规范,制度无法得到落实和保障等现象仍然存在。个别学校党组织对党建工作重视不够,开展党建工作不够积极主动;组织生活会和"三会一课"和"两学一做"落实不到位,质量有待进一步提高。同时,部分地区或学校目前党员教育以及思政工作尚未能实现常态化,有关部门与学校组织抓党建述职评议考核制度还不够健全,没有明确的奖惩机制等原因也直接导致党员教育以及思政工作管理方面仍然比较松散。

(五)党务工作队伍有待加强

现阶段从事党建工作的人员暂无编制,多地存在无专职党建工作人员的现状。目前,大部分党建工作人员是由学校的教师兼职完成,且教师自身教学任务重,很难时刻学习党建工作专业知识,也无法保障党务工作的定期开展。因此出现党务工作队伍不专业,业务不规范,落地不及时等现象。

(六)党组织活动形式单一,经费不足,场地有限

目前对于党员参与党务工作以及参与党组织生活而言,党建经费不足与党员活动室等活动场所和设备缺乏等党建薄弱问题尤为突出。这也直接导致现阶段的党组织活动单一,多以少量经费便可开展的学习和会议为主,难以跳出固定框架,缺乏实效性和创新性。而导致党建工作经费不足的原因主要有两大方面,一是党费定期下拨不及时或额度不够;二是中小学校党建工作经费多来自学校的办学经费,但在学校财务上并未设有专项经费,只能将办学经费进行切块列支。同时,由于很多学校资金有限,造成学校党组织的党建经费得不到保障。特别是学校对党员干部的培训经费更是紧缺。

（七）党组织对青年骨干教师的吸引力不够强

受民主党派的积极扩张、党组织生活形式比较枯燥单一、党员教育的思政工作落实不到位、党组织功能弱化等因素的影响，发展党员工作难开展成为当前党建工作中所面临的重大挑战之一。最为突出的问题在于各地区中小学普遍存在青年教师、骨干教师对于党的认识、理解不到位，入党积极性不高。

（八）退休党员"边缘化"问题突出

退休老党员因身体不便、随子女迁入外地等诸多因素，导致党组织生活参加不及时、不到位的现象比较普遍。同时，目前党建工作的开展形式仍比较单一、陈旧，这也就促使退休党员在党组织生活中愈发"边缘化"。

四、对策建议

（一）坚持党对教育事业的全面领导，深入贯彻落实新时代党的建设总要求，建立健全机构、配齐配强班子

各市教育工委要积极动员部署，督促指导各县（市、区）成立教育工委，设置专门负责中小学校党建工作的内设机构，配备有关专兼职工作人员，主要做法见表7。落实有党员的学校党组织应建必建。重点加强农村中小学、民办中小学和幼儿园的党组织设置工作，加强民办学校党组织书记履职能力，使每名党员都纳入党组织的有效管理，实现"有形覆盖"向"有效覆盖"转变，从"偏于形式"向"突出作用"转变。

表7　加强基层党组织党务干部队伍建设的工作重点

选项	小计/人	比例/%
选好配强队伍	7 717	65.33
加强教育培训	8 485	71.83
加强考核督查	5 347	45.26
提高福利待遇	6 702	56.73
其他	956	8.09

（二）创新工作载体，丰富党组织生活，打造特色党建品牌

探索和创新党建工作方法，做到将党建和思想教育与学校的特色相结合，与师生的思想实际相结合，以创新推动党建工作，以喜闻乐见的方式

诠释党建工作的思想内涵,充分激发基层党建活力,具体做法详见表8。重视"互联网+党建"工作,通过建立党建微信平台、网上党校,提供党员互动交流平台,激发党员的学习热情和党建活力。搭建党建工作的线上平台开展灵活多样的活动,有效解决退休、离休老党员因身体不便或迁移外地等诸多原因无法参加党组织生活的问题。

表8 提高党组织生活质量的措施

选项	小计/人	比例/%
推选一个称职的党支部书记	2 772	23.47
贴近生活,贴近工作,充实组织生活内容	9 467	80.14
开阔渠道,整合资源,扩展组织生活形式	8 610	72.89
加强对党员的教育和考核,增强意识	3 862	32.69
加强对党支部组织生活的考核,并定期通报	2 769	23.44
其他	838	7.09

加强重视党建引领群团组织工作。党组织要加强对工会、妇女组织、共青团、少年先锋队等全团组织的领导,将加强对群团组织的领导、干部队伍建设纳入党建整体格局,完善党建带群建制度,最广泛团结群团,充分发挥群团组织桥梁的纽带作用。

(三)全力完善基层党建保障,确保党建工作时效性

党的基层组织是党在社会基层组织中的战斗堡垒,是党的全部工作和战斗力的基础。完善基层党建工作保障体系、提升基层基础保障水平是充分发挥基层党组织功能作用的重要基础和内容。调查显示,"增加党组织活动经费""提供党组织活动场所和设备""安排专职人员从事学校党务工作"是推进当前中小学党建工作中最主要的措施(见表9)。

表9 推进中小学校党建工作的措施

选项	小计/人	比例/%
安排专职人员从事学校党务工作	5 277	44.67
提高党务工作者待遇	5 154	43.63
增加党组织活动经费	8 060	68.23

续上表

选项	小计/人	比例/%
提供党组织活动场所和设备	6 652	56.31
加强基层党组织与地方党委的紧密联系	3 519	29.79
变革党组织活动模式、内容、形式和管理机制等	3 754	31.78
其他	742	6.28

除了以上几个方面加强党建工作之外，还建议将党建工作经费纳入预算，确保加强学校基层党建工作有必要的经费保障，积极改善党组织活动条件。例如：珠海市属公办学校党员教育活动经费按党员 500 元/(人·年) 的标准列入年度预算，各区结合实际进行安排。按党员 400 元/(人·年) 的标准对全市民办中小学校党组织拨付党员教育活动经费。确保学校规模较大、党员人数较多的学校至少有 1 个标准的党员活动室；学校规模较小、党员人数较少、不具备单独建设党员活动室条件的相邻党支部，可按照共建共享共用原则，联合建立 1 个标准的党员活动室。

目前，中小学校党组织一般未配备专职副书记，也无专门负责党务工作的内设机构，普遍没有配备专职党建干部，党务工作大部分由学校行政人员或教师兼任。由于教学压力大、担子重，较难有时间、精力对党组织建设进行谋划思考，另外参加党务工作培训机会少，缺乏党务工作知识，业务能力不强，这些因素都是导致无法确保党建工作按规范、定期、有效开展的因素。为此，政府有关部门需要出台相关文件，进一步明确党建工作机构职能及人员编制，建立健全党务工作者培训和激励机制，以提高党务工作者的业务能力和水平。

（四）深入推动党建与学校教育教学深度融合

发展教育靠党建，抓好党建促教育。党建工作最根本的目的就是为教育教学工作提供思想理论依据和动力保障，是学校内涵特色发展的政治保障，党建工作与学校教育工作本质上是相辅相成的。加强党建引领与学校管理的融合。学校党支部书记应把党建工作放在首位，认真抓好行政班子和教师队伍的政治思想和思想品德建设。加强党建文化与校园文化的融合。设立党建宣传长廊宣传党史文化、社会主义核心价值观和习近平新时代中国特色社会主义思想，使师生接受党性文化教育。加强党员活动与教研活动相融合，将广大教师专业发展与发挥党员的先锋模范作用结合起来。加强党建文化与教育教学活动的融合。把社会主义核心价值观、党的十九大精神、习近平新时代中国特色社会主义思想等最新理论成果融入教育教学全过程，培养师生爱国、爱党、爱社会主义的高尚情怀，具体做法见表10。

表10 推进学校党建工作与教育教学相融合的举措

选项	小计/人	比例/%
学校党建工作与教育教学业务工作同研究、同规划、同安排	9 023	76.38
强化对党组织工作的督促指导，夯实基础建设	7 205	60.99
强化载体创新，推进党员干部队伍建设与教师的业务培训相结合	7 188	60.85
强化典型培育，发挥模范示范作用	6 236	52.79
其他	344	2.91

自2016年6月中央组织部、教育部党组联合印发《意见》以来，广东省委高度重视基层党组织建设工作，2018年6月，制定出台了《广东省加强党的基层组织建设三年行动计划（2018—2020年）》并着力落实推进中小学党建工作，经过三年的努力，全省中小学在关于推进中小学党建工作落实、落细方面已经取得了一定成绩、深化了思想认识、总结了特色经验。然而，从专访、座谈与问卷调查的情况上看，部分中小学基层党组织建设与新时代党建工作的总体要求还有一定的差距，例如党组织隶属关系不够规范、党组织活动形式单一、经费不足、场地有限、党组织对青年骨干教师的吸引力不够强等问题仍较普遍存在。中小学校党组织是党在学校中全部工作和战斗力的基础，肩负着给学生"系好人生第一颗纽扣"的重大责任，如何加强、规范中小学校党建工作，强化党建工作在教育教学中的引领作用，既是当下亟待着力解决的问题，同时也是今后工作的突破方向。

参考文献

[1] 广东省委办公厅. 广东省加强党的基层组织建设三年行动计划（2018—2020年）[Z]. 2018.
[2] 中央组织部，教育部党组. 关于加强中小学校党的建设工作的意见[Z]. 2016.

（执笔人：姚轶洁，牟博宸；审稿人：谢绍熺）

广东省中小学 STEM 教育：
现状调查与对策建议*

○广东省教育研究院基础教育研究室

摘　要：为了更全面了解 STEM 教育在我省的实施状况，省教育研究院开展广东省 STEM 教育的现状调查。调查以学校为单位，共收到有效问卷 292 份。调查发现，仅有 4.8% 的 STEM 教师有"工程"专业背景。STEM 教育培训和研讨交流活动不普及、教师参与培训的机会不均等问题层出不穷。有三分之一左右的学校没有 STEM 教育固定课时，更多是以课外活动形式开展，还有大部分学校没有为 STEM 教育配备专用的教室，教师对相关教学资源需求很大，特别是教具与学具。STEM 教育常用的教学方式仍以讲授与演示为主。在影响学校 STEM 教育发展的主要因素中，经费问题摆在首位。基于现状分析，报告提出了加强顶层设计，提升 STEM 教育发展的战略地位，开展跨学科融合的项目式学习，配套开发教育资源以及加强教师培训等对策建议。

关键词：中小学 STEM 教育　现状调查　对策建议

STEM（science、technology、engineering、arts、mathematics）教育是将科学探究、工程设计、数学方法和技术制作等内容有机统一，整合为跨学科课程以促进学生全面发展的一种教育方式。学生在 STEM 项目学习中，运用跨学科的知识和方法来解决实际问题，通过做中学，提升创新意识、创新能力和综合素养。STEM 教育不仅能顺应创新型人才培养的诉求，更

---

* 本文系广东省社会发展科技协同创新体系建设项目——广东省教育科技协同创新中心（项目编号：2019B110210001）阶段性研究成果。

成为提升科技实力和综合国力中优质人才培养的重要一环。教育部在2016年印发的《教育信息化"十三五"规划》中明确提出，有条件的地区要积极探索信息技术在"众创空间"、STEM跨学科学习、创客教育等新的教育模式中的应用。2017年中国教科院出版《中国STEM教育白皮书》，系统阐述了我国STEM教育的发展现状，提出"中国STEM教育2029创新行动计划"，把中国STEM教育的研究和发展提升到一个新的高度。2018年1月，广东省教育研究院成为中国教科院STEM教育协同创新中心。为了更全面了解STEM教育在我省的实施状况，省教育研究院开展了此次广东省STEM教育的现状调查，并对调查问卷的数据进行统计，分析当前全省中小学校STEM教育发展的现状与存在问题，并提出有效建议，推动STEM教育在省级层面均衡发展、协同发展、创新发展。

一、参与调研的地市和学校基本情况分析

本次STEM教育现状的调查问卷活动得到各地级市教研室、中小学校的积极参与。调查以学校为单位，共收到有效问卷292份。全省共17个地（县）市的学校参与调研，占全省地市总数的81%。

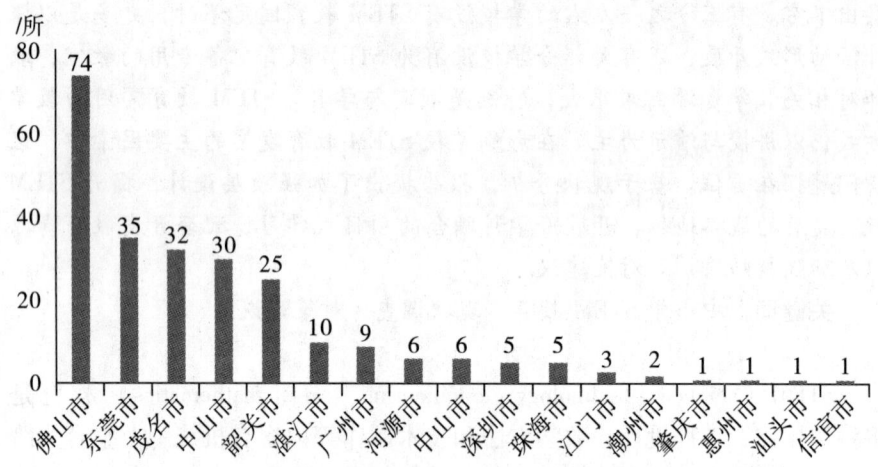

图1 参加本次调研的地市分布图

在参与调查的学校城乡分布方面，城区学校填写份数为148份，占总数50.68%，乡镇填写的份数为144份，占总数49.32%。城区学校参与调查数与乡镇学校参与调查数基本保持一致，较为有效反映了不同办学条件下对问题的反馈。

参与调查的学校类别方面，属于省级示范校、市级示范校、区县级示范校和一般学校的比例分别为 23.6%、21.2%、12.7% 和 40.4%，基本符合各类型学校在地级市分布的基本情况。值得一提的是，本次参与调查问卷的还有 2.1% 的中职学校（见图 2），说明中专和职业学校对于 STEM 教育领域也持有浓厚的兴趣。

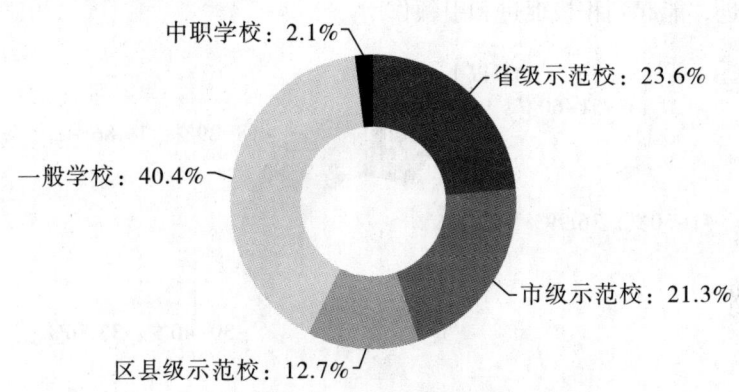

图 2　广东省参与 STEM 教育的学校类型占比图

二、STEM 教育教师的情况分析

（一）STEM 教育教师的性别、年龄情况分析

本次参与问卷调查的教师中，女性教师占 59.59%，男性教师占 40.41%（见图 3）。由此可见，从事 STEM 教育的教师群体与学校教师群体性别比例基本相同，其中女性教师略占优势，由此也可看出，并未因 STEM 教育属于理工科领域而使女性教师却步。

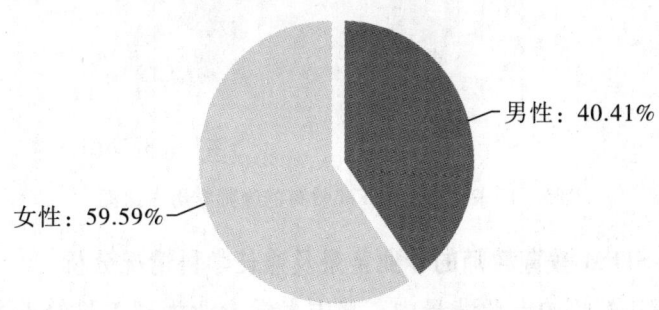

图 3　广东省参与 STEM 教育的教师性别占比图

在年龄方面，占据人数最多的年龄段是 41~50 岁，占总数的 36.99%，次之为 30~40 岁，占总数的 33.56%，之后分别为 18~29 岁，占总数的 19.86%，51~60 岁，占总数 9.59%，60 岁以上的没有（见图 4）。从此年龄结构可以看出，本省从事 STEM 教育教师的年龄结构合理，有大批教学经验丰富的教师参与其中，对于 STEM 教育教学方法的研究和推进，能起到积极促进和引领作用。

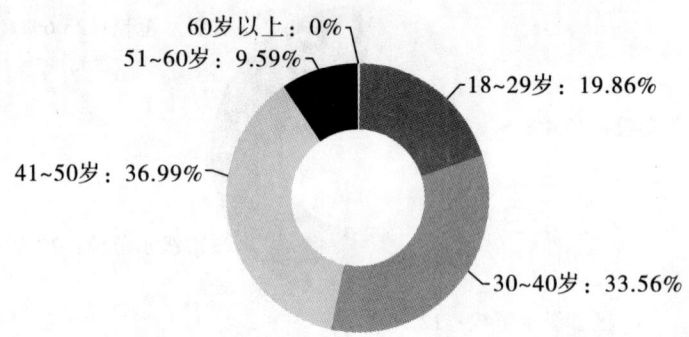

图 4　广东省参与 STEM 教育的教师年龄占比图

在学历调查中，大部分参与 STEM 教育的教师学历为本科，占 83.90%。另有 8.90% 的教师为研究生学历，大专学历的占 7.19%（见图 5）。

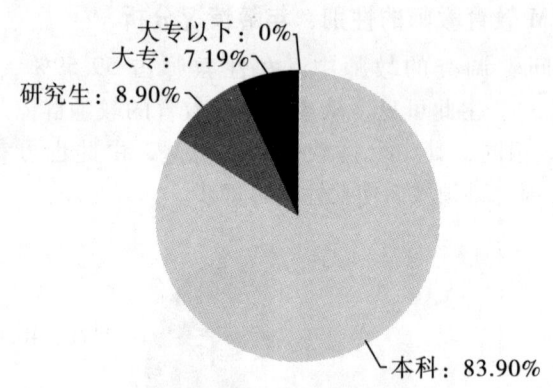

图 5　广东省参与 STEM 教育的教师学历占比图

（二）STEM 教育教师的专业背景及兼任学科情况分析

在 STEM 教师的专业背景中，其中大学专业为理工科的占 54.45%，有 45.55% 的教师为非理工科专业（见图 6），以美术学、教育学、汉语言文学专业居多，甚至有体育专业的教师也参与其中。在大学专业为理工科的教师中，以"信息技术和计算机相关专业"占有较大比重，次之为"生物学相关专业"和"物理学相关专业"。值得一提的是"工程"专业背景的教师，仅占4.79%。

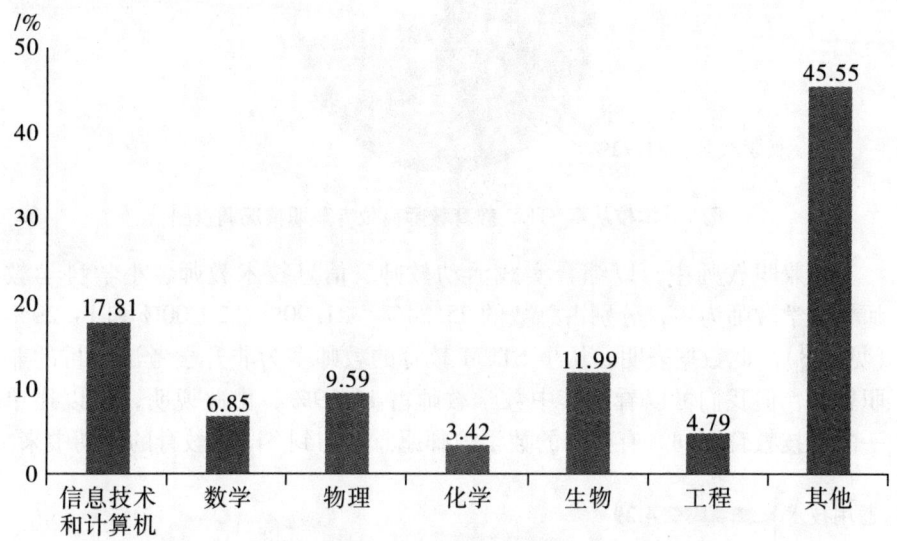

图6　广东省参与STEM教育的教师专业背景调查图

教师的专业背景情况一方面说明本省的STEM教育动员面广，有很多教师愿意从事跨学科项目教学，但另一方面也反映了在STEM教育中占主导地位的工程专业背景的教师目前无论是结构上还是数量上都远远不足。

鉴于这样的教师队伍专业构成，目前应以科学类专业背景教师和技术类专业背景教师作为推行STEM教育教师团队的生力军，以及吸引优秀的有工科专业背景的教师积极主导STEM教育，确保STEM教育开展的专业性。同时利用多级培训体系加强非理工科教师的专业培训，增加专题性和项目指向性培训，让非理工科教师在与其专业最近STEM相关领域找到突破口。

在学校STEM教师任教情况一栏中可见，有27.05%的教师为专职教师，有71.92%的教师为兼职教师，而只有1.03%的教师为外聘教师（见图7）。因而，我省STEM教师团队构成仍是以兼职教师为主。可喜的是，有约三分之一的专职教师团队正在形成，他们是我省投入STEM教育教师资源的中流砥柱，也是我省STEM教育领先优势的一大体现。

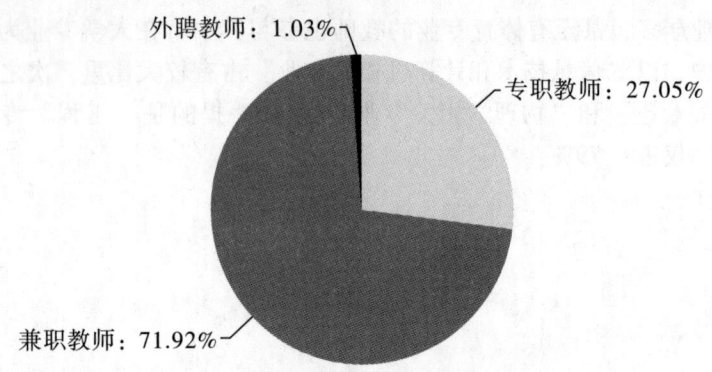

图7　学校从事STEM教育教师岗位专兼职情况调查图

在兼职教师中，以综合实践活动教师、信息技术教师、小学科学教师、数学教师为主，分别占总数的25.24%、21.90%、20.00%和14.29%（见图8）。此数据表明，从事STEM教育的教师多为非升学考试科目的兼职教师，但我们可以看到其中数学教师占14.29%，由此说明，与以往单一的科技教育不同，有更多的数学教师愿意参与到STEM教育的活动中来。

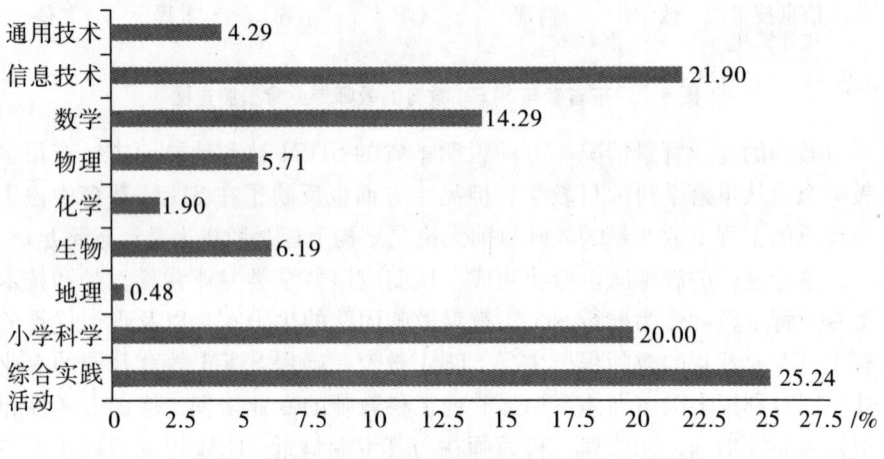

图8　从事STEM教育的兼职教师原学科占比图

（三）STEM教师从事STEM教育的时间、专业培训及激励情况

在师资培训方面，据调查，有一半以上的教师从未参加过STEM教育的相关培训，STEM教育相关培训在我省还处于相对匮乏的状态。同时，也看到有部分教师参加不同等级的师资培训高达10次以上。由此可以说明，教师依然可以在全国范围内获得很多培训机会和培训资源。但同时，

STEM 教育培训和研讨交流活动并不普及，对于教师而言机会不均等，部分发达地区优秀学校的 STEM 教师参加培训的机会多但重复参加，欠发达地区的学校教师参加活动的机会极少。

调查显示，有 70% 参加过培训的教师认为 STEM 培训和交流有利于他们了解如何组织 STEM 内容以获得最佳教学效果，有 80% 的教师认为培训有利于他们改进和调整 STEM 项目的教学方式（见图9）。

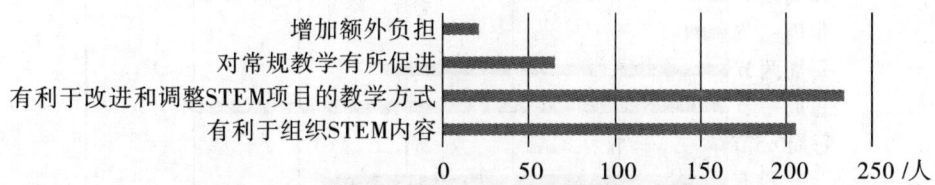

图9　广东省参与 STEM 教育教师培训价值的教师认同

对于教师课酬而言，有 84.93% 的教师阐明参与 STEM 课程教学没有额外的课时补助，有 15.07% 的 STEM 教师表示能从竞赛获奖、学生发展等方面得到补助（见图10）。

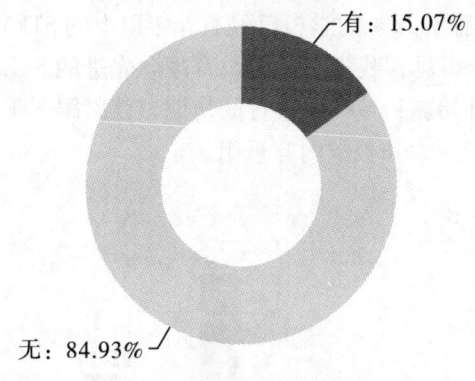

图10　STEM 课程课酬调查

三、学校开展 STEM 教育的情况分析

（一）课程开设情况

通过调查问卷了解到，我省各地开展 STEM 教育的差距较大：普遍周课时数为 1~2 节，少数能达到 5 节。开课内容多为创客类相关课程，如"3D 打印""机器人培训""编程课程""创意制作""开源硬件"等。只有少数学校开设开展"数学与应用""唤醒创造力"等与学科相关或思维

培养相关的课程。调查中我们还可看到，有一半以上的学校，在STEM教育上每周没有固定课时数，更多是以课外活动形式开展（见图11）。

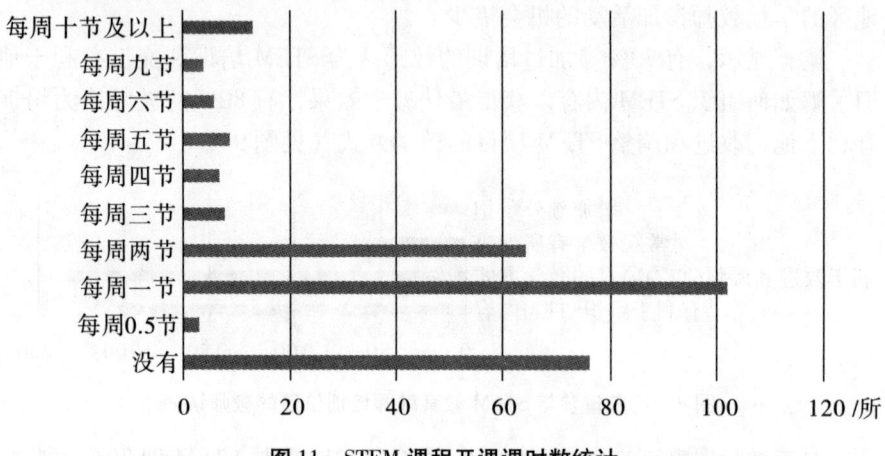

图11　STEM课程开课课时数统计

由于STEM教育是个新生事物，因而多数学校开展年限并不长，多数集中在1~3年内，占总数的34.93%，其次是1年以内的学校，占总数的25.34%。同时，有8.22%的学校已经有5年以上的STEM教育课程的开课年限（见图12）。可见，我省有一批教育理念先进的STEM教育先行学校，在全球范围内刚开始施行STEM教育的初期，就紧跟STEM教育发展趋势，开展新型教学模式探索和教学内容重组。

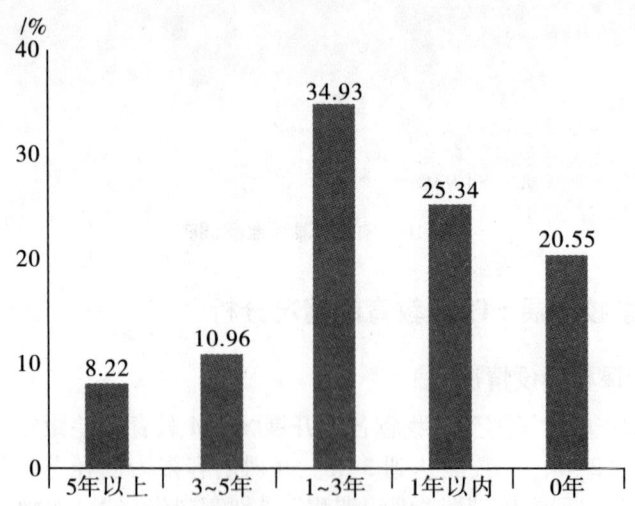

图12　学校开展STEM教育课程年限时长调查

（二）STEM 教育专用课室配置和资金使用情况

在 STEM 课程开展过程中，需要的耗材、工具等一系列的资金来源，多数是由学校财政经费进行投入，占总数的 76.71%。可见，全省各地对于 STEM 教育的投入，特别是政府的财政投入是对素质教育一种有效的牵引。其中投入资金量在 5 万元以内的最多，占总数的 50.34%，其次为 5 万~10 万元的资金投入，占总数的 17.81%，但仍有 7.53% 的学校投入资金量超过 50 万元（见图 13、图 14）。

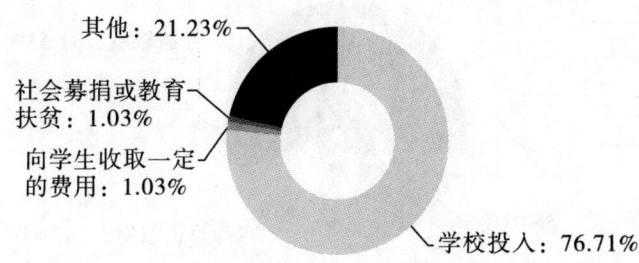

图 13 学校投入 STEM 教育的资金来源

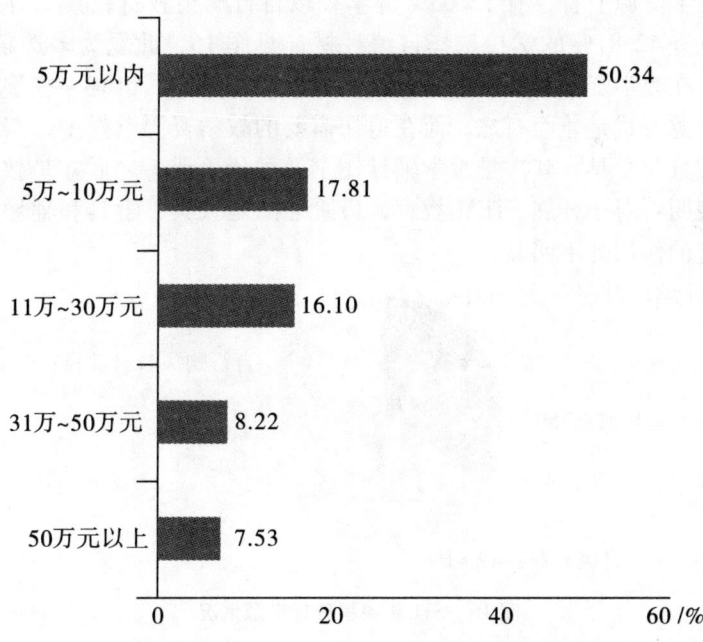

图 14 学校投入 STEM 实验室建设的资金量

在 STEM 课程环境中,多数活动场所为实验室和普通课室,分别占总数的 38.01% 和 31.51%(见图 15)。可见,很多学校都没有为 STEM 课程开发专门的教学环境或教学专用室。有三分之二的学校专用室在 3 间以内,只有少数学校的 STEM 教育专用室可达 8 间以上。而从专用室名字上看,以"创客空间"之类的命名居多。由此可知,多数 STEM 教育规划者并不能很好地区分 STEM 教育与创客教育的差别,因而更多地将原来的创客实验室复用为 STEM 教育实验室。

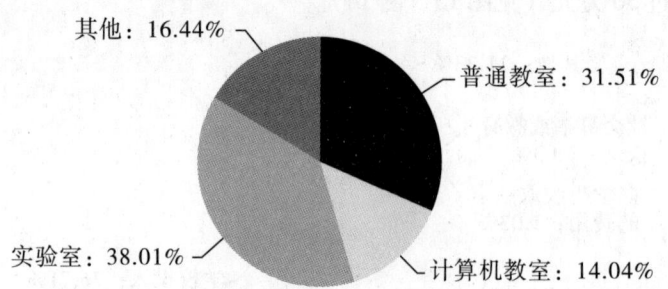

图 15　STEM 课程实验室配备情况分布图

从教学资源上看,有 52.05% 的学校以自行购买教材教具的方式开展课程,也有 42.81% 的学校选择自编教材(见图 16,此题为多选题)。由此可见,在教学资源的开发上,学校间的差距比较大,也有一些学校采取的教学资源方式是兼而有之。而在迫切需要的教学资源选择中,需求量最大的是教具与学具,其次是教学辅导用书及评价手册,之后才是教材。这些数据表明:对于开展 STEM 教育,最匮乏的是教具、学具和辅导书,而教材所起的作用并不明显。

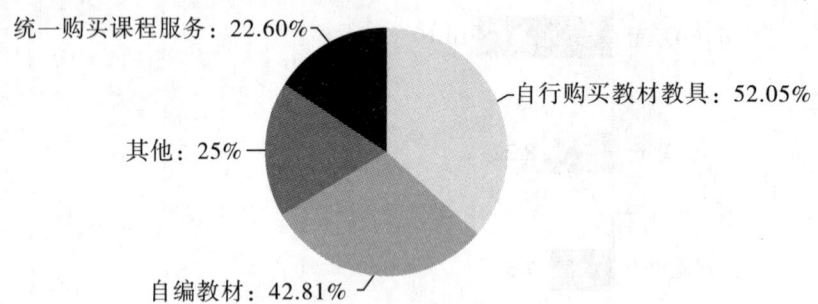

图 16　STEM 课程教材来源情况

在 STEM 教育领域方面,最吸引教师从事 STEM 教育的是学科融合的教学理念,占总数的 52.05%;其次是工程设计的思维方法,占总数的

23.63%；次之是项目式教学法，占 21.92%（见图 17）。这可以理解为，STEM 教育的从业者，对 STEM 教育教学法有正确的认识和普遍的认同。

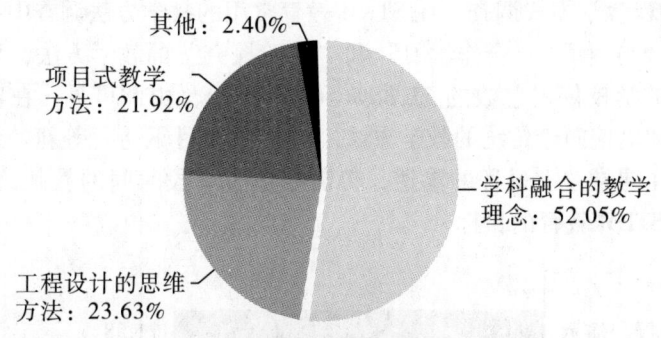

图 17　STEM 课程实施教学方法占比

（三）STEM 教育教学情况调查

1. STEM 教育教学的认可度。在调查中不难发现，很多学生家长对 STEM 教育的认可度很高，占总数的 69.18%，其次是认为开与不开都无所谓的，占总数的 29.79%，还有 1.03% 的家长反对开设此课程（见图 18）。

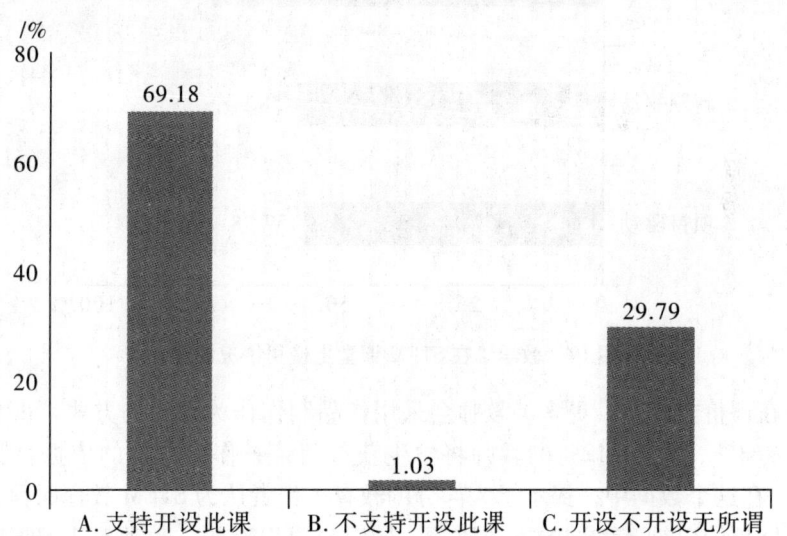

图 18　家长对课程开设认可度调查

多数学校有由不同学科任课教师构成学校 STEM 教育开发与实施团队，占总数的 65.41%，也有 15.40% 的学校只是个别教师单打独斗。由此可以发现，学校的STEM教育团队建设差距较大，亟须真正实现跨学科师资的整合，形成具有跨学科教研能力的教师团队。

2. 课程教学模式调查。在STEM教育常用的教学方法调查中，多数会选择"讲授与演示""合作学习"和"实验探究"的教学方法，采用"项目驱动"的学校仅占总数的57.88%（见图19）。由此可见，在实施的过程中，教师更偏向于传统的教学方法。对于"项目驱动"等新的教学方法的学习和在课堂教学过程的渗透，仍需要通过一段时间的教师培训工作，才能达到STEM教育的目标。

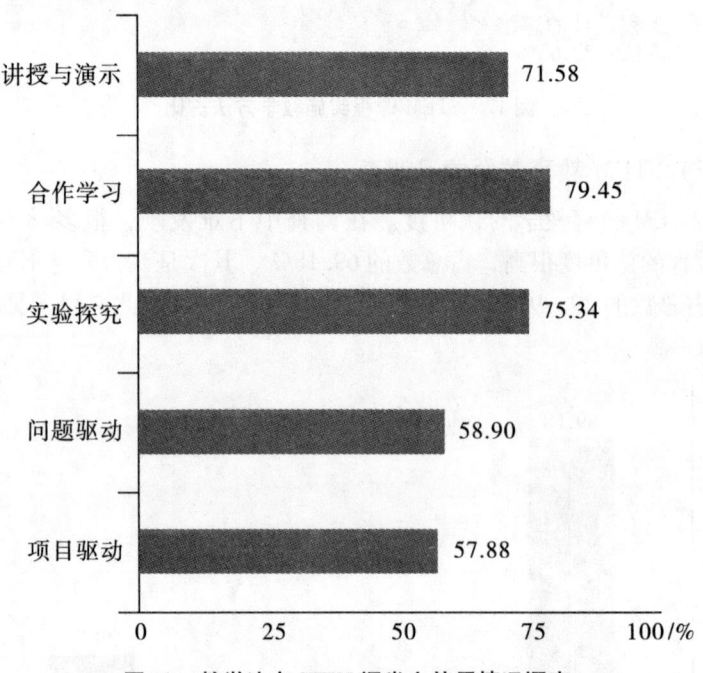

图19 教学法在STEM课堂上使用情况调查

在评价方式上，更多的教师会采用作品制作作为评价的方式，占总数的73.63%，有17.12%的教师将学生获得的荣誉作为评价的依据（见图20）。在这个数据中，揭示了大部分的教育工作者认为STEM教育课程的评价不能单纯以纸笔考试的方式进行。同时也可以看到，教师对于STEM教育评价存在一定的误解，认为只有做到产品物化，才算是在做STEM教育。

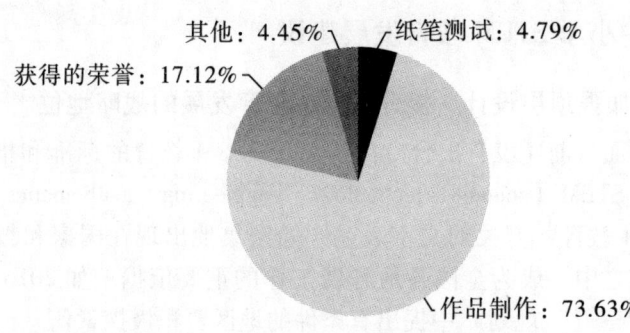

图 20　STEM 课程实施评价类型占比

3. 学校 STEM 教育存在的困难。在影响学校 STEM 教育发展的主要因素中，经费问题摆在首位，有 77.74% 的受访者认为这是 STEM 教育受阻的原因。其次是教师水平问题和课时问题（见图 21）。

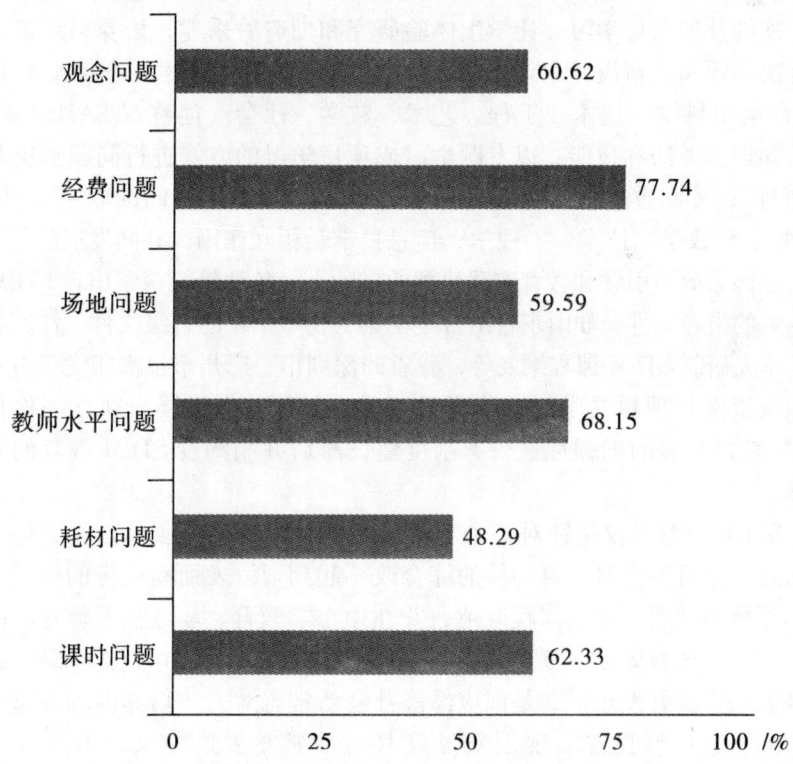

图 21　教师认为目前阶段在学校开展 STEM 教育的困难

四、中小学 STEM 教育发展建议

（一）加强顶层设计，提升 STEM 教育发展的战略地位

国家层面目前还没有出台专门的关于 STEM 教育的标准和指南，但从 2016 年起，STEM（science、technology、engineering、mathematics）、STEAM 及"STEM+教育"有关的文字表述开始密集地出现在国家和教育部的重要政策文献之中，成为全国各地开展工作的重要依据。如 2016 年《教育信息化"十三五"规划》中提出有条件的地区要积极探索信息技术在"众创空间"、跨学科学习（STEAM 教育）、创客教育等新的教育模式中的应用。2017 年《义务教育小学科学课程标准》倡导 STEM 教育，倡导跨学科学习方式。2018 年，教育部颁布《普通高中各学科课程标准（2017 年版）》，STEAM、STEM 及"STEM+教育"出现在多个相关学科课程标准中。《普通高中信息技术课程标准》要求以 STEAM 教育理念为指导，利用开源硬件开展项目学习，让学生体验研究和创造的乐趣，培养利用信息技术解决问题和创新设计意识和能力；《普通高中通用技术课程标准》提到"综合运用科学、技术、工程、艺术、数学、社会（简称 STEAMS）等学科的知识、方法和技能，以专题学习或项目学习的方式进行问题解决与科技创新"；《普通高中生物课程标准》要求"注意学科间的联系"，因为"生物学和数学、技术、工程学、信息科学是相互作用，共同发展的"。

在国家政策引领和教育实践热潮的推动下，各地纷纷探索出台 STEM 教育相关的指导文件。如山东省出台全国第一份 STEM 的省级文件，江苏省在全国率先研制 STEM 课程纲要等，我省的深圳市、广州市也都印发了有关课程建设指南与项目式学习的指导性意见。但目前省级层面缺乏一份指导 STEM 教育发展的纲领性文件，制度建设滞后并制约着 STEM 教育的实践探索。

STEM 教育不仅是针对某个学科或某个学段的具体改革，它更是一个切入点，很可能会对教育领域的综合改革起到牵一发而动全身的作用，创新人才培养模式，撬动课程改革，并在中小学教育、职业技术教育、高等教育、继续教育等多个领域都会产生系统性影响。因此，加强 STEM 教育，提高人力资源开发水平，是回应经济社会新常态对人才培养诉求的重大改革方向。它对于我省实现创新发展具有非常重要的意义，不能仅仅把 STEM 教育作为教育内部的一种理念和方法，必须要站在为经济社会发展培养创新人才的高度来看问题，从产业发展、人才需求、人才培养的角度各级各类教育改革发展研究

统筹考虑，整合全社会的资源推动 STEM 教育的发展。

（二）开展跨学科融合的项目式学习，培养 STEM 素养

STEM 教育不是对科学、技术、工程、数学等学科知识的简单叠加，而是通过预设真实情景中的复杂问题，将问题进行项目化设计，在活动中学生了解并学习现实生活中科学、技术、工程、数学是怎样融合在一起解决问题。所以资源的开发应该以从学生的真实生活情境出发，从生活情境中发现问题，转化为活动主题，通过考察、探究、建模、设计、制作、调测、优化等方式，使学生掌握并开展 STEM 活动的理性认知和有效方法，并能将理性的认识、科学的方法、技术设计和工程思维向学科学习迁移和拓展。

STEM 教育实施要以立德树人为宗旨，以提高学生综合素质、创新精神、问题解决能力作为着力点，通过实施 STEM 教育，探索在分科教育的情况下，把知识有机融合，使碎片化知识结构化、系统化，让知识变成能力。基于现实情境的真实问题、进行项目的跨学科设计以及强调创意物化，使学生通过项目学习，获得亲身参与 STEM 的体验，培养 STEM 素养。

（三）注重开放生成，配套开发教育资源

根据 STEM 教育性质和基本理念，其资源开发应定位为活动型、生成型，突出真实的问题解决情境和问题设计的开放性。遵循学生的认知规律、学习特点，使学生在实践中学、在活动中学；使教育资源的内容和学生的生活、学习密切相关；使资源呈现方式和学生学习活动的开展具有高度的一致性；使教育资源本身成为学生开展 STEM 活动的资源包、活动指南、典型案例、自学材料，从而帮助学生养成自主合作探究的学习方式。另外，考虑到 STEM 教育的特点以及目前缺乏专业、专职教师的现实，资源开发应将活动项目设计与教师的教学设计融合起来，便于教师指导开展 STEM 教育，增进教师的课程设计开发实施能力。各级教研部门可为各学校提供优质的 STEM 教育的课程案例、空间案例、课程推进方式、研究论文等，为学校 STEM 教育教学资源的配备提供很好的参考。学校应提供专项资金用于 STEM 教育的研发与实施。进行专门的 STEM 教室建设，进行配套的教具、学具开发，为 STEM 的实施提供场地、情境与工具。

（四）加强教师培训，增进对 STEM 教育的理解和认识

针对 STEM 教育师资培训不到位的情况，首先需要提高 STEM 教师的培训参与率。面向全省学校，宣传发动，让更多的教师有机会参与 STEM

教育培训、交流。其次在培训内容上,要让教师树立正确的 STEM 知识观和课程观,进行综合化、探究性、合作式的项目教学,形成过程性评价与终结性评价有机结合的评价体系。在培训层次上,既需要有针对一线教师的 STEM 教学内容与策略的技术培训,也要有针对骨干教师的 STEM 教育理念与方法的学术培训,还要有针对学校管理者的育人过程中 STEM 文化与精神的培训。

(执笔人:黄志红,周嘉,沈璐;审核:谢绍熺)

薄弱学校发展路径探索：
"互联网+教育精准扶贫"视域

○广东省教育研究院"互联网+教育精准扶贫"课题组[*]

摘　要：在互联网技术与教育领域深度融合实现教育传统行业快速发展的社会新形态背景下，利用"互联网+"思维和技术，开展精准扶贫，提升薄弱学校教育教学质量，成为我国教育均衡发展的新方向和新思路。本文从分析薄弱学校的需求入手，分析"互联网+"的教育功能，厘清"互联网+教育精准扶贫"与薄弱学校发展三者之间的关系，并介绍了典型的"互联网+教育精准扶贫"应用案例，在此基础上探索"互联网+教育精准扶贫"促进薄弱学校发展的路径。

关键词："互联网+教育精准扶贫"　薄弱学校　共同体　智慧教学

　　办好义务教育阶段的每一所学校，缩小学校之间的差距，改造薄弱学校，为每一个适龄儿童青少年提供优质教育，这是各级政府的法律责任。2006年修订的《中华人民共和国义务教育法》规定：县级以上人民政府应当合理配置教育资源，促进义务教育均衡发展，改善薄弱学校的办学条件，缩小地区之间、城乡之间、学校之间的差距。经过十多年的努力，薄弱学校有了大幅度改进，但步入新时代，普通义务教育学校发展尚且面临优质教育资源不均衡不充分的问题，与广大人民群众的子女上好学的需求以及政府办人民满意的教育政策要求，还存在一定的差距，薄弱学校更是如此。新时期，薄弱学校具有什么表征，其发展需求是什么？如何凭借自

---

[*] 本文系全国教育科学"十三五"规划2018年度教育部重点课题"'互联网+教育精准扶贫'视域下薄弱学校发展路径研究"（课题编号：DCA180317）的部分研究成果。

身的内生发展动力,借助外部高校专家的智力支持与"互联网+"的技术支持促进从薄弱到优质发展呢?

一、相关概念界定

(一)薄弱学校概念界定

研究薄弱学校,寻求一条适合薄弱学校的发展路径,首先要正确认识薄弱学校。何谓薄弱学校?从官方政策文件来看,教育部出台《关于加强大中城市薄弱学校建设,办好义务教育每一所学校的若干意见》中指出:"薄弱学校是在大中城市的一些中小学校中,或因办学条件相对较差,或因领导班子力量不强,师资队伍较弱以及生源等方面的原因,使得学校管理不良,教学质量较差,社会声誉不高,学生不愿去、家长信不过"。从专家学者理论研究来看,薄弱学校表现为硬件和软件的薄弱,硬件体现在校舍、设备设施、图书资料等办学条件差,软件体现在学校管理、师资队伍、生源质量等教学质量差。从学校教育教学实践来看,薄弱学校表现为"办学条件未达到国家和地方的要求,办学质量和综合效益差的学校"①。

本文认为,薄弱学校既是一个相对发展的概念,又是一个动态发展的概念。相对发展,是指在某个特定的区域、某个特定的环节处于薄弱状态的一类学校;动态发展,是指在某特定时期、特定区域内在办学条件、学校管理、师资水平、生源质量等方面比较薄弱,达不到同级同类学校的基本办学标准,造成教育质量不高、社会声誉不佳、学校生存与发展处境困难的一类学校。②

(二)"互联网+教育精准扶贫"概念界定

1. 教育扶贫。在国内,由于经济发展水平的差异性,东部和西部之间,城市和乡村之间的教育水平存在明显的差距,面临着教育发展不均衡的问题。教育扶贫,指通过在农村普及教育,使农民有机会得到他们所要的教育,通过提高思想道德意识和掌握先进的科技文化知识来实现征服自然界、改造并保护自然界的目的,同时以较高的质量生存。③ 我国对教育扶贫工作高度重视,在经费投入、师资配备、教育资源输入等方面为贫困

---

① 胡定荣. 薄弱学校的教学改进[M]. 北京:教育科学出版社,2013:5.
② 师诺. 内生发展:现代教育技术融入边境民族地区薄弱学校的路径研究[D]. 重庆:西南大学,2015.
③ 资料来源于百度百科。

地区的教育工作提供了保障。如改善学校办学条件，自1995年起，我国相关部门相继实施国家贫困地区义务教育工程、全国中小学危房改造工程、农村寄宿制学校建设工程等，完善了贫困地区的办学条件；又如提高学校师资队伍力量，从2006年实施农村义务教育阶段学校教师特设岗位计划，从2010年开始实施"国培计划"，以中西部农村的教师为重点，开展大规模中小学教师专项培训，促进贫困地区教师队伍的建设。① 此外，还有实施农村中小学现代远程教育工程、教学点数字教育资源全覆盖等工作。可见，教育扶贫工作受到了国家的高度重视，也获得了大力的支持与帮扶。

2. 教育精准扶贫。精准扶贫由习近平总书记在多次考察扶贫项目后提出，创新了传统扶贫模式，并于2013年出台的《关于创新机制扎实推进农村扶贫开发工作的意见》中被正式提出。此外，习近平总书记对扶贫工作提出了"扶贫先扶志""扶贫必扶智"等重要论断。可见，教育是"扶志"与"扶智"的根本手段，教育扶贫是阻断贫困代际传递的根本途径。陈敏认为教育精准扶贫是相对教育粗放扶贫而言，指针对不同贫困区域或人口状况，运用科学有效的程序对扶贫对象实施精确识别、精确帮扶、精准管理的教育治贫方式。② 本文中薄弱学校是扶贫的对象，那么教育精准扶贫，是基于精准诊断薄弱学校的发展问题，精准识别其发展需求，为其精准构建帮扶共同体，精准实施供给策略，并精准评价改进成效的较为科学有效的方式。

3. "互联网+教育精准扶贫"。新时期随着我国教育事业不断发展，在互联网技术与教育领域深度融合实现传统教育行业快速发展的社会新形态时代背景下，利用"互联网+"思维和技术，提升薄弱学校的教育教学质量，成为我国促进教育均衡发展的新方向、新思路和新杠杆。刘忠民等以吉林省榆树市的一所薄弱学校武龙中学为例，开展了以"互联网+教育精准扶贫"摆脱农村薄弱学校发展困境，提高办学质量的探索与实践。③ 王文君等人结合信息技术视域下教育精准扶贫路径选择的核心理念支撑，

---

① 李润文. "特岗教师"缓解中西部农村"教师荒"状况[EB/OL]. (2015 - 06 - 30)[2019 - 10 - 09]. http://www.moe.gov.cn/jyb_xwfb/s6319/zb_2015n/2015_zb08/15zb08_mtbd/201507/t20150714_193819.html.

② 陈敏. 关于湘西州职业教育精准扶贫的策略之探究[J]. 教育探索, 2016 (18): 118 - 120.

③ 刘忠民, 王喆. "互联网+教育"精准扶贫 助推城乡教育均衡发展：以吉林省武龙中学为例[J]. 中国电化教育, 2016 (8): 98 - 101.

找准数字资源共建共享、职业技能培训、教师能力提升等在精准扶贫的优势，提出了利用信息技术促进教育精准扶贫路径实施的五个阶段，致力于消除贫困文化。① 本文认为，"互联网+教育精准扶贫"是指发挥互联网在基础设施建设、技术支持系统以及移动互联发展思维的作用，为教育提供软件和硬件支撑与支持，提升薄弱学校发展质量的一种新型的帮扶方式。

二、薄弱学校的发展需求分析

有学者认为，广大中小学校是教育信息化推进的主战场、主阵地，是具体的实践场域，应当提出教育信息化推进的具体需求，并积极参与教育信息化推进实践和研究工作，从而变革教育教学过程，提升教育教学质量②。那么，薄弱学校的发展需求是什么？本文结合薄弱学校内生发展需求和外部发展需求进行具体分析。

（一）内生发展需求

内生发展理论是20世纪中后期兴起的一种具有重要影响力的社会发展理论。法国经济学家弗朗索瓦·佩鲁（Francois Perroux）于1983年提出内生发展理论，他认为内生发展是指一个国家或地区合理开发与利用本地资源、提升内部能力的发展。③ 此后，学者在佩鲁对内生发展理论的原始概念界定的基础上进行延伸，认为内生发展指一个国家或地区以当地人为发展主体，以本地区的资源、技术、文化为基础，通过人文发展、技术进步、制度创新等措施培育自我发展能力，探索一种适合区域发展的模式。④ 其中自我发展能力的培育是内生发展的关键属性。自我发展能力是指主体充分依靠自身主观努力，最大限度发展自己的内在潜能，自力更生，适应社会环境并满足外在要求的能力。

内生发展被提出来并广泛应用于欧洲农村发展实践，在理论上经历了从内生发展论到新内生发展论的快速演变，在实践上被广泛应用于对城乡发展不平衡问题的讨论，集中议题是相对后发的农村如何发展内生动力以

---

① 王文君，李艺华，王建明. 信息技术视域下教育精准扶贫路径探析 [J]. 电化教育研室，2017，38（11）：32-37.

② 左明章，卢强. 区域教育信息化协同推进机制创新与实践 [J]. 中国电化教育，2017（1）：91-98.

③ 佩鲁. 新发展观 [M]. 张宁，丰子义，译. 北京：华夏出版社，1987：2-3.

④ 姚永强，范先佐. 内生发展：薄弱学校改造路径选择 [J]. 中国教育学刊，2013（4）：37-40.

实现振兴。① 处于农村的薄弱学校亦是如此。他们自身渴求得到进一步的良性发展,以实现学校的优质发展甚至跨越式发展。薄弱学校内生发展需求具体体现在四个方面:一是主动发展,自主规划学校教育发展规划与教育行政部门的政策支持相结合。二是借力发展,自主开展教学实践与高校专家智力支持相结合。三是充分利用现有教育技术实施设备与企业提供的智慧教育教学技术支持相结合。四是通过自身努力与外部力量,实现优质内涵发展,摘除薄弱学校的标签。

(二) 外部发展需求

薄弱学校的发展动力一方面源于自身内生发展的需求,另一方面源于国内外对优质教育的需求。具体体现在三个方面:一是新时代国际对优质教育的呼唤。国际上大型的教育质量监测项目,如监测学生阅读、数学和科学能力的国际学生评估项目(PISA),监测学生数学和科学能力的国际数学和科学能力测试(TIMMS)以及监测学生科学能力的美国教育进展评估(NAEP)等著名的学生评估项目,旨在全面监测学生各方面的学业表现,发现和诊断问题,为制定教育决策提供更好的指引和服务,薄弱学校为了适应和提高教育教学质量,培育适应经济社会发展的人才,必须面对与授受国际和国内的教育质量监测。二是新时期国家教育政策提出教育均衡发展战略任务,对薄弱学校均衡发展提出了新要求。《国家中长期教育改革和发展规划纲要(2010—2020年)》将推进义务教育均衡发展作为义务教育战略性任务。要求不断缩小城乡教育差距,推进城乡教育一体化发展,重点扶持农村薄弱学校,"努力办好每一所学校,教好每一个学生,不让一个学生因家庭经济困难而失学"。三是新时期人民群众对优质教育的强烈诉求,对薄弱学校的内涵发展提出了新要求。目前人民群众对教育的需求,是追求更高质量和更具内涵的教育,因此薄弱学校的改进也从改善办学条件转向提高教育教学质量。在办学条件得到保障的前提下,薄弱学校如何激发内部发展动力,注重内涵发展,提升教育质量,是当前新时期薄弱学校发展的关键。

---

① 张文明,章志敏. 资源·参与·认同:乡村振兴的内生发展逻辑与路径选择[J]. 社会科学,2018 (11):75-85.

三、"互联网+教育精准扶贫":新时期薄弱学校发展的有效路径

(一)"互联网+教育"功能分析

本文拟从互联网基础设施建设、互联网技术支持系统以及互联网发展思维三个方面进行分析。一是互联网基础设施建设,含无线网络、移动终端设备等,其教育应用是创设移动互联工作环境。二是互联网技术支持系统,含云计算(cloud computing)、大数据(mega data)以及人工智能(artificial intelligence)等。云计算提供动态易扩展、虚拟化的数字资源,其教育应用可实现优质数字教学资源的共建共享;大数据可存储、挖掘和分析海量数据,支持实时记录教学轨迹,可视化教学行为,为过程性教学评价提供数据支持;人工智能技术可利用计算机模拟人的某些计算思维过程和智能行为,可用于计算机辅助教学。三是互联网发展思维,指多维网络状的生态思维,它由节点连接形成圈子或系统,可帮助薄弱学校建立互联网发展思维,开展"互联网+教育精准扶贫"等行动计划。以上分析见表1。

表1 "互联网+教育"功能分析

功能列表		功能描述	教育应用
互联网基础设施	无线网络	采用无线通信技术实现的网络	创设移动互联工作环境
	移动终端设备	可以在移动中使用的计算机设备	
互联网技术支持	云计算	提供动态易扩展、虚拟化的数字资源	数字教学资源库共建共享
	人工智能	利用计算机模拟人的某些计算思维过程和智能行为	计算机辅助教学
	大数据	存储、挖掘和分析海量数据	记录教学轨迹,可视化教学行为,为过程性教学评价提供数据支持
互联网发展思维	多维网络状的生态思维	由节点连接形成圈子或系统	帮助传统教育行业建立互联网思维

（二）"互联网+"、教育精准扶贫、薄弱学校发展三者之间的关系

"互联网+"是当前信息技术时代的热门应用，发挥"互联网+"在薄弱学校教育教学的优化和集成作用，应当把"互联网+"支持度（含基础设施、技术支持和发展思维）与教育扶贫精准度（识别与诊断、设计与实施、评估与反馈）两者有机结合，努力催化"互联网+"与教育精准扶贫两者产生最大效应，加强与薄弱学校的适切性研究，提升薄弱学校的发展质量（由不良发展逐步过渡到良性发展，最终实现优质发展），形成更广泛的以"互联网+"为基础设施和技术支持实现教育发展新样态。"互联网+"、教育精准扶贫、薄弱学校发展三者之间的关系见图1。

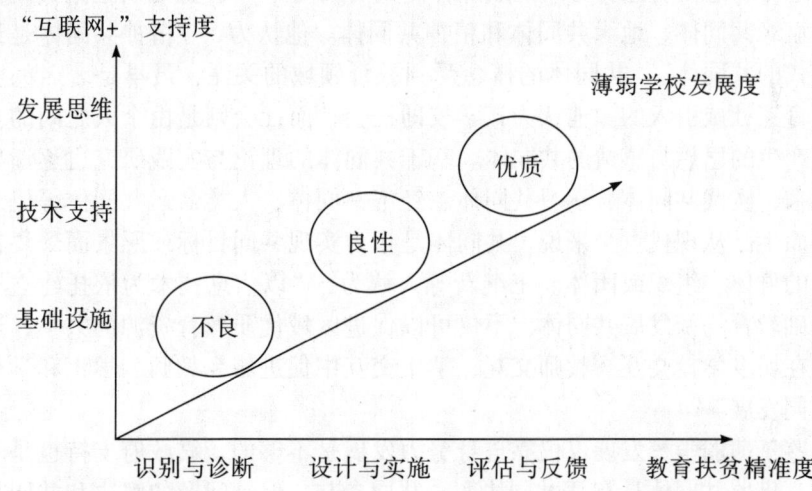

图1 "互联网+"、教育精准扶贫、薄弱学校发展三者之间的关系

四、"互联网+教育精准扶贫"促进薄弱学校发展的实现路径探索

立足薄弱学校的实际情况，本文从以下四个方面探索"互联网+教育精准扶贫"促进薄弱学校发展的路径，分别是：多方联动，构建以教育行政部门为行动主导、高校和教科研部门为智力依托、以教育信息化企业为技术支持、以薄弱学校为扶贫对象而开展的教育扶贫共同体，共同体通过精准识别和诊断薄弱学校发展遇到的主要问题和实际需求，有针对性地设计与供给"互联网+"技术支持服务系统，为师生提供优质的数字化教学资源；开展"互联网+"智慧教学，提高课堂教学效果；开展线上和线下

相结合的混合教研培训，促进教师专业发展；通过评估和反馈，及时发现问题，并解决问题，有效推动"互联网+教育精准扶贫"促进薄弱学校发展。

（一）精准构建教育扶贫共同体

"共同体（community）"一词是"社区""社群"之意。它作为社会学概念最早由德国著名社会学家和哲学家斐迪南·滕尼斯于19世纪80年代在《共同体与社会：纯粹社会学的基本概念》一书中提出。他认为"共同体的理论出发点是人的意志完善的统一体，并把它作为一种原始的或者天然的状态。"①"凡是在人以有机的方式由他们的意志相互结合和相互肯定的地方，总是有这种方式的或那种方式的共同体"②，滕尼斯还把共同体分为血缘共同体、地缘共同体和精神共同体。他认为，"精神共同体是最高形式的共同体"。共同体的概念受到教育领域的关注，最早是著名的美国教育家杜威引入的。他认为，学校即社会，而社会则是由个人之间的互动而产生的思想与感情的共同体。基于共同体的理论与实践研究也逐渐发展起来，实践共同体、学习共同体、经济共同体、人类命运共同体等概念相继而生。从现代意义来说，共同体是指为实现共同目标或愿景而聚集在一起的群体、组织或团体。王继新等人认为，"以信息技术为依托建立城乡基础教育均衡发展共同体，不仅可以促进区域优质教育资源的共享，还能够在城乡学校交互、教师交互、学生交互中促进城乡教师、学生和学校的共同发展"③。

鉴于薄弱学校发展仅仅靠自身努力发展是不够的，靠政府支持也是不够的，借鉴共同体具有"共同协商、共同参与，促进问题的解决和共同目标的实现"这一特质，"互联网+"精准扶贫视域下薄弱学校的发展共同体精准构建应该加强政府、高校、教学科研机构、企业与薄弱学校自身多方联动，形成高校专家指导、教科研机构人员引导、薄弱学校教师主导、企业技术人员协作与政府支持的方式，在充分发挥各自优势的基础上，构建真正能够有效促进薄弱学校发展的教育扶贫共同体。如此多方协同，深

---

① 滕尼斯. 共同体与社会：纯粹社会学的基本概念 [M]. 林荣远，译，北京：商务印书馆，1999：58.

② 滕尼斯. 共同体与社会：纯粹社会学的基本概念 [M]. 林荣远，译，北京：商务印书馆，1999：65.

③ 王继新，吴秀圆，翟亚娟. 共同体视域下的区域基础教育均衡发展模式研究 [J]. 电化教育研究，2018（3）：12-17.

入精准诊断薄弱学校现存问题,并提供适切的实施方案,切实为薄弱学校发展"量身定制"做好顶层设计和过程跟踪。

在扶贫共同体中,不同角色承担不同的工作职责:政府负责统筹总体工作,引领薄弱学校、高校专家、教科研机构、电教企业与社会力量等全程积极参与到教育精准扶贫过程中同时为薄弱学校提供相应的政策支持与经费支持;高校专家协同教科研机构提供学术引领、教研指导,为薄弱学校课堂教学质量的提高与改进、教学教研课题的申报与完成,提供智力支持;企业根据学校的实际需求,提供教学所需的数字化教学平台以及优质的教育教学资源,同时提供专业的驻点技术支持,及时解决教师在教育技术方面的问题;而社会力量则提供社区服务等社会资源。

(二)精准识别学校发展需求

诊断学校发展问题,识别学校发展需求,是实施学校供给策略的重要环节,关乎教育精准扶贫是否取得显著成效,因此该阶段重点在于采集数据,并应用统计分析方法建立用户模型,整合多样化的数据信息,从而分析归纳大数据背后隐藏的整体关联性和内在规律性。一是借助"互联网+教育精准扶贫"平台采集学校、教师和学生三者的基本数据,并将数据分类存储到平台数据库中。其中,需要采集的数据包括两个部分内容:第一部分为基本信息,以教师为例,教师的基本信息含姓名、性别、年龄、学历、任职学校、授课科目、授课年级、授课薄弱点等。第二部分为需求信息,主要呈现学校、师生的需求。同样以教师为例,需求信息设置多道题目以了解教师的实际需求,部分题目如下:①知识点讲解中需要得到哪些帮助与支持?②课堂教学中需要哪些类型的数字化教学资源?③课后备课需要得到哪些方面的教研帮助与支持?④网络教研中需要得到哪些方面的教学与技术指导?等等。如此,分别向学校校领导、教师、学生了解其真实需求,分别调查学生的学习动机与学习效能,调查对象通过填写个人基本信息、需求表单和自主发布需求等方式实现薄弱学校的数据录入,"互联网+"平台通过大数据分析技术,将数据转化成帮扶需求信息,进而将数据进行归纳、总结和提炼,实现薄弱学校发展需求的准确识别。

本文将薄弱学校可能出现的需求主要归结为三类:第一类是面向师生资源获取与应用的需求;第二类是面向学生教学的需求;第三类是面向教师教研方面的需求。事实上,薄弱学校的需求是这三个类别无法覆盖的,还包括资金投入、设备补充和校园文化建设等方面,但考虑到共同体的能

力可及范围和实际可操作性,本文将"互联网+教育精准扶贫"定位教学、教研和资源三个方面,其他方面的需求暂不考虑。

(三) 精准实施学校供给措施

一是精准推送优质教学资源。主要通过个性化推送优质教育资源和开展数字化资源应用培训。高校专家协同教研机构教研员共同甄别和筛选有效的、实用的、符合薄弱学校师生需求的优质教育资源,这些数字资源含教学视频、教学设计、测验试题以及微课优课等。薄弱学校的教师根据学生的知识基础、兴趣爱好、学习风格等学情,结合资源浏览、下载记录,以及资源点击量和资源评价,确定资源内容和选取资源类型,为学生推送合适的资源。"互联网+教育精准扶贫",能够根据师生的真实需求,个性化推送资源,打破了传统流水线式"漫灌"资源的局面,以扶贫对象为中心,变被动接受为主动获取,变全面铺开为个性化推送,充分调动了师生的主动性和积极性,让他们根据自身需求主动获取,有利于真正实现"滴灌"式资源输送。这种个性化资源配置由"套餐"转变为"自助餐",满足扶贫对象的个性化需求,有利于充分发挥数字化资源的实效。

为了薄弱学校师生更好地利用数字化资源辅助教学,解决"有建设,无应用"的问题,充分发挥数字化资源的辐射效应,实现扩大优质数字资源面的目标,同时也为了满足薄弱学校师生开展日常教育信息化教学的需求,针对教师开展数字化资源应用培训,培训内容包括数字化资源筛选甄别、数字化资源制作、数字化资源改造、数字化资源辅助教学等,实现"点点用、改改用、创创用"①。

二是精准开展"互联网+"智慧教学。针对薄弱学校学生个体差异大,大部分学生学习基础相对薄弱、学习动力不足、学习专注力较为低下、学习自信心不足,教师课堂效率低下,无法同时顾及少数的优秀生和多数的学困生,教学迷茫、干劲不足等劣势,如何既能激发大部分学困生的学习兴趣,提高学习专注力和学习自信心,又能提高课堂教学效率和教学质量?开展"互联网+"智慧教学已成为教育技术的新范式,也是一条积极探索促进薄弱学校优质发展的路径。智慧教学是"互联网+"教学的典型新样态,但怎样的教学能够称之为智慧?纵观国内外近十年的智慧教

---

① 王创. 以数字教材规模化应用促进信息时代的"课堂革命"[J]. 广东教育(综合版), 2019 (3): 6-8.

学，可归纳为两种：一种是教师智慧地教，强调教师的教学机智；另一种是教师利用智能教学技术教，强调教师巧妙地利用智能技术。前者强调教师机智，教学改进就会进入不可言说的默会领域；后者强调智能技术，教学的核心就会失去焦点或是异化为技术论。因此，有必要加强两者的融合，找到两者兼备的教学模式和技术形态，实现教学与技术的深度整合。有学者认为，完备的智慧教学系统应该集合先进理念与操作系统于一体，兼具技术工具和教学价值双重理性，能够提供尊重差异并满足多样化的、个性化的学习方式和学习资源，能有效促进学生养成自主学习意识和习惯，提高学生自主学习能力的技术支持系统。① 本文"互联网＋"智慧教学指在移动互联教学环境中，教师通过智能教学平台和课堂观察等方式，记录和观察学生的学习行为，根据收集到的学习数据进行教学诊断，有针对性地开展分层教学，以满足不同层次学校不同层次学生的个性化需求的一种教学模式。如教育部在湖南省郴州市柿竹园学校和白露塘镇中心完小，以及广东省广州市陈嘉庚纪念中学等薄弱学校开展的"互联网＋"智能教学提升薄弱学校品质提升项目，就是培训教师合理地有效利用爱迪乐（IDIIL）教学系统②进行差异化教学，特别是提升学困生学习能力、促进全体学生进步的有益尝试。

三是精准开展线上与线下相结合的混合教研。混合教研是基于优秀教师、高校专家和教科研人员帮扶薄弱学校教师的理念，通过智能学习平台为薄弱学校教师教研提供一个动态交流对话的空间，提供在线培训和线下教研两种方式促进薄弱学校教师的能力提升。其中在线培训是定期或不定期组织高校专家、教科研人员与薄弱学校教师通过 UMU③ 等智能教学平台开展实时的线上培训活动，包括线上讲座、线上答疑、交流互动等；线下教研包括深入课堂观摩研讨课例、集体备课、同课异构等活动，薄弱学校

---

① 卓晴君，邓立言. 智能教学系统引导下的教学范式变革：以柿竹园学校初一课改试验为例 [J]. 中国电化教育，2017（10）：103－108.

② IDIIL 是美国爱迪乐教育研究院以麻省理工学院物理学教授徐启天博士带领团队研发的智能教学系统。IDIIL 是 5 个核心教学理念个别化学习（individualized learning）、发现式学习（discovery-based learning）、互动式引导（interactive guidance）、渐进式成长（incremental development）、主体式学习（learner-centered instruction）的英文词组的第一个字母。

③ UMU 是"互联网＋"时代知识分享与传播的学习平台，可用于企业学习、学校教学等不同场景。

教师可以将教案等内容发布到教学平台,帮扶人员及时答疑与指导,在交互中将优秀教学理念、方法等潜移默化地传授给薄弱学校教师,不断地促进其专业发展。

(四)精准评价学校改进成效

学生能力提升和教师专业发展是一个持续、系统的发展过程,这个特点直接决定了教育精准扶贫效果评价的复杂性和动态性,因此需要以"动态、实时"为核心对扶贫效果进行评价。在这个环节,采用不同的手段和方式分别对精确师生资源、教学和教研扶贫进行动态跟踪。一是采用问卷、量表等方式跟踪了解学校师生对资源使用的需求与满意度评价;二是采用问卷、访谈等方式跟踪了解学校教师、学生对教学质量、效率与满意度的评价;三是通过教师的教学日志、反思等方式跟踪了解教师对教研质量、满意度的评价,及时调整和修正扶贫策略。每个月或每个学期结束后定期进行评价,并把相关数据和信息记录到平台中,随着教育扶贫实践的积累,每一所薄弱学校的师生数据都会不断增加,并记录在学校数字化档案里,不断更新档案中的数据,完整记录每位师生在帮扶过程中的成长与发展过程。通过这些评价数据,可以直观、科学地呈现出整个"互联网+教育精准扶贫"的效果,也可以及时地发现新的问题,并将发现的问题反馈给精准实施阶段进行病因诊断,再循环到动态跟踪阶段,进行分类治疗与问题解决,如此循环往复的评估反馈和修正完善过程,能够提高扶贫的精准性,从而实现"互联网+教育精准扶贫"促进薄弱学校的发展的目的。

五、总结与展望

利用"互联网+教育精准扶贫"促进薄弱学校发展的研究已取得一定的成果,但是大部分研究仍处于教育扶贫的资源供给阶段。鉴于教师专业内生发展建设,以及学生学习能力提升是一个复杂、系统、动态发展的过程,因此本文引入共同体和智慧教学的概念,有助于打破传统个体知识建构的局限,将薄弱学校的发展置于师生个体发展与社会经济发展的实践场域之中,同时借助"互联网+"时代的技术力量和发展思维,跟随教育学和认知科学的实践和研究趋势,开展适切的智慧教学,引领学生学习方式发生变革,教师教学流程再造,为学生提供有针对性的个性化学习,促进薄弱学校迈向优质发展。这也是技术回归教育本质的实践。

(执笔人:詹春青,吴竞,钟洪蕊;审稿人:谢绍熺)

激发学生参与 促进学习方式转变

——广东省乡村小学数学课堂中学生参与状况调研报告

○ "广东省乡村小学数学课堂中学生参与状况"调研组

摘 要: "广东省乡村小学数学课堂中学生参与状况"调研结果表明:大多数乡村小学生数学参与状况良好,但需要重点关注三个方面的问题:一是学生参与课堂发言和讨论不够,遇到学习难题时钻研精神不足;二是学生在数学学习中较多使用浅层次策略和依赖策略,深度参与不够;三是学生对数学学习普遍具有焦虑感,影响健康发展。针对以上问题调研组提出以下五点对策建议:一是深化乡村小学数学课堂教学改革,将学习方式转变落到实处;二是丰富乡村小学数学趣味活动,激发学生深度参与数学学习;三是优化乡村小学数学学习评价方式,减轻学生数学学习焦虑;四是加强乡村小学数学教学研究,攻克学生参与中的关键问题;五是培养乡村小学数学骨干教师和学科带头人,发挥示范引领辐射作用。

关键词: 学生参与 小学数学 课堂教学 乡村小学 调查研究

教学活动是师生积极参与、交往互动、共同发展的过程,学生参与是影响课堂教学质量的关键因素。为深入了解广东省乡村小学数学课堂中学生参与状况,总结有效经验,发现问题与困难,促进乡村小学生主动参与数学学习,全面提升我省小学数学教学质量,2019 年 3 月,由 75 位小学数学教研员和骨干教师组成的调研组分别奔赴梅州市丰顺县、韶关市始兴县、茂名市高州市和中山市①开展了以"乡村小学数学课堂中学生参与状况"为主题的调研工作,现将调研情况报告如下,主要包括调研概况、调研结果和对策建议三个部分。

---

① 这四个地方分别代表粤东、粤北、粤西、珠江三角洲四大地区。

一、调研概况

(一) 调研背景

1. 全面提升乡村小学数学教学质量是推进我国城乡义务教育均衡发展、实现全面建成小康社会奋斗目标的历史使命。乡村教育是我国基础教育的重要组成部分,在整体提升基础教育质量中具有举足轻重的作用。小学数学是培养公民素质的基础课程,具有基础性、普及性和发展性。全面提升乡村小学数学教学质量,是深入贯彻党和国家教育大政方针的迫切需要,也是实现小学数学育人目标的必然要求。

2. 小学数学课堂中的学生参与是影响小学数学课堂学习质量的关键因素。学生是学习的主体,学生在学习过程中进行主动的认知加工活动是有效学习发生的内部条件,这种主动认知加工活动的实质是学生对学习活动的主动参与,包括行为参与、认知参与和情感参与,它是影响课堂教与学质量的关键因素。①

3. 乡村小学数学课堂中存在着学生被动学习、浅层参与等问题,亟待开展专项研究。通过专项研究,可以聚焦学生参与的关键问题,明确问题成因,总结成功经验,寻求解决对策,从而促进乡村小学生积极主动参与数学学习,提升乡村小学数学课堂教学质量。

(二) 概念框架与调研内容

1. 概念框架。本研究中的学生参与是指小学生在数学课堂学习过程中的心理活动方式和行为努力程度,包括行为参与、认知参与和情感参与三个方面,这三个方面既相互独立又有机联系,它们组合在一起就形成学生的学习方式。三种参与的内涵和观测点见表1。②

---

① 鲍银霞. 促进学生有效学习的理念与策略 [M]. 广州:广东高等教育出版社, 2015:23 - 24.
② 孔企平. 数学教学过程中的学生参与 [M]. 上海:华东师范大学出版社, 2003:81 - 82, 70.

表1 小学数学课堂中学生参与的概念框架

类别		内涵	观测点
学生参与	行为参与	指小学生在数学课堂学习中的行为努力程度,包括课堂表现和课后时间投入两个方面	课堂表现:专心、钻研;课后时间投入:每天课外作业时间、每周补充学习时间
	认知参与	指小学生在数学课堂学习中所使用的反映其思维水平的学习策略	深层次策略、浅层次策略、依赖策略
	情感参与	指小学生在数学课堂学习中的情感体验	乐趣感、成功感、焦虑感、厌倦感

2. 调研内容。①乡村小学数学课堂中学生参与的总体状况。②乡村小学数学课堂中激发学生参与的有效做法与经验。③乡村小学数学课堂中激发学生参与的问题与困难。

(三) 调研方法

梅州市丰顺县、韶关市始兴县、茂名市高州市和中山市各推荐一个镇作为样本镇,调研组对每个镇进行为期2天的集中调研,采用课例研讨、以教师座谈和学生问卷调查等形式收集数据,并结合调研主题安排小学数学骨干教师送教下乡。

1. 课例研讨。每个镇推荐三所小学(包括中心小学、面上小学①或教学点)作为样本学校,每所小学推荐2位数学教师上研讨课,每个镇共6节,调研组另安排送教课1节。本次调研共听课28节,其中包括4节送教课。调研组在课堂观察的基础上开展深入的教学研讨,收集研究资料。

2. 教师座谈。每个镇安排1次教师座谈会,共有60多位小学数学教研员、学校行政人员和小学数学教师参加座谈会。

3. 学生问卷调查。学生问卷采用李克特5点式设计法,每个观测点设计若干道题目,每道题目有5个选项,学生填写对应的数字:极不同意填1,不同意填2,无意见填3,同意填4,非常赞同填5。以五、六年级的小学生作为调研对象,四个镇共发放问卷1 022套(包括行为参与、认知参与和情感参与三份问卷),调查后全部回收。其中行为参与有效问卷

---

① 指由镇中心小学管辖的完全小学。

为 957 份，有效率为 93.6%；认知参与有效问卷为 940 份，有效率为 92.0%；情感参与有效问卷为 936 份，有效率为 91.6%。

二、调研结果

（一）乡村小学数学课堂中学生参与的总体状况

1. 在行为参与方面，学生参与课堂发言和讨论不够，遇到学习难题时钻研精神不足，课外时间投入不均衡。行为参与是指小学生在数学课堂学习中的行为努力程度，包括课堂表现和课后时间投入两个方面。课堂表现的观测点包括两个：一是小学生参加集体教学活动的专心和努力程度，简称"专心"，例如专心听课、尽力学习、积极发言、参与讨论等；二是小学生在完成作业和解决数学问题中的认真程度，简称"钻研"，例如认真做题、努力思考、积极探索等。时间参与的观测点也包括两个：一是小学生每个上课日课后完成作业的时间；二是小学生除每个上课日课后完成作业时间外的每周补充学习时间，例如自主学习数学、上课外辅导班等。

（1）乡村小学生数学课堂表现状况。从学生问卷调查结果（见表2）来看，样本学校的大多数学生数学课堂表现良好，注意力专注，具有较好的钻研精神。在"专心"方面，有 79.7% 的小学生在课堂学习中能够集中注意力，认真听讲，比较专注，努力理解教师所教的内容；有 65.6% 的学生在数学课上很尽力。在"钻研"方面，有 71.4% 的小学生能够纠正学习错误，对于难题持续钻研；有 64.4% 的小学生表示通过持续努力能够得出正确答案。

同时，调研组也发现两个方面的问题。第一，部分学生课堂表现状况不佳，做不到学习专注、认真听课，遇到问题容易退缩，不能持续钻研。第二，将近一半的小学生在数学课堂学习中不经常发言和参与讨论。这一点在粤北和粤东两个样本镇表现尤为突出。例如："当讨论新的数学知识时，我经常发言"，粤北和粤东两个样本镇小学生选择肯定选项（包括"同意"和"非常赞同"）的比例仅为 30.9% 和 40.8%。"我经常参加数学课上的讨论"，两个样本镇小学生选择肯定选项的比例仅为 37.1% 和 40.8%。这个结果与教师座谈反映的情况以及课堂观察的结果是基本吻合的。

表2 广东省乡村小学数学课堂中学生行为参与（课堂表现）问卷调查结果

（N=957）

观测点	题目	"同意"和"非常赞同"所占百分比
"专心"	在数学课上，我聚精会神地听老师的讲解	79.7%
	当讨论新的数学知识时，我经常发言	53.2%
	我在数学课上很尽力	65.6%
	当老师提出新的数学知识的时候，我注意力总是非常集中	74.2%
	我在数学课上用一切办法使自己明白老师讲的内容	73.1%
	我经常参加数学课上的讨论	55.7%
"钻研"	对于难的问题，我会持续钻研	73.8%
	如果我一时得不出一个正确答案，过一段时间我会想出来	65.3%
	如果我第一次不能把问题解答出来，我会再试下去	79.1%
	当我解题发生错误时，我最后总是能纠正	71.4%
	当我持续解决问题时，一般我能够得出正确答案	64.4%
	如果我不能一下子把问题解出来，我会一直试下去，直到解决问题为止	65.4%

（2）乡村小学生数学课外学习时间投入状况。从学生问卷调查结果（见表3）来看，在每天课外作业时间方面，有40.1%的小学生每天用于课外数学作业的时间为半小时左右，有19.9%的学生为45分钟左右。在每周补充学习时间方面，有55.7%的学生每周花1~2小时学习数学。

同时，调研组也发现两方面的问题。一方面，在课外时间投入方面，分别有7.6%和4.8%的小学生课后不花时间做数学作业或补充学习，有15.9%的学生每天仅花大约5分钟时间做数学作业。这种状况不能为小学生对数学知识的巩固、理解与运用提供时间保障，将会对其数学学习成绩造成不利影响。另一方面,有14.4%的小学生每天用于课后学习数学的时间为1小时或以上,有36.9%的小学生每周花3小时或以上的时间用于数学学习,学习负担较重。

表3　广东省乡村小学数学课堂中学生行为参与(时间投入)问卷调查结果

(N=957)

题目	"不花时间"	"大约5分钟"	"大约半小时"	"大约45分钟"	"大约1小时或以上"	未作答
第1题	7.6%	15.9%	40.1%	19.9%	14.4%	2.1%

注:第1题题目是"在一个正常的上课日,你一般花多少时间在课后学习数学或做家庭作业?"

题目	"不花时间"	"大约1小时"	"大约2小时"	"大约3小时"	"3小时以上"	未作答
第2题	4.8%	33.2%	22.5%	23.3%	13.6%	2.6%

注:第2题题目是"在一星期中,除了完成上述数学作业,你每周通常花多少时间用于课外数学学习?"

值得注意的是,粤西样本镇小学生日投入时间在1小时或以上的比例为38.8%,周投入时间在3小时及以上的比例为41.4%,学生学习负担比较重。珠江三角洲样本镇小学生日投入学习时间大约半小时的比例为54.5%,大约45分钟的比例为21%,每周投入学习时间为大约1小时的比例为52.1%,大约2小时的比例为24.5%,相比其他三镇,两头的比例较低,整体比较均衡,但也存在着少数学生学习负担比较重的状况。

2. 在知识参与方面,学生在数学学习中较多使用浅层次策略和依赖策略,深度参与不够。认知参与是指小学生在数学课堂学习中所使用的学习策略。采用的学习策略不同,所引起的思维活动层次也不同。本研究将小学生数学学习策略分为三类:浅层次策略,例如采用记忆概念、公式等机械学习的方法,体现的是死记硬背和机械的认知水平;深层次策略,例如归纳总结、理解和联系等,表现的是具有理解和反思性的认知水平;依赖策略,例如依赖家长、依赖教师,表现的是学生认知水平不稳定,对成人的依赖性强①(见表4)。

---

① 孔企平. 数学教学过程中的学生参与[M]. 上海:华东师范大学出版社,2003:81-82,70.

表4 小学生数学学习中认知参与的三种类型

策略类型	策略特征	表现的认知水平
浅层次策略	死记硬背和机械的方法	较低层次的认知水平
深层次策略	独立理解、联系和反思	较高层次的认知水平
依赖策略	以教学策略为学习策略	认知水平不稳定

从学生问卷调查结果（见表5）来看，在"浅层次策略"方面，样本学校的大多数学生认为记忆公式和解题方法等是好的学习方法。例如，"我发觉牢记公式和方法是学习数学的最好方法。""学习数学时，我喜欢记忆那些需要学习的公式、规则等，多过对它们的理解。"这两题选肯定项的学生比例均超过70%。由此可见，记忆性方法被乡村小学生较高程度地认同。

在"深层次策略"方面，样本学校的大多数学生认为自己在学习时会独立理解、进行联系的反思。这个结果与浅层次策略的结果似乎有相悖之处。但从教师座谈中反映的情况来看，确实有较大比例的小学生在数学学习中倾向于使用浅层次策略。

在"依赖策略"方面，大多数学生认为学习数学的最好方法是听从教师的安排，并采用与教师相同的解决数学问题的方法，但在"老师怎么教，我就怎么学""老师怎么解题，我就怎么解题"这两个问题上，持肯定态度的小学生不到一半。这说明小学生在数学学习方面体现了对教师的依赖，但不是盲从。在采用依赖策略的情况下，教师的教学对学生具有关键的影响，教师注重采用深层次策略，学生往往就发展深层次策略，反之则不然。

表5 广东省乡村小学数学课堂中学生认知参与问卷调查结果（N=940）

观测点	题目	"同意"和"非常赞同"所占百分比/%
浅层次策略	我发觉牢记公式和方法是学习数学的最好方法	76.9
	学习数学时，我喜欢记忆那些需要学习的公式、规则等，多过对它们的理解	70.6
	我觉得记忆一个课题的事实和细节，比全面理解更好	57
	在数学学习中，记忆应用题的解题方法是非常有用的	68.2

续上表

观测点	题目	"同意"和"非常赞同"所占百分比/%
浅层次策略	在数学学习中，我喜欢记忆解题的方法，这是很有效的方法	62.9
	我觉得通过反复解题来记忆数学知识是学习数学的最好方法	64.7
	我觉得记忆数学知识比理解它更有效	45.4
深层次策略	当我学习数学时，我会去想想所学到的东西在现实生活中有多大用处	73.2
	阅读新资料时，我会联想起学过的东西，并会对这些东西有新的了解	72.1
	我在读数学课本时，经常思考其中有哪些是要切实掌握和理解的要点，而不是简单地把课本看完	79.4
	我努力把在数学课中所学到的知识，与生活中遇到的事情或者其他学科中学到的知识联系起来	67
	我会花课外时间去加深对有趣的数学知识的认识和理解	66.3
	在学习数学过程中，我总是向自己提出一些问题，这些问题帮助我理解主要内容	64.3
	课堂上讨论过的有趣的问题，我会用很多空余时间去增加我对它们的认识	66.5
依赖策略	学习数学的最好的方法是听从老师的安排	63.3
	按照教师安排学习，是最有效的学习数学的方法	65
	老师教什么，我就学什么	46.7
	老师怎么教，我就怎么学	48.4
	我一般用和老师相同的方法解决数学问题	62.7
	老师怎么解题，我就怎么解题	46.6
	在数学学习中，老师怎么安排，我就怎么学习	51.4

3. 在情感参与方面，学生对数学学习普遍具有焦虑感，影响健康发展。情感参与是指小学生在数学课堂学习活动中的情感体验。情感参与的观测点包括四个方面：一是小学生对学习内容和过程感到有趣，简称"乐趣感"；二是小学生在完成学习任务或者取得好成绩时感到愉快和满足，简称"成功感"；三是小学生对考试和测验的焦虑，简称"焦虑感"；四是小学生对数学学习活动的厌倦，简称"厌倦感"。

从学生问卷调查结果（见表6）来看，在"乐趣感"方面，样本学校大部分小学生感觉到了数学学习的乐趣；在"成功感"方面，有70%以上的学生表示在数学学习中体验到了成功感；在"焦虑感"方面，有近一半的小学生表示体验到了学习焦虑；在"厌倦感"方面，有14%~25%的小学生表示对数学学习感到厌倦。

表6 广东省乡村小学数学课堂中学生情感参与问卷调查结果（N=936）

观测点	题目	"同意"和"非常赞同"所占百分比/%
乐趣感	在数学课上，我感到数学知识很有趣，因此我觉得数学学习很快乐	74.5
	我觉得数学学习是快乐的，我对解答数学问题很有兴趣	70.5
	当我在做数学课堂作业时，我觉得有满足感	65.1
	我对数学新知识总是很好奇，我觉得数学学习很快乐	73.7
	当我开始学习一些新知识时，我觉得有些兴奋	76.6
	我对解答一些新的数学问题总是非常有兴趣，数学总是给我带来快乐	70.8
成功感	虽然数学学习很艰苦，但是我感到完成数学学习任务是愉快的	79.7
	虽然学习数学有一些枯燥，但是能取得好的数学成绩我感到很高兴	76.3
	虽然数学学习很艰苦，但是为了取得很好的数学成绩，下苦功学好数学是值得的	81
	虽然数学学习很艰苦，但是我下苦功后能取得好成绩，我感到满足	77.9

续上表

观测点	题目	"同意"和"非常赞同"所占百分比/%
成功感	虽然数学学习很艰苦,但只要取得好的数学成绩,我仍觉得很快乐	77.9
	虽然数学学习很艰苦,但取得了好的数学成绩,总给我带来成功的满足	78.7
焦虑感	在数学测验的时候,我感到很紧张	47.1
	在数学考试时,我总是有些担心	55.3
	我在数学考试时,一旦遇到不理解的数学知识时,就会很紧张	45.4
	我很担心自己的测验分数不理想	58.9
	在数学测验时,当我不能解决数学题的时候,我感到很焦急	43.1
厌倦感	当老师第一次解释新的学习材料时,我感觉厌倦	16
	当学校中学习新的材料时,我觉得很疲劳	24.8
	我不太喜欢上数学课	15.1
	我很讨厌做数学习题	14.4
	我对学习数学感到厌倦	18.2

相比而言,在"焦虑感"方面,粤北和粤西的两个样本镇表现更为突出一些。例如,"在数学考试时,我总是有些担心",两个镇小学生选择肯定项的比例分别为59.8%和56.7%。"我很担心自己的测验分数不理想",两个镇小学生选择肯定项的比例分别为62.2%和65.6%。

因此,在情感参与中,学生的焦虑感是一个需要重点关注的问题。同时,在乐趣感和成功感方面,也特别需要关注20%~30%具有消极感受的小学生。

4. 乡村小学数学课堂中学生参与状况小结。

(1)在行为参与的课堂表现方面,大多数小学生数学课堂表现良好,在课堂学习中能够集中注意力,认真听讲,能够纠正学习错误,对于难题持续钻研,寻求正确答案。但也存在两个方面的问题:一是部分学生课堂表现状况不佳,做不到学习专注、认真听课,遇到难题容易退缩,不能持续钻研;二是近一半的小学生在数学课堂学习中不经常发言和参与讨论,这一问题在粤北和粤东两个样本镇表现更为突出一些。因此,在课堂表现中,如何激发学生参与课堂发言和讨论是需要重点关注的问题。

(2)在行为参与的时间投入方面,大多数小学生课后投入的数学学习时间适当。但也存在两个方面的问题:一是部分小学生课后投入数学作业和补充学习的时间过少甚至没有,不能为数学知识的学习提供练习巩固、理解运用的时间保障;二是部分小学生课后用于数学作业和补充学习的时间比较长,导致学习负担比较重。

(3)在认知参与方面,虽然样本学校的大部分小学生认为自己在数学学习过程中采用了深层次策略,但同时认为学习数学最好的方法是记忆公式和记忆解题方法等的人数也占大多数,记忆性方法得到乡村小学生较高程度的认同。采用依赖策略的小学生也占有较大的比例。因此,在认知参与中,如何改变小学生数学学习中的浅层次策略学习是一个需要重点关注的问题。

(4)在情感参与方面,大多数小学生体验到良好的乐趣感和成功感,绝大多数小学生表示对数学学习不会感到厌倦。但近一半的小学生表示体验到了学习的焦虑,相比而言,粤北和粤西的两个样本镇小学生的焦虑感体验更为突出一些。因此,在情感参与中,如何帮助小学生克服焦虑情感是一个需要重点关注的问题。

(二)乡村小学数学课堂中激发学生参与的有效做法与经验

通过本次调研发现,各个样本镇在推进小学数学教学改革方面均进行了积极探索,在促进小学生数学学习参与方面积累了有效做法和经验。

1. 积极借助外部资源,开展教育教学改革实验,探索提升教学质量的有效路径。21世纪初,高州市教育局与华南师范大学教育科学学院合作,开展教育教学改革实验,取得了良好成效。自2014年以来,始兴县和中山市南头镇均与广东省教育研究院合作开展教育教学改革实验,目前已经完成了一轮,取得了显著成效,现在正迈向改革的深水区。2019年,丰顺县与广东省教育研究院签署了共建教育现代化实验区协议,开启了火热的教育改革实验之旅。这些地区的教育教学改革实验倡导"以学为中心",要求转变学生的学习方式,促进学生主动积极地参与学习,较好地促进了小学数学课堂教学中的学生参与。

2. 健全教学管理制度,扎实开展教研活动,促进教学质量逐步提高。

一是健全教学管理制度，抓好常规管理。例如有的镇根据市里的中小学教学教研工作指南，对本镇学校备课、上课、作业、辅导、考查等各个教学环节的工作制定了具体准则。二是有效开展校本教研。例如有的镇开展教育案例反思、说课和上课比赛、观课议课等活动，并且探索"互联网＋教研"的新型教研方式；有的镇引导教师研读教材时做到"三读三想"，在研讨教学材料时想学生的知识起点、想知识的生发点、想知识的纵横关联。三是以课题为引领开展教研活动。例如有的镇开展"三环六步"教学模式研究，旨在转变学生的学习方式，培养学生自主、探究与交流合作等能力；有的镇开展"学导式学习化课堂研究"，倡导以学习为中心、师生共同发展的教学价值取向，探索以自学为主体的"自学—解疑—精讲—演练"教学模式。

3. 采取有效教学策略，为学生提供参与机会，提升数学课堂学习质量。一是精准把握学情，以学定教。例如有的教师在教学中根据学情对教材进行适度整合，设计分层次的问题，使各层次的学生都有机会参与学习。二是创设问题情境，激发学生参与。例如有的教师创设有趣的问题情境，将数学学习与日常生活结合起来，在情境中包含着富有挑战性和探索性的数学问题，引领学生兴趣盎然地学习。三是设计可操作性的数学活动，吸引学生参与。例如有的教师在教学中重视设计操作性活动，让学生在数学课堂中"动"起来。学生通过动手操作、动口表达、动脑思考，将抽象的数学知识转化成感知内容，在操作实践中探索新知，思维更灵动，学得更有趣、更有效。四是改革课堂评价方式。例如有的教师在数学课堂教学中采用多样化的评价方式，包括激励性评价、暗示性评价、及时性评价等，评价语言表现出三个特点：个别化的差异性评价多了；多元化的开放性评价多了；科学化的规范性评价多了，并且积极探索促进学生参与的形成性评价策略。

（三）乡村小学数学课堂中激发学生参与的问题与困难

1. 教学观念转变不易，落地更难。一是部分教师的教学观念还没有彻底转变，重"教"轻"学"的现象仍然存在，重教师讲授轻学生探究，教学中包办代替，依然热衷于粉笔、课本加嘴巴，讲解、练习加作业，传统的教学方法仍占主导地位。对于新课程所倡导的自主、探究、合作学习方式的实质与要求理解不深不透，课堂教学中难以做到激发学生参与。二是部分教师认同新课程教学理念，但将其落实到课堂教学中则遇到不少困难。例如，转变学生的学习方式很重要，但如何才能够转变学生的学习方式呢？小组合作学习能充分体现教学民主，能给予学生更多自由活动的时间和相互交流的机会，但如何提高小组合作学习的有效性而不让其流于形式？小学数学课堂教学如何既能把握住数学本质，又能体现学生本位？这些对教师的专业素养特别是教学能力提出了更高要求。

2. 师资队伍参差不齐，教研活动需求难满足。乡村小学教师队伍存在着以下特点：年纪大、民转公、代转公的教师多，新加入的年轻数学教师中非数学专业的比例高。这些教师迫切需要进行专业素养提升。然而，一方面，乡村学校教师外出参加学习研修的机会少；另一方面，乡村学校布局分散，校本教研活动开展也存在着困难，因为面上小学特别是教学点位置偏远、生源少、教师少，教师一人任教多科甚至包班，难以抽出时间外出参加教研活动，而中心小学往往出现严重的大班额现象，教师负担重。因此教师专业发展的需求受到客观条件限制，难以得到满足，对于遇到的学生参与方面的问题也很难组建起研究团队开展研究。

3. 留守儿童数量多，家庭监管跟不上。乡村小学中大多数学生是留守儿童或半留守儿童，父母迫于生计，双方或一方外出务工而将孩子留在家乡，多数由老一辈的亲人照顾。由于祖辈的宠爱和祖辈知识的缺失，无法依赖家庭教育督促孩子学习。孩子自制能力弱，往往导致学习习惯不好、学习目标不明确、学习兴趣和求知欲不强、学习时间不能保证等一系列问题。

4. 两极分化普遍存在，学优、学困两类学生共进难。在新课程理念的指导下，教师的教学行为和学生的学习方式都发生了明显变化，师生平等、教学民主已成风气，师生互动、平等参与的课堂局面已经形成。但由于教师教学方式和学生学习方式的变化，学优生的表现机会更多，学困生往往成了旁观者，得不到独立思考和表现的机会，获益少。这样更加剧了学生的两极分化。如何促进全体学生参与学习是一个需要解决的难题。

三、对策建议

（一）深化乡村小学数学课堂教学改革，将学习方式转变落到实处

学生参与的实质是学习方式的转变，乡村小学数学课堂教学需要深化改革，将学习方式转变落到实处，方可促进学生全体和全面参与学习活动。首先是针对学生课堂上不主动发言、不积极参与讨论的现象，教师需要从三个方面寻求对策：第一，在教学活动中为学生创设参与的机会，如设计互动讨论、表达交流、探索归纳等活动，教师为学生提供学习帮助；

第二,教会学生学习表达技巧,例如开展如何进行交流、如何进行数学表达等训练活动,让学生能发言;第三,营造民主的课堂氛围,不怕说错了被人笑话,帮助学生树立自信心,让学生敢发言。其次是针对喜欢采用浅层次学习策略和依赖策略的学生,设计适切的数学问题与活动任务,引领学生进行深入思考,加强知识的理解和迁移,从而深度参与学习。

(二)丰富乡村小学数学趣味活动,激发学生深度参与数学学习

数学的本质特征是抽象,而小学生的思维以形象思维为主,如果教学方式过于单调,学生的数学学习会遇到一定的困难。丰富乡村小学数学趣味活动可以吸引学生参与数学学习,让数学学习变得可亲可近。一是开展数学经典游戏活动,例如还原魔方、巧算24点游戏等。二是挖掘数学传统文化中的趣味内容,例如有趣的数学故事、数学家轶事等。三是开展动手"做数学"的活动,例如比赛做算盘、计数器等,开展项目学习。四是开展数学基本技能竞赛,例如口算竞赛、笔算竞赛、实际应用竞赛等。五是开展数学小论文写作等活动,用数字、文字、符号等多种形式进行数学表达与交流。数学趣味活动不仅要有数学元素,还要有趣味,能够吸引学生。学校可以设计数学趣味活动系列,在这个基础上形成校本课程。

(三)优化乡村小学数学学习评价方式,减轻学生数学学习焦虑

小学生数学学习焦虑很大程度上是由于学习评价带来的,减轻学生数学学习焦虑需要真正落实课程标准理念,坚持学习评价的主要目的是全面了解学生数学学习的过程和结果,激励学生的学习和改进教师的教学,促进学生发展。要改变重结果轻过程、唯分数论的功利性评价方式,评价既要关注学生的学习结果,也要关注学生的学习过程;既要关注学生的数学学习水平,也要重视学生在数学活动中所表现出来的情感与态度,帮助学生认识自我、建立信心。加强形成性学习评价,让评价"在学习中""为了学习",而不只是"对学习"进行评价。

(四)加强乡村小学数学教学研究,攻克学生参与中的关键问题

各级小学数学教研员要将乡村小学数学教学研究作为重点工作来抓,组织和指导乡村小学数学教师开展教学研究,将数学课堂学习中出现的学生参与问题作为专项课题开展研究。例如,开展以"玩数学"为载体促进小学生数学学习参与的实践探索、通过改进数学学习评价方式减轻学生对数学学习焦虑的实践研究等。通过研究,对小学数学学习中某些老大难问题进行持续系统的跟踪,集中力量进行攻坚克难。

各级各类教育改革发展研究

（五）培养乡村小学数学骨干教师和学科带头人，发挥示范引领辐射作用

乡村小学数学骨干教师数量不足，学科带头人更是稀缺，难以发挥示范、引领和辐射作用，因此要加强培养。一是要进行小学数学教师专业发展系统规划，培养教师梯队。二是在培训内容上要适切乡村小学数学教师的专业发展需求。三是在培训时间和形式上要因地制宜，考虑乡村教师工作的实际和条件，推行基于信息技术的线上与线下研修相结合等形式。四是要探索新时代乡村小学数学教师专业发展模式。

（执笔人：鲍银霞，曾令鹏，张金丽，丁玉华，黄肖慧，黄淑英，盘泽南；审稿人：曾令鹏）

附录：

1. 各调研小组成员及调研报告执笔人名单

第一组　梅州丰顺组

小组成员：鲍银霞（组长）、黄肖慧（副组长）、晏长春（送教）、林丽宏、谢凌峰、朱清、温治兵、丘林妹、郑楠、苏晓敏、林媛、林育云、曾晓冰、赖文臻、陈燕纯、高惠琴、冯云凤、曾银湘、林志红、易向荣

调研报告执笔人：黄肖慧、冯云凤、曾晓冰、赖文臻

第二组　韶关始兴组

小组成员：鲍银霞（组长）、黄淑英（副组长）、王宏伟（送教）、邓智海、张小兰、杨美红、莫培植、郭计健、李红路、黄友玲、曾枢礼、戴瑞传、利咏怡、董小云、何世平、何月霞、谢上明、莫日锋、曾令鹏

调研报告执笔人：黄淑英、何月霞

第三组　茂名高州组

小组成员：鲍银霞（组长）、盘泽南（副组长）、张金丽（副组长）、朱文锋（送教）、张杰衡、罗业浇、陈红丹、张黎和、李飞燕、陈土清、戴永、陈如深、毛景林、陈一晓、梁卓华、黄超、邱锋、冯陆海

调研报告执笔人：张金丽、冯陆海、陈红丹、张黎和、盘泽南、陈土清

第四组　中山南头组

小组成员：鲍银霞（组长）、丁玉华（副组长）、钟建萍（送教）、肖丽华、胡冬梅、莫如崇、李建、谭锋锋、程静、杨凌会、郑锦标、魏广

生、邓睿、尹群娣、黄颜芳、陈晓琳、周雷、韦欣、刘燕、梁柳珍、谢桂华

调研报告执笔人：丁玉华、肖丽华、梁柳珍、程静、魏广生、韦欣、邓睿、周雷、李建、郑锦标、钟建萍、尹群娣、黄颜芳、陈晓琳、胡冬梅、杨凌会、莫如崇

2. 学生问卷数据处理：戴瑞传、张莉娜、韦欣、利咏怡

各级各类教育改革发展研究

中学理科实验操作考试研究报告

○广东省教育研究院教学教材研究室*

摘 要：实验教学是落实中学理科课程目标、全面提高学生科学素养的重要途径。调查发现，理科教学中实验教学并不受到重视。开展中考、高考这种大规模的学生实验操作考试研究，借鉴国内外理科实验考试评价的经验，探索中考、高考学生实验操作考试的方式方法并付诸实施，能扭转当前中学理科教学中普遍存在的"重纸笔训练轻实验操作"这种状况，促进中学理科实验教学正常开展，真正完成中学理科教学任务。

关键词：中学理科　实验操作　考试

一、研究背景和意义

实验是科学的基础，也是科学课程的基础和重要内容。实验教学是中学理科[①]教学的重要组成部分，是中学理科教学的重要内容、方法和手段，是落实中学理科课程目标、全面提高学生科学素养的重要途径。加强中学理科实验教学，对激发学生学习理科的兴趣和求知欲望，提高学生的实验知识和实验能力，培养学生的科学态度和探索创新精神，提高理科课堂教学效率和学生学习的效率，都具有重要的意义。因此，实验教学在中学理

---

* 本文是广东省基础教育课程改革研究重点项目"中学理科实验考试评价研究"（编号：2015JJKGYJ031）部分成果，项目主持李文郁，核心成员有姚跃涌、朱美健、王益群、韩凌、杨计明。

① 本项目指普通高中和初中的物理、化学、生物学三个学科。

科教学过程中起着举足轻重的作用。然而调查发现,理科教学中实验教学并不受到重视。珠江三角洲地区有相当多的中学虽然教学仪器较为充足,但在理科教学时一般也只是进行演示实验,很少能让学生做分组探究实验,教师一般解释为探究实验往往要耗费太多时间和精力,教学时间不够或是忙不过来。欠发达地区城镇有实验仪器的学校也有类似的情况,有的学校甚至有仪器也不让学生做实验,连演示实验也不做;欠发达地区缺乏实验仪器设备的中学自然就更少关注到实验教学。在一些学校或一些教师看来,不做实验也能考好中考、高考,甚至还可节省时间来做训练题,以应对升学考试。至于实验教学对理科教学的重要性,对学生学习兴趣、实验能力的培养和未来发展的影响,他们则很少考虑,或者他们也曾考虑甚至认同实验教学的重要性,但在应试的大背景下,尤其是在目前实验考试的方式下,他们也不得不采取如此的应对方式。显然,加强中学理科实验教学与评价研究,开展中考、高考这种大规模的学生实验操作考试研究,探索中考、高考学生实验操作考试的方式方法并付诸实施,对扭转当前中学理科教学与评价中普遍存在的"重纸笔训练轻实验操作"这种状况,促进中学理科实验教学的正常开展,真正完成中学理科的教学任务,是非常必要和紧迫的任务。

二、研究内容

本项目分成三大部分开展研究。首先从三个角度对理科实验考试评价进行整体的思考与分析:一是调研当前广东省中学理科实验教学和评价现状,了解存在的问题,为改革理科实验考试评价指出改进的方向;二是研究国内外关于理科实验考试评价的经验,为本项目提供有益的借鉴和指导;三是从中学理科学科课程标准的角度,综合现状调研结果和已有的研究成果,提出中学理科实验考试评价总体思路与途径研究,为后续分科研究指明方向。

其次进行分学科分学段的深入研究,中学理科实验考试根据评价方式分类,可分为纸笔考试和操作考试,而操作考试中理科实验内容可分为传统实验、虚拟实验和数字化信息系统(DIS)实验三大类,因此,高中和初中物理、化学、生物学分别根据以上分类进行细致的研究。

最后综合高中和初中物理、化学、生物学的研究成果,综合形成《广东省中学理科实验考试评价实施方案》和《广东省中学理科实验考试评价指导意见》。

三、现状与问题分析

为全面了解广东省中学理科（物理、化学、生物学）实验教学状况，研究解决存在的问题，促进基础教育质量和水平的提升，我们项目研究组在2016年5—9月在全省组织开展了"中学理科实验教学状况"调研。调研内容主要是了解中学物理、化学、生物实验条件和实验教学状况，了解教师对中学理科实验教学的看法、做法和意见。调研采取实地调研和网络问卷调查的方式进行。实地调研深圳、佛山、中山、肇庆、韶关等地，分别与地市学科教研员和一些学校校长、学科教师进行了座谈。网络调查问卷则通过全省教研系统印发通知，要求各地市选择有代表性的中学全体物理、化学、生物学学科的教师参与填写。调查数据显示，参与此次调查问卷填写的教师共计3 025名，教师样本数量充足，来源学校有200多所，其分布的区域来自广东省各个地区，涵盖了各种类型的学校、各个年级和各个教龄段的理科教师，同时物理、化学、生物学（以下简称理化生）三个学科的教师数量分布均衡，因此本次调查涵盖面广泛，调查结果具有较强的普遍性。主要情况和结果报告如下。

（一）中学理科实验条件的配备情况

中学理科实验条件的配备情况主要指中学理化生实验室配备情况、实验仪器配备情况和实验室人员的配备情况等。

1. 中学理科实验室的基本配备情况。学校实验室包括实验操作室、准备室、仪器室、药品室等，样本教师所在学校实验室的配备情况见表1。

表1 样本教师所在学校实验室的配备情况

实验室的配备情况	实验室足够	实验室基本够	实验室不足	没有或几乎没有实验室	总计
人数/人	1 014	1 326	578	107	3 025
百分比/%	33.52	43.83	19.11	3.54	100

实验室是学生进行动手操作的场所。从表1可看出，全省实验室的总体配备情况基本足够，但仍有19.11%的教师表示所在学校实验室不足，有3.54%的教师表示所在学校没有或几乎没有实验室。

不同地区教师所在学校实验室的配备情况见图1，可见粤东西北地区的实验室配置情况明显落后于珠江三角洲地区。实验室的缺乏将阻碍实教学的正常开展，直接造成学生无法接触和熟悉实验器材，限制学生对实验技能的学习和掌握。

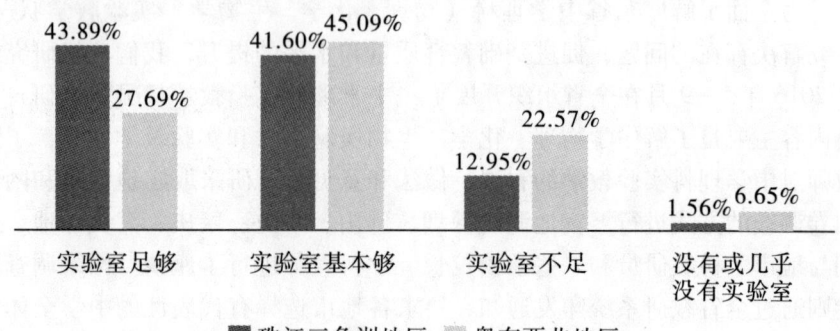

图1 不同地区教师所在学校实验室的配备状况

2. 中学理科实验仪器设备的基本配备情况。样本教师所在学校仪器设备（包括药品）的配备情况见图2。

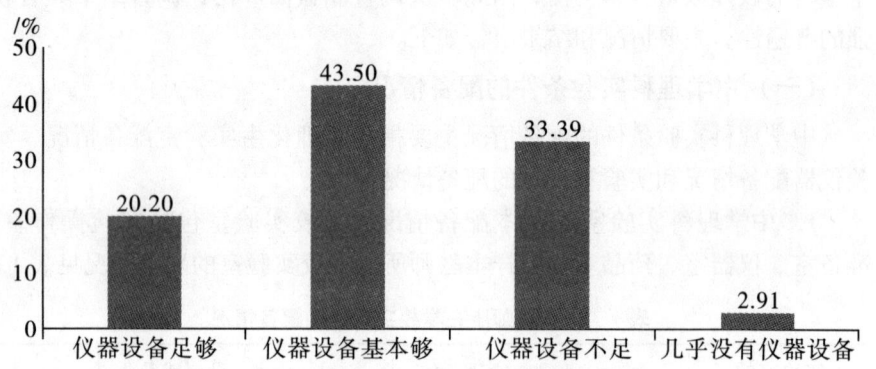

图2 样本教师所在学校仪器设备的配备情况

从图2可见，我省中学理科实验仪器设备的配备情况并不乐观，超过35%的教师表示仪器设备不足或几乎没有。实验仪器设备的不足直接影响学校开展实验教学。

不同地区教师所在学校仪器设备的配备情况见表2。

表2　不同地区教师所在学校仪器设备的配备情况

实验仪器设备配备情况	仪器设备足够		仪器设备基本够		仪器设备不足		没有或几乎没有仪器设备	
	人数/人	百分比/%	人数/人	百分比/%	人数/人	百分比/%	人数/人	百分比/%
珠江三角洲地区	300	27.55	527	48.39	245	22.50	17	1.56
粤东西北地区	311	16.06	789	40.75	765	39.51	71	3.67

由表2可知,实验仪器设备的配备情况存在非常明显的地区差异,粤东西北地区超过40%的教师反映学校仪器设备不足、没有或几乎没有,缺乏程度比珠江三角洲地区严重。

3. 中学理科实验员的基本配备情况。实验室是实验教学的主要场所,在实验室工作的人员称为实验员。实验室的实验人员有4种类型:专职专业实验员、专职非专业实验员、兼职专业实验员、兼职非专业实验员。后3种类型的实验员会给实验教学带来不必要的麻烦和困难。一是专职实验员的非专业性,会给正常的实验教学带来一些不必要的阻碍;二是兼职专业实验员虽然懂得实验教学知识和实验操作规程,但由于他们是任课教师,他们的教学负担较重,也会影响实验教学;兼职非专业实验员产生的效果可想而知。一方面专业实验人员的缺乏会影响实验的善后工作和下一次实验的准备工作,并导致课堂教学时无法给学生进行必要,充分的指导和解答;另一方面兼职实验员也兼任任课教师,具有双重任务,在难以处理得当时,往往舍弃部分实验,由讲解理论和习题代替。样本教师所在学校实验人员的配备情况见表3。

表3　样本教师所在学校实验人员的配备情况

实验员配备情况	专职实验员足够	专、兼职实验员足够	专、兼职实验员基本够	兼职实验员足够	兼职实验员基本够	兼职实验员不足	没有专、兼职实验员	总计
人数/人	882	260	695	105	280	489	314	3 025
百分比/%	29.16	8.60	22.98	3.47	9.26	16.17	10.38	100
累计百分比/%	29.16	37.76	60.74	64.21	73.47	89.64	100	—

由表3可知,全省只有29.16%的样本教师表示专职实验员配备足够,

可见大部分学校并没有配备充足的专职实验员,专业实验人员严重缺乏。虽然有超过70%的教师表示专、兼职实验员基本足够,但不可忽视的是,仍有16.17%的样本教师表示所在学校兼职实验员不足,甚至有10.38%的样本教师表示所在学校没有专、兼职实验员。

(二) 中学理科实验教学的开设情况

1. 中学理科演示实验的开设情况。课堂演示实验是中学实验教学的重要组成部分,是为达到一定教学目标而操作给学生看的实验。样本教师所在学校演示实验开设情况见表4。

表4 样本教师所在学校演示实验开设情况

演示实验开设情况	全部开设演示实验	开设大部分演示实验	开设少部分演示实验	不开设演示实验	总计
人数/人	813	1 187	873	152	3 025
百分比/%	26.88	39.24	28.86	5.02	100

从表4中可得出,大部分学校并没有开设全部的演示实验,全省按教材全部开设演示实验的学校还不到27%,按教材全部开设演示实验和开设大部分演示实验的学校加起来也仅有66.12%,这反映了大部分中学对演示实验的重视程度不足,而教材是按照课标的要求来设定对应演示实验,也反映了学校没有完成课标设置的实验教学任务。

2. 中学理科学生实验的开设情况。学生分组实验是学生分组进行自主探究并亲自动手操作的实验,是获取知识并应用知识的过程,是中学实验教学不可或缺的重要组成部分。样本教师所在学校学生实验开设情况见表5。

表5 样本教师所在学校学生实验开设情况

学生实验开设情况	按教材全部开设	开设大部分学生实验,少量改为演示实验	开设少部分学生实验,大量改为演示实验	不开设学生实验,大量或全部改为演示实验	不开设学生实验,少量改为演示实验	不开设实验	总计
人数/人	564	921	1 045	107	243	145	3 025
百分比/%	18.64	30.45	34.55	3.54	8.03	4.79	100
累计百分比/%	18.64	49.09	83.64	87.18	95.21	100	—

调查结果发现：不开设学生实验，大量或全部改为演示实验或者仅少量改为演示实验甚至连改为演示实验都不做的总计占 16.36%；开设少部分学生实验，大量改为演示实验的占 34.55%。这两项相加占 50.91%。由此可见，我省中学理科学生实验的开展情况相当不理想，造成这种状况的主要原因是中学理科教学内容多而课时少，教师往往需要赶进度来完成教学任务，并且中考、高考等大型考试的形式主要是纸笔测试，不考查学生的实验操作能力，同时学生实验课的课堂秩序不好控制，对缺乏经验的教师而言是较大的挑战，因此中学理科教师主要采取"黑板实验"或演示实验的教学方式。应试教育严重影响学生实验的开展，不利于学生科学探究能力和动手操作能力等科学素养的培养，只会培养出高水平的"做题机器"。

3. 中学理科学生实验开设时间的安排情况。样本教师所在学校学生实验课开设时间安排情况见表 6。

表 6　样本教师所在学校学生实验课开设时间

学生实验课 开设时间	按教材顺序开学 生实验课	集中一段时间把所 有学生实验上完	其他	总计
人数/人	2 184	332	509	3 025
百分比/%	72.20	10.98	16.82	100

学校开设学生实验的时间安排可侧面反映出实验教学的效果。按教材顺序开设学生实验课符合课程标准的要求，有助于用实验教学促进学生的理科学习，因为教材按照知识的逻辑结构顺序和学生的认知情况来编写实验。集中一段时间把所有学生实验上完的做法可能是出于协调不同班级使用学校实验室的时间安排的考虑，并且教师可确保教学进度再来安排实验教学。但这等同于将实验教学当成任务指标来完成，同时将学生实验打包来集中进行不利于学生循序渐进地学习相关的知识，因为实验时间往往安排在学生已经学完所有实验的知识后。

由表 6 可得，全省有 72.20% 的教师表示按教材顺序开学生实验课，有 10.98% 的教师表示集中一段时间把所有学生实验上完，还有 16.82% 的教师表示有其他的安排方式。可见大部分的教师可以做到按照课标要求和教材顺序来进行实验教学，将学生实验融入自己的教学安排中；也有小部分教师会将所有学生实验集中来完成教学任务。

（三）中学理科教师对实验教学的看法、做法与建议

中学理科教师主要从实验教学的目的、重要性、必要性、存在困难、实验教学评价等方面表达自己对实验教学的看法与做法，并对改进实验教学提出意见建议。

1. 教师对实验教学目的的基本看法见表7。

表7　样本教师对实验教学目的的看法

教师对实验教学目的的看法	实验教学是为了让学生掌握并巩固基础知识		实验教学是为了培养学生的动手操作技能		实验教学是为了完成课程标准的任务		实验教学是为了培养学生良好的科学素养和科研能力	
	人数/人	占比/%	人数/人	占比/%	人数/人	占比/%	人数/人	占比/%
同意	2 092	69.16	2 353	77.79	1 584	52.36	2 394	79.14
基本同意	737	24.36	567	18.74	883	29.19	510	16.86
不确定	60	1.98	46	1.52	96	3.17	68	2.25
不大同意	88	2.91	28	0.93	296	9.79	26	0.86
不同意	48	1.59	31	1.02	166	5.49	27	0.89

从表7中可看出，中学理科教师对实验教学是为了让学生掌握并巩固基础知识、培养学生的动手操作技能、培养学生良好的科学素养和科研能力表示同意或基本同意的平均约占95.25%，可见大家对实验教学的目的有基本一致的、正确的看法。但对实验教学是为了完成课程标准的任务表示同意或基本同意的共计占81.55%，这说明不少教师对课程标准的熟悉程度不高，很有可能平时只关注教科书和实验方面的教学用书，而较少关注课程标准。

2. 教师对实验教学重要性的基本看法见表8。

表 8　教师对实验教学重要性的看法

教师对实验教学重要性的基本看法	实验教学对学生学习素养（如学习兴趣、创新精神等）有很大帮助		实验教学对提高学生的科学探究能力有很大帮助	
	人数/人	百分比/%	人数/人	百分比/%
同意	2 356	77.88	2 281	75.40
基本同意	523	17.29	554	18.31
不确定	94	3.11	114	3.77
不大同意	29	0.96	49	1.62
不同意	23	0.76	27	0.89

从表 8 中可看出，中学理科教师对实验教学对学生学习素养（如学习兴趣、创新精神等）有很大帮助表示同意或基本同意的共计占 95.17%，对实验教学对提高学生的科学探究能力有很大帮助表示同意或基本同意的共计占 93.71%，可见大家对实验教学的重要性有基本一致的、正确的看法。

3. 教师对实验教学必要性的基本看法。调查问卷不是直接问教师对实验教学必要性的看法，而是根据实验教学中碰到的实际问题请教师回答，从中判断教师对实验教学重要性和必要性的认识的真实度：实验教学是否真的很重要或者必要？中学理科教师对实验教学必要性的看法见表 9。

表 9　教师对实验教学必要性的看法

教师对实验教学的必要性的看法	实验教学占用了本来就少的教学时间		学生花时间做实验还不如多做一些练习题好	
	人数/人	百分比/%	人数/人	百分比/%
同意	783	25.88	264	8.73
基本同意	701	23.17	290	9.59
不确定	200	6.61	262	8.66
不大同意	699	23.11	974	32.20
不同意	642	21.22	1 235	40.83

从表9中可看出，中学理科教师对实验教学这两个问题的看法差异较大。在"实验教学占用了本来就少的教学时间"这个问题上，除了6.61%不确定外，其他4个答案选项同意、基本同意、不大同意、不同意的选择比例分别为25.88%、23.17%、23.11%、21.22%，其中表示同意的比例是最大的，这说明尽管大家对实验教学的目的和重要性都认同且表现出高度的一致性，但在遇到问题时的看法差异却很大，以致采取的行动的差异可能也很大，这可能是导致有过半的学校基本不做学生实验的一个重要原因。在"学生花时间做实验还不如多做一些练习题好"这个问题上，表示同意、基本同意和不确定的比例共计26.98%，这也进一步说明了不少教师不重视实验教学，而是热心于应对考试多做练习题。

4. 教师对实验教学所存在的困难的基本看法调查见表10。

表10 样本教师对实验教学所存在的困难的看法

教师对实验教学所存在的困难的基本看法	实验操作不纳入中考、高考的项目，因此大家平时不重视实验教学		实验室条件不足，限制了实验教学		考试竞争压力太大，没有足够的时间进行实验教学		进行实验教学有难度，不好把握	
	人数/人	百分比/%	人数/人	百分比/%	人数/人	百分比/%	人数/人	百分比/%
同意	601	19.87	1 338	44.23	832	27.50	745	24.63
基本同意	723	23.90	1 000	33.06	945	31.24	1 063	35.14
不确定	236	7.80	141	4.66	162	5.36	217	7.17
不大同意	650	21.49	276	9.12	524	17.32	558	18.45
不同意	815	26.94	270	8.93	562	18.58	442	14.61

从表10中可看出，在实验教学的众多困难中，"实验室条件不足，限制了实验教学"排在第一位，同意和基本同意的比例共计77.29%，这说明要改善实验室这个客观条件，才能开展实验教学，才能提高实验教学的水平和质量。而"进行实验教学有难度，不好把握"和"考试竞争压力太大，没有足够的时间进行实验教学"的认同度也较高，同意和基本同意的比例共计分别为59.77%、58.74%，从这两项也可看出，多数教师的实验教学水平甚至一般教学内容的教学水平是令人担忧的。教师对"实验操作不纳入中考、高考的项目，因此大家平时不重视实验教学"这一问题的看

法差异较大,表示同意、基本同意、不大同意、不同意的比例都在20%左右,表示同意、基本同意和不确定的比例之和达到了51.57%,这说明实验操作不纳入中考、高考对平时的实验教学的影响相当大,这也可能是多数学校不重视实验教学的一个重要原因。

5. 教师在实验评价方面的基本做法。

(1) 理科教师对实验总结性评价的情况。样本教师所在学校实验教学的考评方法见表11。从表中可看出,实验教学考评方式多样,采用实验报告、纸笔测试、规定具体内容的作业、操作观察考评这几种评价方式较多,占40%左右,其中采取实验报告的方式最多,占41.88%。

表11 样本教师所在学校实验教学的考评方法

实验教学考评方法	开放性问题作业	规定具体内容的作业	实验报告	操作观察考评	纸笔测试	不考评	其他
人数/人	878	1 201	1 267	1 183	1 238	571	85
占总人数的比例/%	29.02	39.70	41.88	39.11	40.93	18.88	2.81

(2) 理科教师对实验过程性评价的情况。教师平时评价学生的实验成效的方式见图3。从图中可看出,教师平时评价学生的实验成效方式多种多样,采用最多的方式是观察与实验记录,其次是口头问答,再次是纸笔测验。

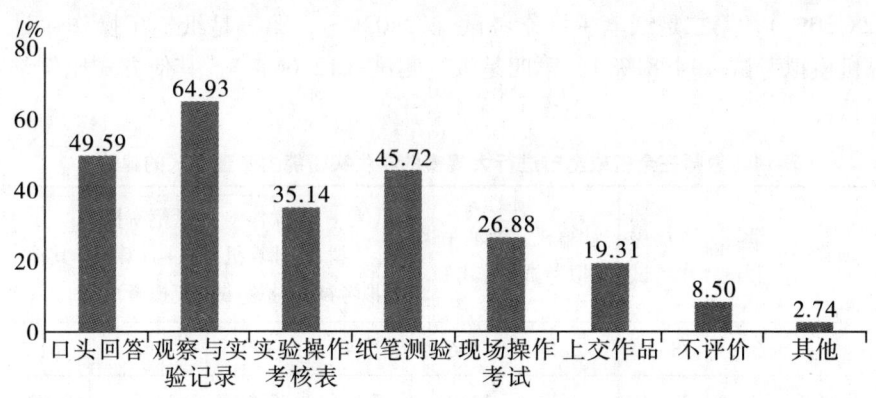

图3 教师平时评价学生的实验成效的方式

(3) 实验教学评价主体的调查情况。实验教学评价主体的情况见表12。从表12中可看出,实验教学评价主体排在第一位的是教师评价,且占比较高，占84.40%；学生自我评价、小组互评分别排在第二、三位，占比分别为51.80%、48.33%，相差不大。

表12　实验教学评价主体的情况

项目	教师评价	学生自我评价	小组互评	不评价
人数/人	2 553	1 567	1 462	335
百分比/%	84.40	51.80	48.33	11.07

（4）实验评价打分依据的调查情况。对教师在实验评价时的打分依据的调查情况见表13。从表中可看出，教师在实验评价时的打分依据主要是实验操作规范程度和实验结果准确度，占比分别为80.93%、58.02%；依据实验速度进行评价的和不评价、不打分的情况都较少。

表13　教师在实验评价时的打分依据

项目	实验结果准确度	实验速度	实验操作规范程度	不评价、不打分
人数/人	1 755	669	2 448	447
百分比/%	58.02	22.12	80.93	14.78

6. 教师对大规模实验能力考查形式的建议。对在全省或全市进行大规模的学生实验能力考查的形式，教师提出的建议情况见表14。从表中可看出，各种建议都有，但比例都不高。比例最高的是现场操作考试（28.50%），第二是纸笔+操作考试（22.02%），第三是纸笔+操作+计算机模拟考试（14.81%），第四是纸笔测试（12.66%），其他方式比例都很低。

表14　教师在全省或全市进行大规模的学生实验能力考查形式的建议

项目	纸笔测试	现场操作考试	计算机模拟考试	纸笔+操作考试	纸笔+计算机模拟考试	操作+计算机模拟考试	纸笔+操作+计算机模拟考试	其他
人数/人	383	862	214	666	214	177	448	61
百分比/%	12.66	28.50	7.07	22.02	7.07	5.85	14.81	2.02

（四）调查建议

根据以上的调查结论，尤其是实验教学中存在的问题，为了提高全省实验教学的质量和水平，使中小学实现均衡优质发展，特提出如下对策与建议。

1. 尽快配齐配足中学理科实验室和仪器设备。首先是配齐配足实验室。虽然全省实验室的总体配备情况基本足够，但仍有部分学校实验室不足，甚至有的学校没有或几乎没有实验室。实验室不足较多出现在粤东西北地区学校或者是各地的一般学校、农村学校，因此应加强这些地区学校的实验室建设，按照理化生课程对实验开设的要求和实验室配设标准，配齐配足实验室。其次是配齐配足仪器设备。全省中学理科实验仪器设备的配备情况比较匮乏，而且地区差异明显，因此应加大理科实验仪器设备的配备，并向粤东西北地区学校、一般学校、农村学校倾斜，按照理化生课程对实验开设的要求和实验仪器设备的配备标准，配齐配足仪器设备。

2. 加强中学理科专职专业实验员的配备。全省实验员的配备状况存在严重问题，超过70%的教师表示学校并没有配备充足的专职实验员，且专业实验员严重缺乏，因此应按照理化生课程对实验开设的要求和中学标准化学校建设的要求，并从提高基础教育的质量和水平的高度，配足理化生专职专业实验员。

3. 加强对中学理科实验开设的监督。全省大部分学校并没有开设全部的演示实验，全省按教材全部开设演示实验的学校还不到30%；全省中学理科学生实验的开设情况相当匮乏，超过一半的学校基本不开学生实验。因此应加强对中学理化生实验开设的监督检查，并出台相关方面的措施，提高中学理化生演示实验和学生实验的开课率，尽量做到按照课标要求和教材顺序来进行实验教学，努力提高实验教学的质量和水平。

4. 加强中学理科教师实验教学方面的培训。调查表明，多数教师的实验教学水平甚至一般教学内容的教学水平是令人担忧的，因此，应加强中学理科实验教学研究，解决实验教学中的困难和问题，提高理化生教师实验教学的质量和水平，从而提高理化生学科教学的质量和水平。

5. 努力提高中学理科实验员的专业发展水平。一是提高理科实验员的待遇和工作积极性；二是采取培训、教研活动、竞赛活动等方式，提高实验员的专业发展水平；三是给实验员创设一定的发展通道，使其能自主发展。

6. 改革中学理科实验评价考试制度和方法。调查表明，实验操作不纳入中考、高考对平时的实验教学的影响相当大，这也可能是多数学校不重视实验教学的一个重要原因。因此，应改革中学理科实验评价考试的制度和方法，将学生实验操作纳入初中和高中学业水平考试的内容，并与学生升学挂钩；加强大规模实验能力考查方式的研究，提高实验能力考查的全面性、公平性、可操作性。

四、实验操作考试模式探索

多年来，我国中学理科实验考试的主要模式是纸笔考试，虽然知道这种模式存在不少问题，并一直在改进命题方式，也鼓励并尝试过不少其他的实验考试方式办法，如实验操作考试等，但效果仍不大理想。本项目研究组试图从实验纸笔考试方式入手，对在中学理科考试中常见的实验纸笔考试、传统实验操作考试、虚拟实验操作考试、DIS实验操作考试等几种实验考试方式进行探究，利用现代信息技术手段，借鉴国内外中学理科（科学）实验考试（测试）的成功经验，同时综合考虑中学物理、化学和生物学三门学科实验的特点，寻找中学理科实验考试较为合适的模式。

（一）实验纸笔考试

实验纸笔考试就是在纸上显示实验考试的题目（内容包括文字、实验器材图片等），考生根据题目要求用笔在纸上答题，评判者按照统一标准评判该考生的知识与能力水平的一种考试方式。纸笔考试历史悠久，是公认的相对公平而且简易的考试方式。实验纸笔考试是中学理科实验考试的重要方式之一，也是目前主要的考试方式。以高中物理实验考试为例，凡能纳入书面考核中的内容，都尽量放入书面考试中去。书面考核内容主要包括高中物理教材的十几个学生实验和几十个演示实验的部分知识，同时可能涉及测量工具的使用方法和读数等方面的知识。学生实验知识的考核内容包括：实验目的、实验原理、实验器材，实验的操作步骤，实物图的连接，实验注意点，数据处理和分析，实验结论，实验思考题，等等。演示实验知识的考核内容包括：实验目的、实验器材名称及使用方法，实验现象及注重问题，实验结论等。把实验知识同其他物理知识编成一份考核内容比较系统的试卷，总分为100分，其中实验知识占15%~20%，并在规定的时间内要求学生独立完成。书面考试结束后，教师及时阅卷，对学生在考试中出现的问题，及时采取恰当措施，查缺补漏，以便不断提高学生的物理实验理论知识水平。

项目研究组对实验纸笔考试进行了反思与分析，认为中学理科实验纸笔考试方式有许多优势，同时也存在一些问题。

1. 实验纸笔考试的优势。多年来，中学理科都是通过实验纸笔考试的方式来判断学生对于实验课程学习的效果,衡量实验课程与教学目标是否达成。实验纸笔考试方式经过多年经验累积,已经形成了一套成熟且高效的体系,在教学中的各个方面都有非常明显的效果。对教师而言,通过纸笔考试,能了解教学目标是否达到,知道学生的学习情况,把握学生掌握相关知识的程度以及运用知识的能力,为实验教学及时反馈信息,帮助教师进行教学决策,同时完善实验教学,使教学处于教师的有效掌控之中。对学生而言,纸笔考试能够有效地促进学生的学习,帮助学生快速地理解知识要点和进行逻辑思维的训练,提高学习效率。概括起来,中学理科实验纸笔考试在客观性、公平性、高效性、科学性等方面具有明显的优势。

(1) 在客观性方面,实验纸笔考试能较为真实地反馈考生的实验知识和实验能力水平情况。中学生理科实验能力要求的大部分内容,如理解实验目的、原理、方法、操作步骤,正确使用仪器进行实验,收集和处理实验数据并得出结论,以及对结论进行分析和评价,运用已学知识和已做实验处理有关问题等,都能用纸笔考试方式检测出来,而且评判细则一般是按点给分。因此实验纸笔考试方式客观、准确、可比性强,避免了某些人为主观判断和臆测导致的失误,这相比某些主观评价模式而言具有非常大的优势。

(2) 在公平性方面,在同样的试题和同样的要求下,考生凭借自己的知识与能力,回答相应的问题,其对知识的理解、运用及思路,评判者均有相应的标准进行评判,基本上可以杜绝一些舞弊行为,能确保考试过程与评判过程的公平性。我国及我省地区差异较大,发达地区和欠发达地区贫富悬殊、资源配置差距较大,而实验纸笔考试相比其他考试方式更易操作,不需要过多的设备、人力、物力等资源的辅助,考试的安排及操作相对简单易统一,是唯一可以做到各地区资源配置相同、按同一章程操作的方式。

(3) 在高效性方面,理科实验试题的编制,是以学科课程标准和考试大纲作为基本依据,面向广大考生设计,考查的内容比较广,可不受实际资源、设备等的限制,可以在考试范围内适当地扩充及发散,锻炼学生的思维的多样性,而详尽的评判标准,可以在评判的时候节省大量的人力、时间,能在较短的时间内考查很多学生,效率很高。

(4) 在科学性方面,中学理科实验考试内容是以国家颁布实施的学科课程标准和学科考试大纲为依据,保证了学科的科学性和可行性,且在命

题、组卷过程中均符合学生的身心发展规律，考试内容覆盖面较广，可以在选择题与实验题中多方面进行考查，信度和效度较高。我国的实验纸笔考试方式已经形成了一套非常成熟的体系，从考试设计、命题、组织与实施、结果分析的全过程都以科学的考试理论指导，能真实地反映学生掌握知识、能力、技能的水平。

2. 实验纸笔考试的问题。中学理科实验纸笔考试主要存在以下两大问题。

（1）实验纸笔考试无法对实验能力做全方位的考查，未能真实考查出学生的实验操作能力。实验纸笔考试主要是考查学生的实验知识和部分实验能力，而学生是否能正确使用仪器独立完成规定范围的实验，是否能发现和处理实验中出现的问题，这些难以考查出来。笔试试卷虽然用文字和图示描述了实验过程，但它无法考查学生适应实验具体环境的能力以及实验过程中动态反应的能力，而这正是实验能力的主要方面。命题者一直千方百计设计学生没做过实验就考不出或者考不好的试题，但这种努力实践证明效果甚微，实际上也难以做到，且命题内容范围很有限。中学师生对这种方式很容易找到应对的办法。大量事实表明，学生的实验纸笔考试水平（考试成绩）与实验操作能力并不显著相关。因此，用实验纸笔考试代替实验操作考试存在科学性的问题。

（2）未能体现学科特点，不利于实验教学和学生实验能力的培养。实验纸笔考试现实情况表明，即使学生尚未掌握甚至在未实际操作实验的情况下，也能把相应的题目完美地完成。可见应试痕迹比较严重，学生实际上是否掌握实验操作方法，是否具备实验的应急能力，很难在纸笔考试中体现。这样的考试方式只会更大概率地使学生学会纸上谈兵，不会动手操作，很难真正检验出学生实验动手能力、实验观察能力、实验设计能力和实验中分析解决实际问题的能力，同时也不能激发学生对学科学习的兴趣和创新思维，不利于中学实验教学，难以改变当前理科教学中普遍存在的"重纸笔训练轻实验操作"的现状，难以促进学生的全面协调发展。

3. 改革实验考试的思路。项目研究组认为应继续发扬实验纸笔考试在检测学生实验知识和实验能力方面呈现出的客观、公平、高效、科学等优势，保持实验纸笔考试，并继续深入实验纸笔考试的命题研究，提高命题的质量和水平。同时应解决实验纸笔考试存在的问题，适当增加实验操作考试，使得中学理科实验考试既能全面检测出学生的实验知识和实验能力，又能促进中学理科实验教学，促进学生的全面发展。增加实验操作考试，应注意如下几点。

(1) 保证实验操作考试的科学客观性。要使实验操作考试客观真实地反映出学生的实验操作能力和在实验中发现与解决实际问题的能力，达到课程标准对学生实验能力培养的要求，弥补实验纸笔考试的不足；要使学生的实验操作考试水平（考试成绩）与实验操作能力显著相关，防止实验操作水平差甚至不做实验的学生却考出好成绩；要尽量做到实验考试项目覆盖课程标准要求的所有实验（包括学生实验和演示实验）。

(2) 保证实验操作考试的高效性。由于实验操作往往耗时长，学生又多，而应对实验操作考试的人力、物力、财力却有限，因此每个学生实验操作考试的时间必须尽量短，一般以控制在10分钟左右为宜。这就要求实验操作考试的题目要简单明了而不需面面俱到，且能反映实验的重要环节或关键点。由于课程标准要求的实验较多，每个实验都考学生是不可能的，但要让学生准备所要求范围的所有实验，因此只能采取抽题考试的方式进行。可以单学科抽题，也可以两学科甚至三学科一起抽题，这样能大大提高考试效率。

(3) 保证实验操作考试的公平性。这是最难办的事情。首先，每个实验操作时间要求和能力要求应尽量相等，避免因抽签考试导致的不公平；其次，要使学生操作考试的仪器设备和考试环境相同，保障学生考试过程的公平性；再次，评分标准和评分方式要统一，监考和评判者均要经过统一的培训，要杜绝舞弊行为，确保考试过程与评判过程的公平性，以保证考试结果的公平公正；最后，要有监督机制，预防和处理实验操作考试过程中出现的问题，保障实验操作考试的顺利进行。

(4) 将实验操作考试设定为水平性考试。由于实验操作考试的分数在学科总分数中所占比例不高，因此设定为水平性考试并不影响该学科总体上的选拔性功能，但这样设定可减轻学生的学习负担和考试压力，降低实验考试命题的难度，大大减少考试的竞争性，降低人们过于关注公平性而不利于实验操作考试推行的风险，促进实验操作考试目的的早日实现。

（二）传统实验操作考试

广东省不少地区这些年一直在进行中学理科传统的实验操作考查，且有一系列的措施和要求，只是由于考查成绩与升学关系不大，且考查往往由学校自行组织与评分，所以学校师生不大重视，马虎应对，实验操作考查未能达到预期目标，久而久之许多学校也就不再组织实验操作考试了，转而进行实验纸笔考试的研究与应对，最后就出现了不仅不进行实验操作

考查，而且也不进行实验教学的情况，实验教学目标得不到落实。因此，项目研究组开展了中学理科传统实验操作考试方式研究，希望改进和恢复中学理科传统实验操作考试方式，以弥补实验纸笔考试的不足，适应大型实验操作考试，促进全省中学师生重视理科实验教学，重视学生实验操作能力的培养。

1. 传统实验操作考试的优势和问题。项目研究组对传统的实验操作考试进行了反思与分析，认为中学理科传统实验操作考试的优势主要表现在以下两方面。

一是具有很强的针对性，有利于全面检查学生的实验能力。学生的部分实验能力在纸笔考试中可以得到检查，但观察能力、动手操作能力等只有在真正的实验操作考试中才能得到检查，实验纸笔考试加上实验操作考试就有可能全面检查出学生的实验能力。

二是具有很好的导向性，有利于中学实验教学的正常开展和学生动手能力的培养。物理、化学、生物学都是来自于实验的学科，通过实验可以帮助学生认识自然，探索发现物质世界的真面目，总结归纳出一些在一定条件下成立的规律。动手实验过程中，问题的发现、分析与探索解决问题的方法，有利于学生探索精神的形成、科学思维的培养、实验能力的提升，能激发学生对学科学习的兴趣。这是实现中学理科学习目标的重要内容和手段。开展实验操作考试，可以纠正中学理科教学中重理论、轻实验的不良倾向，有利于提高理科教学以及中学教育培养人才的整体效益，在很大程度上转变广大教育工作者对于实验教学的应试观念，真正令其从素质教育的高度，以更为广阔的视野重新审视中学理科实验教学的育人功能，促使中学理科教学今后朝着全面培养学生科学素养的方向发展。

中学理科传统实验操作考试中出现的问题，主要表现在以下两方面。

一是客观、公平性不够。现时实验操作考试往往由监考教师现场观察，根据学生操作情况来评分，一个教师同时要监考4~6个学生，很难全面、仔细顾及每个学生实验过程中的每个细节或关键点，且不同的教师打分可能不一样，存在一定的主观性，难以做到完全客观、公平、公正。另一个公平性是不同学科不同实验的难易程度不一样，完成实验所用时间不一样，对所有学生难以做到公平。

二是组织考试工作量太大、成本过高。一个教师监考几个学生，由于考生比较多，考务工作耗费大量的人力物力，成本过高，不容易实现。

2. 传统实验操作考试的改革探索。我们认为，应该发扬实验操作考试在检查学生实验能力、促进实验教学和培养学生实验能力方面的优势，同时克服实验操作考试存在的问题，使得中学理科实验考试得以顺利进行。为此，各学科组借鉴国内外大型评价项目中的相关经验，根据广东省的实际情况，对改进大规模理科实验操作考试进行了多种方式的探索。

（1）进行实验操作考试命题方面的研究。物理、化学、生物学三个学科均根据教育部颁布实施的学科课程标准、学科教科书和学科考试大纲中对学生实验能力的学习与评价要求，以及所要求的各个实验对学生的观察能力、操作能力要求和完整完成实验的时间要求等进行了细致梳理和分析，抓住实验的关键点、关键环节，同时控制一个实验能在 8~10 分钟内完成，采用工作单评价的方式进行命题考试，也就是让学生按照工作单（试卷）上的题目要求进行实验操作，并将操作的有关情况和结果记录在工作单上，监考教师根据评分标准对学生实验操作过程情况及工作单进行即时评分，或者组织评分者进行延时集中统一评分。这样能减少学生的考试时间和考试负担，也大大减轻考务工作。例如对于初中物理"用天平测量物体的质量"这个实验，经过研究编制的实验操作考试题目和评分标准如案例 1 所示。

案例 1：用天平测量物体的质量[①]

"用天平测量物体的质量"试卷

学校班级：_____ 姓名：_____ 抽签号：_____

顺序	操作内容	满分（10分）
1	检查器材	1分
2	调节天平平衡	2分
3	把待测物体和砝码分别放入天平托盘	2分
4	测量并记录数据；所测的橡皮质量为：_____	4分
5	整理器材，恢复到实验前状态	1分
	合计	10分

---

① 本案例由汕头市龙湖区教育局教研室林惠莉、汕头市蓬鸥中学郑加荣研制提供。

"用天平测量物体的质量"评分标准

1. 考试目标与要求

会正确使用托盘天平;能够用托盘天平测出物体的质量。

2. 考试内容

实验器材:托盘天平、砝码盒及砝码、橡皮。

实验步骤	操作要求及评分标准	满分 (10分)
1. 检查器材	检查仪器是否齐全、完好,将托盘天平放在水平台面上	1分
2. 调节天平平衡	把游码移到衡量标尺左端"0"刻度线处	1分
	调节平衡螺母,使指针在分度盘中央刻度线或在分度盘中央刻度线两侧摆动的偏角相等	1分
3. 把待测物体和砝码分别放入天平托盘	把待测物体放在天平的左盘里	1分
	用镊子取砝码,放在右盘里(如果操作过程手碰到砝码,则扣除1分)	1分
4. 测量并记录数据	(1)更换砝码时从大到小	1分
	(2)当更换到最小砝码仍不能使天平平衡时,用镊子移游码使天平平衡。(没用镊子不扣分)	1分
	(3)读取砝码的总质量及游码示数并做记录。若因测量前没有调节天平平衡导致测量结果错误但读数正确则不重复扣分;数值和单位各1分,读数不正确但包含数值、单位给1分,只写单位不给分	2分
5. 整理器材	整理器材,恢复到实验前状态	1分
合计		10分

不同学科不同实验的特点不一样,难易程度不一样,完成实验所需时间也不一样,应研究各个学科各个实验根据实验操作考试的目标要求,寻找解决问题的办法。例如研究发现,初中物理20个必做实验可分为测量性实验(包括直接测量和间接测量)和探究性实验两大类,探究性实验一般比测量性实验难度大、耗时长,为了使各个实验的难度和所需时间相近,可对探究性实验进行"简化",比如将探究性实验设置成"验证性"实验,或者只设置数据测量的步骤,不设置分析数据的步骤,实际上这样就把

"探究性"实验变成了"测量性"实验。初中物理"探究杠杆的平衡条件"的操作考试就是这样设置的(见案例2),试卷中并没有设置数据计算和得出最终结论这个步骤,这个步骤可由笔试承担。

案例2:探究杠杆的平衡条件①

"探究杠杆的平衡条件"试卷

学校班级:_____ 姓名:_____ 抽签号:_____

顺序	操作内容	满分(10分)
1	检查器材,安装调节杠杆在水平位置平衡	1分
2	完成第一次实验: (1)在杠杆左边挂2个钩码,右边挂1个钩码; (2)移动钩码的位置,使杠杆平衡; (3)记录数据: 动力F_1:_____;动力臂L_1:_____ 阻力F_2:_____;阻力臂L_2:_____	4分
3	完成第二次实验: (1)在杠杆左边增加1个钩码,右边增加1个钩码; (2)移动钩码的位置,使杠杆平衡; (3)记录数据: 动力F_3:_____;动力臂L_3:_____ 阻力F_4:_____;阻力臂L_4:_____	4分
4	整理器材,恢复到实验前状态	1分
	合计	10分

对于需较长时间才能完成的实验或者操作难度较大的实验,可采取减化的方法或者拆分为两个或多个小实验进行考试的方法,使得各个实验难度和所需时间相当,以便于学生抽签选择,由此体现公平性。例如高中物理把"测量金属的电阻率"拆成"电流表的使用""电压表的使用""滑

---

① 本案例由汕头市龙湖区教育局教研室林惠莉、汕头市蓬鸥中学郑加荣研制提供。

动变阻器的限流式接法""滑动变阻器的分压式接法""测定金属的电阻"等5个考题。

高中化学课程中的每个实验都有其教学功能,对于促进学生化学素质的发展有着积极的作用,每个化学实验对学生化学实验操作技能的提高侧重点又有不同,所以开展每个实验核心考点及证据,以及证据的获取方式的研究,对于落实每个实验的教学功能和提高对实验评价的针对性都有着十分重要的意义。

项目研究组对每个化学实验从以下三方面开展研究,形成规范样式,为化学实验操作考试的命题、评价标准的制订,以及实验关键证据的数据和评价软件的制作提供基础性成果。①研究每个实验的核心观察点(考点)及其评价水平。②研究每个实验核心考点的取证证据。③研究每个实验核心考点证据的获取方式。

以"碳酸钠和碳酸氢钠的性质实验"的内容和考试评价要求为例:

项目		考查项目	考查水平	
		要点	I	II
基本操作	观察	分别取试剂观察颜色和状态。仔细比较碳酸钠(Na_2CO_3)和碳酸氢钠($NaHCO_3$)的状态	√	
	溶解	滴加几滴水。注意加水量不能太多,否则不能区分Na_2CO_3和$NaHCO_3$溶解的热效应		√
		再加10 mL水(或再加入与恰好能使Na_2CO_3溶完的相等量的水)也可,最好达到Na_2CO_3溶解完,$NaHCO_3$未完全溶解的鲜明对比效果		√
	检验	滴加1~2滴酚酞试液,控制滴加酚酞试液基本等量,观察现象,注意比较颜色深浅	√	
实验现象		$NaHCO_3$是白色细小晶体,Na_2CO_3是白色粉末状固体	√	
		Na_2CO_3溶于水比$NaHCO_3$溶于水温度较高		
		两者都溶于水,等量的水溶解的Na_2CO_3比$NaHCO_3$多		
		在Na_2CO_3溶液中酚酞红色较深,在$NaHCO_3$溶液中酚酞红色较浅		

续上表

项目	考查项目		考查水平	
		要点	I	II
原理分析	在做溶解性实验时为什么要先滴加几滴水,再加10 mL 水			√
	为什么溶解放热 Na_2CO_3 > $NaHCO_3$,溶解度 Na_2CO_3 > $NaHCO_3$,溶液碱性 Na_2CO_3 > $NaHCO_3$			√
实验结论	$NaHCO_3$ 是白色细小晶体,Na_2CO_3 是白色粉末状固体			√
	两者溶于水都放热,Na_2CO_3 溶于水放热比 $NaHCO_3$ 多			
	两者都溶于水,Na_2CO_3 的溶解度比 $NaHCO_3$ 大			
	两者的水溶液都显碱性,Na_2CO_3 溶液的碱性比 $NaHCO_3$ 强			
核心考点及证据	观察颜色状态。证据:Na_2CO_3 和 $NaHCO_3$ 的颜色、状态录像视频或照片			√
	溶解放热比较。证据:纸笔记录用手触摸感知到的冷暖状况,并上传。(或者采取改进实验,用温度计测定温度。拍摄两支试管中温度计的读数录像或照片)			√
	溶解度比较。证据:拍摄两支试管中残存晶体量的录像或照片			√
	溶液碱性比较。证据:拍摄两支试管中溶液颜色的深浅录像或照片			√
证据获取方式	全程拍摄实验操作,评价时查看关键视频点			√
	拍摄相关实验的关键照片或视频			√
	纸笔记录上传			√

总之,依据学科课程标准、教科书及考试大纲的要求命题和制定评分标准,从解决传统实验操作考试存在的客观性和公平性不够、效率不高等问题着手,抓住实验的关键点、关键环节,控制完成每个实验所需时间,调节各个实验的难易程度,增加评分的客观性,以提高实验操作考试的公平性、效率性、可行性。

(2)探索利用信息技术手段开展实验操作考试。利用信息技术手段是解决实验操作考试存在的客观性公平性不够、效率不高等问题的重要途径，因此项目研究组进行了这方面的探索。

首先是改革实验考试现场，进行全程录像。现在大多数实验操作考试还是处于现场观察评分，教师根据学生完成实验的情况和记录数据的情况，根据评分标准当场给分。教师既要监考又要给分，工作强度大是一个方面，最担心的问题是存在主观性，担心学生及其家长认为不公平、有异议。因此，在学生实验台安装监控摄像机，进行实验操作全程摄像，以便有异议时回放仲裁，或者改为不在现场打分，评分者集中观看学生实验操作录像和试卷完成情况进行打分。现在的摄像技术已很强大，可以拍摄到学生台面上的任何一个字、任何一个动作，只是集中评分耗时可能会较多。

其次是取证和评分方式的探索。除了评分者集中观看学生实验操作录像打分这种方式外，项目研究组还进行了另外一种方式的探索，即学生根据操作考试试卷的要求完成相应阶段的实验操作步骤时，学生操作照相机拍照，照片同步传到数据库作为评分依据，评分者集中评卷时按照学生完成的试卷（工作单）和拍摄的照片评分，这种方式可以大大减少监考老师的数量和现场评分工作负担，同时提高评分的公平性。

（三）虚拟实验操作考试

随着信息技术的不断发展和普遍应用，借助计算机开展虚拟实验操作考试成为新的探索思路，尤其是化学、生物学学科中一些易燃、易爆、剧毒、腐蚀性和材料难得或成本过高的实验。虚拟实验是利用计算机软件按照真实实验操作的步骤和要求设计的模拟实验，学生操作电脑鼠标和键盘完成实验操作任务，然后计算机系统根据学生实验操作的情况依据评分标准自动评分，并给出评判依据。PISA2015模拟实验测试已在广东省成功实施过，试题是以单元形式呈现，每个试题单元配置相应的实验模拟系统，提供可进行模拟科学探究过程的交互式环境，让学生进行模拟实验，进而完成交互式任务，以此来考查学生所具备的科学素养。

1. 虚拟实验操作考试的优势与问题。虚拟实验操作考试方式具有如下优势。

（1）虚拟实验安全、环保。虚拟实验操作过程中，考生在电脑中模拟实验操作，不会真实地接触仪器、药品等，避免真实操作所带来的各种危险，即使实验操作失误，也不会对身体造成伤害，对环境更没有影响，不会有爆炸、毒气、火灾等影响人身安全的事故发生，安全性好，同时虚拟实验因不需要实际的仪器和药品，经济成本低，也无污染物、废弃物产生，既经济又环保。部分化学实验有腐蚀性、爆炸、产生毒气等风险，部分生物实验材料价格昂贵、不易获取等，这类实验采取虚拟实验考试方式较为合适，从而增加了实验考试范围的覆盖率。

（2）虚拟实验客观、公平。虚拟实验操作过程中，电脑软件可利用成熟的数学模型进行计算判断，立即得出最终成绩并给出评分依据，减少了人工评分可能存在的不客观、不合理、不公平性，因而虚拟实验考试能做到客观、公平评价学生。

（3）虚拟实验经济、高效。虚拟实验仿真性强，减少了真实实验操作考试需要消耗的大量人力、物力和时间，而且能在同一时间测试很多学生，既经济又高效。

但利用虚拟实验考查学生的实验能力存在着一个严重的问题，就是虚拟实验考试未能真实考查出学生实际的实验操作水平，因为虚拟实验的操作基本是鼠标加键盘完成，操作过程未能反映出实验基本操作细节动作，实验操作的规范性、准确性、严密性难以考量，评分方式也不易制定，所以实验考查的结果未能完全反映考生的全部实验操作水平和实验能力。例如，某学生在使用滴管往试管滴加溶液的操作，在实操过程中出现了滴管摆动，将溶液滴出试管，但是在虚拟实验中，他的这一失误就被掩盖了，所以虚拟实验更多考查的是学生对于实验原理的运用，对于实际操作水平，可能未能真实体现。

2. 虚拟实验操作考试的探索。我们认为应该发扬虚拟实验考试在检查学生实验能力方面的优点，开展虚拟实验考试的研究与软件开发，同时克服虚拟实验考试的缺点，采用多种形式考试并重的方式进行。例如对于一般的实验操作考查，我们可以采用传统的实验操作方式进行，而对于那些危险性较大，或者需要时间较长，或者材料难得、成本过高的实验，可以采用虚拟实验的方式进行。这样就能做到增加考试实验的覆盖面，甚至可以考查课程标准所要求的所有实验。

（四）DIS 实验操作考试

数字化信息系统（DIS）是在现有实验设备的基础上，集合传感器、数据采集器、计算机和应用软件四类组件构成的一种新型实验系统。DIS 实验操作考试是利用传感器将需要测量的量转化为模拟电信号，再通过数据采集器转换为数据信号，并反馈到计算机系统中，由计算机呈现其数据大小以及变化情况，在考试的过程中由传感器反映学生的操作情况，进而

通过电脑软件给出评判。由于更多地依靠传感器、摄像头、探测器和电脑软件分析等高科技手段，DIS应用于实验操作考试，将大大改善由于人为因素导致的评分不合理的状况，提高评分准确率和效率，增加实验操作考试的可行性。

1. DIS实验操作考试的优势。DIS实验操作考试方式在科学性、客观性、公平性、高效性方面有如下优势。

（1）在科学性方面，DIS实验操作考试基本能按照学科课程标准对实验教学的目标要求，考查学生的实验动手操作能力、基本仪器的使用能力和数据记录与规范表达能力，能较全面真实地反映学生的实验素养和实际能力水平。

（2）在客观性方面，DIS利用各种传感器收集实验指标的模拟信号，再通过数据采集器转换为数据信号，并反馈到计算机系统中，利用专业软件进行数据处理、分析和评判，能真实反映学生的实际操作水平，避免了人为因素的干扰，因而客观公正。

（3）在公平性方面，在平等的条件下，考生借助DIS实验操作考试系统平台，凭借自己的知识与能力，按要求进行操作和填写相关的数据。电脑利用DIS实验仪器监控考生的操作和读数，并根据考生的操作和填写的数据即时给出评分，而且评判准确，完全避免了人为因素导致的评分不合理的状况，确保了考试过程与评判过程的公平性。

（4）在高效性方面，考生按实验要求操作和在电脑上填写数据，实验操作完成后提交，电脑马上给出考生的成绩，实现了实验操作步骤的数字化监控和实验操作的即时性、无人化评价。其时间快、评判准，节省了大量的教师监考、评分工作，因而效率很高，做到了实验操作考试的智能化。

2. DIS实验操作考试方式也存在以下问题。

（1）不能满足中学理科全部实验的要求。目前能开发DIS实验的项目，以物理学科较多，因为DIS收集到的信息主要是在力、热、电、光等方面的物理量，在物理学科中使用就显得相当直观、简洁。而目前可以在市面上使用的传感器品种有限，未能满足化学和生物学科实验的需求，并且大多数中学化学实验是定性实验（了解物质的性质，一般只需定性），而DIS应用于定量实验最具优势。

（2）开发成本较高。DIS实验相关仪器设备目前价格仍然较高，开发一个项目不仅需要花费许多人力，还需要花费许多仪器设备和经费，一定程度上影响了研发项目的开展。

3. DIS 实验操作考试的探索。我们认为应该发扬 DIS 实验操作考试在检查学生实验能力方面的优点，开展 DIS 实验操作考试的研究与开发，同时克服 DIS 实验操作考试的缺点，采用多种形式并重的考试方式进行。例如对于能使用传感器进行实验设计的实验，我们可以想办法研究开发相应的 DIS 实验操作考试系统；而对于那些难以用 DIS 实验操作考试的实验，则采用其他的方式进行。

（五）中学理科实验操作考试的对策建议

开展中学理科实验操作考试对培养学生的实验操作能力和自主探究能力，促进学生全面发展，提高全省中学理科教师和实验人员的业务素质，充分发挥教学仪器设备的使用效益，提高基础教育教学质量和水平，具有十分重要的意义。究竟采用哪种模式开展实验操作考试，要受考生数量、考试内容、考试技术水平、考试组织水平、人力财力等众多因素影响。我们基于上述研究探索，并考虑目前存在的困难和问题，提出如下对策建议，供各地决策时参考。

1. 关于考生范围。回顾一下大学理工科专业实验教学和考核评价的情况，我们觉得大学理工科专业实验教学和考核评价很正常，师生能按照专业课程教材的目标和内容要求进行教学，同样能按照有关要求进行达标考核评价，师生、学校和社会并没有什么异议。中学理科实验教学和实验操作考试也可以这么做，但为什么无法实行？我们仔细做一比较，就会发现主要原因在于以下两点：一是大学理工科专业学生很少，一般只有几十名，最多只有几百名学生，而中学生却很多；二是大学理工科专业实验达标考核成绩与升学无关，而中学的实验操作考试成绩与升学密切相关。我们从以下几方面对两者做进一步的分析比较，就会更清楚其中的原因所在。

（1）从科学性的角度看，两者都是（至少都是可以做到）依据课程目标和内容要求进行教学、命题考试（考核），并按照评分标准进行评分。中学理科实验操作考试为了减少考试负担，虽然压缩了有关实验的考试时间，但抓住了重要实验和各有关实验的关键环节进行命题考试。因此两者的科学性应该是一致的。

（2）从客观性的角度看，两者都可以做到学生真实客观进行实验操作，但两者评分的客观性存在差异。大学理工科专业由于学生少，评分教师是学生的任课教师，一般只有一两个人，最多两三个人，容易控制评分

标准和评分误差，不同教师产生的评分误差也较少，因而主观性影响较小、客观性较强。中学理科实验操作考试的学生较多，参与评分的教师也较多，至少需要几十人，有的可能需要几百人，虽然有统一的评分标准，也对评分人员进行了统一的培训，但要控制不同评分人员产生的评分误差实属不易，因此中学理科实验操作考试的客观性相对较差，这也是导致广大师生、学校和社会对中学理科实验操作考试存在异议的主要原因。

（3）从公平性的角度看，两者也存在差异。大学理工科专业的实验考核可以要求所有学生做同样的实验，因此对学生是公平的。但中学理科实验操作考试做不到，各个考生只能在众多的实验中抽签选择做一个，由于各个实验的难易程度不同、完成实验操作所需时间不同，因此选做实验对学生是不公平的。为了尽可能公平，命题人员必须对各个实验进行研究，抓住实验的关键点、关键环节，同时控制各个实验的难易程度及完成时间，使得各个实验难度相当、所需时间相当，以体现公平性。另外，还要消除中学理科实验操作考试评分方面由于评分人员的主观性而产生的公平性影响。

（4）从实施效率的角度看，两者也存在差异。大学理工科专业由于学生少，即使完成考核实验所需的时间较长，也容易组织实施。但中学理科实验操作考试不同，由于学生多，参与评分的教师也多，整个组织工作工作量很大，所需物力财力也大，因此不容易组织实施，也容易给人产生效率不高的感觉（实际上效率可能是很高的）。

从上述分析可以看到，要想使中学理科实验操作考试顺利进行，必须认真考虑考试的作用和考生的范围。比如初中与普通高中的情况就有很大的不同，初中、高中理科实验操作考试分别与中考、高考有关，中考的范围在地市一级，其范围比高考的范围小许多，自然参与竞争的学生少，影响的范围也小对学生升学竞争的影响不大。实际上，全省大部分地市，如梅州、揭阳、河源、湛江、茂名、韶关、清远等市，考生的竞争范围甚至并不在全市，而是分别在市区和各个县的范围内，因为绝大部分考生初中升高中的竞争对象就在这些范围内，除了个别要考面向全市录取的高中的学生之外（实际上由于是水平性考试，这部分学生的实验操作考试的成绩往往满分或接近满分，即使县与县不同群体之间的评分存在误差，这个群体误差对这部分学生的升学成绩的影响也是很小的），所以初中理科实验操作考试的考生范围完全可以分别控制在市区和各个县的范围内，可采取市统一命题和统一考试时间、由市区及县分别组织考试和评分的方式进行。因此，组织初中理科实验操作考试的难度实际上并不太大。

对于普通高中实验操作考试，因涉及高考录取等系列问题，且涉及考生过多，需慎重考虑。建议采取"两步走"策略：先把实验操作考试列入高中理科必修课程合格性考试范围，或者列入高中生综合素质评价的内容，全省统一命题，地市组织考试和评卷；条件成熟时，尤其是实验操作考试设备基本达到智能化水平，使得实验操作考试的客观性、公平性和效率性较高时，把理科实验操作考试列入普通高中理科学业水平选择性考试的内容，全省统一命题、统一组织和统一评卷。

2. 关于考试内容。考试内容自然依据学科课程标准和教科书的要求进行命题和制定评分标准，但由于各个学科各个实验均不一样，有的容易做，有的难做，有的需要时间短，有的需要时间长，有的容易取材，有的难以取材，有的容易考，有的难以考，等等，这给命题和评分工作带来很大的困难。对于操作难度较大或者需较长时间才能完成的实验，可采取减化的方法或者拆分为两个或多个小实验进行考试的方法，使得各个实验难度和所需时间相当，以便于学生抽签选择，体现公平性；对于难以取材、成本过高或者易燃易爆、有毒、腐蚀性的实验，可采取虚拟实验的方式进行考试，以增加考试内容的广度；对于能使用传感器进行实验设计与考试的实验，应想办法研究开发相应的 DIS 实验操作考试系统，提高实验操作考试的智能化水平，以提高实验操作考试的客观性、公平性和效率，以适应大规模实验操作考试。

总之，各个区域应从实验操作考试的科学性、客观性、公平性和效率出发，根据各自的考生数量、考试技术水平、人力财力和考试组织能力等众多因素，选择合适的考试内容和考试模式。原则上应先考学生容易做、教师容易考（较容易命题和评分）的实验，后考学生较难做、较难考的实验，这样就能使实验操作考试稳定顺利进行；可考虑采用多种考试方式并重的模式进行考试，这样能增加考试实验的覆盖面，甚至可以考查课程标准所要求的所有实验。

关于试题难度，我们认为实验操作考试试题的难度应定位为达标性水平考试，而不是选拔性考试，开始阶段试题难度可以定得很低，以减少来自各方面的压力和阻力。随着实验操作考试命题水平、学生操作考试水平以及其他方面的水平的逐步提高，试题难度也可以逐步提高，但不能过高。要让正常开展实验教学、认真做实验的学生都能得到满分，这样理科实验操作考试的目的就达到了。

3. 关于考试方式。考生的数量和考试的技术水平是影响理科实验操作考试方式的重要因素。可以用传统实验操作方式，也可以用传统实验操作方式、虚拟实验操作方式、DIS 实验操作方式等多种方式混合的半传统、半智能化的方式，条件允许的情况下最好是用全智能化的方式进行考试。应发扬各种实验考试方式的优点，克服其缺点，采用多种形式考试并重的方式进行互补，以便能考查课程标准所要求的全部实验。

如果考生数量不多，用传统实验操作方式，只要考试组织工作规范，成功开展实验操作考试应该是没有多大困难的。对于人口数量大、考生数量多的区域的中考，用传统实验操作考试方式也是可以的，只不过需要组织较多的监考评分老师，也可以考虑将监考与评分分开，采取对考生完成的实验考试工作单及传送的相关考试照片、视频材料集中评分的方式进行，这样公平性和效率可能更高，当然最好采用智能化的方式，至少也应采取半智能化的方式进行，即应努力提高实验操作考试的智能化水平。

应充分利用现代信息技术手段，建立信息化的实验操作考试评价系统，积极探索虚拟实验操作考试、DIS 实验操作考试等自动化、智能化方式，努力使 DIS 实验与传统实验有机结合，优化传统实验结构，克服实验操作考试中存在的困难和问题，使得中学理科实验考试朝着科学、客观、公平、高效的方向发展，逐步实现实验操作考试智能化。

4. 关于考试工作的组织。中学理科实验操作考试的组织工作是一项艰苦细致的工作，涉及考试的命题、制卷、仪器设备的配备、组织考试、评卷等一系列工作，学生多，工作量大，牵涉面广，影响较大，不易开展。应发挥教育行政部门的牵头领导作用，统筹协调教育装备部门、教育考试部门和教育研究部门的力量，形成合力，共同推进这项工作，为提高全省学生的实验能力，提高基础教育的质量和水平服务。

应制定实验操作考试命题和评分的规则，以课程标准为基本依据，命题应将实验材料的选择、实验操作步骤的划分等实验过程量化评分，便于评分教师把握评分标准，各份试题的难度和操作时间应大致相当；评分要按照评分标准严格进行，应逐步利用信息化手段进行评分，确保实验操作考试科学、公平、公正。

应加强实验操作考试仪器设备的配备。中学理科实验室建设和教学仪器配备必须达到省有关学校教育装备标准规定的基本要求，实验室管理制度齐全，管理人员落实，仪器管理规范，能按课程标准或教材要求开齐开足教师演示实验和学生分组实验。考点学校实验室台凳、水、电等设施要齐全、规范，考试所用的教学仪器、器材和药品必须符合相关标准，质量合格，数量充足。最好所有考点的仪器都由装备部门统一装配、更新，消除学生家长对仪器不统一导致不公平的疑虑，以确保实验操作考试安全、顺利、公平进行。

应制定实验操作考试实施细则，明确中学理科实验操作考试的范围、内容、时间和命题、评分的要求，明确考点设置、考务管理、保密安全、保障措施等要求，确保实验操作考试规范、顺利进行。同时，要建立实验操作考试信息管理系统，加强考试管理工作，规范考试流程，减轻考务工作量，确保实验操作考试科学、规范、公平、高效进行。

参考文献

[1] 刘晋春. 初中理化生学生实验操作考试模式的研究［J］. 实验教学与仪器，2012（5）：61-62.

[2] 李岳平. 初中毕业生实验操作考试的评价办法研究［J］. 实验教学与仪器，2016（4）：72.

[3] 何永健. 对高中物理实验操作评价的实践思考［J］. 中国现代教育装备，2017（16）：76-78.

[4] 陆惠莲. DIS数字化系统在高中化学实验创新设计中的应用［J］. 中国现代教育装备，2013（16）：18-21.

（执笔人：李文郁；审稿人：曾令鹏）

新高考背景下广东省普通高中选课走班及学生发展指导研究报告

○ 广东省教育研究院教育评估室、基础教育质量监测室*

摘　要：研究采取自编问卷对广东省普通高中选课走班及学生发展指导情况进行调查，发现学校积极应对新高考带来的挑战，初步探索了适宜的选课走班模式，普遍具备学生发展指导意识，但同时也存在对新高考政策的认同度有待提高、选课走班及学生发展指导支持体系有待完善、欠发达地区与薄弱学校存在改革难点等问题。为顺利推进高考改革、促进教育良性发展，建议完善政策以提升高考政策的认同感，构建有效的支持体系为教学改革与学生发展保驾护航，重点支持欠发达地区与薄弱学校以促进教育优质均衡发展。

关键词：高考改革　选课走班　学生发展指导

根据《广东省人民政府关于深化考试招生制度改革的实施意见》，广东省 2018 年秋季入学的高一学生开始使用新高考方案。2018 年 12 月至 2019 年 7 月间，广东省人民政府、广东省教育厅相继印发了《关于印发广东省深化普通高校考试招生制度综合改革实施方案的通知》《关于印发广东省普通高中学业水平考试实施办法的通知》等多份文件，正式确定广东省高考改革行动路径。根据新高考方案，广东省将实行"3+1+2"的选科考试模式，学生将面临 12 种不同的选科考试组合，如何组织选课走班、做好学生发展指导成为普通高中需要解决的重点问题。在新高考启动之

---

*　本文系全国教育科学"十三五"规划 2018 年度教育部青年课题"新高考背景下普通高中生生涯规划素养培养路径研究"（项目编号：EHA180482）研究成果。

初，关注普通高中的选课走班与学生发展指导情况，对于政策完善、教育教学改进有重要意义。

一、调查概况

（一）调查工具

广东省普通高中选课走班及学生发展指导情况调查采用自编问卷，问卷共 35 道题，分别由单选题、多选题和开放题组成。调查内容主要为学校的基本信息、学校选课走班情况、学校综合素质评价情况、学校学生发展指导情况等。

（二）调查对象

调查对象为全省普通高中学校（含高中阶段的完全中学和一贯制学校，以下简称学校），每校填答 1 份。问卷通过网络发放，共回收问卷 690 份，剔除无效问卷 168 份，共得有效问卷 522 份，有效率为 75.65%，调查对象来自广州等 17 个地级以上市（见图1），调查数据使用 Excel 进行统计分析。

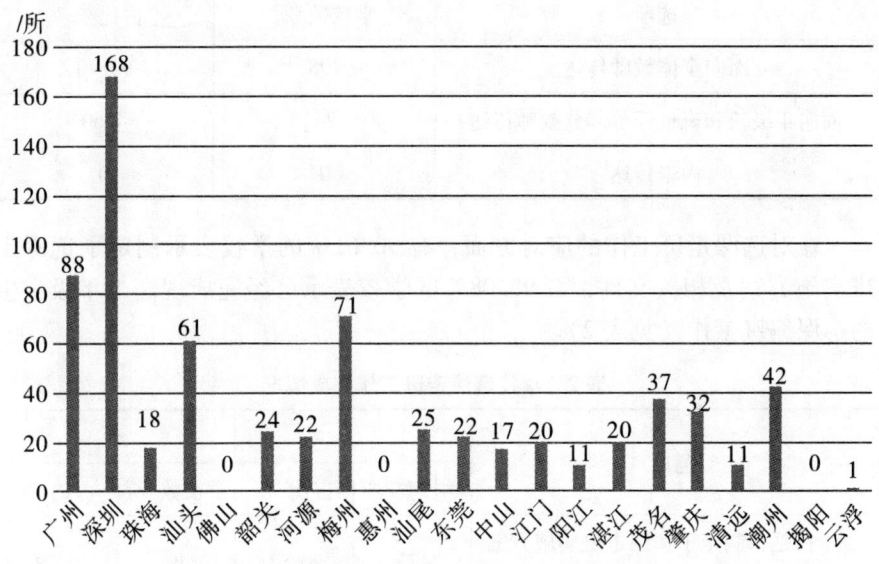

图1 调查对象地级以上市分布情况

在回收的 522 份有效问卷中，公办学校 467 所，占 89.46%，民办学校 55 所，占 10.54%；重点高中 128 所，占 24.52%，一般高中 394 所，占 75.48%。学校生源方面,生源在中考前 25% 的学校有 59 所,占 11.30%;生源在中考 25%~50% 之间的学校有 121 所,占 23.18%;生源在中考 50%~75% 的学校有 176 所,占 33.72%;生源为中考后 25% 的学校有 166 所,占 31.80%。参与调查的学校高中阶段规模在 30 个班以下的居多,有 289 所,占 55.36%;规模在 31~50 个班之间的有 133 所,占 25.48%;规模在 51~60 个班的 54,占 10.34%;规模大于 60 个班的有 46 所,占 8.81%。

二、调查结果

(一)学校对新高考政策的应对情况

通过调查发现,学校对高考改革采取积极应对的态度,522 所学校均表示已经传达新高考改革要求,其中有 95.40% 的学校表示面向全体教师传达,另有 4.6% 的学校表示仅面向年级长和班主任等部分教师传达,没有学校尚未传达(见表 1)。

表 1 学校对新高考政策的传达情况

选项	学校数/所	占比/%
面向全体教师传达	498	95.40
面向年级长和班主任等部分教师传达	24	4.60
尚未传达	0	0

在对选课走班工作的应对方面,有 90.61% 的学校表示制定了选课走班实施方案及相关文件,有 98.08% 的学校表示已经完成现高二年级学生的选课编班工作(见表 2)。

表 2 学校选课走班工作完成情况

题目	是		否	
	学校数/所	占比/%	学校数/所	占比/%
学校是否制定了选课走班实施方案及相关文件	473	90.61	49	9.39
学校是否已完成现高二年级学生的选课编班工作	512	98.08	10	1.92

（二）学校选课情况

学校所开设的选课组合当中，传统文理3科的组合均没有位于前三。其中，学校开设得最多的组合为"历史+政治+生物"，有88.09%学校开设；第二为"物理+生物+地理"，有86.72%的学校开设；第三为"历史+地理+生物"，有85.55%的学校开设。而"历史+政治+地理""物理+生物+政治""物理+化学+生物""物理+化学+地理"，开设的学校分别占75.00%、74.22%、73.83%、72.66%。开设"物理+化学+政治""历史+政治+化学""历史+化学+生物""历史+地理+化学"的学校数相近，分别占61.52%、60.55%、60.16%、60.16%。其中学校开设得最少的组合为"物理+政治+地理"，占56.84%（见图2）。由此可以看出，新高考方案为学生提供了较为自由的选科空间，为数不少的学生选择了跨文理的科目组合。

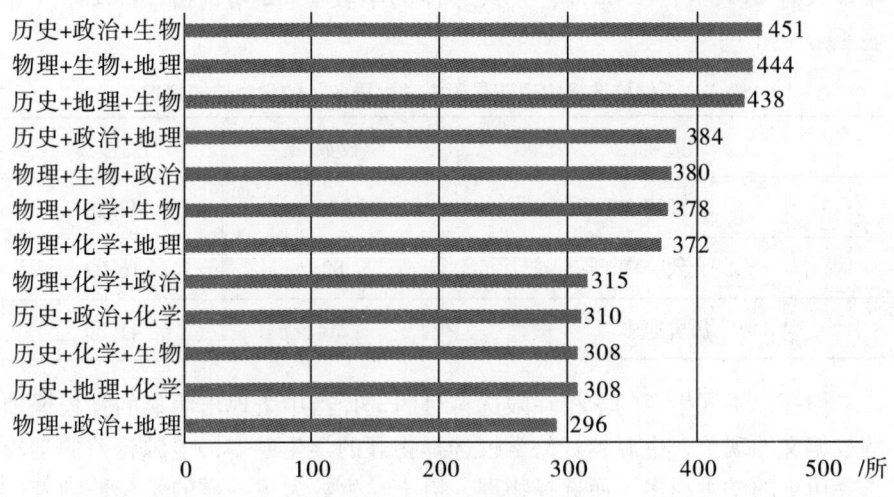

图2　学校开设选课组合情况

除了有33.01%的学校开设全部12个选课组合以外，其他学校均因不同原因不开设部分组合。其中有21.48%的学校表示不开设原因为"无学生选择"，有43.55%的学校表示不开设原因为"较少学生选择"，有1.95%的学校表示不开设原因为"学校不予开设"。可见有66.98%的学校基于非学生原因选择牺牲部分选课组合，这在一定程度上存在局限了学生的自由选择权利的现象（见表3）。

表3 部分选课组合未开设原因

选项	学校数/所	占比/%
全部开设	169	33.01
无学生选择	110	21.48
较少学生选择	223	43.55
学校不予开设	10	1.95

调查还关注了学生对限选科目（物理/历史）的选择情况，在"你校选择物理还是历史学生居多"一题中，选择物理居多或历史居多的学校数相差不大，选择物理居多的学校有216所，占42.19%，选择历史居多的学校数有214，占41.80%，大致一样的学校有82所，占16.02%（见表4）。

表4 "你校选择物理还是历史学生居多"的学生选择情况

选项	学校数/所	占比/%
物理居多	216	42.19
大致一样	82	16.02
历史居多	214	41.80

但是，不同生源的学校在限选科目的选择当中表现出明显的强校偏理弱校偏文的现象，生源越好的学校选择物理的学生越多，生源越差的学校选择历史的学生越多，而选择物理、历史学生数大致一样的学校数随着生源质量的下降而递增。可见关于"强校偏理弱校偏文"的主观印象与客观事实相符（见图3）。

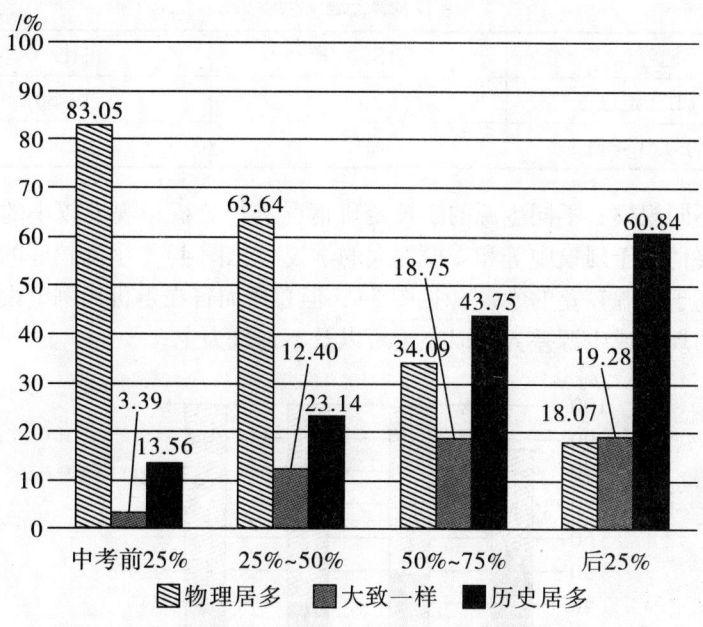

图 3 不同生源学校限选科目选科情况

（三）学校走班情况

在学校走班情况的调查当中，有 28.71% 的学校表示不走班，有 11.52% 的学校表示全员走班，有 6.05% 的学校表示有超过三分之二的学生走班，有 12.30% 的学校表示有约一半学生走班，而有 41.41% 的学校表示只有少于三分之一的学生需要走班（见表5）。由此可以看出，我省大多数学校采取"小走班"① 模式。

表 5 学校走班情况

选项	学校数/所	占比/%
不走班	147	28.71
全员走班	59	11.52
超过2/3走班	31	6.05

---

① 一般将走班模式分为两种：大走班和小走班。大走班指除语文、数学、英语三门必考科目以外，其他三门选考科目均通过走班形式完成教学任务；小走班指选考科目相同的学生优先组成固定行政班级，其他科目或学生走班教学。

续上表

选项	学校数/所	占比/%
约1/2走班	63	12.30
少于1/3走班	212	41.41

对不同规模、不同生源的学校走班情况进行分析,规模较小的学校走班比例要稍低于规模中等和规模偏大的学校（见图4），生源较好的学校走班比例高于生源较差的学校（见图5），但总体而言在走班比例上没有呈现出明显的规模或生源差异，以小走班以及不走班为主。

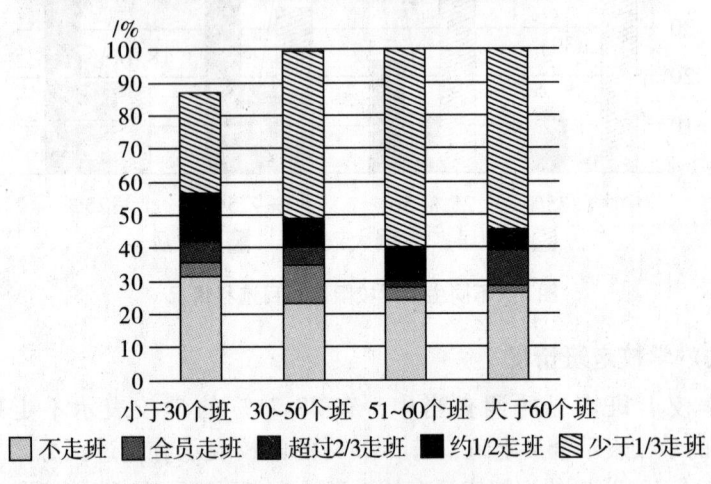

图4　不同规模学校走班情况

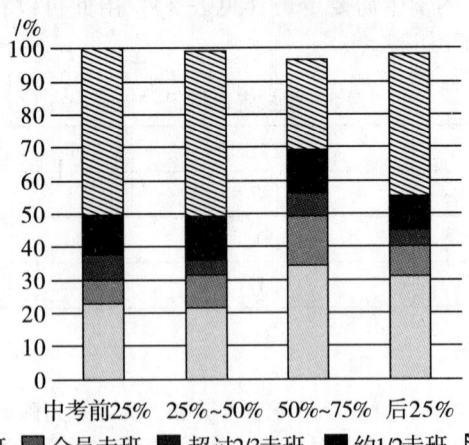

图5　不同生源学校走班情况

(四)学校对选课走班的评价

在学校对本校选课走班情况满意度的调查中,大部分学校满意度较高,表示非常满意的学校占总数的14.65%,表示满意的学校有61.91%,表示一般的有22.07%,仅有0.98%和0.39%的学校表示不满意和非常不满意(见表6)。

表6 学校对选课走班的满意度

选项	学校数/所	占比/%
非常满意	75	14.65
满意	317	61.91
一般	113	22.07
不满意	5	0.98
非常不满意	2	0.39

在选课走班对教学效果、师生关系、同学关系、班级凝聚力等的影响情况调查中,大多数学校认为与传统行政班相比,选课走班的影响并不大。在对教学效果的影响中,有2.34%学校认为选课走班的教学效果要好得多,有30.08%的学校认为好一些,有43.16%的学校认为差不多,有22.66%的学校认为差一些,有1.76%的学校认为差得多;在对师生关系的影响中,有0.59%的学校认为选课走班下的师生关系好得多,有15.43%的学校认为好一些,有54.49%的学校认为差不多,有27.93%的学校认为差一些,有1.56%的学校认为差得多;在对同学关系的影响中,有0.78%的学校认为好得多,有11.52%的学校认为好一些,有59.18%的学校认为差不多,有27.54%的学校认为差一些,有0.98%的学校认为差得多;在对班级凝聚力的影响中,有0.98%的学校认为好得多,有9.18%的学校认为好一些,有41.60%的学校认为差不多,有45.31%的学校认为差一些,有2.93%的学校认为差得多(见表7)。由此可见,在教学效果、师生关系和同学关系方面,大部分学校认为并无较大的负面影响,只是在班级凝聚力上的负面影响大一些。

表7 选课走班对教学效果等方面的影响

题目	好得多	好一些	差不多	差一些	差得多
	学校数（所）/占比（%）				
与传统行政班相比，选课走班的教学效果	12/2.34	154/30.08	221/43.16	116/22.66	9/1.76
与传统行政班相比，选课走班的师生关系	3/0.59	79/15.43	279/54.49	143/27.93	8/1.56
与传统行政班相比，选课走班的同学关系	4/0.78	59/11.52	303/59.18	141/27.54	5/0.98
与传统行政班相比，选课走班的班级凝聚力	5/0.98	47/9.18	213/41.60	232/45.31	15/2.93

虽然大部分学校表示选课走班对教学效果、师生关系等方面的影响不大，但是却有不少的学校表示选课走班加大了教师的教学压力和学生的学业压力。有10.74%的学校认为选课走班后教师压力大得多，有61.52%的学校认为大一些，有25.78%的学校认为差不多，另有1.95%认为小一些。在选课走班对学业压力的影响调查中，有9.18%的学校认为选课走班后的学业压力比传统行政班大得多，有39.06%的学校认为大一些，有43.55%的学校认为差不多，另有8.01%和0.20%的学校认为小一些、小得多（见表8）。

表8 选课走班对教与学压力的影响

题目	大得多	大一些	差不多	小一些	小得多
	学校数（所）/占比（%）				
与传统行政班相比，选课走班的教师工作压力	55/10.74	315/61.52	132/25.78	10/1.95	0/0
与传统行政班相比，选课走班下的学业压力	47/9.18	200/39.06	223/43.55	41/8.01	1/0.20

选课走班相较于传统行政班而言是一种具有挑战性的变革，学校可能面临种种困难。在学校选课走班面临的主要困难调查中，师资不足与教学组织工作烦琐是最大的问题，分别有82.38%、79.12%的学校选择，有

65.71%的学校表示课室不足，有59.77%的学校表示学生选择能力不足是问题，另有54.79%的学校表示指导压力大（见表9）。

表9 学校在选课走班当中面临的主要困难

选项	学校数/所	占比/%
师资不足	430	82.38
教学组织工作烦琐	413	79.12
课室不足	343	65.71
学生选择能力不足	312	59.77
学校指导压力大	286	54.79

在"您认为高考采取'3+1+2'的选科考试模式较文理分科是否一种进步"的调查中，学校的总体评价趋于正向和中立，有46.74%的学校认为是进步，有46.93%的学校表示不好说，另有6.32%的学校认为不是进步。这表明有不少学校对新高考选科考试方案采取积极态度，也有不少学校对此保持观望和否定态度（见表10）。

表10 学校对"3+1+2"选科方案的评价

选项	学校数/所	占比/%
是进步	244	46.74
不好说	245	46.93
不是进步	33	6.32

（五）学校对综合素质评价的执行与评价情况

大部分学校已经着手开展综合素质评价工作，其中有96.93%的学校表示已经启动，也有少部分（3.07%）学校表示尚未开始（见表11）。

表11 学校综合素质评价工作开展情况

选项	学校数/所	占比/%
已经启动	506	96.93
尚未开始	16	3.07

对于新高考是否有必要开展综合素质评价的问题，大部分学校持肯定

态度,有79.12%的学校表示很有必要;也有少部分学校表示必要性不大,如有17.82%的学校表示可有可无,有3.07%的学校表示没有必要(见表12)。

表12 学校对综合素质评价必要性的看法

选项	学校数/所	占比/%
很有必要	413	79.12
可有可无	93	17.82
没有必要	16	3.07

对于现行的综合素质评价方案,有40.42%的学校认为科学合理,有21.84%的学校认为不好说,有37.74%的学校认为有待改进(见表13)。可见仍有为数不少的学校对综合素质评价方案的认可度不高,其背后原因值得探究。

表13 对综合素质评价方案合理性的看法

选项	学校数/所	占比/%
科学合理	211	40.42
不好说	114	21.84
有待改进	197	37.74

(六)学生发展指导情况

为应对新高考对教育教学以及学生生涯发展提出的新挑战,开展学生发展指导工作是必要的。但是调查发现有56.32%的学校尚未为学生发展指导做好充分的组织建设与队伍建设准备,只有不到一半(43.68%)的学校已设立学生发展指导中心(见表14)。

表14 学校设立学生发展指导中心情况

选项	学校数/所	占比/%
是	228	43.68
否	294	56.32

在不同生源层次的学校对比中,生源位于中考前75%的学校在是否设

有学生发展指导中心方面基本在50%上下,但生源后25%的学校设有学生发展指导中心的比例相对较低,仅有34.94%的设有学生发展指导中心,而65.09%的学校尚未设立。可见薄弱学校的学生发展指导工作应当加强(见图6)。

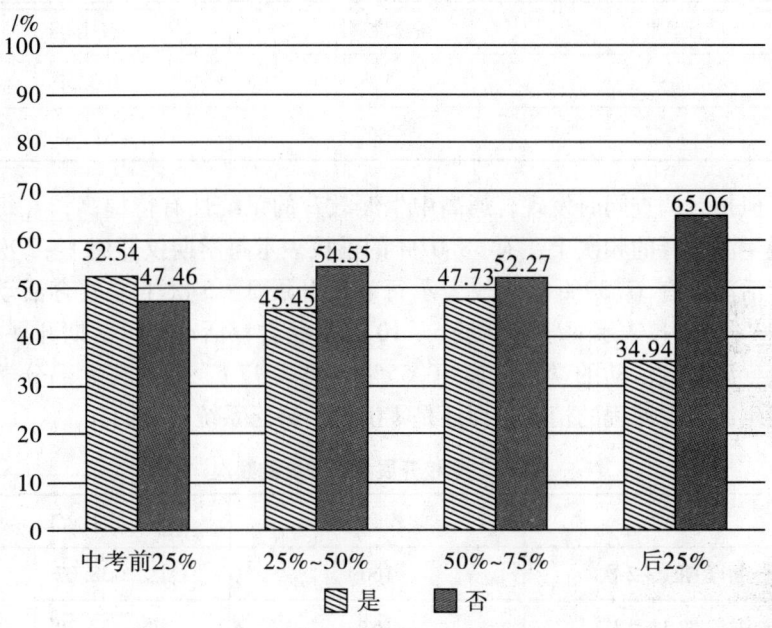

图6 不同生源学校学生发展指导中心设立情况

在设有学生发展指导中心的228所学校中,有58.33%学校的学生发展指导中心只有1~3名教师,有4~6名教师的占17.11%,有7~10名教师的占7.89%,有10名以上教师的占16.67%(见表15)。可见大部分学校的学生发展指导中心队伍不够强大,要为新高考背景下的高中学生提供全方位的学生发展指导,队伍建设应当重点关注。

表15 学校学生发展指导中心教师数

选项	学校数/所	占比/%
1~3名	133	58.33
4~6名	39	17.11
7~10名	18	7.89
10名以上	38	16.67

在大多数学校已经具备一定的生涯教育意识中调查中发现,有83.52%的学校表示学校已经开展生涯教育,有16.48%的学校表示尚未开展(见表16)。

表16 学校开展生涯教育情况

选项	学校数/所	占比/%
是	436	83.52
否	86	16.48

但是,调查同时发现普通高中生涯教育的系统性有待提高,在每学期开展生涯教育的频次上,有38.07%的学校表示每学期仅开展1~2次生涯教育活动,有37.39%的学校表示每学期开展3~5次生涯教育活动,有13.99%的学校表示每学期开展5~10次生涯教育活动,每学期开展10次以上生涯教育活动的学校仅有10.55%(见表17)。可见在大部分学校在开展生涯教育课程的情况方面还是零散的、缺乏系统规划的。

表17 学校开展生涯教育的频次

选项	学校数/所	占比/%
每学期1~2次	166	38.07
每学期3~5次	163	37.39
每学期5~10次	61	13.99
每学期10次以上	46	10.55

在调查中发现班主任成为普通高中生涯教育队伍的主要担当,有94.27%的学校表示学校生涯教育工作主要由班主任负责,有60.09%的学校表示主要由心理教师负责,有56.88%的学校表示主要由学科教师负责,有21.10%的学校表示由专任教师负责(见表18)。

表18 学校主要负责生涯教育的教师

选项	学校数/所	占比/%
班主任	411	94.27
心理教师	262	60.09

续上表

选项	学校数/所	占比/%
学科教师	248	56.88
生涯教育专任教师	92	21.10

学校最常用的生涯教育实施形式是班会课（94.04%）；其次是专题讲座（82.80%）；学科教学融合也是常用方式之一，有69.04%的学校表示会以此开展生涯教育；有63.76%的学校表示借助心理课开展生涯教育；另有55.50%、54.36%、48.39%的学校表示社会实践活动、社团活动和校内大型主题活动是实施生涯教育的主要途径之一（见图7）。

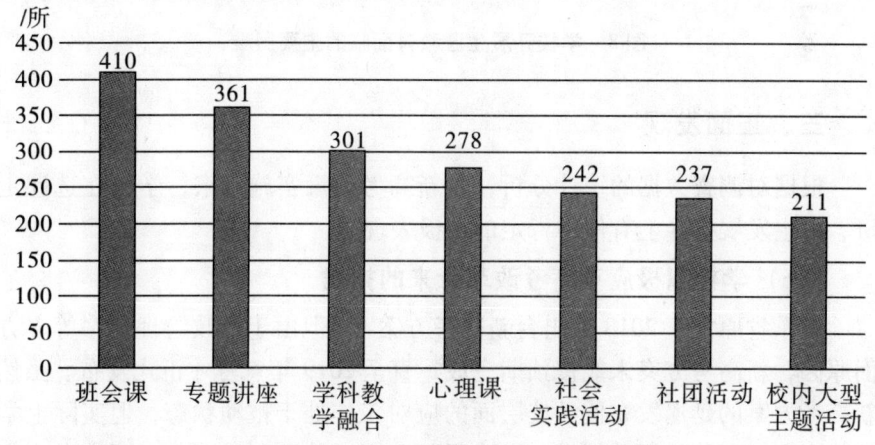

图7 学校实施生涯教育的主要形式

在开展生涯教育存在的困难方面，有93.10%的学校提出缺乏专业教师是主要问题，有68.58%的学校表示存在校外合作困难，有48.28%的学校表示政策支持不足，有46.93%的学校表示没有专用场地限制了生涯教育的开展，还有39.27%的学校表示学生不重视是问题之一，另有16.48%、11.49%的学校表示家长不支持、学校并不重视是开展生涯教育的困难之一（见图8）。

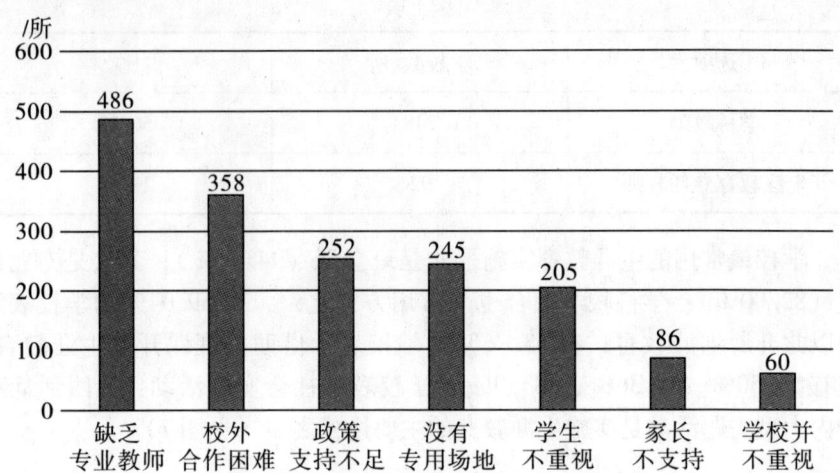

图8　学校开展生涯教育面临的主要困难

三、正面发现

根据对调查数据的统计分析,自新高考政策实施以来,学校在选课走班、学生发展指导上有值得肯定的积极表现。

(一)学校积极应对高考改革带来的挑战

广东省原定于2018年出台新高考方案①,但由于行政管理程序等多方面原因,新高考方案未能按预期完成,直至2019年4月才正式发布。虽然新高考方案的延迟发布使学校层面的应对工作处于被动状态,但实际上学校一直积极等待并提前筹措,以确保新旧高考的顺利过渡。在新高考方案正式发布之前,已有不少学校根据最可能的选科方案进行预演。调查显示,在方案发布至新学期开学的短短几个月间,已有95.40%的学校完成了新高考政策的传达,有90.61%的学校制定了选课走班方案,有98.08%的学校完成了选课编班工作,有96.63%的学校启动了综合素质评价工作,学校高度重视高考改革的落地实施,积极应对高考改革带来的挑战。

(二)学校初步探索了适宜的选课走班模式

由文理分科走向"3+1+2"的12种选科考试组合、由固定行政班教

---

①　广东省人民政府. 广东省人民政府关于深化考试招生制度改革的实施意见[Z]. 2016.

学走向走班制是新高考对学校教学工作提出的最大的挑战,是否能够建立有效的选课走班模式关系着高考改革核心精神能否落实。调查显示,囿于现实情况等种种因素,学校在选课和走班两个方面未能充分满足学生的自主权,但较之文理二选一的选科考试模式,新高考所赋予学生的选科考试权利学校已尽力保障。在选课方面,仅有6.51%的学校开设不到3种选课组合,有60.34%的学校开设选课组合8种以上,有46.93%的学校开设选课组合10种以上,有32.57%的学校开设全部12种选课组合(见表19),与文理分科相比,在选科自由空间上实现了较大的突破。在走班方面,有71.29%的学校存在走班教学情况,且有76.56%的学校表示对本校的选课走班模式感到满意或非常满意,由此表明在新高考启动初年,大部分学校已经探索出自我满意度较高的选课走班模式。

表19 开设不同选课组合的学校数

开设组合数	学校数/所	占比/%
3种以下	34	6.51
8种以上	315	60.34
10种以上	245	46.93
12种	170	32.57

(三)学校普遍具备学生发展指导意识

新高考政策在赋予学生自主权的同时要求学校加强学生发展指导,以使学生能够最好地行使自主权利,做出最优的生涯抉择。2019年4月,广东省教育厅印发了《关于加强普通高中学生发展指导工作的意见》,要求全省普通高中学校在新高考背景下要做好学生发展指导工作、开好生涯教育课程、促进学生全面而有个性地发展。在政策驱动、现实需求以及各级教研的带动下,广东省普通高中已普遍具有学生发展指导意识。调查显示,尽管学生发展指导的科学性和系统性有待提高,但大部分学校已经开始行动,有92.34%的学校表示有必要开展高中生涯教育,有83.52%的学校已经开展生涯教育,还有99.41%的学校表示在选课前对学生进行了指导。

四、存在问题

尽管高考改革具体工作的推进总体顺利,但是通过对数据的分析发现,实践当中仍然存在一些问题有待解决。

(一)新高考政策的认同度有待提高

广东省高考改革从步调确定到政策发布经历了三年时间,在与先行省市高考方案以及本省旧方案的比较中,相关利益群体对高考新政持不同的态度。积极者认为新高考体现了"促进学生全面而有个性发展、赋予学生自主权、形成多元考试招生模式"等政策承诺,是教育进步的表现;消极者认为无论是"3+3"或"3+1+2",其本质与"3+X"等既往方案并无不同,没有实现质的改变。对综合素质评价的评价更为消极,认为综合评价仅适用于绝少部分优秀学生,大多数学生升学主要依靠高考成绩,综合素质评价对学生没有什么作用,"照表填写、尽量体现优点、完成任务即可"。调查也发现,在对高考政策的评价中,仅不足半数的学校对"3+1+2"的选科考试方案持肯定态度,有21.84%的学校对综合素质评价方案的科学合理性评价为"不好说",有37.74%的学校认为"有待改进"。整体而言,新高考政策的认同度还有待提高。

(二)选课走班及学生发展指导支持体系有待完善

尽管学校在选课走班及学生发展指导方面已经普遍采取行动,但是从调查可知,选课走班及学生发展指导工作尚缺乏足够的保障条件,因而存在政策落实不充分、活动开展不系统等问题,主要表现为几个方面:一是学校普遍反映在选课走班当中面临多维困难,如师资不足、教学组织工作烦琐、课室不足、教师和学生压力大等;二是学生选课自主权没有得到完全保障,有43.55%的学校表示因过少学生选择而不开设部分选课组合;三是学生发展指导组织建设薄弱,有56.32%的学校尚未设立学生发展指导中心。而在有设立学生发展指导中心的学校中,有58.33%的学校只配置了1~3名教师;四是生涯教育系统性有待提高,存在开展频率较低、主要依靠班会课等非正式课时开展等问题;五是生涯教育队伍有待加强,当前生涯教育主要依靠班主任、心理教师开展,专业教师较为缺乏。以上种种现象表明,学校在选课走班和学生发展指导方面的支持体系有待完善。

(三)欠发达地区与薄弱学校的改革难点需特别关注

区域经济发展水平与生源质量是制约普通高中发展的两大关键因素,

欠发达地区与薄弱学校在教育改革当中往往处于不利境地,从而可能导致教育发展上的"恶性循环"。调查发现欠发达地区与薄弱学校在高考改革当中表现出一定的改革落后性,在学生选课自主权的保障方面,总体是欠发达地区与生源较差的学校表现较差。学校开设选课组合少于3种(含3种)的学校中,占比超过10%的前四个地级以上市均位于欠发达地区,而选课组合开8种以上、10种以上、12种的学校数占比较高的地级以上市普遍位于珠江三角洲地区。在生源方面,开设选课组合在3种(含3种)以下的学校数占比最高的是生源位于中考后25%的学校,在开设选课组合3种(含3种)以下的学校中,生源越好的学校占比越低;在开设选课组合在8种以上、10种以上、12种的学校中,生源越好的学校占比越高(见图9)。可见经济发达地区与生源较好的学校有更充分的条件来保障学生选课自主权,而欠发达地区与生源较差的学校在这一方面存在薄弱环节,应当重点关注。

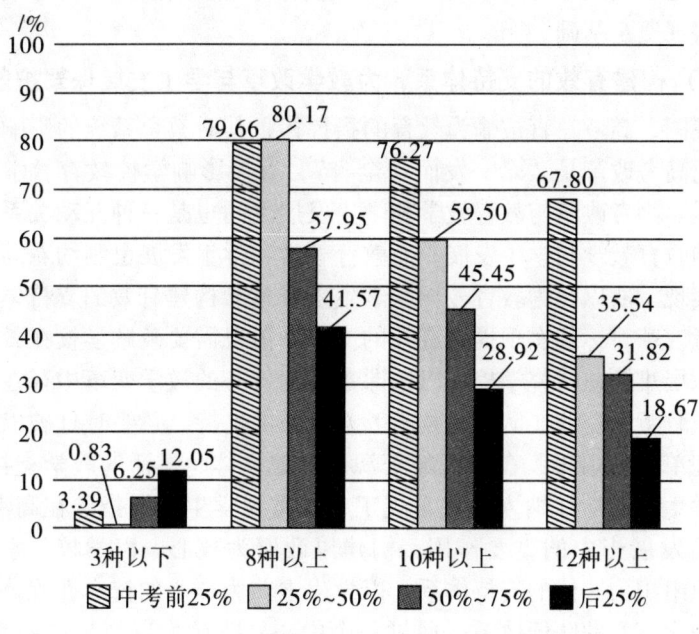

图9 不同生源学校开设选课组合数量情况

五、改进建议

针对学校在落实高考改革精神、开展选课走班和学生发展指导等工作当中存在的问题与困难,提出如下建议。

(一)持续完善政策并加大宣传力度,提升高考政策的认同感

政策完善是一个在批判质疑中不断改进的过程。自 2014 年新高考启动以来,对新高考政策的褒奖与批判并存,当中有关于考试科目设置与计分模式的反思①,也有基于实证调查的综合素质评价制度反思②,究其原因,既与高考政策本身的合理性有关,也与对高考政策的理解程度有关。各级教育行政部门、教科研单位、一线教师对高考政策的认同感直接影响他们的政策执行力,提升高考政策的认同感非常必要。一方面要从完善政策入手,在理论反思、国际比较、实践检验当中不断提高政策的合理性,回应关于核心科目权重、选考科目计分、同科多考设置、综合素质评价信效度及使用价值等方面的质疑,提升政策本身的科学性与合理性;另一方面要加大政策宣传力度,开展系统培训,分层分类从考试政策讲解、具体科目考试变化、综合素质评价的具体操作等方面进行深入解读,提升各级各类部门尤其是一线教师对高考改革的认同感与自我效能感,为高考改革目标的顺利实现奠定基础。

(二)构建有效的支持体系,为教学改革与学生发展保驾护航

在我国,高考一直被喻为教育的指挥棒,其对教育系统的影响不言而喻,因此高考改革是"牵一发而动全身",直接影响学校教育教学与学生生涯发展。高考改革与教育教学和学生发展之间也是一种互动关系,高考改革影响教育教学与学生发展,而教育教学和学生发展也制约着高考改革目标的实现。所以,为教育教学与学生发展指导构建有效的支持体系,即是为高考改革目标的实现提供有效的支撑。但也需要破解学校在教学管理当中的深层难题,研究学校在以选课走班为核心的教学变革中存在的实际困难,从政策、资源、队伍、技术等方面提供支持,必要时打破以学校为基本管理单位的疆界,盘活区域资源,构建立体、灵活的教学支持体系;需要将学生发展指导纳入学校常规工作,重视学生发展指导在高考改革、学生生涯发展当中的重要作用,构建以政府为核心,以学校、家庭、高校、专业组织为一体的支持体系,以学生素养为核心的校本课程体系,以学校教师为核心的队伍体系,通过一个中心(学生发展指导中心)、一门

---

① 胡中锋,董标. 论我国高考改革的十大困境:基于复杂性理论视角 [J]. 教育研究与实验,2018 (3):70 - 74.

② 彭莎莎. 新高考下普通高中学生综合素质评价政策认同研究:基于上海六所高中的调查 [D]. 上海:华东师范大学,2019.

课程、一支队伍,积极促进学生发展。其中,在突出高中学校主体作用的同时,要特别强调高等院校在学生选科与生涯发展当中的重要作用,高等院校有义务公开关于专业选考科目要求、培养目标、就业数据等全方位信息,为学生选科选考与生涯规划提供直接依据。①

(三) 重点支持欠发达地区与薄弱学校,促进教育优质均衡发展

提高欠发达地区高考录取率、增加农村学生上重点高校人数是本次高考改革的重要任务之一②,而保障公平、以人为本一直是高考制度的底线与基本价值取向。而事实是新一轮的高考改革使欠发达地区与薄弱学校陷入了更强烈的"教育不公平"焦虑,认为"落后地区资源缺乏,学生了解面不足,(高考改革)会拉大与经济发达地区的差距","高考改革要充分考虑全省教育资源、教学水平或能力的不平衡,不要把教育落后地区与发达地区的距离越拉越大,造成教育的更不公平","教师特别是欠发达地区教师较难跟上改革的步伐"。本次调查也证实了欠发达地区与薄弱学校处于高考改革的不利境地,如不采取有效措施,焦虑恐怕将成为现实。高考改革是教育大事,亦是民生大事,政府应当重点支持欠发达地区与薄弱学校,建立专项计划,以专项经费、人才计划、优质生源为核心,改善欠发达地区及薄弱学校的办学条件、师资队伍、学生素质,优化教育结构与办学模式,使欠发达地区与薄弱学校有改革的底气与动力,守护底线、抬高底部,促进普通高中教育乃至基础教育在改革中优质均衡发展。

(执笔人:庞春敏;审稿人:詹斌)

---

① 苗学杰. 英国"高考"科目自选的制度设计、现实难点与警戒意义 [J]. 比较教育研究, 2018 (9): 26 - 34.

② 中华人民共和国国务院. 国务院关于深化考试招生制度改革的实施意见 [Z]. 2014.

依托高水平教研促进教师专业发展、提高中学生物学教学质量的研究与实践

○广东省教育研究院教学教材研究室*

摘 要：依托广东省教育研究院和广东教育学会开展高水平教研，开展高水平培训教研，如国家课标研修；开展高水平专业教研，如教学设计与论文评选、课题研究活动、教学研讨会、教学质量奖评选、优秀科组评选、学术年会等，促进了生物教师专业发展；开展高水平督导教研，如广东省普通高中教学水平评估（生物），促进了生物科组建设和教师专业发展；开展高水平教赛教研，如广东省中小学青年教师教学能力大赛（中学生物学），促进了青年教师专业发展。

关键词：高水平教研 教师专业发展 提高教学质量

一、前言

《中共中央 国务院关于深化教育改革全面推进素质教育的决定》和《国务院关于基础教育改革与发展的决定》，跨入21世纪迎来了我国第八次基础教育课程改革，实施素质教育，提高教育质量。

《国家中长期教育改革和发展规划纲要（2010—2020年）》指出："把提高质量作为教育改革发展的核心任务。建立以提高教育质量为导向的管理制度和工作机制，把教育资源配置和学校工作重点集中到强化教学环

---

* 本文系广东教育学会广东省中学生物教学研究"十三五"规划重点课题"依托高水平教研促进教师专业发展提高中学生物学教学质量的研究与实践"（YZSH-2015-E-a001）成果。

节、提高教育质量上来。加强教师队伍建设，提高教师整体素质。"

《中共中央 国务院关于深化教育教学改革全面提高义务教育质量的意见》（2019年6月23日）指出"强化课堂主阵地作用，切实提高课堂教学质量"；"按照'四有好老师'标准，建设高素质专业化教师队伍"；"深化关键领域改革，为提高教育质量创造条件"，大标题大视野关键词"课堂教学""专业发展""提高质量"指明了深化教育教学改革的方向。

《普通高中生物学课程标准（2017年版）》指出："评价应遵循立德树人的指导思想，评价以学生发展为本，以生物学课程内容、学业质量标准为依据，聚焦学科核心素养，促进教师的教和学生的学。评价是提高教学质量的重要手段。"

国家教育大背景下提出问题：如何提高中学生物学教学质量？

二、方法

广东教研背景下的解决方法：依托高水平教研促进教师专业发展。

2004—2019年教学成果的方案设计、论证、研究与实践：依托高水平教研促进教师专业发展提高中学生物学教学质量。

（一）开展高水平教研的过程与方法

依托广东省教育研究院和广东教育学会省级教研为龙头，"省教研室—市教研室—县教研室—校教研室"和"省中生会—市中生会—县中生会—校中生会"两条主线结合四级联动开展系列教研。邀请全国一流学者如国家课标组长和核心组成员、国家主流教材主编、全国一流师范大学生物学课程与教学论博导等开展高端讲座；邀请省级一线名师如广东省正高级教师、生物博士教师、特级教师、名教师等打造高效课堂；邀请广东省教学指导委员会专家、优秀教研员、地市督学等主持教学研讨会、学术年会；全国一流学者和省级一线名师做教研主讲和主持，专家引领生物学教研；邀请高层次人才主持中学生物学课程、教材、教学、评价等领域重点课题研究。

生物学教研聚焦重点"核心素养，实验教学"和难点"问题导学，高效课堂"。

建构广东特色"培训教研＋专业教研＋督导教研＋教赛教研"生物学教研体系。

（二）依托高水平国家课标培训教研促进生物教师专业发展（2012—2019 年）

广东省教育厅、广东省教育研究院举办广东省级培训教研，各地市教育局举办地级市培训和校本研修。省级培训教研为骨干培训教研，地级市培训和校本研修为全员培训教研。还依据国家生物学课程标准研制了《广东省中学生物学教学指导意见》。

（三）依托高水平每年六大专业教研促进生物教师专业发展（2004—2019 年）

广东教研背景：原广东省教育厅教研室生物科和广东教育学会中学生物教学专业委员会每年开展广东省中学生物教学专业教研。

高水平教研省级中学生物学教学专业学术活动方案的设计、论证和研究（2004—2005 年）：创设了学术性标准，创制了指导性文件。

高水平教研省级中学生物教学专业学术活动方案的实践和总结（2005—2019 年）：如开展教学设计与论文评选、课题研究活动、教学研讨会、教学质量奖评选、优秀科组评选、学术年会等，创建了专业性学会，创造了多样性途径，创作了示范性成果，出版"广东省中学生物教学成果精品"系列 2015—2018（每年 1 集共 5 集），每年免费发放 500 套给中学生物教师，成果推广到全省乃至全国。

（四）依托高水平四年一轮督导教研促进生物教师专业发展（2004—2014 年）

广东教研背景：广东省人民政府教育督导室牵头开展广东省普通高中教学水平评估，由原广东省教育厅教研室协助。

高水平教研省级普通高中生物教学水平评估方案的设计、论证和研究（2004—2007 年）：研制了《广东省普通高中生物教学水平评估指标》（粤教研〔2008〕7 号），生物学科标准突出实验教学和科组建设的教学水平特色。

高水平教研省级普通高中生物教学水平评估方案的实践和总结（2008—2014 年）：广东省教育厅 2005 年聘请广东省基础教育学科教学指导委员会委员（生物）、2007 年聘请广东省普通高中教学水平评估专家（生物），实施广东省普通高中教学水平评估（高中生物），专家引领促进教师的专业发展，促进了生物科组建设。

（五）依托高水平两年一届教赛教研促进生物教师专业发展（2012—2019 年）

广东教研背景：广东省总工会和广东省教育厅联合举办，广东省教育研究院承办广东省中小学青年教师教学能力大赛。

高水平教研省级中小学青年教师教学能力大赛方案的设计、论证和研究（2012—2015 年）：研制了《广东省中学生物学青年教师教学能力大赛评分标准》，生物学科标准突出实验教学和命题评价的教学能力特色。

高水平教研省级中小学青年教师教学能力大赛方案的实践和总结（2015—2019 年）：广东省教育研究院实施广东省中小学青年教师教学能力大赛（初中生物学/高中生物学），仅 2017 年广东省的 20 000 多名中学生物教师中超过 10 000 名生物学科青年教师参加了由学校、县区、地市和省级举办的各级初赛、决赛和总决赛，促进了青年教师教学能力的专业发展。

三、结果

成果的实施和总结由 2008—2019 年共 12 年，实践检验成果应用及效果如下。

（一）依托高水平教研促进教师的专业发展，创建了提高中学生物学教学质量的"521 广东实践模式"

贯彻《国家中长期教育改革和发展规划纲要（2010—2020 年）》提出，"把提高质量作为教育改革发展的核心任务。把重点集中到强化教学环节、提高教师整体素质"，实践"促进教师专业发展、促进生物课堂教学，提高教学质量"的过程与方法，在国家教育大背景下创建广东特色中学生物学教学"2 促"为重点和"1 提"为核心的金三角。

1. 创建了主旨提高中学生物学教学质量的专业性学会。创建广东教育学会中学生物教学专业委员会。理事会组成注重代表性和覆盖面，省、市、县校各级教研室生物教研员是理事会理事，以更好地开展学术活动。

教坛英雄聚，形成聚集效应，促进教师专业发展。

聚首中生会，聚焦课堂教学，促进生物课堂教学。

2. 创设了引领提高中学生物学教学质量的学术性标准。

（1）《广东省中学生物教学论文评审标准（试行）》。

（2）《广东省中学生物教学质量奖评审标准（试行）》。

（3）《广东省中学生物教学优秀科组评审标准（试行）》。

（4）《广东省中学生物教学设计与课例评审标准（试行）》。

（5）《广东省中学生物教学研究规划课题成果鉴定评审标准（试行）》。

3. 创制了广东提高中学生物学教学质量的指导性文件。

（1）《义务教育生物学教学指导意见（2012年版）》（粤教教研函〔2012〕9号）。

（2）《普通高中生物教学指导意见（2012年版）》（粤教教研函〔2012〕13号）。

（3）《广东省初中生物学科学业水平考试大纲》（2006—2019年）。

（4）《广东省普通高中生物教学水平评估指标》（粤教研〔2008〕7号）。

（5）《广东省中学生物学青年教师教学能力大赛评分标准》。

4. 创造了探索提高中学生物学教学质量的多样性途径。

（1）提高广东省中学生物教学质量国家课标培训教研：国家课标省级骨干培训与地市全员培训教研。

（2）提高广东省中学生物教学质量每年六大专业教研。

①开展广东省中学生物教学设计与教学论文评选活动（3月20日）。

②开展广东省中学生物教学研究"十三五"规划课题申报活动（3月20日）。

③召开广东省中学生物教学研讨会（7月上旬）。

④开展广东省中学生物教学质量奖评选活动（9月20日）。

⑤开展广东省中学生物教学优秀科组评选活动（9月20日）。

⑥召开广东教育学会中学生物教学专业委员会学术年会（11月上旬）。

（3）提高广东省普通高中教学水平四年一轮督导教研：广东省普通高中教学水平评估（高中生物）。

（4）提升广东省青年教师专业水平两年一届教赛教研：广东省中小学青年教师教学能力大赛（初中生物学/高中生物学）。

5. 创作了实践提高中学生物学教学质量的示范性成果。

（1）出版了实践提高中学生物学教学质量的教研著作：依托高水平教研创作《杨计明教研志》"一志三卷五册"：课题研究卷《创造性教学》《问题导学法》，课堂教学卷《生物学教与学（初中）》《生物学教与学（高中）》，课程教研卷《生物教育研究》等代表作。

（2）发表了实践提高中学生物学教学质量的专业论文：依托高水平教研发表《生物学教师专业发展与教学质量的相关性研究》《"粤中生会"：提高中学生物教学质量的探索与实践》《提高中学生物教学质量的"521

广东实践模式"》《打造粤中生会学术品牌提高中学生物教学质量》《提高中学生物教学质量的探索与实践》等专业论文。

（3）编著了实践提高中学生物学教学质量的优质课例。依托高水平教研创作"广东省中学生物教学成果精品"系列2015—2018（每年1集共5集），由广东音像教材出版社出版，精选2004年广东省首批进入普通高中新课程实验以来课例实录如2005年"探究性教学"、2006年"问题导学法"、2008年"生物实验教学"、2009年"教师实验能力"、2010年"课堂教学有效性"等广东省一等奖课例，精选学术年会现场课例如2015年"问题导学 高效课堂"、2016年"特级教师 特色课堂"、2017年"问题导学 高效课堂"、2018年"名师优课"课例实录，共收录142节优质课例。

6. 促进了教师专业发展。依托高水平教研创新形成5项成果（创建了专业性学会，创设了学术性标准，创制了指导性文件，创造了多样性途径，创作了示范性成果）达成了促进教师专业发展的效果。

高层次人才资源库建设已见成效！依托高水平教研促进了教师专业发展。

研讨会开展"博士论坛"促进了生物教师专业发展，学术年会开展多样性学术活动促进了生物教师专业发展，助推了生物教师踏上"高级教师、正高级教师"等专业高阶，开展"教学质量奖"评选活动，促进了生物教师专业发展，助推了生物教师迈进"特级教师、南粤优秀教师"等名师殿堂，开展"优秀科组"评选活动，促进了生物教师专业发展，助推了生物科组建设"优秀科组、十优科组"等团体标杆，"教学质量奖""优秀科组"评选活动，通过"互联网+"评选、学习和交流，创意非凡，成效显著（见表1）。

表1　广东省中学生物教学学术活动评选项目获奖情况表（2004—2019年）[①]

项目	一等奖	二等奖	三等奖	合计
教学设计/项	245	809	1 813	2 867
教学论文/项	353	1 306	2 721	4 380
教学质量奖/项	147	495	1 008	1 650

① 数据来源于原广东省教育厅教研室（2004—2011年）、广东省教育研究院教研室业务指导下广东教育学会中学生物教学专业委员会（2012—2019年）开展学术活动的评选项目，以公布评选结果的通知文件数据来统计。

续上表

项目	一等奖	二等奖	三等奖	合计
教学优秀科组/项	24（十优科组）	102（优秀科组）	只评优秀无评等级	102
教学优质课例/项	139	226	201	566

广东省中学生物教学学术活动获奖生物教师（2004—2019年）都分别获得不同程度学历、职称、荣誉方面的晋升。

实证证明：依托高水平教研促进了教师专业发展提高中学生物学教学质量。

7. 促进了生物课堂教学。依托高水平教研创新形成5项成果（创建了专业性学会，创设了学术性标准，创制了指导性文件，创造了多样性途径，创作了示范性成果）达成了促进生物课堂教学的效果。

优质教学资源库建设已见成效！如优质课例引领了生物课堂教学（见表2）。

表2 广东省中学生物教学教材培训专家培训选用优质课例情况表（2004—2019年）

教材培训专家	聘任出版社	教材培训全国各省（自治区、直辖市）	选用优质课例
杨计明	人教版	辽宁、吉林、黑龙江、新疆生产建设兵团、陕西、四川、海南、广东等	教材培训时选用广东省共数十节优质课例
颜培辉	人教版	湖南、黑龙江等	
张　芸	人教版	湖南、湖北、新疆、辽宁、陕西、青海、山西、江苏、河南等	
黄增寿	人教版	湖南、湖北等	

优质课例在全国许多省、市、区人教版教材培训中获得好评。

学术年会现场课例展示涵盖各年级各大主题：七年级"实验教学"；八年级"概念教学"；高一级"实验教学"；高二级"探究教学"；高三级"复习教学"。优质课例全覆盖中学各阶段各课型凸显生物课堂教学特征。

实证证明：依托高水平教研的优质课例引领了生物课堂教学提高中学生物学教学质量。

8. 提高了中学生物学教学质量。依托高水平教研达到两大效果（促进了教师专业发展；促进了生物课堂教学）达成一个目标：提高了教学质量。

（1）理论创新。依托高水平教研促进教师专业发展提高中学生物学教学质量的研究与实践（2004—2019年），形成了理论创新"521广东实践模式"。其中包括以下三个方面。

形成"5创"成果：创建了专业性学会，创设了学术性标准，创制了指导性文件，创造了多样性途径，创作了示范性成果。

达到"2促"效果：促进了教师专业发展；促进了生物课堂教学。

达成"1提"目标：提高了教学质量。

提高中学生物学教学质量的"5创—2促—1提"："5创"是"2促"的基础，"2促"是"1提"的关键，"1提"是教学的核心。

（2）实践引领。

①省级实践成效：建设高层次人才库，建设优质教学资源库。依托高水平教研促进教师专业发展提高中学生物学教学质量的研究与实践（2004—2019年），省教研室建设了中学生物学教学高层次人才资源库，见表3。

表3　广东省中学生物教学高层次人才资源库情况表（2004—2019年）

领域	省级实践引领	高层次人才资源库/人
课程	广东省中学生物课程教材改革与发展研究人员	15
教材	广东省地方教材和国家配套教材编写人员（生物）	61
教学	广东省基础教育教学指导委员会委员（生物）	18
教学	广东教育学会中学生物教学专业委员会理事	138
评价	广东省普通高中教学水平评估专家（生物）	45

依托高水平教研促进教师专业发展，提高中学生物学教学质量的研究与实践（2004—2019年），省教研室建设了中学生物学教学优质教学资源库，如"广东省中学生物教学成果精品"系列2015—2018（每年1集共5集）电子出版物。

②市区实践成效：提高生物学质量，助推教育现代化。依托高水平教研促进教师专业发展提高中学生物学教学质量的研究与实践（2004—2019

年），2011 年广东省人民政府教育督导室授予广州市越秀区"广东省推进教育现代化先进区"称号，学生综合素质评价如生物实验能力、青少年科技创新大赛（生物类）、生物学奥赛、教学质量监测等生物学教学质量成绩突出的深圳市、佛山市、中山市是 2014 年省教育督导室最早授予"广东省推进教育现代化先进市"称号的三个市。如中山市：依托高水平教研促进了生物学教学质量的提升，在高考、奥赛、中考等方面都取得很好的成绩。在 2017 年全国高中生物联赛中有 9 人荣获一等奖（全省 44 人），人数占全省的 1/5 多，同时有 3 人进省队（省队共 8 人）并在全国决赛中荣获 1 金 2 银的好成绩，其中卢亘哲同学以全省第一的成绩入选国家集训队；在 2018 年全国高中生物联赛中有 9 人荣获一等奖（全省一等奖 46 人），人数占全省的 1/5，同时有 7 人进省队（省队共 8 人）并在全国决赛中荣获 3 银 4 铜的好成绩，教学质量不断提升。

实证证明：依托高水平教研促进教师专业发展和引领生物课堂教学是提高中学生物学教学质量的有效途径。

（二）依托高水平教研促进教师专业发展创建了"521 广东实践模式"教学成果对提高中学生物学教学质量在广东省乃至全国产生较大影响

"提高中学生物教学质量的'521 广东实践模式'"在广东省优秀期刊《广东教育（综合）》2017 年第 5 期上发表。

一是影响广东。教学成果被广东省教育厅采纳引用到《义务教育生物学教学指导意见（2012 年版）》《普通高中生物教学指导意见（2012 年版）》《广东省初中生物学科学业水平考试大纲（2006—2019 年）》《广东省普通高中生物教学水平评估指标》（粤教研〔2008〕7 号）等指导性文件，起到服务决策、创新理论、指导实践的重大作用。教学成果被广东省教育厅采纳引用到《广东教育改革发展研究报告》，影响广东乃至全国。

二是辐射全国。教学成果主持人和主要合作者受聘为教育部人教版生物教材培训专家。据不完全统计，教学成果主持人到全国 16 个省（区、市）课改培训时推广应用广东省教学成果，全国许多省（区、市）教研员在人民教育出版社的组织下到广东学习生物课改经验，教学成果影响力大。

广东省有普通高中 1 012 所，截至 2014 年，广东省人民政府教育督导室抽查评估学校 370 所，普通高中生物教学水平评估全部为"优秀"，优秀率 100%。

（三）依托高水平教研促进教师专业发展出版《杨计明教研志》研究成果对提高广东省中学生物学教学质量产生了重大成效

由广东高等教育出版社出版《杨计明教研志》"一志三卷五册"：课题研究卷《创造性教学》《问题导学法》（第2版），课堂教学卷《生物学教与学（初中）》《生物学教与学（高中）》（第2版），课程教研卷《生物教育研究》。

阳江市教育研究院李程祯引用杨计明主持广东省中小学教学研究"十二五"规划课题"生物学'问题导学法'教学研究"（J11-200）研究成果《问题导学法》（第2版）第53~62页"中学生物教学中问题的创设及解决策略研究"获2017年广东省教育教学成果奖二等奖（粤教人函〔2018〕107号）。

东莞市第一中学王更强引用杨计明主持教育部课程教材研究所重点课题"新基础教育高中生物教材创造性使用的研究"（KC2005-G-009）研究成果《创造性教学》第113~126页"'优化高中生物实验教学，提高教学质量'研究"获广东省第七届普通教育教学成果奖二等奖（粤教教研〔2010〕6号）。

（四）依托高水平教研促进教师专业发展出版"广东省中学生物教学成果精品"系列成果对广东省中学生物学教学改革实践有重大示范作用

每年给广东省生物教师免费发500套"广东省中学生物教学成果精品"系列2015—2018（每年1集共5集）进行实践检验，其中的优秀科组、优质课例等对广东省中学生物学教学改革实践具有重大示范作用，"广东省中学生物教学成果精品"系列2015—2018成果推广应用时获充分肯定。

教学成果主持人和主要合作者是广东省基础教育学科教学指导委员会委员（生物）、广东省普通高中教学水平评估专家（生物）、地市督学、优秀教研员，成果推广应用与实践检验效果显著。

（五）依托高水平教研促进教师专业发展提高中学生物学教学质量的研究与实践成效显著

首创"521广东实践模式""问题导学模型"与"教研'中心法则'"在理论上有重大创新，《杨计明教研志》和"广东省中学生物教学成果精品"系列2015—2018成果在实践上取得显著成效，客观反映中学生物学教学规律，具有独创性、新颖性、实用性。

围绕提高教学质量为核心，重点为提高教师专业素质，强化课堂教学环节。加强生物学课程、教材、教学、评价综合研究，深化生物学教育研究综合改革。"依托高水平教研促进教师专业发展提高中学生物学教学质量的研究与实践"教学成果在广东省大范围、长时间的实践检验与试验中得到充分验证和普遍肯定，对促进中学生物学教学质量的提高有重大作用，推广价值高，在广东省乃至全国中学生物学教学领域产生重要影响。

四、讨论

（一）依托高水平教研促进教师专业发展是提高中学生物教学质量的有效方法

依托高水平教研促进教师专业发展是形式多样的，高水平教研活动可优化。

（二）提高教学质量是深化教育教学改革的永恒目标，值得进一步研究与探索

教师专业发展和生物课堂教学始终是提高中学生物学教学质量的关键。

五、结论

教学成果的方案设计、论证、研究 2004—2008 共 5 年，生物学科首创高水平教研"中心法则"（见图1）。

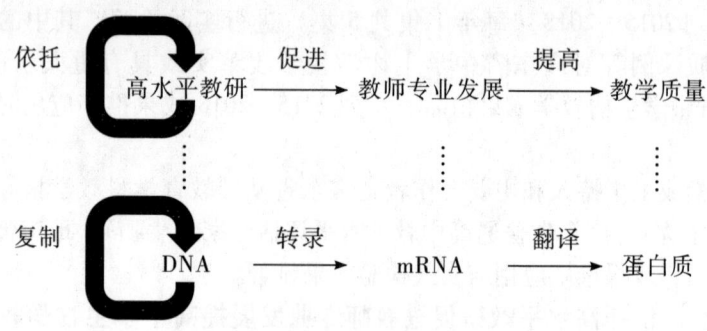

图 1　教研"中心法则"

全国核心期刊《生物学通报》发表论文《生物学教师专业发展与教学质量的相关性研究》结论：依托高水平教研促进教师专业发展提高中学生物学教学质量成效显著。经实践检验，2004—2010 年广东省总体数据 SPSS

统计分析结果显示：依托高水平教研（论文一等奖占比、课例一等奖占比）与促进教师专业发展（高级教师状况）相关显著性概率 $P<0.05$ 呈显著相关；促进教师专业发展（高级教师占比）与提高中学生物学教学质量（高考生物均分）相关显著性概率 $P<0.01$ 呈极显著相关。

参考文献

[1] 中华人民共和国教育部. 义务教育生物学课程标准（2011年版）[M]. 北京：北京师范大学出版社，2012.

[2] 中华人民共和国教育部. 普通高中生物学课程标准（2017年版）[M]. 北京：人民教育出版社，2018.

[3] 杨计明. 生物学教师专业发展与教学质量的相关性研究：SPSS统计分析广东省中学生物学教学 [J]. 生物学通报，2012（2）：36-40.

[4] 杨计明. 创造性教学 [M]. 2版. 广州：广东高等教育出版社，2019.

[5] 杨计明. 问题导学法 [M]. 2版. 广州：广东高等教育出版社，2019.

[6] 杨计明. 生物学教与学：初中 [M]. 广州：广东高等教育出版社，2019.

[7] 杨计明. 生物学教与学：高中 [M]. 广州：广东高等教育出版社，2019.

[8] 杨计明. 生物教育研究 [M]. 广州：广东高等教育出版社，2019.

（执笔人：杨计明；审稿人：曾令鹏）

广东省中小学研学旅行课程建设与应用研究

○广东省教育研究院教学教材研究室

摘 要：广东省中小学研学旅行课程建设和应用是一项系统性的工程。本文通过对研学旅行政策、理论和实践中存在的问题进行研究，针对课程建设、教学实施、基地建设、教师专业发展和评价等方面进行实践探索，提出了广东省中小学研学旅行课程体系构建和教学实践案例，以期读者批评指正。

关键词：中小学研学旅行　课程建设　教学实施　实践与应用

中小学生研学旅行是由教育部门和学校有计划地组织安排，通过集体旅行、集中食宿等方式开展的研究性学习和旅行体验相结合的校外教育活动，是学校教育和校外教育衔接的创新形式，是教育教学的重要内容，是综合实践育人的有效途径。研学旅行作为中小学学生理想信念教育、爱国主义教育、革命传统教育、国情教育的重要载体，突出祖国大好风光、民族悠久历史、光荣革命精神和现代化建设成就课程内容要求，是落实立德树人根本任务，培育学生核心素养，发展素质教育的战略举措。根据小学、初中、高中不同学段的研学旅行目标，有针对性地开发自然类、历史类、地理类、科技类、人文类、体验类等多种类型的活动课程，是国家的要求，也是广东教育强省建设的需求。本文旨在通过研学旅行课程建设研究，以推动广东省中小学研学旅行教育落地生根、开花结果。

一、课程建设与应用研究的背景

（一）国家对研学旅行教育的高度重视

2013年2月2日，国务院办公厅印发《国民旅游休闲纲要（2013—

各级各类教育改革发展研究

2020年)》(国办发〔2013〕10号),这是我国制定的首部关于研学旅行的国家级教育筹划,纲要中提出"逐步推行中小学生研学旅行"的设想;2014年8月21日国务院发布的《关于促进旅游业改革发展的若干意见》(国发〔2014〕31号)首次明确了"研学旅行"要纳入中小学生日常教育范畴;2016年12月,教育部等11部委联合印发了《关于推进中小学生研学旅行的意见》(教基一〔2016〕8号),明确将研学旅行课程正式纳入中小学教学计划,成为实践育人的又一有效途径。

(二)广东省对研学旅行工作的推进落实

为推进全省中小学生研学旅行工作,广东省教育厅等12厅局联合印发的《关于推进中小学生研学旅行的实施意见》(粤教思函〔2018〕71号),于2018年11月1日正式实施。该文件要求"各级教育行政部门要加强中小学生研学旅行活动的统筹安排和指导,确保每位中小学生在每个学段参加有效的研学旅行。各中小学要根据实际,将研学旅行纳入学校教育教学计划,与综合实践活动课程、地方课程和校本课程统筹考虑,促进研学旅行和学校课程体系的有机融合……",研学旅行成为广东省中小学生的必修课程。

(三)地方学校研学旅行课程建设存在的问题

研学旅行作为一门新型课程进入学校不久,地方学校在研学旅行课程建设方面尚存在理论基础薄弱、实施经验不足等问题,将研学旅行等同于某一学科的实践活动、劳动教育课程,最终结果是学生在这样的研学旅行活动中"只学不游",增加了学业负担而没有体验到研学旅行的乐趣;此外,一些学校开展的研学旅行过度依赖于校外研学旅行社,缺乏学科专业教师设计研学旅行课程,研学旅行专业指导能力不强,在开展众多冬令营、夏令营、游学活动时,行程和内容安排上"重游轻学",将研学旅行变成了没有学科支撑的旅游行动。显然,这些现象都违背了国家设立研学旅行课程的初衷。因此,急需对研学旅行课程建设和应用进行科学研究和规范,精心设计中小学研学旅行课程体系,做好研学旅行课程的实施和评价,使研学旅行在学校层面真正落地生根。

二、课程建设与应用研究的目标和意义

(一)研究目标

研学旅行课程以旅行为载体,以研究性学习为主要形式,以促进学生

全面健康发展为根本目的。促进全省中小学研学旅行课程建设,以习近平新时代中国特色社会主义思想为指导,以广东"四个走在全国前列"、当好"两个重要窗口"为目标。

1. 构建中小学研学旅行课程体系。合理开发和组织课程开发,为学校研学旅行的课程建设提供思路和路径,丰富中小学研学旅行课程的内容,形成广东省中小学研学旅行课程体系。

2. 优化研学旅行课程教学实施。纠正研学旅行课程实施的误区,为学校的研学旅行课程教学实践提供理论指导,使研学旅行实践在主题确定、内容选择、路线制定、活动评价方面更加科学和规范。

3. 发挥研学旅行课程育人价值。全面贯彻党的教育方针,构建德智体美劳全面培养的教育体系,发展素质教育,落实立德树人根本任务,培育和践行社会主义核心价值观。

(二) 研究意义

1. 全面反映新时代党和国家的育人要求,充分体现马克思主义的指导地位和基本立场,有机融入坚持和发展中国特色社会主义,培育和践行社会主义核心价值观的基本内容和要求,继承和弘扬中华优秀传统文化、光荣革命精神,感受祖国的美好河山、改革开放取得的伟大成就等方面的教育,感受地域特色文化,激发对党、对祖国、对家乡的热爱之情,培养良好政治素质、道德品质和健全人格,使学生坚定中国特色社会主义道路自信、理论自信、制度自信和文化自信,引导学生形成正确的世界观、人生观、价值观。

2. 全面反映改革开放新成果和先进的教育思想,努力呈现新中国特别是党的十八大以来国家政治、经济、科技、文化、生态等发展的新成就、新成果,充实丰富培养学生社会责任感、创新精神、实践能力相关内容。遵循教育规律和学生成长发展规律,结合学生年龄特点,关注实践教育环境下的教学改革,关注学生个性化、多样化的学习和发展需求,促进人才培养模式的转变,着力发展学生的核心素养。

3. 着力体现广东教育现代化、实施创新驱动发展战略、建设创新型国家和广东"打造南方教育高地"对未来人才迫切需求和对教育培养实践创新后备人才的新要求,体现广东岭南文化特质、广东经济社会发展和科学技术进步成就,体现建设广东特色基础教育课程教材体系,推进教育现代化步伐,建设广东教育强省的需求。

三、课程建设与应用研究的主要成果

课程建设是指通过精心计划的活动,开发和建构出一项体系化的课程并将其提供给教育机构的人们,作为教育方案的过程。包括课程目标的确定、课程内容的选择和组织、课程的实施与评价等阶段。[①] 广东省中小学研学旅行课程建设和应用是一项系统的工程,通过分步落实和稳步推进,目前研究工作取得了一些成果。

(一) 完成了研学旅行教材开发

为了优化和完善广东特色基础教育课程教材体系建设,项目组邀请与来自科研院所、高校的专家学者、教研员和一线骨干教师组成的课程建设团队,完成了广东省中小学研学旅行教材《寻美广东》系列课程教材(小学版2册、初中版1册、高中版1册)开发,以期服务于广东省中小学校研学旅行教育的开展,为中小学生成长为新一代德智体美劳全面发展的社会主义事业建设者和接班人奠定坚实基础。

1. 教材编写指导思想及体系结构。依据新时代党和国家以立德树人、培养人才为根本目的,着重培养学生动手能力、实践能力和创新精神核心素养的要求,根据小学生的年龄特点、成长发展规律,让广大中小学生在研学旅行中感受祖国大好河山、感受中华传统美德、感受光荣革命历史、感受改革开放伟大成就、感受地域特色文化,激发对党、对祖国、对家乡的热爱之情,坚定"四个自信"(道路自信、理论自信、制度自信和文化自信)的理解与认同为主要内容,并融合美育、生态文明、人工智能等领域的内容,以教育性、实践性、安全性为基本原则;注重因地制宜、突出广东特色,实现"寓教于游""寓学于游";做到立意高远、启迪深刻,实践导向、注重体验,构建广东省中小学生研学旅行课程体系。《寻美广东》(小学版)按照"第一部分:走进研学旅行;第二部分:研学旅行实践;第三部分:研学旅行案例",从"理论—方法—实践"三个基本层级进行构建,围绕探秀美山川、品风情广东、习改革先锋、育家国情怀四大主题9个活动,及清远、湛江、佛山和潮州四线路设计案例,遵循学生年龄特点、认识规律和能力,按照循序渐进、螺旋递进、有机协同的教学原则,合理有序、选择性地分布在本套教材中。每个主题包括2~3个主题活动并

[①] 施良方. 课程理论:课程的基础、原理与问题 [M]. 北京:教育科学出版社, 1996.

设置相应的活动任务,是各类主题的进一步细化和分解,体现本教材教学的教育性、实践性、体验性,以及观念和能力养成导向性特点,具体见表1至表4。

表1 小学三至四年级课程内容

第一部分 走进研学旅行	设计活动	任务
研行前准备	研学旅行知多少	了解什么是研学旅行
	研学旅行常用方法	研究方法指导
	研学旅行注意事项	安全教育指导
第二部分 研学旅行实践	设计活动	任务
主题一 探秀美山川	活动一:登山揽胜	任务一:观察植物
		任务二:认识动物
		任务三:爱护动植物
		任务四:辨别石头
		任务五:妙用石头
	活动二:探江寻源	任务一:家乡的河流
		任务二:迷人的海湾
		任务三:爱护家乡水
	实践园地	河源万绿湖自然景观考察
主题二 品风情广东	活动一:家乡味道	任务一:幸福味道
		任务二:禾田稻香
		任务三:奇妙变化
	活动二:传统工艺	任务一:巧夺天工
		任务二:独具匠心
	活动三:精湛建筑	任务一:岭南瑰宝
		任务二:未来畅想
	实践园地	广州陈家祠研学旅行

续上表

第二部分 研学旅行实践	设计活动	任务
主题三 习改革先锋	活动一：产业风采	任务一：敢为人先
		任务二：城市巨变
	活动二：科技创新	任务一：创新摇篮
		任务二：骄人成果
		任务三：美丽乡村
		任务四：活力工厂
	实践园地	参观深圳改革开放展览馆
主题四 育家国情怀	活动一：文化名城	任务一：寻城市名片
		任务二：探村落故事
	活动二：革命精神	任务一：识英雄人物
		任务二：访红色基地
	实践园地	走访始兴县古村落与红色教育基地
第三部分 研学旅行案例	研学点	任务
案例一 探绿水青山，感责任担当——清远英德研学旅行	九龙小镇	任务一：有趣的山——荣强小桂林
		任务二：奇妙的洞——九龙传说
		任务三：田园风光——农耕文化园
	英德茶叶世界	任务一：茶博士——茶田体验
		任务二：品牌足迹
案例二 习农业科技，感守疆精神——湛江研学旅行	南海舰队军史馆	任务一：忆历史——"光辉历程"展厅
		任务二：缅先烈——"光辉历程"展厅
		任务三：扬国威——装备模型展厅

续上表

第三部分 研学旅行案例	研学点	任务
案例二 习农业科技，感守疆精神——湛江研学旅行	热带农业科技园	任务一：热带农业
		任务二：最炫科技——农业科技展示馆
		任务三：最美花卉——万亩花田
案例三 研美丽乡村，承红色传统——佛山高明研学旅行	阮涌村	任务一：寻迹古村落——阮涌村
		任务二：悠悠桑梓情——阮西村公祠
		任务三：描绘大蓝图——阮西村小广场
	粤中纵队纪念馆	任务一：红色革命史——薪火相传
		任务二：军民鱼水情——忆苦思甜
案例四 品潮汕美食，承中华文化——潮州研学旅行	广济桥	任务：浮梁结合的广济桥
	牌坊街	任务一：历史悠久的牌坊街
		任务二：味道独特的美食
	韩文公祠	任务：令人敬仰的韩公祠

表2 小学五至六年级课程内容

第一部分 走进研学旅行	设计活动	任务
研行前准备	研学旅行是什么	理解研学旅行概念
	研学旅行常用方法	研究方法指导
	研学旅行注意事项	安全教育指导

续上表

第二部分 研学旅行实践	设计活动	任务
主题一 探秀美山川	活动一：登山揽胜	任务一：辨别山的类型
		任务二：判断山的坡向
		任务三：认识动植物
	活动二：探江寻源	任务一：溯河流
		任务二：望湖泊
		任务三：观海岸
	实践园地	白云山自然景观考察
主题二 品广东风情	活动一：家乡味道	任务一：厨房的秘密
		任务二：时间的味道
		任务三：美食的故事
	活动二：传统工艺	任务一：丰富的"非遗"
		任务二：独特的工艺
		任务三：非凡的匠心
	活动三：精湛建筑	任务一：岭南建筑的类型
		任务二：岭南园林的风格
	实践园地	走进中国最美乡镇——逢简水乡
主题三 习改革先锋	活动一：产业风采	任务一：农场新科技
		任务二：工厂新产品
		任务三：商场新模式
	活动二：科技创新	任务一：创新引领
		任务二：科技前沿
	实践园地	研学旅行活动——逛超市

续上表

第二部分 研学旅行实践	设计活动	任务
主题四 育家国情怀	活动一：文化名城	任务一：城市的前世今生
		任务二：城市的名片
	活动二：革命精神	任务一：忆英雄事迹
		任务二：树理想信念
	实践园地	广州市越秀区研学活动
第三部分 研学旅行案例	研学点	任务
案例一 穿多彩广州，探古都风情	华南植物园	任务：有趣的植物
	广东省博物馆	任务一：灿烂的岭南文化
		任务二：智慧的博物馆
	广州起义纪念馆	任务：重温红色历史
案例二 触特区风采，品汕食海韵	宝奥国际玩具城	任务：体验新交易模式
	汕头小公园	任务一：寻潮汕美食
		任务二：小公园的前世今生
	青澳湾	任务：品海风海韵
案例三 看美丽丹霞，寻文化印迹	丹霞山	任务：丹霞地貌初探
	梅关珠玑古道景区	任务一：畅游梅关古道
		任务二：找寻文化印迹
案例四 寻估计古韵，育家国情怀	广东海上丝绸之路博物馆	任务一：探秘"南海1号"
		任务二："触摸历史"小课堂
		任务三：船模拼装
	阳江风筝馆	任务一：了解阳江风筝
		任务二：向"非遗"艺人学艺
	古村落牛根村	任务一：探访古村落建筑
		任务二：感受村风民俗

表3　初中七至八年级课程内容

第一部分 走进研学旅行	设计活动	任务
研行前准备	研学旅行的特点	理解研学旅行特点
	研学旅行常用方法	研究方法指导
	研学旅行注意事项	安全教育指导
第二部分 研学旅行实践	设计活动	任务
主题一　探秀美山川	活动一：登山揽胜	任务一：山地之缘
		任务二：山景之变
		任务三：山中之宝
		任务四：山体之护
	活动二：探江寻源	任务一：追溯水源
		任务二：观探水情
		任务三：综合利用
		任务四：保护水质
	实践园地	跋山涉水，风光无限——佛山西樵山研学旅行记
主题二　品广东风情	活动一：家乡味道	任务一：寻味美食
		任务二：玩味厨艺
		任务三：体味文化
	活动二：传统工艺	任务一：精雕细绣
		任务二：体验匠心
		任务三：薪火相传
	活动三：精湛建筑	任务一：巧夺天工
		任务二：文化印记
		任务三：特色民居
	实践园地	走街串巷，风情万种——梅州百侯古镇研学旅行记

续上表

第二部分 研学旅行实践	设计活动	任务	
主题三 习改革先锋	活动一：产业风采	任务一：农业振兴	
		任务二：工业腾飞	
		任务三：服务领先	
	活动二：科技创新	任务一：科技新姿	
		任务二：创新摇篮	
		任务三：创客达人	
	实践园地	工业智造，设计助力——广东工业设计城研学旅行记	
主题四 育家国情怀	活动一：文化名城	任务一：传承家风	
		任务二：心系故里	
		任务三：寻访名城	
	活动二：革命精神	任务一：铭记历史	
		任务二：缅怀先烈	
		任务三：传颂经典	
	实践园地	古往今来，家国情怀——广东革命历史博物馆研学旅行记	
第三部分 研学旅行案例	研学点	任务	
案例一 抚丝都印记，看乡村振兴——佛山顺德研学旅行活动	南国丝都丝绸博物馆	任务：桑影摩挲，蚕丝皑皑	
	香云纱博物馆	任务：非遗传承，香云纱响	
	勒流江义村	任务：最美村镇，富裕安康	
案例二 读桥园符号，扬楼牌精神——粤东潮州研学旅行活动	广济桥	任务：古桥孤例，经久不衰	
	百师园	任务：百师园内，工匠精神	
	潮州西湖	任务：缅怀先烈，传承红色	

续上表

第三部分 研学旅行案例	研学点	任务
案例三 探天文地理，思历史发展——粤北韶关研学旅行活动	马坝人博物馆、韶关市博物馆	任务：观博物馆，初识韶关
	丹霞山风景区广场	任务：丹霞基地，漫游星空
	丹霞山	任务：鬼斧神工，赤壁丹崖
	断石村	任务：古村探秘，振兴有方
案例四 察海岛环境，寻思路奥秘——阳江海陵岛研学旅行活动	马尾岛	任务：游马尾岛，识海岸类型
	任务：南海1号博物馆	任务：观南海1号，解沉船之谜
	红树林国家湿地公园	任务：探湿地公园，察海洋生态

表4 高中年级课程内容

第一部分 走进研学旅行	设计活动	任务
研行前准备	研学旅行的内涵	充分掌握内涵
	常用研学方法	研究方法指导
	实践考察安全岛	安全教育指导
第二部分 研学旅行实践	设计活动	任务
主题一 探秀美山川	活动一：登山揽胜	任务一：山地类型与成因
		任务二：山地植被的类型
		任务三：山地土壤及其形成
	活动二：探江寻源	任务一：河流的水文特征
		任务二：河湖的水质状况
		任务三：河流地貌及成因
		任务四：海水的主要运动形式
		任务五：海岸地貌类型及形成
	实践园地	丹霞山
		研学点一：晒布崖
		研学点二：锦江

· 155 ·

续上表

第二部分 研学旅行实践	设计活动	任务
主题二 品风情广东	活动一：家乡味道	任务一：美食的制作工艺
		任务二：美食的饮食文化
	活动二：传统工艺	任务一：探寻传统工艺
		任务二：传承工匠精神
	活动三：精湛建筑	任务一：品岭南建筑特色
		任务二：探现代新建筑
	实践园地	始兴隘子镇古建筑探秘
		研学点一：通利桥
		研学点二：满堂围
主题三 习改革先锋	活动一：产业风采	任务一：思农业发展
		任务二：观工业成就
		任务三：感服务业飞跃
	活动二：科技创新	任务一：人才摇篮
		任务二：创新基地
		任务三：科技成果
	实践园地	探访科技之城，感悟创造魅力（格力）
主题四 育家国情怀	活动一：文化名城	任务一：探寻城市名片
		任务二：寻找文化符号
		任务三：保护古聚落
	活动二：革命精神	任务一：重走长征路
		任务二：传承革命精神
	活动三：责任担当	任务一：兴建实业求振兴
		任务二：康梁变法图自强
		任务三：桑梓情深助发展
	实践园地	继承革命理想
		研学点一：广州农民运动讲习所
		研学点二：广州起义纪念馆

续上表

第三部分 研学旅行案例	设计活动	研学点	
案例一 丹霞与古村相映，生态和发展共赢	第一天：古驿道寻古今	研学点一：	梅关古道
		研学点二：	钟鼓岩
		研学点三：	珠玑巷
	第二天：小丹霞探地质	研学点一：	南雄苍石寨
		研学点二：	恐龙省级地质公园
	第三天：古村落思家国	研学点一：	石塘村双峰寨
		研学点二：	北伐战争纪念馆
		研学点三：	粤北省委历史陈列馆
案例二 品荔枝 探石油 传承工匠精神	第一天：探能源 究生态	研学点一：	中国石化茂名石化厂
		研学点二：	茂名市小良水土保持试验推广站
	第二天：品荔枝 忆思源	研学点一：	高州根子镇
		研学点二：	高州西岸缅茄树
	第三天：探海岛 护生态	研学点：	茂名放鸡岛
案例三 科技辉映创新路 广深引领研学行	第一天：走进科研院所 领略前沿科技	研学点一：	广州大学城及科研院所
		研学点二：	广东科学中心
	第二天：走进工业园区 感悟技术变迁	研学点一：	东莞松山湖高新技术产业园
		研学点二：	参观某高新技术产业
	第三天：走进创新企业 体验智能生活	研学点一：	深圳南海意库创意园区
		研学点二：	某知名科技创新企业

续上表

第三部分 研学旅行案例	设计活动	研学点
案例四 潮汕海、嘉应山，悠悠家国情怀	第一天：行汕头大学 读家国情怀	研学点一：汕头大学
		研学点二：北回归线纪念塔
	第二天：看韩文公祠 品潮州风情	研学点：韩文公祠
	第三天：访叶帅故居 探伟人故里	研学点：叶剑英故居

2. 教材学法设计思路。本教材"研学实践"部分每章内容呈现的总体思路沿着"主题导学—研前攻略—实践探究—实践园地—我的收获"的路径编写。必要的知识、素材需置于学习活动的辅助性位置，通过设计各类栏目的形式解决，着重于研学活动方法的指导。各板块具体内容如下。

（1）主题导学。概括论述本章的研学背景、意义、目标、任务等；主题情境：探究学生身边的秀美山川、历史文化案例、弘扬革命精神、正能量的新闻材料、广东改革开放发展成就等作为学生学习实践活动的起点，通过情境引发问题，激发思维，激发学生主体性的发挥，积极主动投入学习实践活动中。每个主题活动中，根据不同年级、不同学段的学生的认知能力和水平，以图文结合的形式呈现，设计情境及问题等引入学习活动主题，引出主题核心问题。

（2）研前攻略。对学生做好行前工具、查找相关资料的方法指导；通过交流、组建团队、获取解决问题的科学知识及原理、准备问题解决中需要用到的工具和注意事项等系列实践活动，学习初步获得分析问题和解决问题的思路、方法和策略。

（3）实践探究。围绕主题，设计研学旅行目标。主题目标：广大中小学生在研学旅行中感受祖国大好河山，感受中华传统美德，感受光荣的革命历史，感受改革开放的伟大成就，感受地域特色文化，激发对党、对祖国、对家乡的热爱之情，坚定"四个自信"（道路自信、理论自信、制度自信和文化自信）的理解与认同的教育意涵和活动点。内设"知识拓展""小博士"等栏目。"知识拓展"对该主题研学旅行中的相关概念、原理、案例、新闻、活动等素材，扩展到学生学习与社会生活中去。既有利于巩固实践活动的成果，又有利于拓宽学生的视野，增大分析和解决真实问题的知识储备，发展乐于参与社会实践的意识，激发其责任担当。"小博士"栏目，学生在理论学习与案例实践后，通过分析问题、解决问题，对开展某一主题的研学旅行进行方法的概括凝练，指导学生学会举一反三，设计研学旅行的初步方案、实施与完善问题解决初步方案及完善后优化方案的实施等活动。

（4）实践园地。针对本主题学习，围绕2～3个研学点设计探究性问题，引导学生把所学方法运用于实践当中，解决实际问题，做到学以致用。主题活动任务设置板块承接主题问题情境观察活动，围绕所发现的问题、需要解决的核心关键问题设置相关的活动任务。根据学生的年龄特点、认知和思维能力水平的程度不同，小学中低年级的任务以体验活动和小制作任务为主，小学高年级则提高探究性活动和智造任务活动为主。

（5）我的收获。引导学生根据主题进行资料整理、成果凝炼、制作报告等，并开展讨论展示，交流分享。引导学生根据评价量表进行总结与反思。主要是展示和分享个人或小组通过集体实践活动取得的成果，并对不同的成果进行评价。在这一过程中，学生相互学习、相互借鉴，发现优点与不足。同时培养其提炼能力、问题反思能力、自我认识能力、沟通交流能力，增强主体参与意识和自我表现意识，促进形成集体开展活动、集体分享成果、集体共同进步的良性的、活跃的活动氛围。此外，学习对不同成果的评价标准和评价方法，也提升了学生的系统优化思想和正确的价值观念。

3. 教材的主要特点。

（1）突出前瞻性与学科融合，活动主题多元。本套教材是综合实践教育、科技创新教育与其他学科融合的跨学科综合、创新实践型教材。从学生进行创新学习实践发展核心素养和创新素质的有效途径出发，设计了科学实验、科技体验和实践创新三个领域的学习实践活动。学习实践活动的内容以地理、历史、生物、语文、物理、化学、政治、艺术、科学技术、工程与社会发展进步的关系为线索，并将国防、生态、健康、数学、艺术、人工智能等方面的知识融入，前瞻性与跨学科性凸显。如登山揽胜、探江寻源、家乡味道、传统工艺、精湛建筑、产业风采、科技创新、文化名城、革命精神等9个多元化的主题供学生学习，不仅可以激发学生对探究的兴趣和热情，增进学生的家国情怀，发展社会责任担当，还能促使学生接受联系中国实际的宽广的创新实践学习活动与训练。

（2）倡导并践行"做中学"，活动形式多样化。本套研学旅行教材结

合教育教学实际,倡导并践行"做中学",采用能够让学生深度参与、动手实践的多样化的活动形式。比如,初中版教材中的游戏、创意设计、小制作、拼装、小调查、模拟实验等,让学生在实践过程中,在综合应用跨学科知识的基础上,发展解决问题能力、协作能力和创新能力,并逐步引导学生经历创新实践活动的全过程,使学生真正体验知识的创造过程和应用价值,获得个体在知识经验、技能方法以及情感上的成长和发展。

(3)充分考虑学生年龄特点,由易到难设置活动任务。学生从事创新活动是一个从简单到复杂、从低级到高级、从无目的到有目的的过程,因此,教材遵循学生认知发展规律,从他们从事创新活动的特点出发,由易到难设置活动任务。比如小学低年级,从小学生已有的生活体验出发,重在通过趣味性、生动性的活动任务来激发学习者的兴趣;小学中高年级,一方面逐步让学生聚焦对实际问题的解剖和分析,提高他们发现问题的能力,另一方面通过考察、调查、科学小实验、小制作来培养他们动手实践的意识,提升基本创新技能。

(4)知识呈现具有探究启发性,体例设计注重趣味性。"互联网+"时代的学生,是知识的消费者转化为知识的创造者。知识传授固然重要,但绝不是课程教学的终极目标。在呈现教材内容时,我们应该注重激活学生的内在学习动机,让他们感受到学习的乐趣。一方面,我们在"实践园地"板块将知识进行生活化转换,设置与知识性相关联的、有意义的生活情境,让学生在学习的过程中真正感受到知识的价值。另一方面,将知识点进行问题化转换,即通过设计有趣的活动任务来调动学生的学习积极性,以问题贯穿活动任务的全过程,而非采用传统的知识点组织方式编写教材。此外,我们也按照学生的特点,精心设计出生动活泼的版式和体例,增加本套教材的生动性和趣味性。

(二)规范了研学旅行课程教学设计

1. 研学旅行教学设计遵循的基本原则。研学旅行教学应该是教师结合地理知识设计研究性的教学内容,指导学生在集体旅行中通过实地考察、调查等形式,在真实情境中亲身体验和感悟,自主或合作的形式完成研学任务的学习过程。与传统课堂教学相比,研学旅行教学的设计应遵循以下基本原则。

(1)安全性和就近原则。研学旅行教学是在室外场域开展的学习活动,因此其教学设计,安全是第一位的,是教学实践活动顺利有效开展的保障,也是研学旅行活动得到家长、社会认可,国家推行的必备前提。在具体设计时应该从学生、教师的安全角度考虑，选择具有相应资质的研学旅行机构，到一些发展相对成熟的研学基地开展教学活动。考虑到经费问题及安全问题，研学旅行的目的地尽可能就近选择，体现小学阶段以乡土乡情为主、初中阶段以县情市情为主、高中阶段以省情国情为主的要求。

（2）实践性原则。研学旅行是学校理论教育与校外实践教育相结合的教育教学方式，面对自然界与社会的真实情境，让学生在"做""考察""探究""旅行""反思""体验"等一系列实践活动中发现和解决现实问题、体验和感受真实生活[①]，帮助中小学生了解乡情、市情、省情、国情，使中小学生开阔眼界、提升家国情怀，着力提高他们的社会责任感、创新精神和实践能力。

（3）趣味性原则。面向中小学生的研学旅行活动与面向大众的旅游活动具有截然不同的内涵，因而研学旅行的活动设计要体现研学和学科知识深度融合的特性，而不是一般意义上的旅游线路设计。针对中小学生学业压力大这一特点，研学旅行探究活动设计还要体现趣味性。即在旅行经历、异地景观和研学实践过程中加入一些趣味性的元素，让学生都能感觉到有意思，有探究和思考的机会、有动手动脑的机会，有与课堂学习完全不同的感觉。只有这样，学生对研学旅行才能充满期待，教师才能寓教于游，学生才能寓学于游，在旅行中有所收获。

（4）学生为主、教师为辅原则。在研学旅行教学设计时，明确学生在活动中扮演怎样的角色，教师在活动中又该发挥怎样的作用是教学设计始终要考虑的问题。活动的设计应体现学生的主体地位，教师是辅导者，只是起到一个组织、点拨、指导、监督导向作用。毕竟研学旅行的开展是为了培养学生的实践能力和创新精神，让学生在真实情境中独立探究、团结合作去解决实际问题。

2. 研学旅行教学尤其注重问题设计。研学旅行教学是让学生带着问题去研学，不是简单的游学。因此，研学旅行教学设计的关键是如何创设好基于真实情境的适合学生体验学习、深度学习的探究问题。研学旅行教学的问题设计要具有情境性、凸显体验性、体现探究性等特点，其问题设计方法见图1。

[①] 段玉山，袁书琪，郭锋涛，等. 研学旅行课程标准（一）：前言、课程性质与定位、课程基本理念、课程目标［J］. 地理教学，2019（5）：4-7.

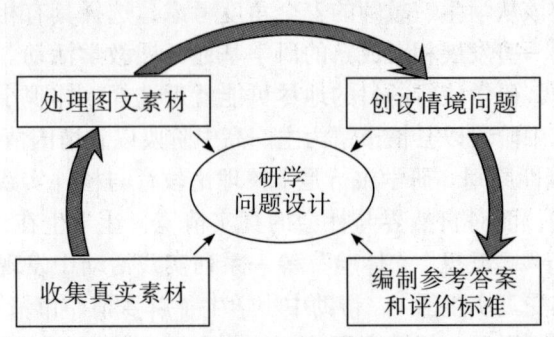

图1　研学旅行教学的问题设计方法

第一步：研学旅行教学指导教师到选定的研学基地现场踩点，发现与学科知识契合度比较高的、有趣味有探究性的事物与想象，通过访谈、拍照、记录等形式收集相关的真实素材，为问题设计做好准备。

第二步：从研学地点返回后，通过网上或资料查询对现场收集的原始素材进行补充和验证，并根据设问需求对图形、文字进行加工处理，删减无效信息，形成言简意赅、适合学生阅读的情境素材。

第三步：基于真实情境，运用突出身体感官体验学习的行为动词，创设符合学生认知水平的培养思维能力的探究性现实问题。

第四步：根据现场考察和调查所得，并运用学科知识原理编写研学问题的答案和评价标准。答案只是参考，并不唯一，鼓励学生创新性思维的研学成果。案例如下。

案例呈现：顺峰山公园研学记——森林的功能和保护

活动目标：

(1) 通过小组合作研学，了解森林的生态效益。

(2) 通过小组实验研学，深度理解森林对雨水的截留原理。

(3) 以顺峰山公园森林开发为例，研学森林合理开发及保护措施。

(4) 引导学生学会从地理的视角观察、分析实际生活的方法，培养现代公民必备的地理素养。

活动内容：

(1) 森林涵养水源的过程实验。

(2) 顺峰山公园草坪调查暨公益讲解活动。

适合对象：高二年级学生。

活动地点：森林涵养水源的过程实验——课室；顺峰山公园草坪调查

暨公益讲解活动——顺峰山公园。

教具与教学条件：

（1）教具：森林群落模型、裸地模型、水箱、水、洒水壶。

（2）教学条件：多媒体课室。

安全和注意事项：

（1）乘车安全要求：上车系好安全带，不在车上打闹，不站立在车箱中；在汽车行进过程中，禁止把头、手伸出窗外，上下车时要注意来往车辆，避免发生危险。

（2）实地研学时：遵守纪律，安全第一；按时集合，听从教师安排，不单独行动，不私自离队，如有特殊情况，先向带队教师报告。

教学过程：

表5 《顺峰山公园研学记——森林的功能和保护》教学过程

教学环节	教师活动	学生活动	设计意图
新课导入 ①创设情境； ②提出问题； ③承转过渡	①贝尔·格里尔斯一组照片； ②[提问]他是谁？ 他是一个登山家、荒野求生专家，探索的脚步遍布全球，是大型自然探索类纪实真人秀《跟着贝尔去冒险》的主持人。同学们今天将追随着贝尔探索的脚步向森林前进，向自然界进行探索、发现	①观看照片； ②思考并回答	从照片切入，由学生感兴趣的内容入手，能有效调动学生的学习兴趣，唤起课堂参与意识。此外，还能让学生对自然有感性认识
研学场景一： ①研学场景； ②小组合作； ③承转过渡	①场景一：贝尔带着同学们来到顺峰山公园森林中，在一块"森林与水"的宣传牌前停下来； ②[提出任务]他抛出了一个问题给同学们：森林，是我们今天研学的主要场所，那么，森林的作用有哪些，请举例说明； ③[提问]你们认为森林涵养水源的过程是怎样的呢？我们来让实验说话吧	①学生讨论并回答问题，最后上黑板作图； ②思考、讨论、查阅资料并回答问题	①养学生的分析能力和总结归纳能力； ②学以致用，回归主线

续上表

教学环节	教师活动	学生活动	设计意图
研学场景二： ①实验准备； ②实验探究； ③实验小结	①[提出任务]认真阅读实验指引，熟悉实验操作步骤。1分钟后，我们开始实验操作； ②现在，请认真按照实验指引开始实验。小组实验完成后，请上讲台分别在这两条横线上写出实验结论： a. 实验前一号实验水箱和二号实验水箱比较：一号有森林、枯枝落叶层，二号是裸地；共同点：无水； b. 实验后，一号实验水箱、二号实验水箱水量均有增加，但二号实验水箱水的增加量明显大于一号实验水箱； c. 观察归纳一号水箱的水主要残留区域：林冠层、草本植物层、枯枝落叶层	①学生阅读实验指引； ②学生小组合作做实验； ③先完成实验的小组，到黑板相应的位置填写结论	①明确实验要求和实验方法，做好实验准备； ②通过实验突破难点，并激发学生的学习兴趣； ③小结实验，将实验结论升华内化
研学场景三： ①研学场景； ②课前调查； ③调查分享	①场景二：贝尔带着同学们来到了顺峰山公园四季大草坪、凤凰大草坪； ②[提出任务]四季大草坪面积约3.5万平方米，按照高尔夫球场的草坪标准进行建设，因此可以保持四季常绿，为市民提供了休闲场所。但同时也意味着3.5万平方米的森林被开发。那么，森林应该怎样进行保护呢？为此，我们利用周末开展一次顺峰山公园草坪调查暨公益讲解活动。任务：1~3组分小组调查四季大草坪，4~6组分小组调查凤凰大草坪。调查结束后，小组分享调查结果及感受	学生自由讨论，将学到的规律应用到生产生活中	学以致用，培养学生的社会责任感

续上表

教学环节	教师活动	学生活动	设计意图
小结： ①课堂小结； ②课后延伸	本次研学，我们首先了解了森林的功能，然后通过实验，深度理解了森林涵养水源的过程，最后就顺峰山森林的保护提出小组见解。贝尔为大家颁发森林研学通关证书。希望大家在未来生活中能够成为一位森林卫士，保护森林，就是保护我们自己	学生回忆本节课的学习内容	梳理知识结构，内化吸收知识
	为顺峰山森林的保护设计一张海报		

成果展示与评价（见表6、表7）。

表6 实验评价量规

评分	1分	2分	3分
完成时间	>8分钟	5~8分钟	≤5分钟
小组分工与合作	无明确的人员分工	有分工，但执行较混乱	分工明确，执行有效率
项目的验证	无法解决问题	解决部分问题	解决全部问题
总结展示	一人上台汇报，表述不完整	一人或两人上台汇报，表述较完整，表达能力较强	所有组员共同汇报，能详细说明过程，表达能力强

表7 草坪调查评价量规

评分	1分	2分	3分
完成时间	90~120分钟	60~90分钟	60分钟以内
设计方案	无方案	有方案，但不够细致	方案较细致，有设计图，有说明
小组分工与合作	无明确的人员分工	有分工，但执行较混乱	分工明确，执行有效率

续上表

评分	1分	2分	3分
项目的验证	无法解决问题	解决部分问题	解决全部问题
设计方案的改进	方案未改进,缺乏指导性	方案有改进,但不明显,不够细致	改进后的方案较细致,有设计图,有说明
总结展示	一人上台汇报,表述不完整	一人或两人上台汇报,表述较完整,表达能力较强	所有组员共同汇报,能详细说明过程,表达能力强

(三) 建立了研学旅行课程教学基地

研学旅行课程教学基地,是富含研学旅行资源和具备研学旅行设施的研学旅行场所。它必须由教育行政部门牵头,会同文化、旅游等有关部门,依托广东丰富独特的自然风貌、历史文化遗产、创新创意文化、爱国主义教育基地、南粤古驿道,以及科研机构和高科技企业、知名院校、综合实践基地等资源,结合域情、校情、生情,遴选建设一批安全适宜、主题鲜明、体验丰富的"中小学生研学旅行教育基地"①。广东省教育行政部门与有关部门密切合作,探索建立教育基地的准入标准、退出机制和评价体系,鼓励引导社会力量建设主题性实践教育基地。以基地为重要依托,积极推动资源共享和区域合作,打造一批研学旅行精品线路,逐步形成布局合理、互联互通的研学旅行网络。

(四) 探索了研学旅行课程实施与评价

研学旅行课程的教学实施主要包括专业的教师指导、学生研学探究、活动安全管理、成果展示评价等环节。研学旅行教学实施必须设计好学生的主题研学手册,这里以广东省佛山市三水小农街研学旅行基地的研学案例为例说明。

2018年12月27日,广东省教育研究院和广东省教育技术中心联合主办的"同一堂课"网络教研活动第14场——"同一堂课,走进三水小农街——探究传统农业和现代农业"之中学地理研学旅行,该研学旅行课程

---

① 广东省教育厅等12部门关于推进中小学生研学旅行的实施意见[EB/OL]. (2018-10-08)[2019-12-20]. http://edu.gd.gov.cn/gkmlpt/content/2/2103/post_2103777.html.

突出了农耕文化体验特色,让学生在大自然中体验农耕文化,领略中华传统文化的无穷魅力。

同一堂课,走进三水小农街——探究传统农业和现代农业

第一阶段:研学调查准备(见表8)

表8 "同一堂课,走进三水小农街"研学调查准备

课题	时间	研学任务	研学目标	负责监督人
探究传统农业与现代农业	9:00—11:30	任务一:传统农业稻作	观察水稻种植,思考与探究水稻习性及稻谷的生产过程	农场技术人员
		任务二:现代农业体验	观察及了解不同蔬果的生长条件,分析其各自的生长特性	农场技术人员

知识拓展:中国农业的发展历程,描述出心中的传统农业和现代农业。

第二阶段:研学实践记录

注意事项:

1. 小组分工合作,在规定时间内完成任务。

2. 在研学过程中必须注意安全,结束后归还道具。

3. 在研学过程中应及时在手册上认真做好研学记录。

课时一:传统稻作区

研学时间:9:00—9:40

材料准备:自备拖鞋,其余工具基地提供。

任务一:学习传统水稻种植的插秧、收割和脱粒技术,分组参与插秧、收割和脱粒劳作。

任务二:利用基地的环保材料,为基地形象大使"泰迪熊"制作一件饰品。

课时二:现代农业区

研学时间:9:40—10:30

材料准备:基地提供基地地图资料。

任务一:观察草莓、玉米种植棚的结构,请用相关地理原理简要说明其作用。

任务二：阅读材料，结合观察结果完成下列要求。

葡萄是落叶果树，早春日平均气温10℃左右时地上部分开始萌芽，秋季日平均气温降到10℃以下时，新梢停止生长，叶片开始凋落，进入休眠阶段。葡萄从萌芽到开花的时间与气候条件特别是温度密切相关，一般需6~9周时间昼夜平均温度达20℃时开始开花，花期的长短因品种和气候条件而变化，大多为6~10天；从开花到收获为90~100天，经历了幼果期、转色期、成熟期和过熟期四个阶段。

（1）有农艺师认为，只要管理得当，广东一年四季均有葡萄可以收获。你们认为合理吗？请说明理由。

（2）本农场不同棚架内的葡萄收获的时间是不一样的，请分析原因。

第三阶段：研学成果展示

整理研学成果：10:30—11:00

答辩及展示成果：11:00—11:30

1. 请用简洁文字为图2至图5命名。

图2

图3

图4

图5

2. 写出一首与农业生产有关的古诗词。
3. 请分析农场保留水稻种植业的原因。
4. 通过调查,比较传统农业与现代农业在种植对象、技术、效益等方面的异同。

第四阶段:研学评价

要素	序号	关键表现 (每项10分,满分120分)	学生自评	小组互评	教师评价
学习体验	1	对知识点的掌握			
	2	在研学实践中的体验			
自尊自律	3	懂得基本安全知识,有自我保护意识			
	4	遵守活动纪律			
环保意识	5	爱护环境,不乱丢果皮、纸屑、包装盒等			
	6	爱护公物,勤俭节约不浪费			
兴趣态度	7	主动参与,任务完成积极性高			
	8	按时认真完成研学手册填写			
团队精神	9	服从安排,一切行动听指挥			
	10	主动与同伴合作,互帮互助			
沟通分享	11	乐于交流,积极分享心得体会			
	12	敢于发表看法,虚心接受建议			

学生对自己总体表现的评价:

教师对学生总体表现情况的评价:

此次由广东省教育研究院组织的中学地理研学旅行"同一堂课"要求学生根据"农耕体验,学以致用——培养学生地理实践力"为主题,以体验学习、探究学习、合作学习的方式,到小农街基地通过实地观察、考察、访谈、查找资料及劳动等,完成"野外考查—成果整理—现场答辩—活动体会"四大研学任务,此次研学旅行分为"研学调查准备""研学实践记录""研学成果展示""研学评价"四大板块。整个"同一堂课"研学旅行活动,设计缜密、内容充实,为中小学研学旅行课程教学的实施提供了借鉴和经验。

参考文献

[1] 教育部等11部门关于推进中小学生研学旅行的意见[EB/OL].(2016-12-19)[2019-12-20].http://www.gov.cn/xinwen/2016-12/19/content_5149947.htm.

[2] 王润,张增田.研学旅行纳入学校教学的可为与难为[J].教育科学研究,2018(10).

[3] 殷世东,程静.中小学研学旅行课程化的价值意蕴与实践路径[J].课程·教材·教法,2018(4).

[4] 苏小燕.保护传承文化遗产,助推中华优秀传统文化教育[J].中国高等教育,2017(24).

(执笔人:施美彬,杨斯月,彭司先,吴俊和,李玉梅,朱锦伟;审稿人:曾令鹏)

广东省基础教育教学研究机构及队伍发展现状与建设对策建议

○广东省教育研究院教学教材研究室

摘 要: 近年来,各地级以上市教研机构实施机构改革、重视队伍素质提升,教研人员整体素质提高,但仍存在教研员队伍总体编制不足以及教研专项经费短缺等突出问题,制约着教研工作充分开展。近年来,省教研院多项措施并举提升教研员队伍素质。为进一步加强教研机构及队伍建设,提出如下六项对策建议:充分把握教研机构和队伍建设方向;各级教研机构协同创新;建立健全教研人员专业培训制度;加强信息技术与教研工作深度融合;深入开展学科专题调研和教学改革试点;建立教研工作保障和激励机制。

关键词: 基础教育 教学研究机构 队伍发展

目前,我省基础教育在编中小学教师总量约 100 万人,在编学科教研员约 3 000 人。教研员队伍整体素质较高,已成为省、地市、县(市、区)教育智库的重要力量组成和教育科研及教学改革的中坚力量。经过调查分析,我们也发现全省教研机构及队伍建设存在一些不符合或未适应新时代基础教育改革发展要求的突出问题,需要引起高度重视。

一、全省地市教研机构设置情况

近年来,各地级以上市教研机构实施机构改革,目前有 5 个地市成立教研院、1 个地市成立教研中心、4 个地市成立教师发展中心、11 个地市保留教学研究室设置(见表1)。

表1　全省地市教研机构名称

类别	数量/个	相关机构列举
市教育局教学研究室	11	佛山市教育局教学研究室、肇庆市教育局教学研究室、中山市教育局教学研究室、东莞市教育局教学研究室、汕头市教育局教学研究室、揭阳市教育局教学研究室、潮州市教育局教学研究室、梅州市教育局教学研究室、云浮市教育局教学研究室、茂名市教育局教学研究室、湛江市教育局教学研究室
市教育科学研究院	5	广州市教育研究院、深圳市教育科学研究院、惠州市教育科学研究院、河源市教育教学研究院、江门市教育研究院
市教研中心	1	珠海市教育研究中心
市教师发展中心	4	清远市教师发展中心、韶关市教师发展中心、阳江市教师发展中心、汕尾市教师发展中心

二、全省地市教研队伍发展和研究经费投入情况

（一）教研员政治觉悟高，做了大量卓有成效的工作

绝大部分教研员政治觉悟高、业务工作能力强，为所在区域基础教育改革发展做了大量卓有成效的工作。有90%的教研员在集中力量开展教研工作的同时，还兼任市教育局和其他部门的相关工作，也有部分教研员存在教研工作主体性不突出的情况（见图1）。

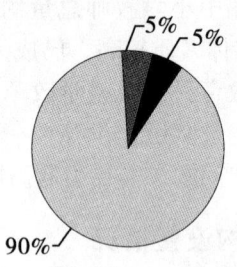

■ 完全抓学科教研，不承担其他行政和事务性工作
□ 主要承担教研工作，同时兼任市教育局和其他部门的相关工作
■ 主要承担教育局下达的有关工作，教研工作主体性不突出

图1　全省地市教研员工作内容构成

（二）总体编制不足，缺岗情况存在较大地区差异

按照基础教育教研员分学科分学段配备要求，各级教研机构原则上应配备 40 个学科教研员岗位，其中学前 1 人、小学 10 人、初中 14 人、高中 15 人，有条件的还应配备特殊教育专职教研员。

目前，省、地市、县（市、区）专职教研员共约 3 000 人，约占教师总数的 3‰，与全国平均占比 7‰ 的情况相比存在很大距离。省教育研究院教学教材研究室目前仅有中小学学科教研员编制 30 人，在岗 21 人（其中有 3 人系借用，未正式调入）。各地市教研员编制普遍不足，珠江三角洲地区教研员编制相对充裕，但也存在专职教研员没有配齐的情况，缺岗学科大多数为信息技术、综合实践活动、通用技术、科学、音乐、美术等；粤东西北地区教研员编制普遍紧张且缺岗情况严重，综合实践活动、通用技术、音乐、体育、美术教研员普遍未配备；县（市、区）级普遍只配备考试科目教研员，其他学科教研员往往由学校教师兼任。各地市、县（市、区）都存在教研员编制被借用现象，由此加剧了教研员配备不足的情况，客观上影响了教研工作的正常开展，难以发挥其推进课程教学改革、提升教育教学质量的作用（见表 2）。

表 2　全省地市教研员在编在岗情况

序号	名称	按编制确定的岗位数/个	在岗教研员人数/人
1	广州市教育研究院	125（其中学科教研 60）	53
2	深圳市教育科学研究院	46	34
3	珠海市教育研究中心	33	19
4	汕头市教育局教学研究室	30	20
5	佛山市教育局教学研究室	28	26
6	韶关市教师发展中心	51	50
7	河源市教育教学研究院	21	13
8	梅州市教育局教学研究室	25	18
9	惠州市教育科学研究院	23	15
10	汕尾市教师发展中心	35	32
11	东莞市教育局教学研究室	45	41
12	中山市教育局教学研究室	43	40

续上表

序号	名称	按编制确定的岗位数/个	在岗教研员人数/人
13	江门市教育研究院	22	22
14	阳江市教师发展中心	16	15
15	湛江市教育局教学研究室	22	20
16	茂名市教育局教学研究室	19	16
17	肇庆市教育局教学研究室	20	20
18	清远市教师发展中心	36	30
19	潮州市教育局教学研究室	15	15
20	揭阳市教育局教学研究室	19	18
21	云浮市教育局教学研究室	13	9

（三）教研专项经费短缺，制约教研工作充分开展

据调查，有37%的地市教研机构表示教研专项经费充足，主要是珠江三角洲地区，但粤东西北地区教研专项经费严重短缺，无教研专项经费的地市占16%，制约了教研工作广泛、深入、有效地开展（见图2）。

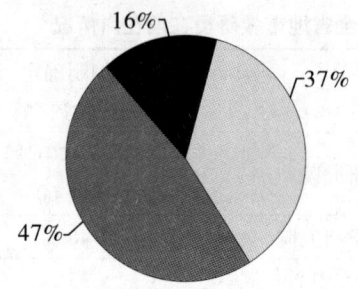

图2　全省地市教研专项经费状况

三、近年来全省教研员队伍建设的主要措施和进一步加强教研机构及队伍建设的对策建议

（一）近年来教研员队伍建设的主要措施

1. 积极建设国家级学科教研基地，引领全省教研工作转型。教育部

基础教育课程教材发展中心和课程教材研究所在2018年启动学科教研基地建设，省教育研究院高中思想政治、初中历史学科被确立为国家级学科教研基地。我省以此为契机，扎实建设学科教研基地，并充分发挥学科教研基地对其他学科教学、教研创新发展的示范引领和辐射带动作用，促进各学科教学、教研工作水平更上一个台阶。

2. 开展基础教育学科青年教师教学能力大赛，激发全省青年教师专业成长。在省总工会和省教育厅的领导下，省教育研究院每两年一届与省教科文卫工会承办全省中小学青年教师教学能力大赛，深受各级教育管理部门、教研机构和学校欢迎，有力有效促进幼儿园、中小学、中职学校、特殊教育学校各学科各学段青年教师专业水平的整体提升，助推教书育人方式改革和课堂教学理念更新。

3. 建设教育科学发展实验区或教育现代化实验区，改善教研队伍发展和教研质量不均衡状况。省教育研究院通过与粤北始兴县、粤东丰顺县、珠三角中山市南头镇共建教育科学发展实验区或教育现代化实验区，引入高端资源，组织课题立项申报、教学改革研讨、校长和骨干教师跟岗学习、结对帮扶、同课异构、网络教研等，增强实验区教研员和教师队伍深化教育教学改革的信心和决心，迅速有效提升教育教学质量和办学水平。同时，总结推广实验区建设经验，影响带动更多区域深化教师队伍建设改革和教育教学创新发展。

4. 开展教研员专题研修及各类教研人员专项培训。一是从2017年至2019年，连续三年开展省级基础教育教研员研修项目，共组织教研员基础研修、骨干研修、管理研修合计18期。各地对专题研修项目评价高，参训教研员普遍反映拓宽了理论视野、聚焦了教研重点热点难点、丰富了教研手段与方法，提升了业务素质和创新能力，有助于带动培养更多县级以上名师。二是实施国家义务教育统编道德与法治、语文、历史三科教材国家级、省级、欠发达县（市、区）三级教研员培训，确保"三科"教材在立德树人中正常、有效使用。三是配合高考综合改革，组织高中学科教研员及骨干教师开展新课标新课程培训。四是各学科每年定期开展教研员和教师队伍交流研讨活动，加大学科教学和教研指导力度，推动学科教学、教研质量和水平提升。

5. 创新教研方式，开展"同一堂课"网络教研活动。自2017年以来，省教育研究院和各地市教研机构合作，在广州、深圳、珠海、佛山、东莞、梅州等地分别举办小学语文、小学数学、小学英语、小学科学、小

学综合实践活动、初中语文、初中数学、初中英语、初中化学、地理研学旅行、体育与健康、少先队活动共22场"学科教学与信息技术深度融合"网络教研直播活动,引领全省教师、教研队伍关注教学研究,推进教研创新,快速有效地产生大规模成效。

6. 扎实有效开展学科常规教研,助力基础教育优质均衡发展。各学科积极开展教学经验分享、优秀教学案例展示、教材教学研讨等常规教研交流活动,加强对学校和教学一线的调研和指导,促进校长和教师主动转变观念、积极发展素质教育,促进区域基础教育优质均衡地发展。

(二)进一步加强教研机构及队伍建设的对策建议

1. 深入学习贯彻国家、省的相关决策部署,充分把握教研机构及队伍建设的方向和原则。包括深入贯彻落实《关于全面深化新时代教师队伍建设改革的意见》《教师教育振兴行动计划(2018—2022年)》《中共中央 国务院关于学前教育深化改革规范发展的若干意见》《中共中央 国务院关于深化教育教学改革全面提高义务教育质量的意见》《国务院办公厅关于新时代推进普通高中育人方式改革的指导意见》《教育部关于加强新时代教育科学研究工作的意见》《教育部关于加强和改进新时代基础教育教研工作的意见》等文件精神,深化教研机构改革探索,加强教研队伍建设,扩充编制、充实人员、完善结构。同时要充分认识到,教研机构及教研队伍主要从事基础教育理论研究、政策研究、学科教学研究,服务和指导课程建设、教材建设、教学改革和一线教师教研工作,要注意防范以教师发展中心掩盖或取代教研机构,督促各地市、县(市、区)的教育、编制、财政部门增加教研员编制数量及专项经费,配齐配足配好所有学科所有学段的教研员,并尽快达到全国平均水平。在此基础上,探索引进兼职教研员充实教研队伍,完善专兼职教研员团队协作机制,指导和推动所有中小学、幼儿园切实开展教研工作,充分发挥教研对基础教育改革发展的支撑、驱动和引领作用。

2. 增强省、地市、县(市、区)教研机构的凝聚力和协同创新力度,上下联动大面积提升教研效能。以深入推进国家级学科教研基地建设为抓手,辐射各学科教研发展,培育教研工作制度、机制和方式创新实验田,构建课程教材教学改革重大问题、前沿问题、难点问题研究共同体,培养区域课程教材教学改革引领者,打造课程教材教学改革发展成果和经验集散地,建设教研资源平台,切实推动各地市、县(市、区)学科教研转型发展,使教研服务延伸到所有中小学、幼儿园特别是乡镇以下中心校、村小学、教学点，全面提高基础教育教学质量和办学水平。

3. 建立健全教研人员专业培训制度，加大培训经费投入。以"基础教育教研员研修项目"和新课标新教材培训为主要抓手，围绕新高考、新课标、新教材以及中考改革要求，切实组织专兼职教研员及教师专项培训，建立健全每三年一周期的研修机制，丰富发展研修资源和平台，促进全体教研员和教师更新理念、更新知识、提升能力、提高水平，主动适应基础教育改革发展要求，主动引领基础教育改革发展方向。

4. 加强信息技术与教研工作深度融合，进一步创新教研方式。加大投入力度，打造"同一堂课""互联网＋教研"品牌，建立健全"互联网＋教研"机制。发挥大数据分析在教学研究中的重要作用，引导中小学教师掌握和运用科学的研究方法，在研究中不断深化对教育教学改革的规律性认识，探索适应新时代要求的教书育人有效方式和途径，提高教学研究的自觉性、科学性和创造性。

5. 深入开展学科专题调研和教学改革试点，切实助推基础教育优质均衡发展。深入开展"欠发达地区乡镇中小学教育教学支援工程"，着力提升欠发达地区中小学教育教学水平。充分总结前几年开展"提升欠发达地区县（市、区）中小学课程实施水平"的经验成果，将中小学教育教学改革的关注点进一步下移。在欠发达地区遴选一批乡镇中小学，围绕"规范教学、有效教学、特色教学"这一主旨，加强调查研究，切实开展教学示范、教研指导、科研扶持等工作，推动"互联网＋教研"深入到乡镇以下中心校、村小学、教学点，充分发挥专业引领作用，寻求破解教学实践难题的有效策略和办法，用三至五年的时间实现欠发达地区所有中小学教育教学水平全面提升的目标。

6. 建立教研工作保障和激励机制，充分调动全体教研人员干事创业的积极性、主动性、创造性。全面贯彻落实国家、省的科研政策，建立教研人员深入一线开展研究和指导的长效机制，探索完善区域教研、校本教研、网络教研、综合教研制度和教研员乡镇以下学校联系点制度；加大教研工作政策保障，加大教研经费支持力度，健全教研成果培育和推广机制，激发教研队伍专业潜能，使教研机构及教研人员更有活力，加快打造一批新型教育教学研究机构，建设一支高素质创新型教研队伍，催生一批优秀教育科研成果和教学成果。

（执笔人：曾令鹏，梁惠燕，钟守权，胡军苟，鲍银霞；审稿人：汤贞敏）

提升广东省基础教育教研员研修质量调研报告

○广东省教育研究院教学教材研究室

摘　要：为做好省基础教育教研员能力提升研修工作，省教研院组织项目组深入主要地市展开调研。总体反馈"基础教育教研员研修活动"意义重大、效果良好。但当前仍存在教研员专业发展要求较高、研修机会地区不均、群体需求多样化、时间缺乏保证、内容时代体强等问题。项目组在充分吸收论证、研讨后，制定了项目改进举措：加强教研员队伍发展规划；系统设计研修目标；精准编排研修内容；改革创新研修形式；加强研修过程组织与管理。形成如下调研报告，以供批评指正。

关键词：基础教育　教研员　研修

根据广东省教育厅及广东省教育研究院"不忘初心、牢记使命"主题教育部署，省教研院教学教材研究室于2019年7月4—5日、9—10日组织调研组深入深圳、佛山、东莞、肇庆、云浮、汕尾等6个地市就提升省基础教育教研员研修质量开展调研。

调研发现，我省各地市普遍重视教研员队伍建设，教研员整体素质较高，教研员队伍正成为各地教育高质量发展的重要支撑。同时，深化课程教学与高考综合改革，促进教师专业发展指导教学实践的新形势对教研员专业素养提出了更高要求，其专业发展日益成为各地教师队伍建设的重中之重。根据各地反馈意见可知，我院举办的"省基础教育教研员研修活动"意义重大，不仅满足了基层教研员与日俱增的研修需求，还带动了各地积极探索和创新教研员专业发展的途径岗位工作和专业发展研修方式。

一、全省各地教研员队伍建设成效显著，总体研修需求较大

近年来，全省各地积极思考与探索教研员队伍建设途径，积累了一些先进经验，同时也存在一些亟待研究解决的问题，具体情况如下。

（一）各地积极探索教研员队伍建设途径，积累了丰富的先进经验部门

1. 建立常态学习制度，打造教研员学习共同体。大部分地区教研室都建立起常态学习制度，内部学习时间有保证。为打造教研员学习共同体，不少地区教研部门将日常部门例会和集体学习、分享汇报结合起来，政治学习和业务学习常态化。

2. 搭建业务学习平台，支持教研员学习和研究。一方面，各地都鼓励教研员参加各级各类研修活动，促进教研员提升教育理论与政策水平；另一方面，各地都通过多种形式搭建教研员业务学习平台，支持教研员研修，如开展每月业务学习、读书活动、教研论坛、课题研究等。珠江三角洲有些地区利用寒暑假组织全市教研员到高等院校进行专业学习。

3. 创新教研方式，倒逼教研员在工作中磨炼学习。各地教研部门均表示，创新教研方式、提高教研效率是倒逼教研员提升自身素养的有效方法。不少地区利用主题教研、订单教研、驻校教研、众筹教研、蹲点教研、学科直联等方式，提升教研员的课堂教学指导能力和教研活动规划组织能力，让学科教研员开展浸泡式"真"研究，锤炼教研员业务能力。

4. 实施项目驱动，推动教研员教科研素养提升。珠江三角洲地区教研部门负责人都一致提到，实施项目驱动能促进教研员快速成长。不少地区以项目团队形式开展重点工作，在工作中推行"项目式"研修，鼓励和支持教研员带领核心团队向高层次发展，提升教研员教科研素养和学术影响力。

5. 实行教研机构体制改革，壮大和完善教研队伍。近年来，全省多地开展机构改革探索，成立教育研究院、教育研究中心或教师发展中心，教科培资源得到最大限度整合。大部分地区实行兼职教研员制度，聘任优秀教师为兼职教研员，组建了专兼结合的教研员队伍，对兼职教研员给予专项补贴和专门培训，形成了"专尖"教研员体系，教研队伍进一步壮大。

（二）各地教研员队伍建设成效显著，教研员整体素质较高

1. 教研员政治素质和业务素养不断提升。各地均能围绕新时代教师

队伍建设的新目标,按照习近平总书记提出的"政治要强""情怀要深""思维要新""视野要广""自律要严""人格要正"六个要求,牢记立德树人根本任务,努力建设政治过硬、能力够强的教研员队伍,教研员政治素质和业务素养普遍都在不断提升。

2. 教研员爱岗敬业,综合素质高。目前各地教研员绝大多数来自教学一线骨干教师或高校硕士以上优秀毕业生,他们爱岗敬业、综合素质较高。大部分教研员具备副高级以上职称、一线教学经验丰富,不少教研员是省"百千万"人才培养对象、名师工作室主持人,在省内外教研领域具备一定影响力、享有较高专业威望,工作备受一线教师尊重,对职业有强烈的荣誉感和幸福感。

3. 教研员队伍整体活力持续焕发,成为地区教育高质量发展的重要支撑。近年来,各地机构改革后教研员队伍编制基本得到保证,职责更加明确,进入、退出或补充机制逐步完善。例如,兼职教研员选聘制度既减轻了专职教研员的工作量,又为教研员队伍壮大和补充做好了准备,教研员队伍整体活力持续焕发。很多地区的教研员也承担着部分教育行政事务和教育综合改革任务,可见,教研员觉悟高、知识厚、见识广、能力强,正成为各地教育高质量发展的重要支撑。

(三)全省教研员专业发展研修需求较大,但存在地区差异

1. 研修机会地区不均。就研修机会来看,珠江三角洲地区普遍鼓励和支持教研员参加省级以上专业研修及其他高层次研修活动,每年定期组织教研员外出学习和交流,教研员研修机会和途径较多,能及时提高教育理论与政策水平、提升自身学术修养和业务能力。但粤东西北地区的教研员队伍研修机会少,基本限于以下三种途径:一是参加省教研院组织的基础教育教研员研修班和学科研讨活动;二是参加教材出版单位组织的教材培训活动;三是本地组织的专家讲座和教研活动。

2. 研修群体需求有差异。各地区教研员准入标准差异较大,研修基础与需求也存在较大差异。其中,有几个群体尤其值得关注:一是部分教研员长期脱离讲台,对新课改实施以来课堂教学的巨大变化理解不透彻、感受不深,教学指导欠缺力度;二是个别教研员年龄大存在知识结构老化和能力发展滞后的问题,内驱力不足,亟须通过研修来更新激活;三是新任教研员欠缺教研经验,教研工作规划和组织能力有待提升,迫切需要系统性研修;四是借调教研员长期在一线工作,教育教学理论修养、科学研究水平、教学评价能力等方面均存在不足,亟须接受专项训练。

3. 研修时间缺乏保证。调研发现，各地教研员普遍工作量大、行政事务多，专注研究和学习的时间较少，这制约了教研工作的深度开展，影响了教研员的专业发展。而且，全省总体上存在教研员编制不足的情况，各地都不同程度地存在没有配齐专职教研员的问题，且缺编学科大多数为信息技术、综合实践活动、通用技术、科学、音乐、体育、美术等。部分县（区）教研员身兼多学科，大多只能起上传下达的作用，学习和研究时间有限，难以有针对性地开展教学指导。

4. 研修内容需与时俱进。就研修内容来看，调研结果显示，以下三方面需求尤为突出：一是部分教研员只是凭借经验给予教师评价和指导，不能运用科学的教育教学理论指导教师的教学实践，不能将教学中遇到的具体问题上升到理性的高度去研究，亟须学习教育教学理论知识和科研方法；二是新技术的应用对教研员"专业优势"产生了挑战，不少教研员的工作面临困境，不仅未能很好地指导教师利用信息技术高效开展学科教学，而且面对"智慧教研""大数据教研"等新形势感到束手无策，亟待提升信息技术应用的能力；三是不少新任教研员缺乏考试命题与评价分析的理论知识和能力，科学考试评价指导难度高，亟须科学考试评价、命题技术培训。

二、省级"基础教育教研员研修项目"现状及评价

（一）项目现状

近两年的省级基础教育教研员研修分层分类，率先探索建立省市教研员研修机制。

1. 研修目标。目前的研修目标整齐划一，主要指向四个方面：一是通过研修帮助教研员深刻领会新时期教研员职业道德的内涵及其基本要求，正确认识教研员专业发展的迫切性和现实意义，及时更新教育观念，提高教研员职业道德素养；二是通过研修帮助教研员深入理解课程与教学改革的热点，探究课程与教学问题，提高教研员对课程、教学、评价等方面的指导水平；三是通过研修帮助教研员深入理解掌握现代教育技术对教学的影响，学习现代教育技术改进教育教学的方法，提高教研员运用现代教育技术进行教育教学改革的能力；四是通过研修帮助教研员深入了解我国教育和国际教育的状况与特点，拓宽教研员的学术视野，提升教研员的教科研能力和学术研究水平。

2. 研修内容。目前研修内容主要包括七大方面，分别是：教育政策

法规和教研员职业道德（含学科德育工作）；教育教学理论与实践运用；教研活动组织、管理与实施；教研员学科专业能力与提升途径；教育课题研究与教学研究；教学指导与评价；现代教育技术与学科融合研究。

3. 研修对象及规模。基础能力研修。研修对象主要为在教研岗位工作10年以下在职在岗省、地市、县（市、区）、镇（街道）专职教研员。

骨干专题研修。研修对象为在教研岗位工作5年以上的在职在岗省、地市、县（市、区）教研骨干，年龄原则上在50岁（含）以下。骨干专题研修班分为教研管理研修班、地市教研骨干研修班和县区教研骨干研修班。

（二）总体评价

总体来说，各地对省级"基础教育教研员研修项目"评价较高，参训教研员普遍反映，研修让他们拓宽了理论视野、明确了工作内容和职责、丰富了教研方法。研修项目加强了教研系统的内部协作与交流，发挥了很好的引领作用，取得了良好的效果。具体体现在以下几个方面。

1. 研修力度大、规格高。省级基础教育教研员研修项目力度大，体现了对基层教研员成长的关怀，吸引了很多年轻教研员参与，一线教研员队伍深受鼓舞。有学员表示在教研员新老交替之时，省级教研员研修非常及时。研修依托强势教育资源，邀请一流专家，学员普遍反映研修规格高、实际收获大。

2. 研修内容多样、形式新颖。省级研修内容丰富，既有教育政策、教育学、心理学等通识理论，也有各地先进教研工作案例，同时还有学科教研组织、教研方式经验分享等，帮助基层教研员更新了观念、拓宽了视野，大大提升了教研员的业务能力和专业水平。

3. 研修实效强、辐射面广。省级研修极大地提升了教研员的理论素养，尤其能帮助新教研员迅速熟悉新岗位。学员基本都能把研修所学的内容应用在本职工作上，加强了对教学工作的指导。同时，学员将研修所得推广至本地区的教师培训中，进一步扩大了省级研修的辐射影响面。

4. 研修平台优、组织好。省级研修搭建了分享和交流的平台，学员可结识到各地同行，学习先进地区经验，有助于教研员引进资源、开展工作。研修采取分组分班管理并建立网上学习交流群，加强了学员之间的交流，不少学员在研修结束后还经常保持联系、分享教研工作心得。

（三）存在的主要问题

1. 研修力度有待加强。个别欠发达地区反映，除了省级教研员研修班及出版部门举办的教材培训外,教研员缺乏外出学习的机会,视野不及一线教师开阔,因此针对教研员的专项研修力度还要继续加大。同时,目前的研修周期和具体课程未能着眼于教研员成长的全过程来进行系统设计,课程涉及范围较广,系统性有待加强。

2. 研修实操性有待强化。目前研修内容中的教育学、心理学理论稍微偏多,需要增加针对教研员具体业务工作的内容。大多数地区都提出了增强实操内容的需求,如教研员的核心素养或能力要求是什么;如何带出一支强素质的教师队伍;如何培养学科青年教师;如何引活资源,带领区域发展;如何抓好信息技术与课堂融合;如何指引教师开展教育科研;如何理解和落实课程标准;如何开展教研工作;等等。

3. 研修形式有待创新。目前研修形式较单一,大多以讲座为主,每个讲座时间为半天,限于讲授时间,结合具体的实操案例不够,学员的获得感不够强,预期效果未能最大限度发挥。

(四)提出的主要建议

1. 加大省级教研员研修力度和实操性。增加基层教研员的研修机会,扩大研修活动覆盖面,帮助更多教研员不断提高理论素养、专业能力和指导水平。例如有地区建议建立教研员省培机制,并长期开展形成品牌;也有地区希望多举办指向课堂教学行为改进的学科研修,有典型案例分析或现场课堂教学展示,让学员在实操中切实汲取到先进教育教学理论的精髓。

2. 分层开展专项研修。珠江三角洲地区教研员本身有较好的知识基础和能力素养,他们希望有更大提升作用的研修,希望有针对珠江三角洲地区的专项研修,增加国外高端学习考察,拓宽教研员国际视野。

欠发达地区的教研员则迫切需要更多的理论支持和实践指导,建议增加教学法、听评课、教研管理等基础性专题。有山区学员提出,目前研修课程的案例多数来自发达地区,对山区欠借鉴意义,建议针对山区开展专项研修或组织省级名师和山区本地名师联合开展教研学习活动。

3. 分类分项设计课程内容。一是建议针对教研管理人员、资深教研员、新手教研员、兼职教研员等不同人群需求来分层分类设计课程内容。二是建议选择与教研员工作高度相关的专项课程主题,如学科专业知识更新、课程教学改革、课堂教学指导、新课标新教材解读、教研工作管理、考试命题与分析、信息技术应用、课题研究、中考高考考试评价、教学教研工作观摩等内容。其中,粤东西北地区反映教研员队伍薄弱、水平不高,迫切需要提升理论素养、更新教育教学观念,对教育教学基本理论、教育科研方法、信息技术应用等专项培训的诉求尤为强烈。

4. 实行线上与线下研修相结合。建立跟岗学习、项目研修机制,不少地区都提到,要充分利用信息化手段,开展网络研修,让教研员利用零碎的时间开展学习,按不同资历的对象推送学习内容,建立网络研修学院。

有地区建议实施精准培训,一是借鉴中小学名师工作室的研修形式,成立一定数量的以师带徒为主要形式的省级教研员工作室。二是建立省级学科教育基地,建立教研员跟岗学习机制,深入地方学校和地方教研室进行实地考察学习,选派教研员到高等院校访学或到上级教科研部门跟岗学习。三是组织教研员围绕全省重大教研联合攻关项目和各地市教研热点、难点问题开展项目研修。

5. 加强研修过程的协调组织工作。有地市建议,研修时间安排要避开教研员工作繁忙的时间点,一般为三四月较恰当,避开五六月。也有的反映,由于教研员不能享受寒暑假,而寒暑假相对事务较少,因此研修可安排在寒暑假期间进行。还有教研员建议,培训课程开设前先调研需求,根据需求调整课程内容,提升每期学员的获得感。

三、"基础教育教研员研修项目"改进建议

(一) 指导思想

坚持以习近平新时代中国特色社会主义思想为指导,全面贯彻党的教育方针,落实立德树人根本任务,遵循教育规律,强化教师队伍基础作用,发挥教研支撑作用,促进全省基础教育质量全面提升。

(二) 总体思路

贯彻落实《教育部关于加强和改进新时代基础教育教研工作的意见》《关于全面深化新时代教师队伍建设改革的意见》《教师教育振兴行动计划(2018—2022年)》《国务院办公厅关于新时代推进普通高中育人方式改革的指导意见》《关于深化教育教学改革全面提高义务教育质量的意见》等文件精神,以"基础教育教研员研修项目"为抓手,加强和改进新时代教研工作,完善省、地市、县(市、区)、校教研体系,进一步明确教研员工作职责和专业标准,探索出健全教研员准入、退出、考核激励和专业发展机制。以基础教育教研员能力提升为突破口,加快培养专兼结合的教研

队伍，推动省、地市、县（市、区）、校四级教研机构配齐学科专职教研员，探索完善区域教研、校本教研、网络教研、综合教研制度以及教研员乡村学校联系点制度。

（三）举措办法

1. 加强教研员队伍发展规划，完善教研员学习制度。以"基础教育教研员研修项目"为依托，加强全省教研员队伍发展规划，指导各地区教研部门根据实际情况制定本地区教研员队伍专业发展和研修规划。

完善全省教研员学习制度，以建设新时代教师队伍为目标，以全员研修为方向、以骨干研修为重点，全面提升全省教研员业务素质，建设一支适应新时代要求的品德高尚、能力高强的学习型、创新型、服务型教研员队伍。

2. 系统设计省级教研员研修目标，体现时代性、发展性和适切性。一是研修目标总体上应体现时代性，与新时代教师队伍建设要求相一致，教研员应在综合素质、专业化水平和创新能力方面实现大幅提升。第一，通过研修帮助教研员深刻领会新时期教研员职业道德内涵和工作职责，正确认识教研员专业发展的迫切性和现实意义，形成自主研修习惯，形成强烈的职业荣誉感和责任感。第二，通过研修帮助教研员及时了解国内外课程教学改革趋势与要求，拓宽学术视野，掌握课程教学基本理论和最新研究成果，提升政策研究水平和贯彻落实能力。第三，通过研修帮助教研员及时更新学科知识体系，掌握学科最新课程教学研究进展，把握课程教学与考试改革热点，切实提升课堂教学评价与指导、考试命题与分析、信息技术与学科融合、教育科研与创新等核心能力。二是按照新任、骨干、专家、管理等层次和类别来制定研修目标和课程内容，充分考虑个人发展和队伍发展的适切性。注重引领基层教研员加强自身专业发展规划，制定个人研修目标和计划，按照"研修、实践、再研修、再实践"的路径，形成个人专业发展档案，更好地促进自身发展和本地区发展。

3. 精准编排省级教研员研修内容，课程预制与订制并举，理论性与实践性并重。在研修内容的编排上，一方面依据教研员专业发展核心能力要求做好课程预制；另一方面根据每年的研修学员需求调研情况做好课程订制，加强研修内容设计的精准性。

研修内容的选择坚持基础性与应用性并重、理论性与实践性并重。课程既包括课程与教学基础理论、学科专业知识更新、课标和教材解读、考试命题与分析、教育科研方法等硬核内容；也包括课堂教学评价与指导、教研工作组织与管理、信息技术与学科融合、中考高考考试评价指导、区域教研工作机制创新、国内外课程教学改革动态等热点主题。力求让学员在理论学习中积极思考和探索课程教学改革热点议题，在实践案例的分析和讨论中掌握教育教学理论、把握政策方向、强化业务技能、领悟职业价值。

4. 改革创新省级教研员研修形式，加快建设教研员学习交流平台。改革传统培训方式，强化学习过程中的小组讨论与任务完成。围绕目前的热点、难点问题组织教研员开展项目研修，加强省内教研员的协作与交流，聚全省教研员之力，研究重点难点问题的解决思路和对策。大力推动教研员外出交流学习，通过建立省级学科教研员工作室、开展教研员跟岗学习项目、组织国内外课程教学改革专项考察等措施，帮助教研员学习先进、拓宽视野、打开思路、改进工作、发展自我。

建设教研员省级网络研修课程平台，系统设计教研员专业发展网络课程，根据地区、学段、学科、层次等需求，推送个性化研修内容。线上线下同步建设省内教研员专业发展共同体，实施教研员"青蓝工程"，建立教研员结对子交流机制，一方面大力发挥发达地区的引领作用实施"领航工程"；另一方面充分发挥欠发达地区优秀教研员的示范效应。

5. 加强省级教研员研修过程组织与管理，保障研修机会和效率。增加欠发达地区教研员研修指标，确保各地研修机会均等；落实各学科学员指标，推动各级教研机构配备学科专职教研员；根据基层教研工作实际，充分利用寒暑假，合理安排研修时间；增加团队建设活动，增强教研员团队凝聚力和情感交流。

（执笔人：曾令鹏，梁惠燕，施美彬，鲍银霞，胡军苟，杨健，陈式华；审核人：曾令鹏）

广东财经素养教育的实践探索经验启示[①]

○广东省教育研究院教育评估室

摘 要：财经素养作为核心素养的重要组成部分越来越受到人们的关注，推进和开展财经素养教育成为世界许多国家和国际组织提倡的国家战略。作为改革开放的排头兵、先行地、实验区，近年来，在教育、金融和有关行业组织的推动下，广东财经素养教育从点到面、从顶层设计到具体实践都做了一些探索，形成了一定基础。广东省教育研究院于2017年成为中国财经素养教育协同创新中心（以下简称协创中心）协同单位之一，以此为契机，以课题为抓手，在全国率先开展财经素养教育研究，取得了一定成效和社会反响。本文基于广东省财经素养教育的开展情况，通过进入学校观摩教育教学、开展问卷调查及现场座谈调研等途径，深入分析课题学校开展财经素养教育实践的亮点及困难，从机构建立、标准研制、保障机制制定以及教学方式改进等方面对下一阶段财经素养教育提出建议。

关键词：广东 财经素养教育 亮点 问题 建议

财经素养是人们处理财经问题、维系个体持久生存与社会持续发展的关键能力[②]，是人们适应社会经济生活必不可少的核心素养之一。近年来，有关"月光族""啃老族""校园贷""未成年人打赏主播"等新闻层出不

---

① 本研究为全国教育科学"十三五"规划2019年度教育部青年课题"中小学生财经素养评价指标研究"（课题批准号：EHA190493）研究成果。

② 北师大财经素养教育研究中心. 财经素养：一项新的核心生活能力[EB/OL]. (2017-09-29)[2020-01-07]. https://cfle.bnu.edu.cn/xzdt/37373.htm.

穷,究其原因,这与我国青少年学生财经素养匮乏、经济法规意识淡薄、不正确的金钱观不无关系。

在我国,财经素养教育还处于起步阶段,广大群体特别是青少年的财经素养教育亟待加强。党的十九大开创了全面开放的新格局,随着中国经济在世界经济大格局中所占权重的不断增加,我国财政政策、发展布局、经济市场、人才政策等,均将对世界经济、国际市场产生举足轻重的影响,今后国内可能面临的金融风险也将更加严峻,财经素养的培养从个体意义走向社会意义和国家意义。随着经济全球化趋势不断深化,开展财经素养教育、培养学生财经素养已是世界共识。目前,财经素养教育已被全球50多个国家和地区纳入国家战略,28个国家在基础教育体系中引入财商课程。与国外相比,我国财经素养教育开展不足,其在我国存在巨大的现实需求。

一、广东省中小学生财经素养教育的开展概况

2013年12月,国家首次提出加强投资者教育,逐步将投资理财教育纳入国民教育体系。2015年9月,广州在36所中小学校开设金融理财教育校本课程。① 作为改革开放的排头兵、先行地、实验区,近年来,推进财经素养教育已成为广东各相关方的思想共识和行动自觉,积极通过各种途径推动财经素养教育研究与实践,学校在推动财经素养教育发展上也逐渐发挥出阵地作用,取得了一定的成效和社会反响,也逐步形成可复制、可推广的经验。

(一) 以机制为保障,联合多方力量共同推动财经素养教育

提高公民财经素养是一项系统的、复杂的工程,需要社会各界协同、持续的努力,需要政府、教育机构、金融机构、企业主和非营利机构以及个体和家庭等多方参与。近年来,广东财经素养教育已开始引起各领域的关注,从点到面、从顶层设计到具体实践都进行了一定探索,并有一定的基础。比如,广东证监局在2014年大力推动金融证券理财知识教育,并在广州市先行试点,到目前已有100多所中小学校参加。广东省金融消费权益保护联合会在中小学校开创了"第二课堂""校本课程""金融选修课""校园诚信银行""广东金融读书角""金融夏令营""亲子金融知识竞赛"等多种模式来推动校园财经素养教育的发展。广东省教育研究院通过开展

---

① 中国少儿财商教育网. 谈财经素养教育在学校推进的几种实践形式[EB/OL]. (2019–09–10)[2020–01–07]. http://www.csjyw.net/nd.jsp?id=443.

课题研究、业务培训、学习交流等多种形式，为学校搭建了实践沟通合作平台，探索出财经素养教育的广东新模式。

（二）以课题为抓手，培育一批财经素养教育研究课题学校

从2017年起，广东省教育研究院每年面向全省基础教育学校遴选财经素养教育实践研究课题学校，三年来共有来自广州市等16个地市的170所学校（单位）成为广东省财经素养教育实践研究课题学校，开展的学段涵盖幼儿园至高中的各学段（见图1和图2）。课题学校通过德育主题活动、学科教学、学生社团、综合实践、校本课程等渠道，积极探索在中小学校常态化开展财经素养教育的有效方法。

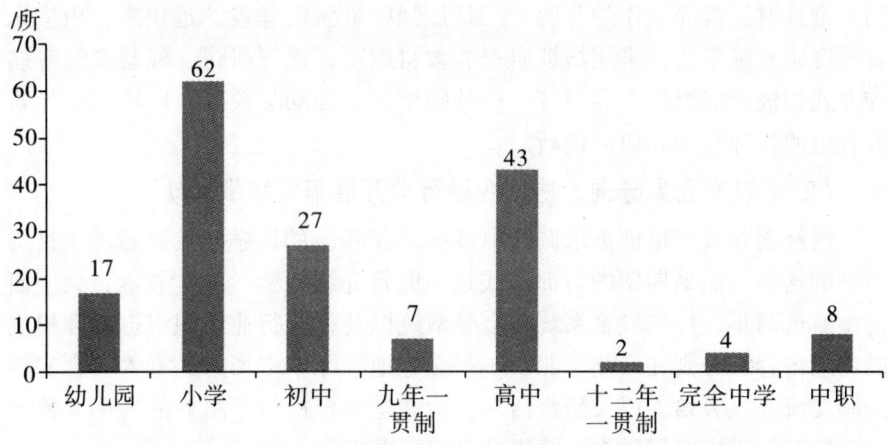

图1　各学段课题学校数量

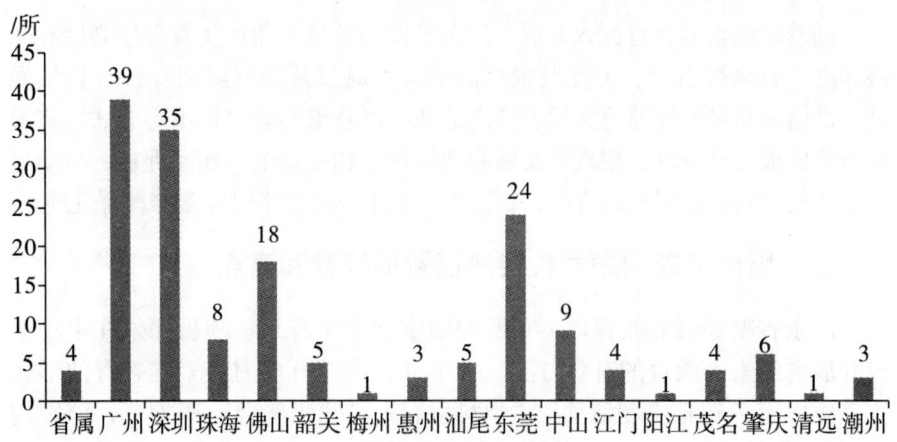

图2　各地市课题学校数量

（三）以育人为根本，大力培育实施财经素养教育的骨干队伍

落实财经素养教育的任务关键在于人，财经素养教育能否取得成效，关键在于师资。在推进财经素养教育过程中，广东重点抓好三支队伍建设。一是抓好财经素养教育专家队伍建设。广东目前已组建省财政素养教育实践专家库，首批成员分别来自高校、教科研机构、中小学校财经素养教育骨干教师等共95人，专家在推进财经素养的教育研究和实践探索中发挥重要的引领作用。二是抓好地市教研员队伍建设。从省教研机构到地方教研系统，通过教研活动、课程与教学资源共享、课题研究等途径提升教研员的财经素养，充分发挥教研员统筹引领地区学校教育教学改革的作用，推进财经素养工作的开展。三是加强师资队伍建设。近年来，由广东省教育研究院牵头，采用培训研修、教材编写、课例研讨、经验交流等多种方式积极开展财经素养教育一线教师培训，推动学校间、区域间财经素养教育的教师互动和协同创新。

（四）以专业为导向，协同金融行业开展师资培训活动

财经素养教育培训需求调查中显示，有49%的课题学校愿意承担这类活动的培训。而最期望的培训形式是：同行介绍经验、教学展示、共同研讨型。近两年，广东教育系统和金融系统以及相关行业组织根据教师提出的需求内容，分别在广州、北京、东莞等地举办了多场财经素养教育实践经验交流、业务培训以及研修活动，给课题学校提供了很好的展示交流平台，同时探索出跨界融合、跨界教研的新模式。

（五）以成果促教学，重视财经素养教育成果总结积累

随着财经素养教育深入开展，广东各课题学校不断产生有理论高度和实践深度、能辐射引领、可复制推广的成果。通过开辟财经素养教育板块网站、微信公众号、推荐论文发表到内部刊物以及编写教材读本等方式，将教师研究成果公开分享，使教学实践和教学理论相互影响、相互促进，带动更多学校投入到财经素养教育中，切实促进大中小幼学生财经素养教育发展。

二、财经素养课题学校实践探索的经验和亮点

广东省财经素养教育以170所课题学校为主阵地，积极探索在中小学校开展财经素养教育的有效方法。据统计，学校开展财经素养教育的形式主要集中于"德育主题活动""学科融合""社团融合"等方式，分别约占所有形式的31.8%、29.4%、9.4%（见图3）。

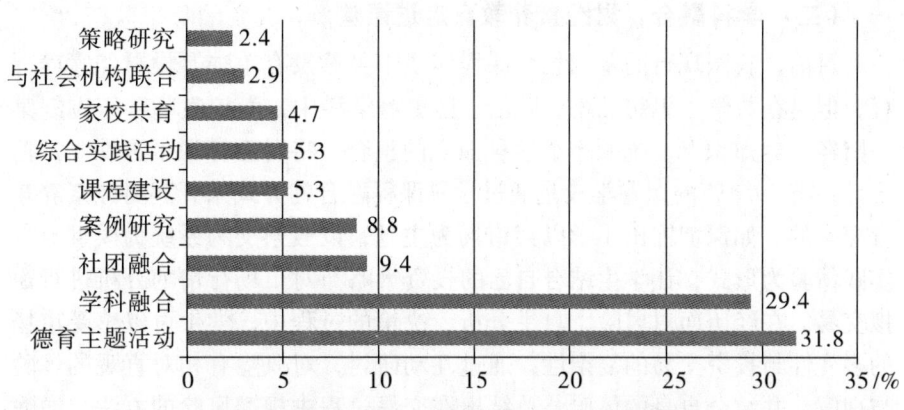

图3 课题学校开展财经素养教育研究的主要类型

（一）德育融合，在主题活动中渗透财经素养教育

中小学校每学年均有目的、有计划地系统设计德育主题活动，对中小学生进行爱国主义、集体主义、社会公德、民主法制、理想信念、劳动纪律、心理健康等系列教育。这些既是财经素养教育的良好资源，同时也是财经素养教育的道德目标。在课题学校中，有31.8%的课题学校是通过德育融合的方式来开展财经素养教育的探索的。一是财经素养活动中的德育渗透。如广州市真光中学开展的以"奉献 真光"为主题的义卖活动，学生在实践中接触到计划预算、定价、记账、沟通等财经知识以及增加财富管理的能力，并将活动所得的款项捐赠给有需要的群体，将爱心传递给更多的人。二是德育学习中的理财教育相结合。如深圳实验学校坂田校区成立了"好习惯银行"，班级设支行，由学校统一印制"宜然币"，币值为1分、10分、20分、50分、100分。学生获得的"宜然币"实物可以存入银行学生个人电子账户，学生可以支取本人账户上的"宜然币"并根据学校要求进行兑换。此举既有利于学生养成学习、活动和日常行为方面的好习惯，又通过银行的形式让学生了解银行储蓄等方面的理财知识。再如深圳市大鹏新区葵涌第二小学组织开展的"今日我当家""小跳蚤""爱心义卖""英语节情景体验活动（英文购物）""捐赠爱心压岁钱"等活动，让学生学会理财，引导学生群体理性消费，帮助学生树立健康的金钱观和价值观，以更好地适应、参与社会生活。

（二）学科融合，财经素养教育走进课堂

目前，我国现行的基础教育课程体系中虽然没有单独开设财经素养课程，但是在数学、思想品德、政治、历史等学科中，学校教师善于围绕某一财经素养知识点，统领多个学科知识的整合，将财经知识带进课堂。据统计，有29.4%的课题学校是通过学科课程融合的方式来开展财经素养教育探索的。如深圳锦田小学以菜市场为主题，以股票交易系统为模型，以实践体验为形式，让学生结合自己的投资策略与对市场行情的分析进行模拟交易。在经历面对风险、自主分析、决策的过程中，学生可以感受市场的多变性与投资交易的复杂性，通过互动研讨，对风险有相对直观的体验与理解，并结合自身的体验，总结出在交易过程中规避风险的方法，增强自身对价格变动的敏感性，以此提高财经素养；广州市协和中学《经济生活》"多变的价格"的教学中，引入"中美贸易战"话题，既落实经济学基础知识，又培育锻炼相应的思维能力，从而"将个体的财经素养理解为不仅仅与个体的经济活动相关，也是个体对社会活动、国家发展的知晓、把握、理解与判断"。这种在常规课堂中通过项目活动的形式进行财经素养教育，有效解决教材不足、课时不足、教师人手不足带来的问题，使财经素养教育能在日常教学中有效开展。

（三）活动融合，在学生社团活动中彰显财经素养教育

学生社团种类繁多，如文艺社、合唱团、舞蹈队、篮球队、话剧社、金融社等。每个社团的筹备、组建、经营、发展都离不开基本经济规律。如广州市番禺区市桥中心小学在每个年级成立财商小社团，让学生了解银行职能，体验职业特点；学校Team D公益社团走进迎春花市开展售卖活动，让学生真切融入社会经济市场。又如广州市执信中学2008年成立的金融社，秉承"铸造领袖，商而为赢"理念，通过情境模拟、现场观摩等方式，开展了公益拍卖会、金融沙龙、企业走访参观、模拟IPO（Initial Public Offerings）等特色活动，引导学生了解国家经济制度与体制、政府收入与支出、个人收入与消费、个人投资与信贷、财富与人生，鼓励学生运用博弈论、要素分析法、指标对比分析法等方法获取金融分析、金融模型、风险管理、企业战略等领域的技能。再如，广州市黄埔军校纪念中学成立的纪中理财社，以培养学生财经素养、提高学生理财能力为宗旨，开展了"财经主题观影""玩转股票""银行实地参观""理财大讲堂""家庭收支记账"等社团活动；东莞市厚街湖景中学成立的财趣社团为那些对

经济和金融感兴趣的学生提供了一个课外学习平台,学生通过实地调研、模拟研讨,逐步建立了先进的金融观、理财观,确立了初步的职业生涯规划;肇庆鼎湖中学成立"鼎湖中学财经素养实践训练营",分"富脑袋""富口袋""脑袋升华"三个阶段,将训练营的学员分为领队训练组、市场调研组、资金筹集组、投资理财组、创业实践组、秘书财务组,组织针对性学习和活动,受到高度关注。

(四)实践学习,在社会实践中整合财经素养教育

华南师范大学附属中学(以下简称华附)的"'雷'厉'锋'行,扶贫助学"义卖活动是该校财经素养教育的校内大规模实践活动,已走过了15个年头。该活动注重发挥共青团组织与社团合力,倡导自主设计,致力于学生财富创造与运用能力,通过销售学生自主设计的华附特色产品,筹得的善款捐赠给华附的"育才基金",投入到各类公益事业中。广州天河外国语学校的Twilight咖啡厅是一间完全由学生自主筹划设计、经营管理和宣传推广的咖啡屋,通过模拟正常咖啡厅运营的方式,成员们学习了经营知识。"创收"余额均捐献给学校"爱心基金会",以此改变了学生以往在经济上不是依赖学校就是向家长伸手的做法。广州市第十六中学在年度模拟商品交易会中,由学生自行组成创业团队报名参加"黄金摊位"的众筹活动,通过展示摊位经营方案来吸引众筹团的募股集资、竞争黄金摊位,通过真实度和有难度的模拟活动,促使学生将货币流通、商品交换、成本核算、利润分红等理论知识付诸实践。广州市汇景实验学校每年都举办科创节,在跳蚤市场中,学生通过活动切身体验市场管理部门、老板、店员、顾客的实践过程。小企业家们通过一个多月的实践,经历了从市场观察、寻找合伙人、摊档申请、签订市场规则合约,到缴纳租金、产品规划、售卖形式、宣传方式、实际售卖与爱心捐助(社会责任)全过程。

(五)课程融合,在校本课程中拓展财经素养教育

华附一直致力于将财经素养教育与校本选修课程融合,借力校友与嘉宾,联合开设"金融趣闻与奥妙""微观经济学""投资理财""学生公司"等若干种选修课,深受学生欢迎;广州天河外国语学校与广汽丰田联袂开办"广汽丰田汽车实验室",由企业专家和广州市少年宫在实验室中亲授"座驾精灵CEO青年领袖教育"课程。学生深入体验汽车从生产到上市销售的全过程,围绕环境、能源、交通安全等课题,共同探讨有针对性的解决方案,设计创造性的概念车产品。东莞外国语学校在校本选修课

程中提出两个层面（认知层面和行动层面）、三个环节（认知财富、创造财富和管理财富）、四个平台（感知平台、创造平台、创业平台、效用平台）的财经素养教育校本课程体系。东莞市松山湖实验中学通过冰激凌创业项目将语文、数学、物理、艺术、综合实践等多学科知识与财经素养巧妙结合，分别为了解液氮冰激凌、项目成本优化、初识金融税务、品牌专利认知、广告营销知识、总结推广创业等六个课时研发出"冰激凌创业营"校本课程，并荣获2019年东莞市中小学"未来课程"设计大赛一等奖。东莞市石龙中学组织学生通过参与模拟市场、模拟公司、职业体验、辩论赛、研学旅行、"我是未来经济畅想家"、对话企业家等活动，以及看、评、拍、演财经电影等方式，指导学生简单分析一些生活中的财政、金融、经济现象，把收入与消费、投资与信贷、风险与保险、制度与环境、财富与人生五个单元研发出"未来　财经"校本课程。东莞市厚街湖景中学开设了"天生我财必有用"选修课程，定期邀请校外经济学方面的专家、教授为学生讲授基础的经济学课程，并组织大家对真实案例进行讨论和分析。通过情境模拟或者现场观摩等方式，引导学生自主发展，让学生亲自体验理财活动，如让学生写下某一段时间零用钱的收支情况，课堂上一起讨论其零用钱计划和收支情况，列出表格，由师生共同评议，让学生学会合理消费、自主理财，养成勤俭节约的品质。广州市番禺区市桥中心小学面向全体学生开展"钱从哪里来""钱的前世今生""让人喜欢让人忧的网购""人生模拟财商活动"等课程。通过常规的课程培训，学生对货币的产生、演变，商品的分类、特征，理财的技巧等财经知识有了系统的、较全面的认识。

（六）行业协助，与社会行业机构联合开展财经素养教育

一线教师对于财经素养教育应该如何进学校、进课堂感到迷茫和困惑，甚至缺乏自信。广东财经素养教育已引起各领域的关注，整合社会行业力量，联合学校开展财经素养教育也是广东的一大特色。在学校层面，如广州市越秀区农林下路小学引入青年成就（Junior Achievement，JA）的"小小理财家"课程，课题组教师参与关于课程教学的教师培训，选择性地开展适合本校学生的课程内容。该校还与中国工商银行广州东湖支行合作，由银行定期送课上门，专业财商大使的课堂讲解让师生的财经素养水平得到同步提升；广州中学每年会组织学生到学校合作机构如JA中国、恒生银行单位进行职业体验，同学们通过聆听、参观、访谈、角色扮演的环节，不仅亲身体验专业的岗位工作，而且感受到企业的团队精神和社会

责任，更重要的是加深了对未来、对职业的理解。在省级层面，广东省教育研究院与广东省金融消费权益保护联合会联合主办了两期财经素养培训和研修互动，参会主体均是中小幼教师和金融行业金融讲师，会议围绕着"财经素养教育实践的有效途径"以及"学校与金融行业联合开展财经素养教育的方法"进行了探索。多方社会力量的加入，让学校的财经素养教育得到更专业的指引和发展，更好地补充了学校课程教学上的不足。

三、财经素养教育实践面临的主要困难与问题

尽管课题学校结合学校特色和优势率先探索了开展财经素养教育的有效方法和途径，也取得一定成效，但当前我省财经素养教育实践情况如何？课题学校校长、教师、学生及家长对财经素养的理解是否有偏差？学生的财经素养现状如何？学校在开展财经素养教育实践过程中面临哪些主要困难？是否能寻求好的解决办法？为了解这些问题，我们对课题学校的师生及家长做了相关调查。

本次调查共回收 103 111 份课题学校师生及家长调查问卷，其中学生问卷有效样本量 44 198 份（其中 4~9 年级 27 893 份，高中学生 16 305 份），教师问卷有效样本量为 6 392 份（其中幼儿教师 269 份，小学教师 2 662 份，初中教师 1 572 份，高中教师 1 224 份，中职教师 665 份），中小学家长问卷有效样本量 52 521 份（其中小学家长 20 673 份，初中家长 16 949 份，高中家长 14 899 份）。通过基本面的问卷分析，对财经素养课题学校实践存在的问题归纳出以下几点。

（一）对财经素养教育的内容认知存在偏差

1. 教师及家长对财经素养教育的理解存在偏差。一是对财经素养教育概念的理解存在偏差。调查结果显示，有42%的课题学校教师和33%的家长表示对财经素养教育是基本了解或了解的。由于受学科知识、职业背景、学段差异与认知水平等因素的影响①，仍有超过59%的学校教师以及家长表示对财经素养教育不大了解或根本不了解（见图4）。关于财经素养教育的概念，《中国财经素养教育标准框架》的界定：财经素养教育是一种基于财经知识、理财技能、财富管理和人生信念等基础修养的生活教育、思想教育、情感教育。从选项和开放问答中获知，不少教师和家长将

---

① 中国教育科学研究院财经素养教育调研组. 中小学实施财经素养教育认知调查报告[J]. 大学（研究版），2018（11）：52-67.

财经素养教育简单地理解为理财教育、金融教育、金钱教育、财商教育、商业思维教育等,缺乏对财经思维与价值观念引导,只是单纯地从孩子学习防诈骗、投资理财、养成存钱和合理消费的习惯等方面来理解财经素养教育。二是对"制度与环境"的关注较少。调查显示,有89%以上的教师及家长倾向财经素养是收入与消费、储蓄与投资,是让学生了解如何赚钱、花钱、存钱、取钱以及钱生钱;有65%以上的教师及家长认为财经素养还应包含风险与保险、财富与人生,懂得防控金融诈骗;调查对象对我国的经济制度、收入分配制度以及全球环境对国际贸易的影响等方面的关注较少,有较多的调查对象认为"制度与环境"不属于财经素养教育的范畴(见图5)。

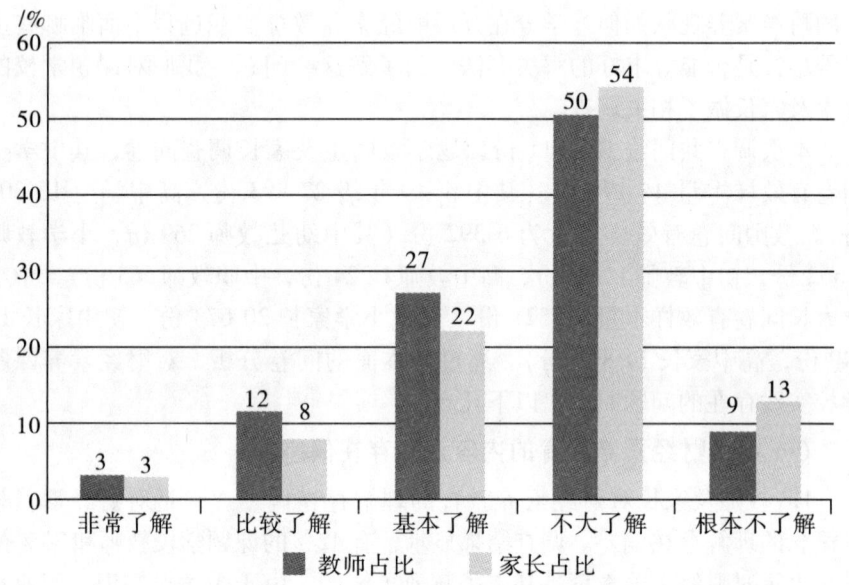

图4 教师与家长对财经素养教育的了解程度

2. 财经素养教育在学校的实践内容过于局限或分散。广东受地缘和经济环境的影响,各类财经素养教育实践也在各地、各校蓬勃发展,但由于各区域之间、学校之间对财经素养教育的理解和重视程度不同,开展财经素养教育的时间有早晚,形式也有差异。有些学校已开设了专门的选修课,有自己的校本教材;有些学校将财经素养教育融入不同的学科教学中;更多的学校会组织开展"中秋游园会""元宵灯会""跳蚤市场""小

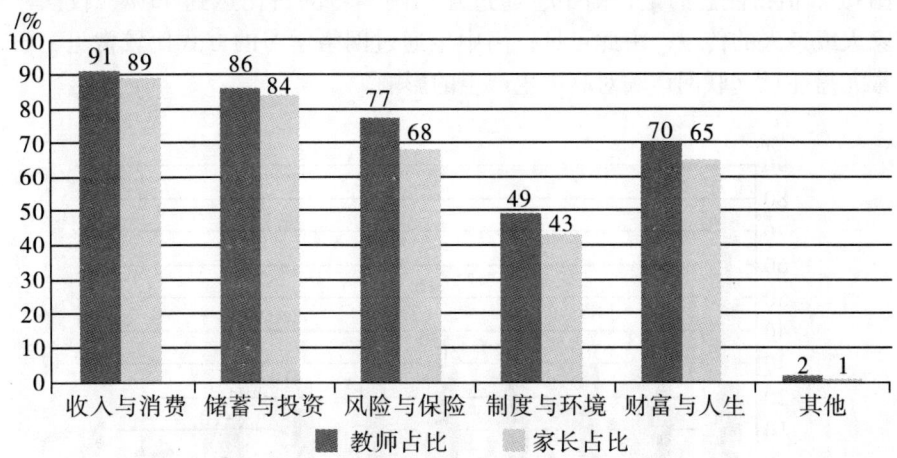

图5 财经素养教育应包含的内容

小超市""爱心大卖场"等为载体的财经素养教育体验活动。这些活动在某种程度上有助于提升学生对财经素养的认识,但大部分学校实践的内容还比较分散、宽泛、碎片,缺乏连续性和系统性,对学生人生观、财富观的引导以及财经思维的锻炼不足,所以财经素养教育效果也难以衡量。①

(二)对财经素养教育在学校的实施认知不系统

1. 学校作为开展财经素养教育的主阵地,发挥的作用还十分有限。通过学校开展系统的财经素养教育,是提高公民素养最公平、有效的途径。调查显示,学校对学生财经素养形成的影响仍远低于家长,绝大部分学生认为自身的财经素养是家长或亲人传授的,其次是通过与同学朋友间讨论、收听电视或广播节目、参加校园活动以及利用互联网的形式进行学习。不同的是,4~9年级的学生主要倾向校园活动和电视广播节目来获取财经素养方面的信息,而高中学生则更倾向于与同学朋友间进行讨论以及利用互联网来获取财经素养方面的信息。只有约17%的4~9年级学生以及19%的高中生认为财经素养知识是从学校课程中获得的,还有34%的4~9年级学生和27%的高中生从校园金融活动中获取财经素养知识,所占的比例都不太高,可见学校的财经素养教育还未达到学生的预期(见

---

① 本刊编辑部. 财经素养教育:挑战与对策——访中国财经素养教育协同创新中心主任张男星[J]. 世界教育信息,2019(4):5-9.

图 6）。值得注意的是，高中生通过互联网学习的占比达到 46%，仅次于家人或亲人的传授，由此可见，高中生通过网络学习的方式比较常见，日常尤需注意互联网诈骗对高中生产生的影响。

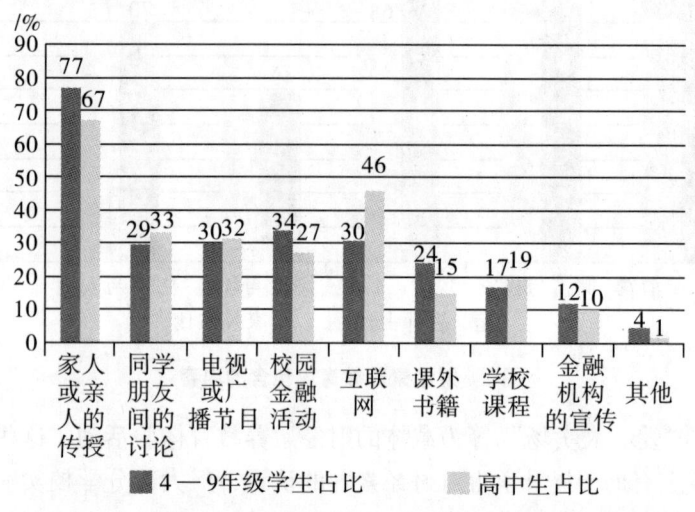

图 6　中小学生提升财经素养的途径

2. 家长是孩子财经素养教育的引路人，但还较依赖学校发挥主导作用开展财经素养教育。调查显示，有 85% 的家长认为财经素养比较重要或非常重要，对提高个人的综合素质和应对生活的需要具有重大的意义，家长日常是通过言传身教的方式来培养孩子的财经素养并且有意识地引导孩子管理好钱财、培养孩子勤俭节约的习惯、教导孩子要对自己说的话、做的事负责，同时也会有意识地引导孩子确定未来的职业方向。但由于受学科知识、学历差异、职业背景与认知水平等方面因素的影响，有 86% 的学生家长认为自己的财经素养水平一般或比较差，有 76% 的家长表示自己没有财政、金融、经济类专业背景或相关工作经验，有 56% 的家长对市场经济、投资理财等方面的知识不大了解或完全不理解，有 37% 的家长不清楚自己的日常支出情况。因此，在开展财经素养方面，只有 54% 的家长认为家庭应为开展财经素养教育发挥主导力量，有 82% 以上的家长认为有必要在学校开展财经素养教育并且主要还是要靠学校系统作为主导力量来开展财经素养教育，让孩子接受具有操作性质的财经素养教育。

（三）对财经素养教育实践缺乏顶层设计的引导

1. 财经素养教育缺乏上位文件的指导和科学的评价体系。调查显示，有54%的调查对象认为财经素养教育在顶层设计上仍有欠缺，相关的政策基础与制度设计有待完善。虽然中国财经素养教育协同创新中心发布了《中国财经素养教育标准框架》，但从国家到省到地方的相关的政策基础与制度设计还未出台，青少年的财经素养教育还未形成标准统一的课程与评价体系，不利于财经素养教育全面普及。此外，还有81%的调查对象认为财经素养教育有必要设置统一的基本要求或最低要求，让教师和家长明确如何推进孩子的财经素养教育，评估孩子现阶段的财经素养水平，以保证不同地区或机构开展财经素养教育的质量。

2. 财经素养教育缺乏教育和行业之间的互联合作机制。财经素养教育要走得长远、走得扎实需要有专业力量的引领。调查显示，不少调查对象认为金融机构、社会行业企业以及学术团体也应在开展财经素养教育中发挥重要力量。在普及财经素养教育的过程中，社会上不同的组织、机构表现出不同的倾向，有的偏向系统的财经知识的传播，有的偏向财经技能的培养，也有的偏向于学生健全人格的培养。教育系统要综合各领域的财经素养教育模式，学会借力联合行业企业的力量开展中小学生财经素养教育活动，不仅创新联合培养机制，也有助于提升学校财经素养教育效果。但调查发现，不少调查对象认为当前学校与行业之间的合作机制还未建立起来，教育系统层面表示，由于金融机构有保密规定，学校难以走进银行、保险等相关金融机构进行实地考察学习。而金融行业也反映，由于没有相关的指导文件，行业企业也难以走进学校开展金融知识宣讲，并且会引发广告宣传的嫌疑。由此可见，教育系统与金融行业企业之间要合力推进财经素养教育的发展，相关良性的合作机制还有待建立。

（四）对财经素养教育实践缺乏相应的教学资源辅助

1. 财经素养教育缺乏专业的师资力量。专业师资匮乏是学校提到最多的一个问题，即便是在已经开展财经素养教育并且还开展得不错的学校里，教师都认为自身的财经素养水平不高，不够专业，不成体系，担心难以给孩子们提供系统的、准确的财经素养教育，希望能够得到专业的指导和理论的引领。调查显示，有64%的教师认为自己的财经素养水平一般，有19%的教师认为自己的财经素养水平比较差或非常差，只有17%的教师认为自己的财经素养水平比较高或非常高。因此，教师对实施财经素养教育的主动与被动性差异很大，有52%的教师出于兴趣爱好，比较重视或非常重视培养学生的财经素养；有48%的教师担心开展财经素养教育会增加其工作量，既没有进入到课标，高考也不考，一般重视或不怎么重视对接

学校学生的财经素养教育工作。但在实际的学校教学过程中,大部分教师还是有意识或有责任心地给学生开展财经素养教育,有52%的调查对象认为所在学校比较重视开展财经素养活动。对于一些常见的财经素养常识,教师开展财经素养教育的均值情况都超过了期望值3(见表1)。但是很多教师认为自身的财经素养水平不够,不够专业,不成体系,这种碎片化、零星化的教育难以对学生产生深入的影响,还需要专业的指导、理论的引领以及系统化的规划体系才能做到因材施教,切实提高学生的财经素养。

表1 学校教师开展财经素养教育的情况(满分为5分)

类目	均值/分
指导过学生对零用钱、压岁钱、生活费等进行合理支出	3.9
向学生讲解过一些关于财经的简单基础知识	3.5
教导过学生要注意保护个人的信息与隐私,不要轻易泄露出去	4.4
在学校中会有意识地培养学生勤俭节约的习惯	4.4
在教学或校内生活中教导过学生要通过诚实劳动赚取财富	4.5
在教学或校内生活中教导过学生要对自己说的话、做的事负责	4.7

2. 财经素养教育缺乏恰当的教辅教材等相关资源的支撑。调查显示,有66%的调查对象认为学校开展财经素养教育面临的主要困难是没有恰当的教材,有44%的调查对象认为课时不足也是面临的主要困难之一。部分教师指出,《中国财经素养教育标准框架》表述太过专业,教师看起来难度比较大,难以真正落实指导教学,建议有关机构可以出台相应的知识点解读或具有操作性的活动指南,以便于教师使用。还有家长和教师指出,没有专门的课程教材教辅或教育读本、游戏和相关素材,是阻碍中小学开展财经素养教育的重要因素。

此外,调查显示,一些教师和家长对财经素养教育也产生抵触情绪。有52%的调查对象认为所在学校不太重视或根本不重视开展财经素养活动,同时教师认为财经素养教育不是高考的考点,走进校园只会加重教师的教学负担,影响正常教学秩序;家长则非常担心财经素养教育走进校园会增加学业负担,影响孩子正常的学科学习。

（五）中小学生的财经素养与现实需要仍存在差距，亟待进一步引导、学习和实操

问卷从学生的财经知识与技能、财经观念和态度、财经行为和习惯、财经情感和体验四个方面，分别向4～9年级学生、普通高中学生进行调查。调查数据结果显示，课题学校的中小学生财经素养具有以下特点。

1. 学生了解基本财经知识，但基本技能实操偏少。调查显示，4～9年级学生在认识货币及汇率方面，能基本了解不同国家货币，在日常生活中能有意识地辨别人民币的真伪；懂得换算不同国家汇率。对银行的基本业务，大部分中小学生都有办理过银行的存款业务，但也有40%的学生表示没有办理过银行的相关业务，有17%的学生表示不了解银行储蓄卡有什么作用，超过四成以上的学生对信用卡的认识有误区；有89%的学生能注意保护财务隐私信息；对于压岁钱，有49%的学生会选择交给父母保管，有44%的学生会选择银行储蓄，有2%的学生会选择花光；在比较不同投资品的价值和风险方面，有64%的学生能区分债券、股票、储蓄账户三者的投资风险差距，但也有22%的判断错误，有15%的学生表示不知道如何区分。高中生基本理解通货膨胀带来的影响以及风险与收益的关系，对保险知识有初步认知，能基本分清市场上保险的种类。但在一些财经知识认知上，有70%的高中生不知道中国人民银行对金融体系负有管理职能，有58%的学生不知道通货膨胀率对购买力带来的影响，有55%的学生不会计算定期储蓄的年利率。

2. 绝大多数学生表现出对财经观念和态度的正确认识。问卷分别从学生的金钱价值观和消费态度两个方面开展调查，调查显示，中小学生"财经观念和态度"七个类目的均值基本超过了期望值3（见表2），由此表明课题学校的中小学生能基本表现出正确的、积极的金钱价值观和消费态度。超八成的学生会定期将零花钱存起来以备不时之需，有70%以上的学生认为金钱并不可以买到一切，但也有将近20%的学生认为金钱是衡量成功的最佳标准，绝大部分学生认为父母的钱是通过劳动辛苦赚来的，金钱的获得必须合法。在购买商品时，有30%的学生表示自己会追求品牌，又有30%的学生表示不确定，有40%的学生认为自己不太追求品牌。如果周围同学有某件物品但价格很贵，超过60%的学生表示不会购买，有20%以上的学生表示不确定，但还是有超过10%的学生会选择购买；在日常消费过程中，超过5%的学生会有保护环境的意识，但仍有18%的学生表示有时会注意，还有5%的学生较少注意甚至从不注意，这部分学生的消费

态度需引起重视。此外,在调查高中学生消费过程中受到不公正待遇时,只有39%的学生会选择维护自身的权益,有28%的学生会选择息事宁人,还有32%的学生表示不确定。这表明学生运用《中华人民共和国消费者权益保护法》来维护正当权益的行为偏弱。

表2 学生的财经观念和态度(满分为5分)

类目	4~9年级学生均值/分	高中学生均值/分
懂得金钱是生活所必需的	4.4	3.7
懂得金钱的获得必须合法	4.6	4.6
拥有正确的金钱的价值观	4.1	3.3
懂得金钱并不是人生追求的唯一目标(高中)	未测	3.8
不盲目攀比的意识	3	3
拥有勤俭节约的意识	4.1	4.1
有保护环境的意识	3.4	3.2
有保护消费者权益的意识	未测	3.2

3. 绝大多数学生消费行为理性,知道正确的消费习惯。问卷分别从消费技能和消费习惯两个方面开展调查。调查显示,学生的财经行为和习惯的七个类目,除了"能用记账本记录自己的收入和支出"外,其他6个类目均超过了期望值3(见表3)。其中4~9年级"购物时会关注商品信息"和"能独立购物并完成支付"的均值最高,在购物的过程中,超过70%的学生会根据手上的钱是否足够,关注商品的实用性如何,比较价格后再购买,反映学生已基本具备独立购物的能力。除此以外,近90%的学生在购买商品时还会关注生产厂家、生产日期、商品保质期等相关信息。值得关注的是,在购买商品时,60%以上的学生会受到父母的消费理念、风格以及同学或朋友的推荐等相关因素的影响,还有30%以上的学生会受到媒体广告的宣传的影响(见图7)。将近10%的学生明确表示如果周围同学有某件物品,就算价格很贵也会去购买,高中生对于喜欢的明星或主播,超过10%的学生愿意在上面花很多钱,这部分学生的消费心态需进一步关注。

表3 学生的财经行为和消费习惯（满分为5分）

类目	4~9年级学生均值/分	高中学生均值/分
能独立购物并完成支付（4~6年级）	4.4	未测
能用记账本记录自己的收入和支出	2.9	3.9
能够在消费的过程中分清楚"需要"和"想要"	3.1	3.6
懂得选择价廉物美的商品	4.0	4.2
购物前会列清单，购物后会记账	3.2	3.1
购物时会比较价格	4.0	4.1
购物时会关注商品信息	4.5	4.3

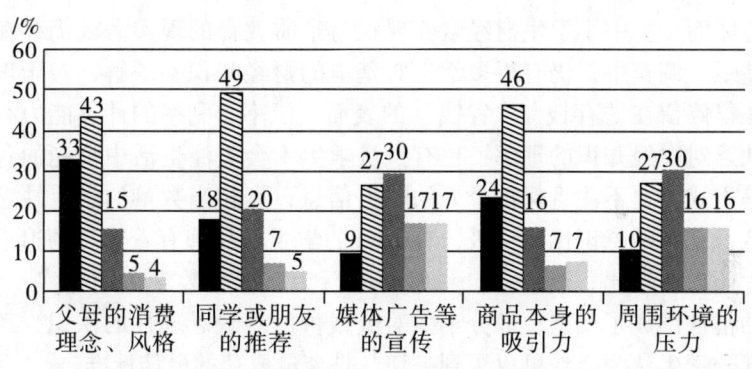

图7 学生在购买物品时的影响因素

4. 随着年龄增大，大部分学生的财经情感与体验呈减弱态势。分别从财经品质和财经学习两个方面开展调查。调查显示，4~9年级学生的财经情感与体验的五个类目均值均超过了期望值3（见表4）。其中学生"能够知道要通过诚实劳动创造财富"的均值最高，超过50%的4~9年级的学生认为自己对财经知识比较感兴趣或非常感兴趣，并有76%的学生希望学校能开展财经素养教育。高中学生对财经知识比较感兴趣和非常感兴趣的只有36%，有45%感觉一般，还有19%的学生不太感兴趣或不知道如何评价，但有69%的学生还是觉得比较有必要或者非常有必要在学校开展财经素养教育。需要关注的是，虽然学生的"捐赠意识"超过了期望值，但 4~9 级学生有近 14% 的学生，高中有 21% 的学生较少有或从不参加公益活动或者把自己的零用钱或物品捐给有需要的人。超过 26% 的学生在生活中不太注意用水、用电，存在浪费的行为，这是教育中需要关注的问题。

表 4　学生的财经情感与体验（满分为 5 分）

类目	4~9 年级学生均值/分	高中学生均值/分
能够知道要通过诚实劳动创造财富	4.8	4.8
能够爱护自然环境，环保节约	3.8	3.6
有奉献意识、捐赠意识	3.6	3.3
能够自主学习财经方面的知识	3.4	3.2
希望能获得更多的机会提升财经素养	4.2	4.0

总体而言，中小学生财经素养现状与素质教育的现实需求仍存在着一定的差距。调查中，仍有很多学生对基本的财经知识不了解，对于理财的认知还仅停留在"存钱""省钱"的表面，汇率、利率的计算能力有待提高，缺乏对财经知识的理解；也有少量学生不会关注生活中曝光的各种金融诈骗方式，也不注重保护个人的财务信息；有相当数量的学生缺乏计划消费意识，捐赠意识比较消极，有 30% 的学生对品牌有着热切的追求。少数学生还存在攀比、浪费、自私好利的行为，与多数学生的务实、节约、奉献的精神形成了反差；部分学生对金钱价值观缺乏理性的认识，还有相当一部分学生认为金钱可以买到一切，是衡量成功的最佳标准。

四、加强财经素养教育实践发展的对策与建议

广东作为全国经济大省，人口、经济总量、社会消费品零售总额都连续位于全国第一。数据显示，2018 年末广东城乡居民人均可支配收入达 3.5 万元，较上年增长 8.5%。截至 2019 年，广东省高新技术企业数量超过 4 万家，总数、总收入、净利润等均居全国第一。① 截至 2019 年 6 月底，中国工商银行广东分行本外币储蓄存款余额达 1.01 万亿元，成为国内

---

① 南方网. 全国经济上半年"成绩单"公布，广东这些趋势值得关注[EB/OL]. (2019-07-15)[2020-01-07]. http://kb.southcn.com/content/2019-07/15/content_188324612.htm.

首家储蓄存款余额超万亿元的省级分行。随着财富的增长，居民相应对财富管理和增值的需求也越来越迫切和多元化。① 这些为广东包括学生在内的广大民众形成基本的金融理财意识提供了天然的条件，广东的财经素养教育应得到更多的重视。

近年来，推进财经素养教育已成为广东各相关方的思想共识和行动自觉。省内相关教育研究机构积极通过各种途径推动财经素养教育研究与实践，学校在推动财经素养教育发展上逐渐发挥出阵地作用。针对广东省财经素养教育的现状，提出以下几点对策与建议。

（一）加强顶层设计，统筹行业资源，成立财经素养教育实施专门管理机构

财经素养教育是一项系统工程，需要各方力量的紧密配合、优势互补，形成合力。当前，一些国际组织、国家和地区都在积极推动财经素养教育，如美国、澳大利亚等50多个国家都实施了财经素养国家战略，成立了相应的负责机构，保障了财经素养教育标准或框架的实施。广东作为改革开放的前沿阵地，具有得天独厚的优势，可促进学界业界联络及资源整合，广泛联合金融界、教育界、学术界、工商企业界、劳工界等相关部门联合成立专门机构，负责指导推动工作，如建立财经素养教育协同机制、开展财经素养教育政策研究，争取政策保障、学术保障、课程保障，确保财经素养教育有序推进；设立财经素养教育工作小组，开展具体的工作。如组织开展财经素养教育多层面交流，定期召开研讨会并发布简报；开展科研合作和成果交流；协同政、产、学、研、用等各种力量，在各地市鼓励设立试点学校或课题学校建立实验区或实验基地，以点带面，辐射周边，总结经验，全面推广，有序推进财经素养教育在基础教育阶段的普及。

（二）落实财经素养教育标准的学习，制定符合区域和学段实际的财经素养教育标准和指导纲领

制定长效学习机制，通过开展不同层面的学习、宣传、培训活动，持续提高各群体对财经素养教育的理解。省级层面，依据国务院办公厅发布

---

① 新华网. 广东工行储蓄存款突破万亿元大关［EB/OL］.（2019 - 07 - 10）［2020 - 01 - 07］. http://www.gd.xinhuanet.com/newscenter/2019 - 07/10/c_1124734868.htm.

的有关文件《关于加强金融消费者权益保护工作的指导意见》以及《中国财经素养教育标准框架》，出台各学段财经素养教育标准，建立标准化财经素养课程体系与可操作的活动指南，深入系统分析当前各学段学科课程标准，探讨财经素养标准的各项内容如何有效在现有课程体系的各学科课程中渗透；建设财经素养在线教育资源平台，开发专业性与趣味性相结合的教育读本与教材，为学生和教师提供丰富的教学补充，从政策层面和实践层面指导学校财经素养标准的落地。

（三）建立财经素养保障机制，确保财经素养教育的有序推进

一是加强财经素养教育专业师资队伍建设。师资和教学资源缺乏是阻碍中小学开展财经素养教育的重要因素。在普及财经素养教育的过程中，教师在财经素养教育教学中发挥主导作用，但受专业背景、学段差异的影响，教师对财经素养教育的认知存在一定差异性，因此，加强财经素养教育标准的教师培训，是促进财经素养教育认知、推动财经素养教育标准化的关键。教育部门、学校应充分重视对专业化财经素养教师队伍的建设工作，在学校组建专门的财经素养教师团队，加强教师自身学习与对外交流培训；相关机构应尽快整合研发适合中小学校开展的、普惠性的财经素养教育课程，与中小学教师教育能力匹配的课程，并研发配套的信息材料和工具，组织试点学校（课题学校）教师开展培训，进行师资认证，力争在全省范围内建立一支理论知识过硬，教学实践经验丰富的财经素养教育专业教师队伍。二是研制财经素养教育评价指标体系。定期或不定期开展财经素养普及教育有效性评估，对财经素养教育成效进行跟踪调查、评估及反馈，不断改进教育的方式和内容。三是设立财经素养教育专项资金。建议将财经素养教育经费纳入财政预算，根据工作的规划，由国家或者地方财政资金或文化建设相关专项基金予以适当支持。同时，建立多元化的国民金融素质教育资金来源模式，鼓励各类金融机构、企事业单位、社会组织等通过赞助、捐赠等形式提供人力、物力、资金支持。

（四）因材施教，因地制宜，针对不同学段确定财经素养教育的侧重点和开展方式

财经素养教育的最终目的是提升学生财经素养。因此，针对不同学段的孩子开展财经素养教育，采用的方式应有所不同。专家建议，幼儿财经素养教育主要以游戏的方式进行，家庭教育为主，教师在幼儿园和大自然的感受中加以引导；小学的财经素养教育体现生活化，学校教育为主，在

家庭教育、社区教育以及大自然感受中得到提升；中学的财经素养教育课程应该从"学以致用"的角度出发，在财经素养教育过程中要体现生活化、学科化，既可以在学科课程里融入财经知识，也可以开展财经实践活动，在教与学的过程中把财经素养理论体系化。①

（执笔人：莫玉音，许世红；审稿人：詹斌）

---

① 李香玉. 财经素养教育如何"对症下药"[J]. 教育家, 2019（30）：17-18.

资历框架与"1+X"证书制度研究

○ 广东省教育研究院职业教育研究室 *

摘　要：国家资历框架和"1+X"证书制度是《国家职业教育改革实施方案》涉及的重要内容。该文阐述了国家资历框架、"1+X"证书制度的内涵，并分析了两者的关系。资历框架是各种学习成果的兑换工具，是顶层制度设计，"1+X"证书制度是职业教育类型发展的制度创新和评价模式改革。资历框架为"1+X"证书制度实施提供了理论思想和路径选择，"1+X"证书制度是资历框架建设的重要组成部分，将助力国家资历框架的建立。

关键词：资历框架　"1+X"证书制度　等级标准

《国家职业教育改革实施方案》（以下简称《国家方案》）提出"推进资历框架建设，探索实现学历证书和职业技能等级证书互通衔接"，"学历证书+若干职业技能等级证书"制度简称"'1+X'证书制度"，可见，资历框架与"1+X"证书制度有着密切的联系。本文重点探讨资历框架、"1+X"证书制度及其关系。

＊ 基金项目：①全国教育科学"十三五"规划 2019 年度国家一般课题"基于粤港澳大湾区资历框架对接的'1+X'证书制度实施研究"。
②广东省教育科研"十三五"规划 2019 年教育科研重点项目"资历框架视阈下的粤港澳大湾区中职教育资历互通互认研究"。

一、资历框架的内涵及发展

(一) 资历框架内涵的基本认识

资历框架也被称为学习成果框架。按经济合作与发展组织（OECD）在 2007 年的界定，是一种用以对各种资历进行开发和分类的工具，它是按照事先确定的一套标准对各级学习成果所应达到的程度或目标做出规定。欧盟（2008 年）认为，资历框架是对不同层级的资历从学习成果的角度做出描述，每个层级都有相应的学习成果标准，是以能力标准为本对全社会各类资历（包含各类学历文凭、证书和先前学习成果等）进行分类、分级、认定、衔接的一项新型资历制度。不少学者认为资历框架是沟通普通教育、职业教育、高等教育、成人教育、继续教育和职业培训等各类教育的"立交桥"。笔者认为，资历框架就是各种学习成果的兑换工具，类似于"货币"。随着经济社会的发展，人们接受教育的途径除各种学历教育外，还有各种职业培训、继续教育等，资历框架就是各种途径学习成果互认的"货币"，是学分银行建设的基础。因此，资历框架是对全社会各类资历分类、分级、认定、衔接的顶层制度设计，经济越发达对资历框架的需求越强烈。

(二) 国内外资历框架的发展概述

资历框架按照资历所覆盖的范围，可以分为综合框架和局部框架；按照实施的地域，可以分为国家资历框架和区域资历框架。截至 2016 年底，欧洲有 39 个国家正在实施资历框架制度，其中 35 个国家的资历框架是涵盖高等教育和职业教育、技能培训的综合型资历框架，捷克、英国、法国、瑞士这 4 个国家或建立了涉及部分教育领域的资历框架，或分别为高等教育和职业教育建立了不同的资历框架。我国资历框架的探索最早可追溯于 2000 年，中国香港地区首次提出资历架构的概念，2002 年开始研制，2008 年正式推行。我国建立了国家开放大学的"学分银行"资历框架、上海终身学习学分银行的资历框架。2017 年 3 月，广东省质量技术监督局批准发布了国内首个资历框架地方标准——《广东终身教育资历框架等级标准》（DB44/T 1988—2017）。

(三) 我国亟须制定国家资历框架

中国从经济高速增长转入高质量发展，社会变革对教育需求愈加强烈，学习型社会正在建立。从我国社会整体来看，现行教育管理体制下，学历教育、职业教育、继续教育多头管理，条块分割；多种教育质量标准并存，水平参差不齐；教育与劳动力市场脱节，学习成果难以衔接。从社会个体来看，公民接受教育的途径广泛，不仅有学历教育，还有各种职业培训，受教育的期间也从以学历教育为主的青年时期延续到多种教育形式并存的中年甚至老年，即终身教育，这就带来了公民个体的各种学习成果如何累计、如何等值互认等问题，亟须建立"学分银行"制度。因此，资历认定已成为现阶段我国经济社会发展不可回避的问题，社会尤其是职业教育界对建立国家资历框架的呼声越来越高。借鉴国内外资历框架建设的理论与实践经验，建立国际接轨、中国特色的国家资历框架，就成为当前国家职业教育改革的重要战略问题。

二、资历框架建设的广东实践

随着经济的发展和产业转型升级，对各类人才的需求越来越迫切，作为人力资源开发的重要基础性工作，资历框架建设日益得到政府、行业企业、学校和社会的重视和关注。广东是改革开放的先行地，经济总量连续30年保持全国第一，适应经济社会发展的需要，广东率先推动终身教育资历框架建设，取得了较好的效果。

（一）资历框架及等级标准

2017年3月，广东省质量技术监督局批准发布《广东终身教育资历框架等级标准》（以下简称《标准》），适用于广东普通教育、职业教育、培训等各级各类教育成果及业绩的认定和使用。该标准将资历成果分为7级（见图1），并从知识、技能、能力三个维度确立了各等级的标准，表1摘录了资历第3级和第4级等级标准的描述。

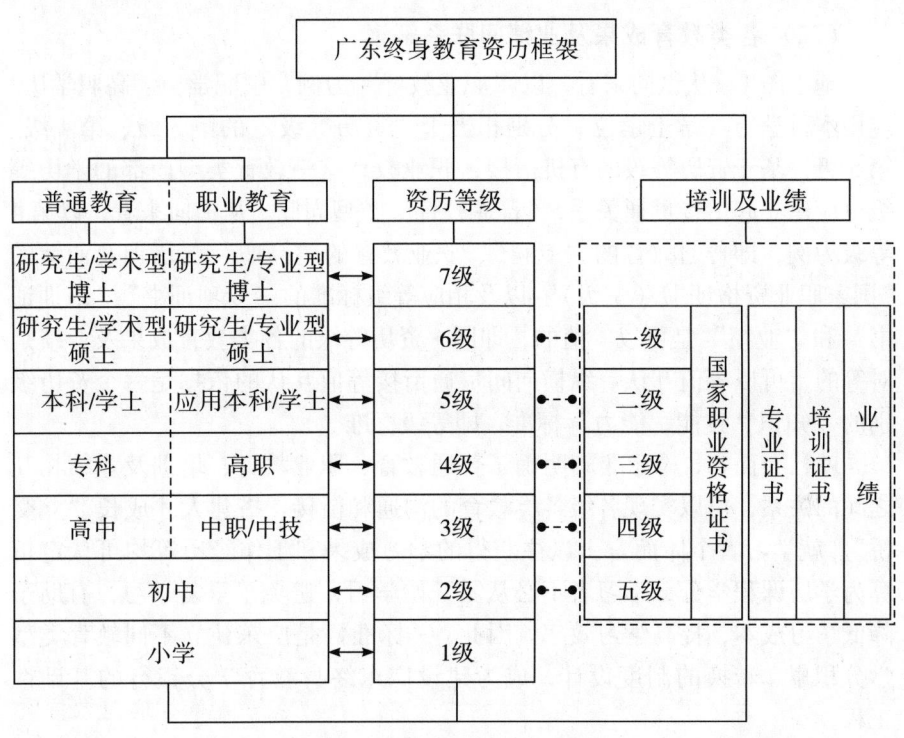

图 1　广东终身教育资历框架

表 1　《广东终身教育资历框架等级标准》的第 3、4 级标准描述

级别	知识	技能	能力
第3级	掌握某个工作或学习领域所需要的事实性和理论性知识	具备在某个工作或学习领域中，选择和应用相应的信息、工具和方法，解决具体问题和完成相应任务所需要的技能	能够在变化但可预测的环境中，基于工作和学习的指引进行自我管理，监督他人的常规工作，承担评价和改进工作或学习的有限责任
第4级	掌握某个工作或学习领域所需要的综合、专业、理论的知识，并了解知识应用的范围	具有创新性地解决抽象问题的综合的认知和实践技能	能够在不可预测的工作或学习环境中，履行管理和指导的职责，评估和改进自己和他人工作或学习的表现

（二）各类教育成果及业绩间联系解读

基于图1，从纵向来看，以"职业教育"为例，中职学历、高职学历、应用本科学历（学士学位）分别相当于"资历等级"的第3级、第4级、第5级，基于资历等级的有机衔接，职业教育这一教育类型内部的学历等级也应建立起衔接贯通关系，"普通教育"类型同此。从横向来看，以第4等级为例，即普通教育的"专科"、职业教育的"高职"与培训及业绩的"国家职业资格证书（三级）"以及相应等级标准的"专项证书""培训证书"和"业绩"是可以等值的，即同一资历等级的各类教育成果及业绩是对等的，可以等值互认。纵横向间贯通衔接等值互认的依据是每个资历级别的"知识、技能、能力"标准，即等级标准。

就社会而言，《标准》明确了普通教育、职业教育、培训及业绩相互之间的关系，可以实现各级各类教育的沟通和衔接，搭建人才成长"立交桥"。就学习者个体而言，以往获得的学习成果和工作经历等均可认定折算为学历课程学分，学习者不必从零开始学习，避免了重复学习，有助于降低学习成本，提高学习效率。因此，《标准》是广东建立不同教育类型学分积累、转换的制度设计，成为建设广东终身教育学分银行的基础性工程。

三、"1+X"证书制度及其实施

（一）"1+X"证书制度的基本内涵

"1+X"证书制度是我国职业教育作为一种类型教育的重要体现，是落实立德树人根本任务、完善职业教育和培训体系、深化产教融合校企合作的一项重要制度设计。"1"是指学历证书，"X"是指若干职业技能等级证书。"1+X"证书制度旨在通过育训结合、书证融通，真正培养出产业急需的复合型高质量技术技能人才。学历证书是众所周知的名词，它是学制系统内实施学历教育的学校或者其他教育机构，对完成了学制系统内一定教育阶段的学习任务的受教育者所颁发的文凭。而职业技能等级证书则是一个新名词，《国家方案》中明确其内涵是职业技能水平的凭证，反映职业活动和个人职业生涯发展所需要的综合能力，院校内实施的职业技能等级证书分为初级、中级、高级。

这一制度的设计有利于解决长期以来职业教育与经济社会发展不够紧密的问题，有利于调动社会力量参与职业教育的积极性，有利于深化复合型技术技能人才培养模式和评价模式改革，畅通技术技能人才成长通道，对于促进就业创业具有重要作用，是国家职业教育改革的重要基础性工程。

（二）"1+X"证书制度实施的关键是管理

对"X"证书的管理，包括如何管理"X"证书的发证主体，如何开发"X"证书，"X"证书如何与"1"证书对等互认，等等。《国家方案》提出国务院人力资源和社会保障部门、教育行政部门在职责范围内，分别负责管理监督考核院校外、院校内职业技能等级证书的实施（技工院校内由人力资源和社会保障部门负责）。由职业教育培训评价组织负责实施职业技能考核、评价并发放证书，职业教育培训评价组织必须对接职业标准，与国际先进标准接轨，按规定开发职业技能等级标准。强化管理，不仅要防止乱培训、滥发证等现象，而且要确实发挥"1+X"证书对学习者的评价功能，拓展学习者就业创业本领，缓解结构性就业矛盾。

四、资历框架与"1+X"证书制度的关系

（一）"1"和"X"证书标准是资历框架的一类标准体系

资历框架的等级标准是人才培养、行业能力标准的"母标准"，并且包括基于"母标准"在各类教育的学科、专业以及各行各业等领域制定的"子标准"，包括职业标准、职业能力标准、专业教学标准以及课程标准等一系列标准，只有这样，才能确保标准体系自上而下的指导性和连贯性。对于"1+X"证书制度，其核心也是由系列标准组成的，包括职业标准，以及依据职业标准制定的专业教学标准、职业技能等级标准以及考核评价标准。在资历框架下，基于资历等级标准这一通用标准，可以确定中职、高职、应用本科的学历证书标准，也可以确定职业技能等级证书标准。从范围上看，由于资历框架涵盖全社会的学习成果，"1+X"证书制度的标准体系是资历框架的一类标准体系，是资历框架标准体系的重要组成部分。

（二）资历框架为"1"和"X"证书等级划分提供依据

"1+X"证书制度的"1"和"X"证书是衡量学习成果的两个不同角度，一个是学历角度，一个是职业技能角度，犹如一枚货币的两面，虽各不相同，但其本质意义是一致的，均是反映学习者的能力水平。"1"和"X"证书不匹配就没有实践的意义，目前"X"证书分为初级、中级、高

级,与职业教育学历层级的中职、高职、应用本科没有明确对应,而资历框架为"1"和"X"等级对应提供了理论依据。对于职业教育而言,与一个专业的学历证书对应的职业技能等级证书,其对应的资历等级要大于或等于该专业学历证书所对应的资历等级。据此,在资历框架下,"1"是指中职、高职乃至应用本科教育层次的学历,"X"是指经过"培训及业绩"所获得的职业技能等级证书。"1"与"X"可加的实质在于通用标准一致,否则是不可加的,或相加是无意义的。

因此,基于资历框架的思想,不仅可以破解"1+X"证书制度实施的难题,而且可以为"1+X"证书制度的实施提供基础性保障。

(三)"1+X"证书制度助推国家资历框架建设

资历框架为"1+X"证书制度提供了对接、匹配的通用标准。"1+X"证书制度需要国家资历框架为支撑。我国国家资历框架还未建立,缺乏这一顶层设计,并不等于"1+X"证书制度无法实施,相反,"1+X"证书制度实施可以作为一种自下而上探索资历框架的方式,必将推动国家资历框架建设。"1+X"证书制度实施的基础是标准,其前提又是职业标准。目前,我国行业标准、职业标准存在三大问题:一是人力资源和社会保障部门发布的职业标准数与职业大典的职业数相差甚远,由行业组织发布的行业标准也非常不健全、不规范;二是地域差异太大,导致职业、行业标准开发的难度大,普适性难;三是职业在不断变化,职业标准、行业标准动态调整的机制没有建立。这一标准的源头确实必然影响"1"和"X"证书标准的开发,反之,"1+X"证书制度的实施,将大力推动职业标准乃至证书标准开发,必将大量建立各种标准,这也是自下而上开展国家资历框架标准体系建立的一种路径,倒逼国家资历框架的通用等级标准的建立。因此,"1+X"证书制度的实施,是国家资历框架建设的重要组成部分,必然助推国家资历框架的建立。

综上所述,资历框架是各种学习成果的兑换工具,是上位的顶层制度设计。"1+X"证书制度是我国职业教育改革的一项创举,是具体实施层面的一项措施。资历框架为"1+X"证书制度实施提供了理论思想和路径选择,"1+X"证书制度是资历框架建设的重要组成部分,将助力国家资历框架的建立。

参考文献

[1] 杜怡萍,李海东,詹斌. 从"课证共生共长"谈"1+X"证书制度设计[J]. 中国职业技术教育,2019(4):9-14.

[2] 李海东,杜怡萍. 建立我国国家资历框架的思考[J]. 中国职业技术教育,2019(7):77-80.

[3] 黄健,刘雅婷,江丽,等. 资历框架的设计与运行:香港的经验启示及建议[J]. 开放教育研究,2017(6):111-120.

[4] 郑炜君,王顶明,王立生. 教育国际化语境下的资历框架构建:跨境教育国际论坛综述[J]. 大学(研究版),2017(12):16-24.

[5] 吴南中,夏海鹰. "资历框架"的制度功能及其运行体系[J]. 高教探索,2017(11):29-35.

[6] 张伟远,谢青松. 资历框架的级别和标准研究[J]. 开放教育研究,2017,24(2):75-82.

[7] 张伟远. 我国终身学习立交桥的搭建:基于国际的视野[J]. 中国远程教育,2014(11):28-32.

(执笔人:杜怡萍;审稿人:李海东)

混合所有制产业学院的生成逻辑与制度建设研究

○广东省教育研究院职业教育研究室

摘　要：作为两种及两种以上不同所有制资本交叉融合投资兴办的产教融合联合体，混合所有制产业学院从诞生之日起，便主动契合地方产业、学习者、职业教育、制度变革等4个层面的需求，扮演着企业办学的重要载体、职业学校教育与企业培训融合的重要平台、不同学习者的学习平台、职业教育混合所有制改革的重要突破口等多重角色。未来应围绕混合所有制产业学院开展各项配套制度建设，包括从制度层面确立混合所有制产业学院的办学主体地位、加快推进国家资历框架与学分银行建设、将混合所有制产业学院融入现代学徒制的制度框架、完善混合所有制产业学院收益分配机制等。

关键词：混合所有制　产业学院　生成逻辑　制度建设

一、混合所有制产业学院的概念及特点

产业学院是我国职业教育办学领域的新生事物，其概念虽源于英国21世纪初创立的"产业大学"，其在职业教育领域的实践却始于2012年中山职业技术学院与当地镇政府合作兴办的沙溪纺织服装学院等4个产业学院①，近年来逐渐成为我国职业教育研究的热点、实践的焦点。在我国学界对职业教育视阈内产业学院概念及内涵未统一的情况下，本文暂将产业

---

① 易雪玲，邓志高. 探索"专业镇产业学院"高职教育发展新模式［J］. 中国高等教育，2014（15）：59-61.

学院界定为"产业集群所在地政府、行业协会、产业园区、龙头企业及职业院校的优势专业（群）合作兴办的集学历教育、技术研发、技能培训、生产服务为一体的职业教育实体化运行的产教融合联合体"。该概念下的产业学院特征包括以下几点：一是建设背景产业化，产业学院建设的背景是地方产业链发展的需求与驱动；二是办学主体多元化，包括政府、行业协会、职业院校、龙头企业、产业园区在内都可以是产业学院的出资主体与办学主体；三是服务功能综合化，包括学历教育、技能培训、生产服务等；四是运行组织实体化，主要体现在产业学院是实体化（而非虚拟性）的办学机构。在产业学院的基础上，混合所有制产业学院进一步发挥不同所有制资本（即政府国有资本、学校集体资本、社会非公有资本等）协同办学的优势，是两种及两种以上不同所有制资本交叉融合投资兴办的产业学院。① 它整合了教育资源与产业资本，夯实了教育界与产业界在跨界协同上的经济基础；它融通了职业学校教育体系与行业企业培训体系，大大提升了企业在职业教育办学中的主体地位，一体化推进了职业教育与培训体系；它兼顾了产业发展需求与人才培养需求，为产教融合、校企协同提供了机制保障与合作平台，代表着作为"类型教育"的职业教育办学方向。

二、混合所有制产业学院的生成背景与逻辑

通常而言，理论的指导是教育实践开展的前提条件，但当我们回顾混合所有制产业学院萌芽、兴起、繁荣的路径，却发现其历经的是一条自发性生成路径，是地方产业发展到特定阶段下的实践产物，而理论则远远落在了实践的后面，仅仅成为混合所有制产业学院实践的追随者、阐释者。从理论层面明晰混合所有制产业学院的生成逻辑，发挥理论对教育实践的重要指导作用，为混合所有制产业学院健康发展提供方向研判和制度保障，是职业教育理论工作者的重要使命。

（一）混合所有制产业学院的生成背景

混合所有制产业学院的生成具有产业层面、学习者层面、职业教育层面、制度变革层面的四重背景。

1. 产业层面：地方产业发展下的人才供给侧与需求侧的矛盾。随着

---

① 朱跃东. 高职混合所有制二级产业学院建设的实践之惑与应对之策［J］. 中国职业技术教育，2019（1）：61－67.

地方经济的发展,部分区域产业依托上下游关系和相互价值的交换形成了一种链条式的关联关系(即产业链),产业链的集群性特征对集群式技术技能人才的需求更加迫切。围绕"产业链"打造"人才链",破解地方产业发展下的人才供给侧与需求侧的矛盾成为地方政府推动经济社会发展的重要工作。基于专业链与产业链对接,依链建院、以链成院,培养人才,助力产业链成为地方政府创设混合所有制产业学院的内在动力。如面向开发区动漫游戏产业链和企业用人需求,广州开发区政府组织校企双方利用各自资源共建动漫游戏产业学院,针对动漫游戏产业链的上中下三区域(即上游的艺术设计与文化创意行业、中游的动漫产品及影视产品制作行业、下游的动漫游戏产品展览与营销),打造专业链(即面向上游行业的艺术设计、产品艺术设计等专业,面向中游行业的动漫制作、计算机技术、云计算、电信工程等专业,面向下游行业的会展策划与管理、市场营销等专业),一体化培养集群式技术技能人才。

2. 学习者层面:不同学习群体具有的差异化学习需求。习近平总书记在全国职业教育工作会议上指出,加快发展职业教育,让每个人都有人生出彩机会。可见,职业教育是面向社会各个方面、各个阶层和每个人的教育,与普通教育相比,学习群体的来源与构成更加多元复杂,更需要根据不同学习群体的学习需求与特点,采用不同的教育教学方式。2019年3月5日,在第十三届全国人大二次会议上,李克强总理作政府工作报告时提出,"鼓励更多应届高中毕业生和退役军人、下岗职工、农民工等报考高职院校,2019年高职教育大规模扩招100万人"。这表明职业教育正被纳入更广阔的政策视野,直面不同类别的学习群体。针对职业教育生源结构的变化,针对不同生源的从业经历、学习基础和需求,职业院校需要在教学方式、教学管理等方面作出调整,包括制定差异化的专业人才培养方案,推行灵活多元的教学模式,针对性地开展分班教学,个性化辅导乃至与社会共同开展灵活式培训等,这种变革无疑对现有的职业学校教育体系提出重大挑战,是未来我国职业院校办学面临的重大课题。

产业学院的前身是英国21世纪初创立的"产业大学",是由政府公共部门和私营经济主体联合创办的,通过互联网平台向社会提供学习产品和教育服务的开放式远程教育组织,其本质是学习者与教育产品之间的中介机构。虽然我国的产业学院更多的是一种实体化的办学机构,但仍具有学习平台的特点。特别是随着未来我国职业教育招生数量的跨越式增长及生源结构的复杂多元,职业学校教育固有的教育教学体系和教学模式恐难以应对不同学习主体的多样需求。而针对不同学习主体的学习特点，满足不同主体的不同学习需求，创设不同类型的学习情境与教学方式，提高不同主体的学习兴趣与成效，恰恰是作为学习平台的混合所有制产业学院的优势所在。

3. 职业教育层面：职业学校教育与职业培训一体化发展的需求。党的十九大报告提出要"完善职业教育和培训体系，深化产教融合、校企合作"。完善职业教育和培训体系，不是分职业教育①和培训两条线实施，而是一体化推进。特别是在当前国家实施职业技能提升行动，推动职业院校扩大培训规模，支持企业社会培训机构开展技能培训的背景下，职业培训被提升到保持就业稳定、缓解就业结构性矛盾的层面，更需要强化职业教育与培训一体化推进的力度。当前，我国职业教育与职业培训仍存在两条线实施的情况，即职业教育主要在职业学校中开展，以学历教育下的结构化课程体系的形式进行；职业培训主要在社会、企业及培训机构中开展，以非学历教育下的短期培训为主。教学场所的分立、教学体系的不融通是造成职业教育与职业培训相分离的重要原因。混合所有制产业学院兼具学历教育与技能培训的双重功能，将混合所有制产业学院纳入现有的职业教育管理体制中，依托混合所有制产业学院同时开展职业教育与职业培训，以现代学徒培养的形式将学徒培训课程融入固有的学历教育课程体系中，一体化设计职业教育与培训方案，可以实现职业学校教育与职业培训一体化发展。

4. 制度变革层面：职业教育混合所有制办学的制度困境。随着职业教育混合所有制改革的进行，该领域的研究也逐渐成为学术界探讨的热点，如关于职业教育混合所有制办学方式，阙明坤认为包括公办职业院校引入社会资本、民办职业院校引入国有资本、公办民办职业院校委托管理、不同资本合作投资新办职业院校、公私合作伙伴关系（PPP）共建职业院校基础设施等五种实现方式②，而五种方式中，当前又以"公办职业院校引入社会资本构建混合所有制二级学院"为改革的主要潮流和趋势③。

---

① 这里的职业教育指职业学校教育。
② 阙明坤. 职业院校探索混合所有制的有效形式［N］. 中国教育报，2015 - 03 - 26（009）.
③ 张艳芳，雷世平. 论混合所有制产业学院的内涵、地位及属性［J］. 中国职业技术教育，2018（34）：50 - 55.

即基于学校层面开展混合所有制改革存在的身份定位模糊等体制障碍①，大部分公办职业院校通过管理重心下移，将混合所有制改革的主体转移到二级学院②层面。相比于学校层面的混合所有制改革，公办职业院校二级学院的混合所有制办学有效地回避了公众对于学校"事业单位法人或企业法人"属性的拷问及背后的风险，因而更具有可操作性。同时，由于我国现有的法律框架体系不承认二级学院的法人资格，而法人属性的确立恰恰又是实现混合所有制办学、解决混合所有制产权归属问题的前提要件，这使得二级学院在推进混合所有制办学过程中仍存在无法突破的体制困境，缺少法人产权与法人治理结构的支撑，二级学院层面开展的混合所有制也易陷入"假混假合""混而不合"的泥淖。

从政策背景看，2014年5月，《国务院关于加快发展现代职业教育的决定》（国发〔2014〕19号，以下简称《决定》），首次提出要探索发展"股份制、混合所有制职业院校"。《决定》从发展现代职业教育的层面明确了职业学校发展混合所有制的办学方向。2017年12月，《国务院办公厅关于深化产教融合的若干意见》（国办发〔2017〕95号，以下简称《意见》）再次提出"鼓励有条件的地区探索推进职业学校股份制、混合所有制改革，允许企业以资本、技术、管理等要素依法参与办学并享有相应权利"。《意见》跳出职业教育办学的局限，从更高位的产教融合视阈，明确了混合所有制改革对于教育界、产业界跨界协同的重要性。2019年1月，《国家职业教育改革实施方案》（以下简称《方案》）进一步提出"支持和规范社会力量兴办职业教育培训，鼓励发展股份制、混合所有制等职业院校和各类职业培训机构"。《方案》将混合所有制改革从原有的职业学校教育扩大到职业培训领域，明确了混合所有制改革对于推进职业教育与培训体系的重要意义。可见，当前我国职业教育混合所有制改革呈现两种政策导向，一是从"大职教观"的角度看待职业教育混合所有制改革，即改革范围扩大到包括职业学校教育和职业培训在内的整个职业教育领域；二是从"跳出教育看教育"的视角审视职业教育混合所有制，将改革切入点提

---

① 如我国公办高职院校被定为事业单位法人，而事业单位法人在《中华人民共和国民法通则》中被限定为国家机关利用国有资产举办的社会服务组织，这与混合所有制的资产混合属性不合。这使得学校层面开展混合所有制改革面临法人属性变更的难题，制度层面的阻力很大。

② 这里的二级学院专指职业院校下设的二级教学单位，而非普通高校按新机制、新模式独立设置的二级学院，特此说明。

升到"产教协同"。结合上述我国混合所有制改革的政策导向,跳出固有的职业院校内部开展混合所有制改革的教育视阈,通过不同资本合作新办融学历教育、技术研发、技能培训、生产服务为一体的机构(亦即产业学院),或许是突破混合所有制改革体制困境的出路。

(二)混合所有制产业学院的生成逻辑

基于上述混合所有制产业学院的生成背景,可以说,中介缓冲、增生变革是混合所有制产业学院生成的两大逻辑。其中,中介缓冲表明,基于原有产教融合中的教育逻辑与市场逻辑间的矛盾,混合所有制产业学院通过推动产业链与专业链、职业学校教育与企业培训的有效对接,成为调和教育逻辑与市场逻辑间的缓冲地带;增生变革表明,在固有的学校组织结构难以从整体上有效推进混合所有制改革、教学体系难以对接不同学习群体学习要求的基础上,绕过原有组织重建新的组织,可以实现职业教育混合所有制改革和满足不同群体的学习需求,而这个组织就是混合所有制产业学院。

三、混合所有制产业学院未来发展的方向研判

(一)企业办学的重要载体

《方案》提出:"发挥企业重要办学主体作用,鼓励有条件的企业特别是大企业举办高质量职业教育,各级人民政府可按规定给予适当支持。"应该说,在传统的职业学校办学模式中,学校是办学的主体,企业大多处于参与办学的从属地位,主体办学的地位受到主客观因素(如企业办学意识、办学精力、办学话语权、办学成本等)的制约。而以单个企业独立办学的形式举办职业教育,虽能体现企业主体办学的作用,但通常只能在具备办学条件的大型企业中实现,难以发挥众多中小企业办学的积极性。

基于增生变革生成的混合所有制产业学院,以地方产业链和行业企业发展的客观需求为基本动力,以地方政府的强力支持为组织保障,以专业链对接产业链的方式融合学校教育资源和企业培训资源,开展职业教育办学,从而以地方行业(而非单个企业)整体办学的方式扩大了企业办学的覆盖面,降低了单个企业的办学成本,更利于发挥企业主体办学的作用,是实现企业主体办学的重要载体。

(二)职业学校教育与企业培训融合的重要平台

《方案》提出:"落实职业院校实施学历教育与培训并举的法定职责,

按照育训结合、长短结合、内外结合的要求，面向在校学生和全体社会成员开展职业培训。""引导行业企业深度参与技术技能人才培养培训。"这里，培训成为职业院校和企业都要承担的重要责任。在当前我国职业院校办学以学历教育为主，培训资源相对不足、培训机制及体系尚不健全的背景下，混合所有制产业学院内丰富的行业企业培训资源可以为职业学校借用，并成为融合学历教育与培训的重要平台。一是可以考虑将混合所有制产业学院作为职业院校、企业开展通用技能培训的重要场所（类似于德国的公共实训中心、跨企业培训中心）；二是可以考虑将职业院校的部分专业技术技能课、企业的培训课程设置在混合所有制产业学院中，并将培训课程融入职业学校课程体系中，从而使混合所有制产业学院成为职业学校教育与企业培训相融合的重要平台。

（三）满足不同学习者学习需求的学习平台与课程超市

在当前我国职业技能培训被提升到保持就业稳定、缓解就业结构性矛盾高度的背景下，如何满足不同学习者学习、培训、就业的需求，适应不同学习者的学习时间和学习方式就成为职业教育的重要任务。混合所有制产业学院内的专业设置与地方产业发展需求密切对接，课程设置直面地方产业发展的前沿与方向，不同学习者可根据自身实际选择混合所有制产业学院内的专业、课程及学习方式。如农民工兄弟可选择农科类混合所有制产业学院内的农作物生产技术、蔬菜生产技术等农类专业，选读农业生产技术、蔬菜生产技术等实用课程。通过将混合所有制产业学院打造成为满足不同学习者学习需求的学习平台与课程超市，可以更好地满足不同群体学习的需求。

（四）职业教育混合所有制改革的重要突破口

与混合所有制二级学院相比，混合所有制产业学院在法人结构、产权归属、治理结构等方面均具有推进混合所有制改革的制度优势，代表着职业教育混合所有制改革的方向。以法人属性为例，根据《中华人民共和国民法通则》第三十七条，"法人应当具备下列条件：（一）依法成立；（二）有必要的财产或者经费；（三）有自己的名称、组织机构和场所；（四）能够独立承担民事责任。"作为依法成立的全新的组织机构，混合所有制产业学院可以通过重新界定法人属性，明确不同所有制资本混合方式，独立承担相应的民事责任。如基于混合所有制的不同所有制资本融合及教育应具有的公益属性，当前我国不少混合所有制产业学院选择以民办非企业的法人属性成立。根据《民办非企业单位登记管理暂行条例》，"民办非企业单位，是指企业事业单位、社会团体和其他社会力量以及公民个人利用非国有资产举办的，从事非营利性社会服务活动的社会组织"。这里，"企业事业单位……利用非国有资产举办……社会组织"突破了原有事业单位法人关于"国家机关利用国有资产举办的社会服务组织"的资产属性限制，充分显示出不同所有制资本融合的特点；"非营利性"则显示出教育的公益属性及社会效益。如佛山市顺德区中等专业学校与佛山市恺智教育科技有限公司联合创办了具有民办非企业单位性质的"混合所有制"产业学院——中恺汽车公共实训中心，该中心位于佛山汽车销售维修服务规模最大的佛山国际车城内，财产结构以佛山市顺德区中等专业学校、佛山市恺智教育科技有限公司各占50%的方式组成。由于具有法人资格的基本条件，该中心可以统筹学校、企业的汽车专业资源，真正面向市场独立开展员工培训与人才培养。

四、推进混合所有制产业学院的制度建设

如前所述，混合所有制产业学院是发挥企业主体办学优势、加快职业教育与培训一体化推进进程、构建不同学习者多元学习平台、突破职业教育混合所有制改革瓶颈的重要抓手，围绕混合所有制产业学院开展各项配套制度建设，有利于混合所有制产业学院真正实现上述目标。

（一）从制度层面确立混合所有制产业学院的办学主体地位

按照混合所有制产业学院的功能定位，其兼具学历教育与技能培训的双重功能。根据《中华人民共和国职业教育法》，学历教育由初等、中等、高等职业学校或普通高等学校实施，职业培训分别由相应的职业培训机构、职业学校实施，可见，从法律层面还找不到混合所有制产业学院开展学历教育与技能培训的依据，建议通过《中华人民共和国职业教育法》的修订，明确产业学院具有与职业院校联合开展学历教育的办学地位。

此外，在技能培训层面，应围绕混合所有制产业学院进一步开展制度设计，赋予混合所有制产业学院更多的培训职能，完善混合所有制产业学院作为主体办学的成本核算制度。如赋予某些成熟先进的混合所有制产业学院"培训评价组织"的称号，使其在开展职业技能培训的同时，具备实施职业技能考核、评价及职业技能等级证书发放的功能，并与职业学校配合落实"1+X"证书的试点工作，加快学历证书和职业技能等级证书的衔接。如核算企业以混合所有制的形式投资兴建混合所有制产业学院的货币

资金直接投入、固定资产投入、人力资源投入、无形资产投入、相关资产使用权投入、对学徒制学生的补贴等成本。

（二）加快推进国家资历框架与学分银行的建设

国家资历框架是国家构建终身教育制度、衔接学历证书和职业技能等级证书的一种制度设计工具。加快推进国家资历框架，有助于实现混合所有制产业学院内部学历教育与职业培训间的融通和衔接，使产业学院真正成为职业学校教育与企业培训融合的重要平台。

学分银行是一种模拟银行的功能特点，使学生能够自由选择学习内容、学习时间、学习地点的一种管理模式。学分银行特别适合退役军人、下岗失业人员、农民工和新型职业农民边实践、边学习的学习特点。在混合所有制产业学院内推进学分银行建设，对退役军人、下岗失业人员、农民工和新型职业农民已经积累的学习成果（包括基础技能方面的成果）进行学历教育的学分认定，可以真正实现混合所有制产业学院作为灵活学习平台的特点。

（三）将混合所有制产业学院融入现代学徒制的制度框架

现代学徒制是将传统的学徒培训与现代学校教育相结合的一种企业与学校合作育人的职业教育制度。在原有的职业学校教育基础上，现代学徒制更加关注行业企业主导的、以学徒在岗培养为主要内容的教育教学改革，而这恰恰是当前我国学校本位现代学徒制难以克服的难题。将混合所有制产业学院融入现代学徒制的制度框架，一方面可以充分发挥混合所有制产业学院在学徒岗位培训方面的优势，弥补学校本位现代学徒制的不足；另一方面也可以强化混合所有制产业学院内部开展学历教育与技能培训的功能，为学历教育与技能培训的一体化发展提供制度保障。

（四）完善混合所有制产业学院收益分配机制

混合所有制产业学院收益分配机制是指产业学院参与各方对产业学院收益能否分配、分配对象、分配比例、分配去向等通过明文协议进行界定的机制。

如中山职业技术学院沙溪纺织服装学院采用"工作室"模式开展收益分配，即教师成立工作室，以项目方式与企业合作（类似高校的企业横向课题）。教师工作室与企业签订协议，项目投入由教师工作室和企业承担，收益由教师工作室与企业共同分配，此举绕开了公办学校与民办资本在分配体制上的限制，取得了较好的效果。

佛山市顺德区中等专业学校中恺汽车产业学院的"民办非企业"模式，将产业学院收益全部投入产业学院滚动发展建设当中。同时产业学院通过对企业员工培训、技术开发，降低企业的相关成本，扩大企业社会影响力和竞争力，实现了国有资产与民营资本同时增值。

上述两个产业学院收益分配机制各有特色，一定程度上绕开了体制障碍，但依然没有完全解决收益分配问题。混合所有制产业学院收益分配机制的难点主要在于：公办职业院校投入属于国有资产，而混合所有制产业学院营利难以清晰划分利用国有资产与民营资本营利的比例，并且在产业学院运营过程中牵涉国有资产损耗，可能导致国有资产流失，因此产业学院各方在收益分配上难以达成合法、合规的分配方法；同时，公办职业院校参与产业学院人才培养的教师仍属于国家公职人员，如果产业学院进行收益分配，其在产业学院教学过程中的收益如何合规合情地进行绩效分配，也是产业学院面临的重要问题。

（执笔人：黄文伟，郭建英，王博；审稿人：杜怡萍）

职业教育作为类型教育的基本特征研究

○广东省教育研究院、广州市教育研究院、广东省外语艺术职业学院*

摘 要：我国职业教育是现代国民教育体系的重要组成部分，其类型定位对职业教育的发展具有重大意义。职业教育在目标定位、性质特征、体系结构、实施路径、功能范畴等方面与普通教育不同。职业教育以培养数以亿计的高素质劳动者和技术技能人才为类型教育的目标定位，以契合教育和职业双重属性为类型教育的性质特征，以构建内部衔接、外部对接的现代职业教育体系为类型教育的基本结构，以坚持产教融合、校企合作为类型教育的实施路径，以学历教育和职业培训并举为类型教育的功能范畴。

关键词：职业教育 重大意义 类型教育 定位 人力资源开发 终身学习

"职业教育是国民教育的重要组成部分，是一种教育类型"，这是《国家职业教育改革实施方案》开篇的重要论述。职业教育作为类型教育的定位，既凸显了发展职业教育的重大意义，也指明了职业教育的发展方向。据此，本文从职业教育的目标定位、性质特征、体系结构、实施路径、功能范畴等方面诠释职业教育作为类型教育的基本特征。

---

* 本文系教育部职业技术教育中心研究所委托课题"《国家职业教育改革实施方案》重大理论问题研究"、广东省教育科研"十三五"规划 2019 年度教育科研重点项目"资历框架视阈下的粤港澳大湾区中职教育资历互通互认研究"（项目编号：2019ZQJK067）阶段性成果。

一、职业教育作为类型教育的目标定位：培养高素质劳动者和技术技能人才

（一）我国职业教育的目标定位

按照《中华人民共和国职业教育法》规定的法律层面定位，第一，"实施职业教育必须贯彻国家教育方针"，表明职业教育要体现国家意志，贯彻国家教育方针政策是首位的；第二，"对受教育者进行思想政治教育和职业道德教育"，明确了教育内容包括思想政治方向；第三，明确了"职业教育结果指向受教育者的职业技能要求、职业道德、职业指导和全面素质的提升"。职业教育从国家政策层面的定位有不同的时代背景，早期出现的高等职业教育的人才培养目标定位有高等技术应用性专门人才、高技能人才、高素质高技能专门人才、高端技能型人才以及发展型、复合型和创新型的技术技能人才等，不管哪种定位描述都指向技术或技能人才培养，都要满足经济社会发展对人才的需求。中等职业教育的定位则是一线的生产、服务技能人才。总体而言，培养技术技能人才是职业教育的基本定位，只是中职和高职有一定的层次区分。

（二）职业教育指向技术技能人才培养

教育类型不同首先决定了人才培养目标的独特性。若目标同质化，则无法独立成为一种类型。

根据马克思主义的观点，人才可以分为认识世界的人才和改造世界的人才。按人力资源在社会活动过程中的主要功能，可将人才类型划分为学术型（或理论型、科学型）人才和应用型人才。职业教育则主要培养工程技术和技能的应用型人才。技术型人才主要应用智力技能，而技能型人才则倾向于操作技能。因此，应用型本科主要针对工程型人才培养，高等职业专科教育主要针对技术型人才培养，中等职业教育主要针对技能型人才培养。根据 H. W. French 提出的职业带理论（occupational spectrum），它将工程领域中的技术工人、技术员和工程师三种类型人才从左向右依次分布在职业带的三个不同连续区域上。（见图 1）不同区域代表理论知识与操作技能两个方面的不同能力结构要求。越靠职业带的左边，对操作技能要求越高，对理论知识要求也越低；靠右则反之。随着技术的不断升级，促使职业带上三种类型人才的结构与分布随之演化并向右移动（提升）。培养技术工人的"技能教育"，培养技术员和工程师的"工程技术教育"属于职业教育范畴。

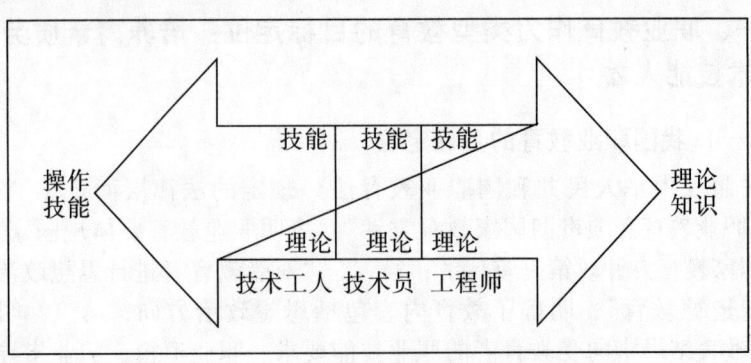

图1 职业带理论示意图

（三）职业教育人才目标定位的基本特点

一是层次性。职业教育从层次上划分为初、中、高三等职业教育。（见图2）职业教育的层次性不仅在于学历、学位的区别，其根本区别在于各层次职业教育培养人才所具备职业能力的内涵及程度高低不同。

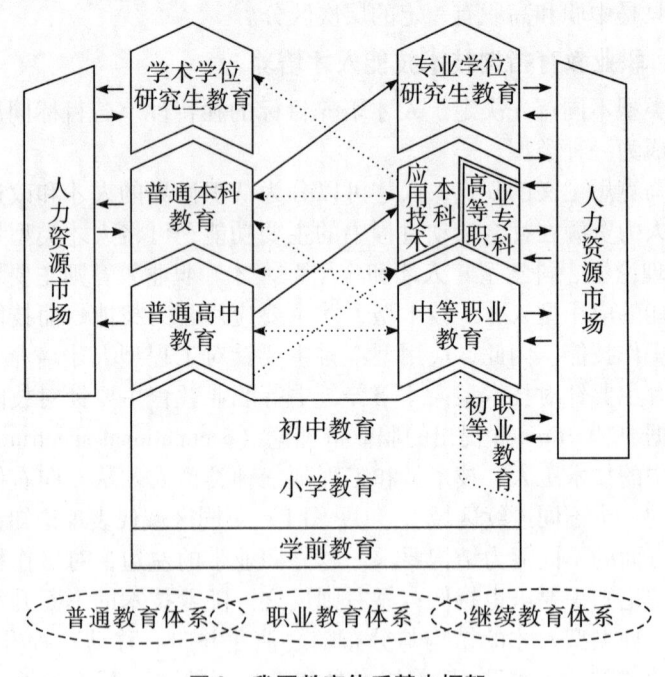

图2 我国教育体系基本框架

二是复合型。从人才培养方面分析，随着科学原理进一步应用到技术领域，社会复合型人才需求日益增长。复合型人才主要包括具有两个专业的知识和能力的人才类型。高等职业教育的目标定位尤其指向复合型人才培养。

三是动态性。职业教育专业人才培养必须实现专业对接职业、课程内容对接职业标准、教学对接生产、毕业证书对接职业证书、职业教育对接终身教育的"五对接"。随着技术更新，职业岗位工作任务及能力要求不断发生变化，显然职业教育人才培养必须随之变化，因此职业教育目标定位是随时代需求动态调整的。

二、职业教育作为类型定位的性质特征：兼具职业属性和教育属性的跨界性质

职业教育兼具职业属性和教育属性，这种跨界性质使职业教育成为教育系统的重要类型之一。职业教育正在突破传统的学校职业教育模式，实现了学校、企业及其他社会主体的多元办学形式；突破了传统的学校教育模式，实现了职业教育与培训的并举。

（一）从教育属性到职业属性的跨界

职业教育是指受教育者可以从教育过程中获取职业知识、技能和职业道德，其最核心、最稳定、最突出的性质是培养技术技能型人才。其属性特征包括以下几点：一是教育性。它要符合人才培养的要求，要向学生传授系统的知识，学生通过学习获得系统的专业知识。二是人文性。职业教育要培养德智体美劳全面发展、和谐发展、职业高尚、有人文关怀的职业人。三是职业性。职业教育培养的是职业岗位人才，相应的培养内容则是有很强职业性的。职业教育要培养适应经济发展和社会发展要求的人，是在国家法律、社会道德规范、职业道德要求下培养学生的职业能力。四是实践性。职业教育要培养应用型人才，应能解决职业岗位中遇到的实际问题，因而要侧重于实践能力的培养，教学过程应突出实践性。四个特征围绕着职业知识、职业道德、职业岗位、职业培养进行。可见，职业教育不仅具有教育属性而且具有强烈的职业属性。职业教育比普通教育多了"职业"属性，职业教育既要传授知识，也要传授技能，千差万别的职业对应了职业教育的跨界属性，职业教育的内容决定了其必须跨越"知识与技能"之界。职业教育按岗位和技术领域设置专业，从人的发展及经济社会发展的双重需要出发，与企业、行业、社会跨界融合，直接面向生产、经

营、管理和服务等工作岗位,并根据岗位需求对学习者开展教育与培训,为行业企业培养人才。

(二)跨界性质决定了职业教育生源的多样性

职业教育不仅以智力为标准选择教育对象,其跨界性决定其选拔标准的多样性。职业教育从教育的角度要满足人们对教育的多样化需求,而职业的角度又决定了这些需求一定是多样化的。要满足企业对人才需求的多样性,职业学校的生存之道是培养多样性的人才,开展多样化的教育,这为职业院校拓展服务范围、开设新的专业、增加各类生源、打造自身特色、提高规模效应有积极的作用。

根据高尔顿·威拉德·奥尔波特(Gordon Willard Allport)、汉斯·艾森克(Hans J. Eysenck)、雷蒙德·卡特尔(Raymond Bernard Cattell)等人的特质理论,人格特质是多样的,不同岗位需要不同特质的人才,职业教育应该为不同人格特质的人提供适合的教育,由此也决定了职业教育生源渠道是多种的,可为人人打开成功之门。2019年3月5日,在十三届全国人大二次会议上,李克强总理在《政府工作报告》的政府工作任务中提出,高职院校2019年大规模扩招100万人,改革完善高职院校考试招生办法,鼓励更多应届高中毕业生和退役军人、下岗职工、农民工等报考。在高职扩招100万人的背景下,职业教育需要依据教育对象的多样性,在更加开放公平的维度上为更多潜在的受教育者提供机会和高质量的职业教育服务。

(三)职业教育必须与企业合作,共同开发人力资源

职业教育不是一次性的就业教育,它还包含在职或职后学习,是持续开发人力资源的开放性教育。随着社会和经济的发展,人的职业、岗位会发生经常性的变动,必然要求人经常地、不断地、终身地接受职业、技术教育或培训。

根据舒尔茨人力资本理论,同等的条件,教育程度越高,所创造价值越高。通过教育,可以促进经济增长。也就是说,教育可以改变劳动者的知识和能力结构,提高个人收入,使社会分配不断趋向于平等。同时,企业加大人力资源的投资,可以更加有效调动人的积极性,促进潜能发挥,发挥人的创造性。毋庸置疑,职业教育能够使受教育者获得知识和技能,提高收入。同时,职业教育和培训是一种终身性的教育,仅靠职业院校无法培养社会所需人才,学校应该积极与企业合作,实行"校企合作、产教

融合"等"校企联姻"的"跨界教育",通过教育与培训,共同为社会培养人才,提高人力资源水平。

三、职业教育作为类型教育的体系结构:内部衔接、外部对接的现代职业教育体系

(一)职业教育有完整性的体系结构

自成体系是类型教育的基本前提,职业教育的类型特征需要以体系建设为前提。我国职业教育体系从层次结构来看包括基础教育阶段的职业启蒙教育、中等职业教育、高等职业教育,从形式结构来看包括职业辅导教育、职业继续教育与劳动者终身学习等,从办学类型结构来看包括政府办学、企业办学和社会办学,从办学形式结构来看包括全日制职业教育与非全日制职业教育、学历职业教育与非学历职业教育。以职业教育与培训为内容,不断完善各级各类职业教育实践形式,持续推动现代职业教育体系的完整性。

(二)以开放性与闭合性明确职业教育边界

不同层次职业教育的衔接与贯通,通过开放与闭合明确了职业教育作为类型教育的边界。第一,通过中高本衔接,构建职业教育系统的闭环模式,形成类型属性。打通职业教育内部上升通道,通过中高职衔接、高本衔接、中职本科衔接等多路径,实现高等职业院校和应用型本科院校招收中职学校毕业生,以及应用型本科院校招收高职院校毕业生的衔接机制,打开职业院校学生的成长空间。第二,通过职普融通,搭建起职业教育与普通教育之间的桥梁,以开放融合构建类型边界。《现代职业教育体系建设规划(2014—2020年)》(以下简称《规划》)提出:"建立职业教育和普通教育双向沟通的桥梁。普通学校和职业院校可以开展课程和学分互认。学习者可以通过考试在普通学校和职业院校之间转学、升学。普通高等学校可以招收职业院校毕业生,并与职业院校联合培养高层次应用型人才。"通过职业教育和普通教育的互认与融通,职业教育具有与普通教育平等的身份。第三,通过育训结合,实现职业教育与人力资源市场直接对接。党的十九大报告提出,"完善职业教育和培训体系,深化产教融合、校企合作"。我国现代职业教育的发展,需要同时推进学校职业教育、职业培训的共同发展,《规划》指出:"畅通一线劳动者继续学习深造的路径,增加有工作经验的技术技能人才在职业院校学生中的比重,建立在职

人员学习—就业—再学习的通道,实现优秀人才在职业领域与教育领域的顺畅转换。"国家通过"1+X"证书制度加快学历证书和职业技能等级证书互通衔接,实现学历教育与培训并重。通过不断完善职业教育的内、外部衔接机制,推动构建完整的现代职业教育体系,提供了我国职业教育服务发展的多元化、独特性实践路径。

(三)实行"文化素质+职业技能"的职教高考制度

职教高考制度以职业教育制度体系类型化,充分体现和巩固了职业教育的类型特征。"人人皆可成才、人人尽展其才"要求职业教育构建丰富的人才成长路径。理顺职业教育的内部衔接通道,中职、高职、应用型本科贯通起来,考试招生制度至关重要。2019年,国务院印发《国家职业教育改革实施方案》(国发〔2019〕4号),明确提出"建立'职教高考'制度,完善'文化素质+职业技能'的考试招生办法,提高生源质量,为学生接受高等职业教育提供多种入学方式和学习方式"。职教高考突破了唯分数、唯升学、唯文凭的顽瘴痼疾,从根本上解决教育评价指挥棒问题。职教高考实现了高考制度体系的进一步类型分化,通过考试内容、生源对象的差异,明确了高职院校与普通本科院校之间的类型差异。

四、职业教育作为类型教育的实施路径:坚持产教融合、校企合作的发展之路

习近平总书记就加快发展职业教育作出重要指示,要求职业教育坚持产教融合、校企合作,坚持工学结合、知行合一。在党的十九大报告中,提出要完善职业教育和培训体系,深化产教融合、校企合作。可见,产教融合、校企合作、工学结合、知行合一是实施职业教育的基本路径。

(一)经济和产业发展需要职业教育产教融合

随着我国社会主义市场经济模式的逐步确立,尤其是在国有企业改制之后,职业学校与企业的关系发生了根本变化。同时随着近年人口红利的逐渐消失,以及我国产业转型升级的不断推进,人力资源和劳动力市场的技能不匹配问题变得更为突出,走产教融合之路,校企合作共同培养人才,实际上是校企双方发展的共同需要。

在此背景之下,面向市场办学成为职业教育改革发展的方向。目前,我国职业教育办学模式越来越明显地呈现出产教融合的特征。一是在办学主体上,要求政府部门不断深化"放管服"改革,发挥市场在职业教育资

源配置中的重要作用，打破政府单一化办学格局，形成行业、企业等主体多元化办学格局。二是在体系建设上，不断完善服务终身教育和大众化教育的现代职业教育体系。三是在办学形式上，将更多的办学形式纳入职业教育体系，并对其学习成果进行有效的认定、积累和转换。四是在制度建设上，在职业教育改革关键环节不断构建和完善制度体系，包括规范校企合作、产教融合型企业认证、教师下企业实践以及校企人员双向流动等制度。

（二）企业在职业教育中发挥重要主体作用

我国是典型的"学校本位"人才培养模式，即职业学校是职业教育人才培养的主要承担者，企业在人才培养中发挥的作用相对有限。21世纪以来，从世界各国职业教育发展趋势来看，"学校—企业"综合人才培养模式日益受到青睐，尤其强调发挥企业在人才培养中的重要主体作用。在我国职业教育传统的校企合作中，校企合作主要依靠职业院校的主动联系，实习实训是校企合作的主要形式，企业较少考虑技能人才培养的客观规律。而近年的职业教育人才培养实践表明，企业积极、深入参与校企合作对于产业转型、提升校企融合有积极意义。一是将代表先进生产力的产业先进技术元素融入教育教学过程，尤其是把职业岗位关键要求和技术转化为教学要素；二是将体现精湛技艺、承载精益求精、追求卓越的工匠精神的产业优秀文化元素融入教育教学过程，促进职业理念、职业素养、职业技能、职业精神融于一体，引导学生形成正确的价值观；三是将产业发展需求融入专业建设与教育教学过程，促进职业院校的专业教学革新和服务贡献能力提升，体现了职业教育的行业性、地方性特征。

五、职业教育作为类型教育的功能范畴：学历教育和职业培训并举

职业教育具有学历教育的功能，但更要发挥职业培训的功能，职业教育和职业培训并举，为学习型社会构建和终身教育服务。

（一）在学历教育和职业培训领域同时发挥作用

完善职业教育和职业培训体系是新时代职业教育改革的重点，职业学校教育和职业培训并举也是《中华人民共和国职业教育法》的要求。我国职业教育发展不只是传统意义上的学校教育，还承担着职业培训的重要功能，职业培训也是职业教育的重要阵地，职业培训助力于国家人力资源开发，有利于劳动者终身发展。职业教育要充分发挥学校教育的硬件资源和

教师资源优势,面向行业企业,走出学校,进社区、企业,不断扩大社会培训的范围、种类,及时适应社会发展需要,在学习型社会建设中发挥积极作用。

(二)完善职业教育和培训体系,服务终身教育

党的十九大报告明确提出要更加突出职业技能培训的作用,更进一步完善职业教育和培训体系。人的生存和发展是终身的,终身学习也是时代所需,终身职业培训体系建设是国家人力资源开发战略的重要内容,职业教育有助于解决我国现代化建设过程中劳动者个体的终身学习和培训体系建设。学习者的学习经历和成果需要通过建立健全国家学分银行制度,用学分银行来存储的记录,从而构建终身学习和培训的制度保障体系。因此职业教育肩负着学历教育和职业培训的双重功能,可以在国家资历框架建立、学分银行建设方面发挥不可或缺的作用。

参考文献

[1] 姜大源. 为什么强调职教是一种教育类型[N]. 光明日报,2019-03-12.

[2] 邱磊,赵磊,管大为. 再认识和思考高等职业教育人才规格与培养目标的定位[J]. 成人教育,2018(1):73-77.

[3] 黄波,于淼,黄贤树. 职业带理论与现代职业教育体系建设[J]. 职业技术教育,2015,36(1):23-27.

[4] 教育部等六部门关于印发《现代职业教育体系建设规划(2014—2020年)》的通知[EB/OL].(2014-06-16)[2020-01-07]. http://old.moe.gov.cn/publicfiles/business/htmlfiles/moe/moe_630/201406/170737.html.

[5] 王玲. 现代职业教育体系下应用本科人才培养目标定位分析[J]. 职业技术教育,2012,33(25):19-23.

[6] 齐爱平. 论职业教育的性质、规律和规律体系[J]. 职教论坛,2009(7):4-7.

[7] 张园园. 职业教育专业性、开放性、跨界性解读[J]. 亚太教育,2015(19):195-196.

[8] 陶乃彬,李建民,邓海跃. 高等职业教育的专一性和多样性关系研究[J]. 郑州铁路职业技术学院学报,2014(2):37-38,43.

[9] 王玉荣,李兴光,周海娟. 创新人格特质的基本理论及研究述评[J]. 现代管理科学,2018(11):103-105.

[10] 刘晓. 释放新时代职业教育改革发展红利[N]. 中国教育报,2019-03-12.

[11] 徐国庆. 实现现代职教体系建设蓝图[N]. 光明日报,2019-05-14.

(执笔人:万达,杜怡萍,吴晶,李小娃,李海;审稿人:杜怡萍)

粤港澳大湾区国际高等教育示范区内涵式发展研究*

○广东省教育研究院高等教育研究室

摘　要：粤港澳大湾区国际高等教育示范区建设的关键点是实现内涵式发展。但是目前粤港澳大湾区高等教育体系还存在内涵发展的基础薄弱、建设水平不平衡不充分、支撑经济社会发展需要乏力、内部创新要素的流通尚存障碍、国际化发展要素还需系统化布局等问题。根据长江三角洲高等教育合作与内涵提升的经验，顶层设计是关键，制度建设是基础，激励社会不同主体的共同参与是关键，价值引领和均衡发展是前提。实现粤港澳大湾区国际高等教育示范区内涵提升需要借鉴经验，在顶层设计、制度创新、适应引领、内部融通和建设国家高等教育对外开放的中枢纽带等方面持续发力。

关键词：粤港澳大湾区　国际高等教育示范区　内涵式发展

推动粤港澳大湾区建设，打造世界级城市群，是国家立足国际产业调整和科技革命发展新趋势而作出的重大战略布局，对于全面提升粤港澳合作广度和深度及国际竞争力，推动落实"一带一路"倡议，丰富发展和体现"一国两制"新优势具有重要意义。《粤港澳大湾区发展规划纲要》提出"支持大湾区建设国际教育示范区，引进世界知名大学和特色学院，推进世界一流大学和一流学科建设"。这表明建设国际示范区是未来大湾区推进高等教育改革创新、合作交流的重要目标和指向。实现大湾区国际高

---

* 本文系广东省哲学社会科学规划 2019 年度一般项目"粤港澳大湾区国际高等教育示范区建设标准研究"（批准号：GD19CJY07）阶段性研究成果。

等教育示范区内涵式发展则是推动高等学校适应经济社会变革和产业结构调整的必然要求。

一、大湾区国际高等教育示范区内涵建设的必要性分析

党的十八大和十九大报告相继提出"推动高等教育内涵式发展""实现高等教育内涵式发展"等战略重点，这必然要求大湾区高等教育示范区必须突出内涵建设，构建与区域经济社会高质量相适应的结构优化、资源共享、功能清晰的现代高等教育体系。

（一）实现大湾区经济社会全域高质量发展的必然之举

《粤港澳大湾区发展规划纲要》提出建设"充满活力的世界级城市群"，构建"具有国际竞争力的现代产业体系""打造教育和人才高地"等一系列战略目标和任务。大湾区总面积5.6万平方公里，总人口约7 000万人，经济总量达1.64万亿美元，是由香港、澳门两个特别行政区和广东省广州、深圳、珠海、佛山、中山、东莞、惠州、江门、肇庆9市组成的城市群，是国家建设世界级城市群和参与全球竞争的重要空间载体。在粤港澳大湾区建设国际一流湾区和世界级城市群，必须重点提升整体承载力、区域辐射力、社会包容能力和人居环境品质。立足粤港澳大湾区城市经济、科技等高质量发展需求，推动国际高等教育示范区建设，有助于以国际化手段提升国际影响力和带动力，有助于充分发挥高等教育在大湾区世界级城市群建设中的培养人才、创新科技、服务社会、传承创新文化的战略支撑作用。

（二）促进大湾区高等教育可持续发展的应有之义

《粤港澳大湾区发展规划纲要》提出"支持大湾区建设国际教育示范区，引进世界知名大学和特色学院，推进世界一流大学和一流学科建设"的教育战略目标，这要求必须以国际化为发展方向，提升内涵式发展水平，建设具有国际竞争力的高等教育体系。长期以来，广东省委、省政府始终把教育摆在优先发展的战略位置，持续深化教育领域综合改革，初步构建起具有广东特色、适应发展需要、基本达到世界水平的现代职业教育体系，率先启动高水平大学和高水平理工科大学及一流学科建设，成为广东实现"四个走在前列"的有效支撑。我国香港和澳门地区凭借先发优势，已经构建了与地区经济形态、产业结构、人口规模等经济社会发展相对适应且颇具水平的高等教育体系，为粤港澳大湾区高等教育深度融合发

展奠定了基础。但是，由于广东高等教育发展基础薄弱，起步较晚，高等教育的规模、层次、形式和科类等结构尚不能适应经济社会尤其是粤港澳大湾区建设的客观需要。这些问题主要表现在：高水平大学较少，仅中山大学、华南理工大学可以进入世界高校500强；高等教育规模较小，毛入学率低于全国平均水平；民办高等教育大而不强，难以适应新时代产业发展需求。这些问题的存在一方面难以有效调动相关利益者的积极性，以推进粤港澳高等教育深度融合；另一方面难以支撑粤港澳大湾区建设国际科创中心和国际教育示范区。

二、大湾区国际高等教育示范区内涵建设的制约要素分析

《粤港澳大湾区发展规划纲要》提出"建设国际科技创新中心""构建具有国际竞争力的现代产业体系""建设宜居宜业宜游的优质生活圈""紧密合作共同参与'一带一路'建设""打造教育和人才高地"等规划，这要求必须构建富有特色、国内领先、世界一流的国际高等教育示范区，推动大湾区加快建成国际一流湾区和世界级城市群。但是目前粤港澳大湾区高等教育体系建设还存在一系列问题，制约了国际高等教育示范区的有效形成。

（一）国际高等教育示范区内涵发展的基础薄弱

高等教育的外部关系规律认为：社会是一个大系统，教育作为社会系统中的子系统，它与社会的其他子系统如经济、政治、文化系统以及各种社会因素如人口、资源、地理、生态、民族、宗教等存在着不可分割的必然联系与关系，教育要受社会其他子系统和诸多因素的制约，也对其他子系统和诸多因素起作用。因此高等教育的规模发展必须与经济人口等发展状况联系起来统筹考虑。从实际发展看，2018年全国高等教育毛入学率达到48.1%，我国香港和澳门地区均达到70.0%以上，而广东高等教育毛入学率仅为42.4%（见图1），不仅与我国香港、澳门、江苏、浙江等地区高等教育发展相差较大，而且低于全国水平，这与广东经济地位和在高等教育方面的现实要求相去甚远；同时由于历史和社会发展影响，广东高校和在校生主要分布于珠江三角洲尤其是广州地区。这些问题的存在将极大影响广东与我国港澳地区高等教育协同发展的效果，不利于构建粤港澳高等教育全面有效深度合作的发展新格局。

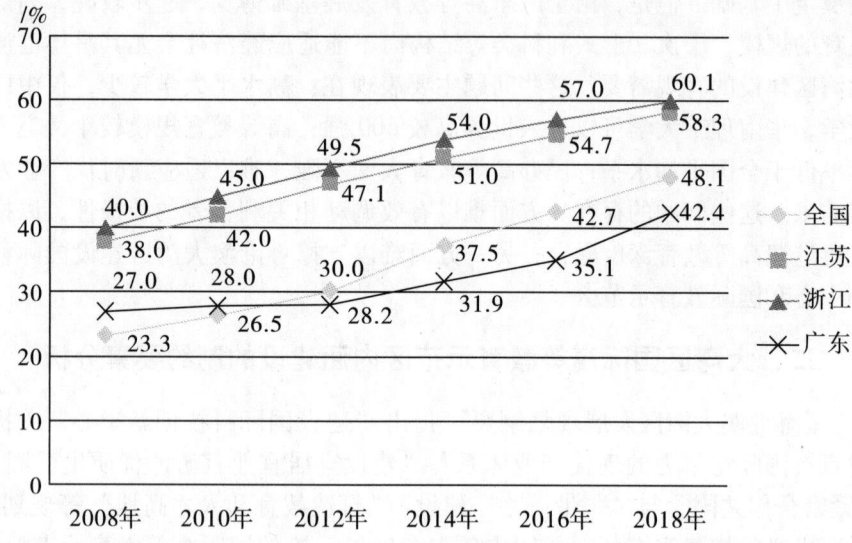

图1　广东省高等教育毛入学率与全国平均水平及江苏、浙江比较

（二）大湾区高等教育建设水平不平衡不充分

党的十九大报告对新时期我国社会主义主要矛盾做出了新的深刻判断，即经过新中国60多年尤其是改革开放30多年来的艰苦奋斗，"人民日益增长的物质文化需要同落后的社会生产之间的矛盾"已经基本解决，未来一段时间这一主要矛盾表现为"人民日益增长的美好生活需要和不平衡不充分的发展之间的矛盾"。社会主要矛盾的历史性变化，对社会各方面发展提出了新的要求。当前，我国香港和澳门地区凭借先发优势和祖国内地的强力支持，已经建立了与其经济社会发展相适应的高等教育体系，尤其是我国香港地区，香港大学、香港中文大学、香港科技大学、香港理工大学和香港城市大学长期位居世界一流大学行列。而澳门地区的高等教育在酒店管理、旅游等方面也建立了自身的优势，但由于地域狭小，产业相对单一，导致学生实习实训基地不足、创业就业空间有限、科研转化及产业化程度不够等问题，在一定方面抑制了理学、工学、医学、师范等相关学科专业发展。广东高等教育近年来虽取得了一定成绩，但与香港相比还有不小差距，在一流大学方面，大湾区内地绝对数量明显少于香港，按照人均和经济总量平均的一流大学数量更是相差甚远；在教育层次上，大湾区内地本科院校和本科生占比相对较低，不仅低于北京、上海、江苏、浙江等经济发达省市水平，而且低于全国水平。（见图2）

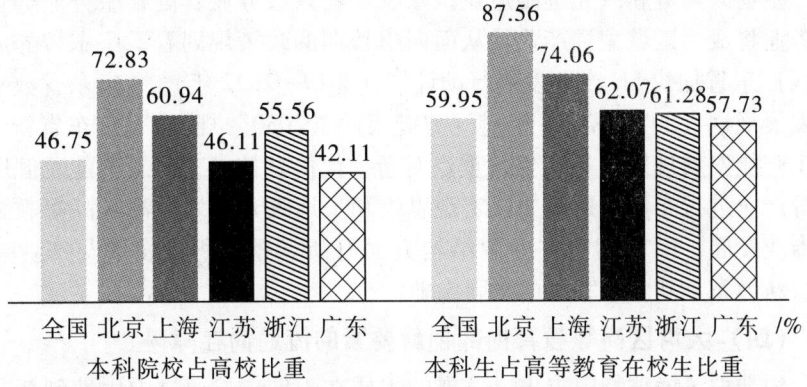

图2 2018年广东省本科院校数及在校生比重与全国及先进省市比较情况

（三）大湾区高等教育体系尚难支撑经济社会发展需要

高等教育科类结构必须与经济社会发展相适应，才能充分发挥并彰显高等教育的基础性作用，才能推动高等教育的优质化发展，以有效支撑粤港澳大湾区世界级城市群建设。采用灰色关联分析方法对学科门类与产业结构之间的相关性进行研究发现，农学与第一产业有较强的相关性，工学、理学、管理学和经济学等与第二产业有紧密联系，文学、管理学、理学、经济学和工学则与第三产业有较强的相关性。[①] 从现状来看，粤港澳大湾区高校的学科专业设置尚难适应需求，当前，粤港澳高等教育发展面临两大背景。一是当前人口结构呈现出两大特征，新生儿数量激增和老龄化趋势明显，2018年广东、香港、澳门65岁以上的老年人所占比重分别为8.6%、17.0%和11.1%，迫切需要推进医养结合，建设一批区域性健康养老示范基地，推进养老服务与医疗、家政、保险、教育、健身、旅游等相关领域的互动发展。二是产业结构出现新变化，随着《粤港澳大湾区发展规划纲要》提出"构建具有国际竞争力的现代产业体系"的战略目标，其产业体系格局也必然出现重大变化。以广东为例，2018年全省三大产业结构比例为4.0∶41.8∶54.2，根据发展趋势，预计2019—2035年间广东省第一、二产业比重仍将逐步降低，第三产业比重将进一步提升，2035年三大产业结构比例为2.71∶35.27∶62.02，未来物联网、智能机器

---

① 汤贞敏，孙丽昕，张伟民，等. 广东省本科学校结构、布局与区域经济社会发展的关系研究［J］. 高教探索，2015（3）：5-12.

人、生物医药等新兴先进制造业,互联网新兴服务业、健康服务业等现代服务业将成为区域主导产业。从面向中长期的政策规划看,广东省先后出台《广东省加快5G产业发展行动计划(2019—2022年)》《广东省数字经济发展规划(2018—2025年)》《"健康广东2030"规划》《广东省新一代人工智能发展规划》等文件,重点对新一代信息技术、人工智能、健康服务等产业进行布局,这需要以宏观思维和长远眼光谋划大湾区高等教育学科专业发展,引导高校在专业结构方面有所调整,积极发展与产业新趋势、新形态、新业态相关的学科专业。

(四)大湾区高等教育内部创新要素的流通尚存障碍

约瑟夫·熊彼特曾指出,发展的本质在于创新,通过内生性创新所引发的"创造性破坏"来打破经济体系原有"循环流转",实现经济生活内部蕴含的质的突破,使其跃迁到新的发展轨道,从而实现非均衡的动态式发展。① 国际高等教育示范区建设有赖于以新制度为基础的创新体系建设,高等教育的创新要素包括人员、资金、设备、信息和技术等,与国际其他著名湾区不同,大湾区存在制度不同、关税相异的特点,虽然目前在体制机制改革、基础设施建设等方面已取得突破性进展,但是创新要素畅通流动水平与大湾区建设需求还有差距,突出表现在合作办学政策难以满足需求,目前粤港澳合作办学仍然参照《中华人民共和国中外合作办学条例》和《中华人民共和国中外合作办学条例实施办法》进行管理,在办学模式方面仅限于校际层面的交流合作,校政、校企等合作办学形式尚未在政策上得到突破;在本科及以上层次办学机构和项目准入上,仍由教育部统一审批等,这些直接导致院校之间的合作交流广度和深度不够,教师资格互认、互访、互聘等方面存在制度障碍,学生学分互认、联合培养、课程资源合作开发等方面的藩篱亟须打通,大型系列科研装置的共建共治共享尚处孕育阶段等。②

(五)大湾区高等教育国际化发展要素尚需系统化布局

从要素上讲,高等教育国际化包括理念、管理、学生、教师、课程、方法和机构等,国际化要素总体来讲就是从高等教育欠发达地区流向发达地区;从方向上讲,包括"引进来"和"走出去"两个方面。长期以来,

---

① 熊彼特. 经济发展理论 [M]. 何畏, 易家详, 译. 北京: 商务印书馆, 1990: 64.
② 王志强. 粤港澳大湾区国际高等教育示范区内涵、定位、困境与实现路径 [J]. 高教探索, 2019 (8): 62-67.

港澳高校凭借外向型经济联系和国际交流的基础，在高等教育国际化方面取得了显著成效。客观地讲，改革开放尤其是21世纪以来，大湾区内地高等教育国际化取得了明显的成效，对促进高等教育教育教学改革和国际影响力起到了极大的推动作用。但是与建设国际高等教育示范区的要求相比，还存在一些问题。在"引进来"方面，中外合作办学机构和项目层次相对较低，缺乏具有世界影响力的一流大学来粤办学；来粤留学生规模和比例较小，留学生主要集中于亚非地区，发达国家留学生规模较小；来粤工作的具有世界影响力的外籍教师数量较少，尤其是诺贝尔奖获得者寥寥无几；先进课程、教学方法与国内传统教学融合度不高，缺乏适应性。在"走出去"方面，省内大学境外办学的积极性不高，数量相对较少；教师国际化水平还有待提高。同时，粤港澳高校联手"引进来"和"走出去"还基本处于空白状态。

三、长江三角洲区域高等教育合作与内涵建设的经验

长江三角洲（以下简称长三角）地区是我国发展基础最好、创新能力最优、整体竞争力最强的地区之一。近几年来长三角一体化进程加速推进，为长三角地区社会政治经济文化的快速发展提供了重要动力。长三角高等教育协作发展作为区域经济和社会一体化的重要组成部分，不仅在长三角地区转型升级中承担着重要使命，同样也将为我国尤其是粤港澳大湾区高等教育的改革与发展提供新鲜经验。

（一）顶层设计是关键

长三角区域高等教育协作发展涉及江苏、浙江、安徽和上海市四个不同省市，这就要求转变地方政府各自为政的思维方式，以共商共建共享的新理念统筹制定区域层面的长三角区域高等教育协作发展规划、行动路线与总体目标。细化落实长三角区域高等教育协作发展的推进路径和项目实施，动态实时监测和评估长三角区域高等教育协作发展的效果，全面准确掌握区域高等教育协作发展中存在的问题，及时进行反馈和修正。同时长三角区域高等教育协作发展涉及中央与地方、地方与地方、政府与高校、高校与市场以及政府内部不同部门间，各阶层、各部门、各行业等不同主体间错综复杂的利益关系，要处理这些关系就离不开顶层设计和战略规划的调整功能。在教育领域，基本形成了决策层、协调层、执行层"三级运作"机制。长三角教育协作发展机制于2009年建立，2012年安徽省正式加入。2014年《教育部关于进一步推进长江三角洲地区教育改革与合作发

展的指导意见》（教发〔2014〕7号）提出："支持建立长三角地区教育协作发展协调机制。支持三省一市定期研究长三角地区教育协作与发展工作有关事宜，教育部各相关司局要进一步加强业务指导，根据需要及时协调解决有关事项。"目前，三省一市已经成立长三角教育一体化发展领导小组，统筹推进区域内包含高等教育在内的发展规划对接和战略协同，诸如师资流动、专业设置、资源共享、学科专业优化、体制机制改革等，制定并落实长三角教育协作发展行动方案，有利于在更大范围内合理布局、整合资源、统筹规划，有利于消除阻碍省际高等教育资源流动、分享和教育效益共生共享的行政壁垒，有利于打造同生共荣的高等教育市场。小组下设长三角教育一体化研究院，作为长三角教育一体化发展领导小组的总秘书处，既负责教育政策的制定，也负责具体工作的协调。长三角教育一体化发展领导小组定时召开会议，研究部署工作重点，目前三省一市教育行政部门共联合签署合作协议30多项，在优质教育资源共建共享、校际合作和办学水平提升、教师联合培养等方面取得了明显成效。

（二）制度建设是基础

通过法律制度的规范调整和协调，保障长三角区域高等教育协作发展进程中相关关系主体行为的一致和有序是提升发展可预期性、可持续性的关键。《国家中长期教育改革和发展规划纲要（2010—2020年）》提出："整体部署教育改革试验，统筹区域协调发展。"《教育部关于进一步推进长江三角洲地区教育改革与合作发展的指导意见》也指出："建立健全区域教育合作发展的体制和机制，在管理体制、办学体制、人才培养模式改革以及区域教育一体化建设等方面率先探索。"以政策支撑实践发展是长三角高等教育协作发展的重要经验。例如2015年7月，第七届长三角教育协作发展会议在安徽召开，上海、江苏、浙江、安徽教育厅（教委）签署了《长三角地区联合推进现代学校制度建设协议》《扶持长三角地区社会力量跨省市办学协议》《长三角地区教育协作项目联合监管协议》等。2016年12月，第八届长三角教育协作会议在南京召开，四个省市教育厅（教委）共同签署了《"十三五"深化长三角地区教育战略合作框架协议》《长三角地区联合开展新高考改革方案试点与实施后跟踪研究的协议》《关于共同推进长三角地区教育国际合作的协议》，6所医药类院校共同签署了《长三角地区医药类院校联盟协议》等。2017年12月，第九届长三角教育协作发展会议在浙江嘉兴召开，江苏、浙江、安徽、上海三省一市教育厅（教委）共同签署了《长三角地区共建共享教育协作信息技术平台协议》

《长三角地区"十三五"智慧教育合作协议》和《长三角地区重大教育项目综合督导协作协议》等合作协议。2018 年 12 月，第十届长三角教育一体化发展会议在上海召开，上海、江苏、浙江、安徽三省一市共同签署《长三角地区教育更高质量一体化发展战略协作框架协议》和《长三角地区教育一体化发展三年行动计划》。

（三）激励社会不同主体的共同参与

长三角区域高等教育协作发展作为一个动态的发展过程，离不开社会整体发展变化对其提出的新需求和新挑战。因此，长三角区域高等教育协同发展过程中，学校、政府、企业、各社会团体、研究机构及个体等不同主体共同参与，形成合力，共同解决一体化进程中的困难，尤其是整合多种资源形成了各类发展联盟，有力推进长三角区域高等教育协作发展行稳致远。自 2003 年长三角地区上海、江苏、浙江签署《长江三角洲人才开发一体化共同宣言》等政策文件以来，该地区成立了一系列高等教育联盟，以联盟为载体，促进区域内人员、信息和资源等交流，这些联盟包括长三角高校合作联盟、长三角研究型大学联盟、长三角地区应用型本科高校联盟、长三角地区职业院校创新创业实践联盟、长三角高等工程教育联盟、长三角地区医药类院校联盟、长三角教育人才服务联盟、长三角高校技术转移联盟、长三角地区开放教育学分银行等不同类型、层次和功能的要素合作体。

（四）价值引领和均衡发展是前提

推进高等教育协作发展，有利于确立经济社会一体化的共同理想与共有价值体系，保持一体化的同步性与稳定性，而同时经济社会的文化认同和发展基础也是高等教育协作更加顺利推进的基础。历史上沪苏浙皖直至唐朝仍为同一省级行政区划，安徽于宋朝时分出，沪苏浙至南宋仍为同一省级行政区划。四地地缘相近、人缘相亲、文化相融，兼具开放性和兼容性的共同价值观，这为四地高等教育有效协作发展奠定了基础。四地高等教育发展基础牢固且相对"门当户对"，四地拥有普通高校 457 所，占全国高校的 15.7%，其中"985 工程"高校 8 所、"211 工程"高校 24 所、"双一流"建设高校 26 所，分别占总量的 20.5%、21.4% 和 27.4%，高等教育优势明显。同时四地高等教育规模都较大，发展水平较高且都有顶级名校领衔，具有较好平等对话与合作基础。

四、大湾区国际高等教育示范区内涵建设的路径探析

国际教育示范区是涉及不同教育层次、不同构成要素的多维复杂系统,国际高等教育示范区既是有机组成部分,也是发展引擎。提升大湾区国际高等教育示范区内涵式发展水平,需要多维度、多层次系统发力,构建高等教育发展新格局。

(一) 加快形成系统性的顶层设计

重视顶层设计是长三角高等教育协作发展的重要经验。"自上而下"的长三角高等教育协作路径符合我国高等教育实际及高等教育规律,也是粤港澳大湾区高等教育协同发展的必经之路。我国高等教育的管理机制与治理特点决定着"自上而下"改革路径的必然性。同时"自上而下"改革路径的确立,可以站在国家视角,有效克服局部利益的羁绊,破除行政壁垒,通过结构性变革与系统化制度创新构建跨区域高等教育协作机制,促进资源的无障碍流动与优化集聚,实现基于高等教育可持续发展的利益关系与利益格局重组,激发高等教育办学各主体的内在发展动力,提升高等教育整体竞争力。在粤港澳高等教育协同发展方面,需要建立健全组织领导,在国家粤港澳大湾区建设领导小组下,粤港澳三地分别建立推进粤港澳大湾区建设领导小组,每个小组下设推进粤港澳大湾区高等教育协同发展工作小组,小组领导包括各地分管教育的主要领导、高校以及其他重要相关利益者,以重点工作推进或学术研讨的方式定期会晤。

(二) 加快推进制度创新

尽快出台高等教育合作发展专项规划。坚持贯彻执行"一国两制",在中央政府指导下,粤港澳三地政府按照《粤港澳大湾区发展规划纲要》《推动共建丝绸之路经济带和21世纪海上丝绸之路的愿景与行动》,以新理念、新战略、新举措为指引,制订《粤港澳大湾区高等教育合作发展专项规划》。充分发挥湾区高等教育特色优势,深度整合湾区高等教育资源,充分挖掘湾区高等教育合作潜力,积极拓展深化与国际高水平大学、科研机构合作,加快提升湾区高校整体办学水平特别是创新人才培养和基础研究、应用基础研究创新能力,以及科研成果转化与产业化率,构建湾区高等教育与现代化经济体系共同体,提升湾区在全球化时代的影响力、竞争力和辐射带动作用。加快修订中外合作办学条例,需要以加快三地人才、科技、资金、信息等创新要素互联互通为要点,尽快制订内地—港澳或粤

港澳高等教育合作办学条例及实施办法，重点是加快合作办学体制机制创新，激发政府、高校、行业企业等相关利益者参与区域内合作办学的积极性，丰富大湾区内人才培养、科技创新、社会服务和文化传承创新等方面合作形式，通过支持建设一批优秀品牌项目，带动涌现数以百计高质量的合作办学机构或项目，形成"你中有我、我中有你"的发展态势。

（三）着力提升大湾区高等教育体系的适应能力

围绕粤港澳大湾区国际航运中心、物流中心、贸易中心、现代金融服务体系和国际科技创新中心建设需要，调整优化高等教育结构。根据人才培养、知识前瞻、科技引领、技术转化等需求，赋予研究型大学、应用型本科院校和技术技能型院校不同战略任务，支持引导综合类、理工类、人文类、医药类等高校优化服务面向，形成结构优化、资源共享、功能清晰的现代高等教育体系。引导在穗高校围绕现代服务业、先进制造业、高新技术产业、都市型现代农业、海洋经济、传统优势产业，重点布局建设与城市服务、大健康、大数据、智能制造、石油化工、海洋装备、新能源、新材料、节能环保、金融贸易、国际财会、旅游休闲、养老服务、5G和移动互联网等相关的学科专业，重点支持新一代信息技术、高端装备制造、绿色低碳、生物医药、数字经济、新材料、海洋经济等领域的学科专业建设；做优做强电子商务、现代物流、互联网金融、研发设计、数字创意等相关学科专业；支持家政、健康、养老、文化、旅游等领域专业发展；培育空天海洋、未来网络、核技术等战略性学科专业；加强智慧城市、智能建筑等城市可持续发展能力相关专业建设；促进学科专业交叉融合，加快推进新工科、新医科、新农科、新文科、新师范建设。

（四）有力促进高等教育体系内创新要素互动共促

支持粤港澳三地按共建共享原则，建设粤港高校、科研院所与企业联合的科技园区，建设集人才交流、商业培训、创业孵化、投融资服务为一体的粤港澳青年创新创业平台。构筑立体化的产教融合体系，推动在穗职业院校、应用型本科和研究型大学结合学校类型与优势，深化产教融合改革；鼓励具备条件的企业试点创办职业型、应用型高等院校，探索推进高等职业学校股份制、混合所有制办学试点。加强企业技术中心和高校技术创新平台建设，鼓励行业骨干企业和高校、职业院校联合共建重点实验室、工程技术研究中心、产业创新中心、技术创新中心等，支持组建跨学科、跨专业的产业学院。依托大湾区高水平大学和重大科技创新平台，面向国家科技发展战略和大湾区产业发展需求，建成一批高精尖研究中心和产学研用一体化创新中心。

（五）建设国家高等教育对外开放的中枢纽带

加快推进粤港澳内部连通机制的创新，充分发挥港澳高校外向广泛联系和大湾区内地高校空间广阔、产业基础好等优势，联合建设面向国际的国家高等教育对外开放的中枢纽带。构建完备的国际化工作机构，坚持"引进来"和"走出去"战略相结合，推进合作办学、联合培养、互派留学生等项目建设，进一步拓宽中外合作办学的空间和规模。同时设置专门奖学金，引进国内外优秀生源来华学习，逐步提高国内高校在国际尤其是发达国家的吸引力，形成国际性多元化的校园文化。加大服务和支持力度，将教师的国外培训与学习制度化、常态化，不断提升高校教师国际化水平，建立政府、社会、企业、学校和个人资金支持体系，不断拓宽教师国际化资金的数量和来源，为教师国际交流与合作提供充足的经费保证，鼓励教师参与各类国际教育交流活动，在学历教育、短期培训、访问学者、国际会议、科研合作等各个方面为教师国际化提供支持。加快在国际化课程建设和境外办学等方面形成突破。

（执笔人：王志强；审稿人：孙丽昕）

各级各类教育改革发展研究

面向 2035 的粤港澳大湾区一流本科教育发展路径研究

○广东省教育研究院高等教育研究室

摘　要：《中国教育现代化 2035》提出，2035 年总体实现教育现代化、迈入教育强国行列的总体目标，其中主要发展目标之一为"高等教育竞争力明显提升"。作为中国高等教育重要组成部分的粤港澳大湾区高等教育，如何面向 2035 打造一流本科教育？本文在分析粤港澳大湾区高等教育的现状并与国内外其他重要区域高等教育进行比较的基础上，提出面向 2035 的粤港澳大湾区一流本科教育发展路径，包括更新本科教育教学理念、大力加强建设高水平学科专业群、建设高素质专业化教师队伍、大力培养各类优秀人才、不断完善一流本科教育治理机制。

关键词：大湾区　一流　本科教育　发展路径

一、《中国教育现代化 2035》对 2035 中国高等教育发展展望

《中国教育现代化 2035》提出："推进教育现代化的总体目标是：到 2020 年，全面实现'十三五'发展目标，教育总体实力和国际影响力显著增强，劳动年龄人口平均受教育年限明显增加，教育现代化取得重要进展，为全面建成小康社会作出重要贡献。在此基础上，再经过 15 年努力，到 2035 年，总体实现教育现代化，迈入教育强国行列，推动我国成为学习大国、人力资源强国和人才强国，为到本世纪中叶建成富强民主文明和谐美丽的社会主义现代化强国奠定坚实基础。" 2035 年是我国基本实现社会主义现代化的重要时间节点，面向 2035 目标描绘好教育发展的远景蓝图，为新时代开启教育现代化建设新征程指明方向，培养造就新一代社会主义

建设者和接班人,具有重要的现实意义和深远的历史意义。该文同时提出 2035 年总体实现教育现代化、迈入教育强国行列的总体目标,其中具体有八个方面的主要发展目标,并明确提出"高等教育竞争力明显提升",为此,还重点部署了面向教育现代化的十大战略任务,其中涉及建设高素质专业化创新型教师队伍、加快信息化时代教育变革、开创教育对外开放新格局以及教育治理体系和治理能力现代化等方面。蓝图已经绘制,中国高等教育界正信心百倍,为实现 2035 主要目标而努力奋斗,作为中国高等教育重要组成部分的粤港澳大湾区高等教育,如何面向 2035 打造一流本科教育?以下将在分析粤港澳大湾区高等教育的现状并与国内外其他重要区域高等教育进行比较的基础上,提出面向 2035 的粤港澳大湾区一流本科教育发展路径。

二、当前粤港澳大湾区高等教育的特点

(一) 粤港澳大湾区高等教育的概况

2019 年 2 月 18 日,《粤港澳大湾区发展规划纲要》正式出台,指出粤港澳大湾区包括珠江三角洲九市①和香港、澳门两个特别行政区形成的城市群,它是继纽约湾区、旧金山湾区、东京湾区之后的世界第四大湾区,是国家建设世界级城市群和参与全球竞争的重要空间载体,也是丰富"一国两制"实践的重大安排。据报道,2018 年大湾区常住人口突破 7 000 万人,达到 7 115.98 万人,经济总量超过 10 万亿元,堪称我国经济最发达的区域之一。除了经济上表现优异外,大湾区在高等教育方面的规模和实力也十分强劲。其中,广州拥有的普通高等学校超过 80 所,在校大学生规模突破百万人,位居全国前列;拥有普通高等学校超过 10 所的有深圳、佛山、珠海、东莞等市;而中山、江门、肇庆、惠州均有 3 所左右高校。同时,由于各地市办高校的热情高涨且办学方式呈现多样化,因而各市高等学校的数量还在不断变化,这更进一步加速了大湾区高校的集聚效应。另外两个特别行政区香港和澳门,其主要高等学校的数量分别有 11 所和 5 所。

(二) 粤港澳大湾区高等教育发展现状

众所周知,城市与高校的发展紧密相关,城市的高速发展离不开城市

---

① 珠江三角洲九市分别指广州、佛山、肇庆、深圳、东莞、惠州、珠海、中山、江门。

内高校大量学科、人才、科研成果等方面的支撑，这些要素也逐渐集聚形成具有显著特征的高水平高等教育，高水平高等教育与城市产业群相辅相成、共同发展，形成的知识网络为城市可持续发展注入了不竭的生机与活力。粤港澳大湾区核心城市均汇聚了代表性高校，这些高校对于高校所在城市的科技创新、产业发展和人才输送都提供了强有力的支撑。

例如，广州市有"一流大学建设高校"中山大学、华南理工大学，"一流学科建设高校"暨南大学、广州中医药大学和华南师范大学。另外，华南农业大学、广东外语外贸大学、南方医科大学、星海音乐学院等大学的部分学科实力雄厚。

深圳市高校教育起步较晚，但深圳大学、南方科技大学近年来实力不断增强，表现十分引人注目。一些名校分校或办学合作项目如香港中文大学（深圳）、深圳北理莫斯科大学、哈尔滨工业大学（深圳）、北京大学深圳研究生院、清华－伯克利深圳学院等依托的母体学校实力强大，但由于创办时间不长，仍需要时间积累。

珠海市引进外地名校办分校的时间较早，如暨南大学、吉林大学、北京师范大学、北京理工大学等高校均以校区、独立学院合作办学形式在珠海办高校，既扩大了母体学校的办学规模并提升了自身实力，又使珠海高等教育在短期内获得了较快的发展，促进了珠海经济社会的发展。

此外，佛山市有华南师范大学南海校区、南方医科大学顺德校区以及佛山科学技术学院等，东莞市有东莞理工学院、广东医科大学东莞校区、东莞理工学院城市学院、中山大学新华学院东莞校区、广东科技学院等，江门市有五邑大学，肇庆市有肇庆学院、广东理工学院，惠州市有惠州学院，中山市有广东药科大学校区、电子科技大学中山学院。这几个城市本科院校的实力仍在提升之中。

香港的高等学校数量不多，但是部分高校实力强劲，在一些著名的世界大学排行榜如 QS、泰晤士高等教育、USNews 以及世界大学学术排行榜等经常位居前列，这些高校有香港大学、香港科技大学、香港中文大学、香港理工大学、香港城市大学等。香港高校的医学、商科、政法、电子工程、土木工程、计算机科学等学科实力强大，领先亚洲，在世界上也有很大影响力。近几年由于教育部和澳门特别行政区政府一直在持续加大对高等教育的投入，澳门大学、澳门科技大学等高校进步明显，在部分世界大学排行榜上的影响力不断获得提升。

（三）粤港澳大湾区高等教育与国内外其他重要区域高等教育的比较

目前，国内一流高校主要分布在京津冀区域、长江三角洲区域和粤港澳大湾区。通常软科世界大学学术排名和软科中国大学排名、USNews 世界大学排行榜等排行榜数据，被看作衡量国内高校质量的重要标杆。

1. 软科世界大学学术排名。2019 年，进入软科世界大学学术排名前 300 名的中国高校有：清华大学、北京大学、浙江大学、香港中文大学、香港大学、上海交通大学、复旦大学、华中科技大学、中山大学、中国科学技术大学、中南大学、哈尔滨工业大学、南京大学、四川大学、苏州大学、东南大学、电子科技大学、武汉大学、西安交通大学、北京航空航天大学、北京师范大学、大连理工大学、吉林大学、南开大学、山东大学、华南理工大学、天津大学、同济大学、厦门大学、香港城市大学、香港理工大学、香港科技大学。

其中，属于粤港澳大湾区的高校有：香港中文大学、香港大学、中山大学、华南理工大学、香港城市大学、香港理工大学、香港科技大学，共 7 所。属于京津冀地区的高校有：清华大学、北京大学、北京航空航天大学、北京师范大学、南开大学、天津大学，共 6 所。属于长三角的高校有：浙江大学、上海交通大学、复旦大学、华中科技大学、中国科学技术大学、中南大学、南京大学、苏州大学、东南大学、武汉大学、同济大学，共 11 所。

2. 软科中国大学排名。2019 年软科中国大学排名展示了我国内地（祖国大陆）、香港特别行政区和澳门特别行政区、台湾地区领先的百强研究型大学。前 50 名依次为：清华大学、北京大学、香港中文大学、浙江大学、香港大学、中国科学技术大学、上海交通大学、复旦大学、台湾"清华大学"、台湾大学、北京师范大学、香港城市大学、香港科技大学、南京大学、华中科技大学、中山大学、香港理工大学、台湾"交通大学"、哈尔滨工业大学、澳门科技大学、中国医药大学、天津大学、西安交通大学、阳明大学、同济大学、东南大学、武汉大学、中国农业大学、四川大学、中南大学、成功大学、南开大学、北京航空航天大学、华南理工大学、台湾"中央大学"、厦门大学、北京理工大学、电子科技大学、澳门大学、吉林大学、中国人民大学、南京理工大学、香港浸会大学、山东大学、台湾"中山大学"、西北工业大学、台湾科技大学、长庚大学、北京科技大学、华东师范大学。

其中，清华大学位居第一名，北京大学排在第二名，香港中文大学和浙江大学分别位居第三名与第四名,香港大学排在第五名。其他排在前十名的高校依次是中国科学技术大学、上海交通大学、复旦大学、台湾"清华大学"和台湾大学。香港上榜的6所高校均位列前50名,其中5所高校位列前20名,且排名均有不同程度的提升。澳门地区上榜的2所高校均位列前40名,且排名较去年相对稳定。

该榜单中属于粤港澳大湾区的高校有:香港中文大学、香港大学、香港科技大学、香港城市大学、中山大学、香港理工大学、澳门科技大学、华南理工大学、香港浸会大学,共9所。属于京津冀地区的高校有:清华大学、北京大学、北京师范大学、北京航空航天大学、天津大学、中国农业大学、南开大学、中国人民大学、北京科技大学,共9所。属于长江三角洲的高校有:浙江大学、中国科学技术大学、上海交通大学、复旦大学、南京大学、华中科技大学、中国医药大学、武汉大学、同济大学、东南大学、中南大学、华东师范大学、南京理工大学,共13所。

3. USNews 2019世界大学排行榜。2019年,中国共有161所高校入围USNews世界大学排行榜,排名表现不俗。其中内地高校130所,香港高校7所,澳门高校1所。清华大学排名全球第50位,北京大学排名全球第68位,这是仅有的2所入围全球前100名的中国高校。除清华大学和北京大学外,中国内地还有5所大学进入全球200强,分别是中国科学技术大学、上海交通大学、复旦大学、浙江大学、南京大学。其余排名靠前的高校还包括中山大学、华中科技大学、哈尔滨工业大学、武汉大学、同济大学、北京师范大学、厦门大学、东南大学、西安交通大学、南开大学、华南理工大学等。中国香港地区共有7所高校上榜,排名最前的是香港大学,居全球109位。中国澳门地区仅有澳门大学1所高校上榜,居全球612位。

上述各榜单中,进入软科世界大学学术排名2019前300名的中国高校中,粤港澳大湾区拥有7所,京津冀拥有6所,长江三角洲拥有11所;进入软科中国大学排名2019前50名的高校中,粤港澳大湾区共有9所,京津冀拥有9所,长江三角洲拥有13所;进入USNews 2019世界大学排行榜前列的高校中,粤港澳大湾区拥有9所,京津冀拥有4所,长江三角洲拥有8所。

粤港澳大湾区高校在上述各排行榜中数量不少,表明大湾区已成为高校聚集的区域,但是一流高校数量仍不足,且高质量的大学大多集中在香港和广州。排名靠前的多为香港高校,广东高校仅有中山大学和华南理工大学两所高校,但是排名并不靠前。在上述排行榜中,大湾区高校在如下一些指标上的得分要落后于其他区域处于领先地位的高校,这些指标包括学科建设、师资队伍建设、生源、人才培养的成效等。这也是大湾区高校建设高水平高等教育的着力点所在。另外,在湾区内部也存在高等教育发展不平衡,如香港高等教育最发达,实力雄厚,科研能力比较突出,国际化程度较高,但科研成果有效转化的条件和空间相对有限,与产业结合度不高;广东高等教育质量优势和竞争力不明显,但政府对高校支持力度较大;澳门高等院校数量少,办学水平也相对一般。

将粤港澳大湾区高等教育的一些主要特征与世界三大湾区进行比较,具体见表1。

表1 粤港澳大湾区高等教育与世界三大湾区比较①

项目	世界TOP100大学/个	世界TOP101~200大学/个	大学数量/个	重点学科(世界一流)/个	国家重点实验室(中心)/个	高校在校生数/万人	人口中大学生比例/%	每千家研发机构/%
东京湾区	2	1	263	142	109	127	63	100
纽约湾区	6	2	95	175	87	43	42	67
旧金山湾区	8	1	80	192	89	58	46	58
粤港澳大湾区	0	4	181	31	41	200	21*	7

*注:人口中大学生比例,香港为62.00%,澳门为46.00%,珠三角地区为10.73%。

根据表1可以发现,在拥有大学的数量方面,粤港澳大湾区有181所,仅低于东京湾区,远高于纽约湾区、旧金山湾区;拥有世界TOP101~200大学的数量方面,粤港澳大湾区有4所,高于东京湾区、纽约湾区、旧金山湾区。另根据《粤港澳大湾区协同创新发展报告(2018)》,整个粤港澳大湾区2017年的《专利合作条约》专利(PCT)总量达到2.14万件,仅次于东京湾区,强于旧金山湾区和纽约湾区。但在其他一些重要的方面,如拥有世界TOP100大学数量、重点学科数量、国家级实验室、研发机构

---

① 劳汉生,张爱国,朱俊. 粤港澳大湾区高等教育软实力构建研究[M]//南方教育评论:2018中国南方教育高峰年会思维盛宴. 广州:广东高等教育出版社,2018:505-512.

数量以及湾区人口中大学生比例这些指标，粤港澳大湾区则明显低于其他三大湾区。总的来说，粤港澳大湾区的高等教育综合实力与世界三大湾区的差距较大。另外，粤港澳三地制度差异明显，体制壁垒较大，也缺乏有效的合作平台，导致实质性合作进展缓慢，尚未能形成与世界级大湾区建设相匹配的高水平区域性高等教育中心。

《粤港澳大湾区发展规划纲要》提出要"打造教育和人才高地"，是因为高等教育是科技创新第一生产力和人才资源汇聚中心，粤港澳大湾区高质量发展也离不开高水平的高等教育为支撑，而高水平的高等教育则以一流本科教育为重要基础。目前，粤港澳大湾区产业快速发展，已初步形成分工十分鲜明的特征，为了更好地推动粤港澳大湾区产业发展特别是国际科技创新中心建设，迫切需要大力加强大湾区一流本科教育建设，以培养更多的一流人才，增强高等教育服务国际科技创新中心建设的功能，充分适应大湾区创新驱动发展和经济快速发展的战略要求。

三、探索面向 2035 的大湾区一流本科教育路径

根据《中国教育现代化 2035》对中国高等教育的发展展望，结合大湾区高校在部分排行榜上表现出来的一些短板，本文认为，为了实现面向 2035 的粤港澳大湾区一流本科教育，需要着重在以下方面加强，如提升一流人才培养与创新能力、建设高素质专业化创新型教师队伍、加快高度信息化时代教育变革、开创高水平的教育对外开放新格局、推进高水平的教育治理体系和治理能力现代化等。

（一）更新本科教育教学理念

遵循高等教育教学规律，坚持内涵发展，树立符合经济社会发展要求、体现高等教育使命的一流本科教育教学理念。一要始终坚持立德树人的育人理念不动摇，一流本科教育所培养出来的人才应具有优秀的道德品质和政治觉悟，成为德智体美劳全面发展的社会主义建设者和接班人。二要坚持以本为本，全面落实"四个回归"。把本科教育放在人才培养的核心地位、教育教学的基础地位、新时代教育发展的前沿地位，为大湾区经济社会发展培养更多高质量人才。建设一流本科教育更要以"回归常识、回归本分、回归初心、回归梦想"为根本要求。三要树立多样化的人才质量观念。经济社会的迅速发展和不断变化的行业产业对人才的要求呈现多样化，不同高等学校培养的人才只有各具特色，才能在日趋激烈的就业市场竞争中赢得优势。因此，树立多样化的人才培养观有助于高校自身优势

与特色的形成，一流本科人才的培养也要符合高校自身定位、满足社会需要的多样化需求。此外，在确立多样化人才观的基础上，还需不断明晰学校人才培养目标和规格，结合社会发展需求以及学校优势特色，确立培养学术型或应用型创新人才的目标定位，不断优化人才培养结构，并从知识、能力和素质全面养成的角度明确人才规格。对于一流本科教育而言，既要重点加强创新人才特别是拔尖创新人才的培养，又要加大应用型、复合型、技术技能型人才培养比重，最终能够促进各类人才德智体美劳全面发展，因而，一流本科教育应该能在各种类型上培养一流人才。在课程建设上，一流本科教育更加重视本科课程体系的创新，确保学科专业理论知识与实际问题的联系、内容更新及时性、对相关行业领域要求掌握的核心知识与能力的体现、课程结构与修读机制合理性及科学性、具有更广泛的国际吸引力和影响力的课程体系建设等，以及不断提升教学研究与教学成果的培育等水平。

（二）大力加强建设高水平的学科专业群

高水平学科专业群是一流本科教育的重要支撑，高校要不断提升学科专业建设水平，大力建设面向未来、适应需求、引领发展、理念先进、保障有力的一流学科专业群。当前，湾区内各高校学科专业群要以大湾区的主导产业为导向，并服务于大湾区经济社会发展。当前学科专业群的建设围绕新一代信息技术、高端装备制造、新材料、新能源、生命科学和生物技术等重点产业领域需求，建设高水平的智能制造工程、机械工程、电子信息工程、环境科学与能源工程、集成电路工程、计算机软件、土木工程、生命与健康、物流与交通、海洋科学与技术、社会科学与管理等学科专业群。同时高校要经常讨论确定本校在未来一段时间内拟建一流本科专业，并经常性地优化本校学科专业布局，以形成本校拟建一流本科专业，明确本校一流本科教育建设重点。除此之外，要突出学校学科专业建设重点与特色，打造更多高水平学科专业，并形成特色鲜明的高水平学科专业群，以此推动学校找准发展定位、突出特色、办出水平。同时，高校之间应协同搭建若干人文科技类创新平台高水平科研创新平台与科技成果产业化平台，精准对接解决大湾区内的重大民生需求，新一代信息技术、高端装备制造、新材料、新能源、生命科学和生物技术等湾区重点产业领域需求，汇集整个湾区内甚至全球范围内的高端科研资源，在这些重点领域聚力攻关，率先取得突破，多出成果。

（三）建设高素质专业化的教师队伍

教师是任何一所大学的灵魂，高素质专业化的教师队伍充分反映了一所大学的核心竞争力，同时对于学校教育教学质量的提高、科研水平的提升以及高素质人才培养起到了十分重要的作用。高素质的教师队伍也因此成为任何一所大学成就一流本科教育的重要条件，因此，要大力加强教师队伍建设，首先把师德师风作为教师素质评价的第一标准，引导教师以德立身、以德立学、以德施教，更好地担当起大学生健康成长指导者和引路人的责任。其次要大力实施人才强校战略。把高素质专业化教师队伍建设作为建设一流本科教育的核心工作，努力引进和培养学术大师、学科带头人和中青年学术骨干。根据学校一流本科教育的目标任务、学科专业建设要求，对学校教师队伍建设情况深入、精细分析，把握优势，找出差距，使教师队伍建设的目标、任务、举措办法更精准更有效。制定教师学历提升计划，逐步提高专任教师中具有博士学位教师的比例；加强杰出青年人才培养，制定教学科研激励政策；加大领军人才和世界知名的创新科研团队的引进力度；围绕科学前沿和经济社会发展重大需求组建形式多样、机制灵活的教学科研团队，创新学科带头人和优秀教学科研团队管理体制机制；改革人事管理制度，建立健全教师激励机制。同时，切实加大教师队伍建设投入，提供优越的条件，合理确定高层次人才在薪酬、住房、社保、知识产权保护等方面的待遇，通过差异化薪酬更好地体现不同类型人才的价值。实验仪器设备购置经费、培训进修访学经费等方面重点投入。建设合理的机制赋予教师更多的权利和义务，使教师更多地参与学校治理工作，保障教师自身合法权益，鼓励支持教师积极参与科研创新、技术研发及其产业化。

（四）大力培养各类优秀人才

一流人才是一流本科教育的显著特征。高校要不断完善高校招生制度，一流的生源是一流本科教育的重要条件，高校要积极探索完善自主招生制度，用好大学招生自主选择权，探索入学方式多元化，把各方面表现优异的学生招收进来，为培养一流人才打下良好基础。高校要根据自身优势和特色制定一流人才培养方案并在人才培养过程中不断优化，大力实施一流人才培养方案，开展以通识教育为基础的"宽口径"本科生教育，完善拔尖创新人才选拔和培养机制，提高本科生培养质量；强化人才培养体制机制改革，重点推进人才培养模式改革。建立一流人才培养质量保障机制,着力培养具有历史使命感和社会责任心,富有创新精神和实践能力的各类创新型、应用型、复合型优秀人才,为大湾区的持续发展提供永不枯竭的人才源泉。同时,还要加强创新创业教育,全面提升学生的综合素质、国际视野、科学精神和创业意识、创造能力。在人才培养的过程中加快本科教育的信息化建设,利用现代信息技术加快推动一流本科人才培养模式改革,实现规模化教育与个性化培养的有机结合,加快形成现代化的本科教育管理与监测体系。另外,大湾区内高校应全面加强人才培养合作,大力提升人才培养的国际化水平,通过国际化推动人才培养水平的不断提升,扩大学生互换交流,探索人才培养合作的有效途径等。

(五)以服务学生发展为中心,不断完善一流本科教育治理机制

突出学生主体地位,以学生为中心,不断改进本科教育教学的治理机制,更好地服务学生。一是要强化高校内部多部门协同推进一流本科教育教学改革的长效机制,特别要提升教学管理部门教育教学信息综合服务能力。二是要完善一流本科教育教学质量保障体系,一流本科教育教学质量保障体系要符合各高校实际情况,为提升一流人才培养质量提供坚强保障。三是要树立和增强一流本科教育品牌与声誉意识,在处理规模与质量、发展与投入、教学与科研、改革与建设等关系的过程中,优先考虑是否有利于保证和提高一流本科教育质量。

参考文献

[1] 汤贞敏. 略论创新驱动粤港澳大湾区发展中的高校作为 [M] //南方教育评论:2018 中国南方高峰年会思维盛宴. 广州:广东高等教育出版社,2018:449 – 453.

[2] 陈宝生. 在新时代全国高等学校本科教育工作会议上的讲话 [J]. 中国高等教育,2018 (15):4 – 10.

[3] 钟秉林,方芳. 一流本科教育是"双一流"建设的重要内涵 [J]. 中国大学教学,2016 (4):4 – 8,16.

[4] 姜朝晖. 新时代高校人才培养的战略定位与发展路径:基于《关于深化教育体制机制改革的意见》的解读 [J]. 重庆高教研究,2018,6 (1):3 – 11.

[5] 中国高等教育学会专题研究组. 走向 2030:中国高等教育现代化建设之路 [J]. 中国高教研究,2017 (5):1 – 14.

(执笔人:田锋;审稿人:孙丽昕)

"新工科"背景下广东本科高校产业学院建设路径研究

○广东省教育研究院高等教育研究室*

摘 要：产业学院是探索建立"新工科"发展新范式的重要抓手，是建设粤港澳大湾区国际科技创新中心的基础学术组织载体，是变革高校人才培养模式的重要突破口。广东本科高校产业学院在创新治理结构与运行机制、探索人才培养模式改革、打造产业特色的专业课程教学体系、构建"双师型"师资队伍、提升科研创新和社会服务能力等方面取得了良好成效，但仍面临政策制度体系建设有待加强、成熟模式尚未形成、政行校企多方长效合作机制有待健全、治理结构和管理体制有待完善等问题。"新工科"背景下，广东本科高校产业学院建设需完善法律政策制度体系，激发多方办学活力；加强多主体利益协调，构建长效互惠共赢机制；创新建设模式，提升社会服务能力；加强"双师型"队伍建设，提升科技成果转化能力；完善治理体系，提升治理能力和水平。

关键词："新工科" 广东本科高校产业学院 建设路径

《国务院办公厅关于深化产教融合的若干意见》（国办发〔2017〕95号）和《广东省人民政府办公厅关于深化产教融合的实施意见》（粤府办〔2018〕40号）提出，进一步深化产教融合，建设一批产业学院，促进教

---

* 基金项目：全国教育科学"十三五"规划 2018 年课题（课题编号：EIA180494）；广东省社会发展科技协同创新体系建设项目——广东省教育科技协同创新中心（项目编号：2019B110210001）；广东省教育科学规划课题（课题编号：2018JKSJD39）。

育链、人才链与产业链、创新链有机衔接。2018年7月，广东省教育厅出台《关于推进本科高校产业学院建设的若干意见》，鼓励高校与地方政府、行业企业、工业园区共建产业学院，建立以市场需求、行业标准、职业需要为导向的人才培养体系。2019年7月，广东省教育厅遴选10所省级示范性产业学院，包括华南理工大学微电子学院和软件学院、华南农业大学温氏集团产业学院、惠州学院旭日广东服装学院、东莞理工学院粤港机器人学院和先进制造学院（长安）、佛山科学技术学院半导体光学工程学院和机器人产业学院、广东白云学院曙光大数据学院、华南理工大学广州学院智能制造产业学院。这些产业学院主要面向"新工科"领域，是在政府支持与引导下，学校与新型研发机构、行业龙头企业、科技园区和国际知名高校等创新主体合作的重要办学成果，是调动产学双向积极性、促进产教融合的有效推动力量。探究广东本科高校产业学院建设的现状、问题与路径，对培养造就经济社会发展所需的高素质应用型、创新型、复合型人才具有重要意义。

一、产业学院建设的背景及意义

（一）产业学院是探索建立"新工科"发展新范式的重要抓手

当前，新一轮科技革命和产业变革加速演进，人工智能、大数据、物联网等新技术、新应用、新业态方兴未艾，高等教育变革与产业革命的互动，要求高等教育要适应未来技术和产业发展的新趋势和新要求，在总结科学范式、技术范式、工程范式经验的基础上，开拓高等教育发展新视角、新思路、新方式。"复旦共识""天大行动""千生计划""北京指南"等计划提出，推进产教深度融合，探索建立新工科发展范式。产业学院的萌生是"新工科"发展的产物，也是实现区域教育与产业联动创新、协同育人的重要组织形式，有利于推动科教结合、产学融合、校企合作、开放办学的协同育人体制机制改革，对"新工科"发展新范式落地具有重要意义。

（二）产业学院是建设粤港澳大湾区国际科技创新中心的基础学术组织载体

《粤港澳大湾区发展规划纲要》提出，要打造粤港澳大湾区区域发展的核心引擎，建设国际科技创新中心，集聚国际创新资源，优化创新制度和政策环境，建设全球科技创新高地和新兴产业重要策源地。这要求作为人才和创新资源集聚中心的高等教育，加强技术合作、产业互动和科技成果转化，加速多方创新资源的高效配置和创新要素的高效流动。产业学院作为高等教育发展新型基础学术组织，有效整合政产学研资源，通过推动基础研究创新和应用研究成果转化应用，有效提升高校社会服务能力和水平，助力大湾区建设成为国际科技创新中心。

（三）产业学院是变革高校人才培养模式的重要突破口

工业化、信息化发展对高校发挥高质量社会服务能力的诉求更加迫切，转变传统人才培养模式，培养能解决复杂问题的高素质创新型、应用型、复合型人才是当前高校肩负的重要使命。产业学院人才培养面向战略性新兴产业和新经济，面向区域和中心城市经济社会发展需要，强调交叉性、跨学科、创新性，有效增强校地合作和校地互动，打破高校与行业企业边界和学科壁垒，是大学组织模式的创新。产业学院不仅为应用型本科转型发展提供了一条可借鉴道路，也为高水平大学人才培养开拓了可探索的新思路，是高校变革人才培养模式的重要突破口。

二、产业学院建设的实践探索

2017年11月24日，由教育部高等教育司指导、广东省教育厅主办、佛山科学技术学院承办广东省高校新工科与产业学院建设经验交流活动，省内各本科高校分管教学校领导、教务处处长、省外20多所兄弟高校和省一流高职院校建设计划立项建设单位校长等300余人参加会议。广东本科高校产业学院建设在全国引起高度关注。广东本科高校与地方政府、行业协会、产业园区、企业及科研院所积极探索共建产业学院，对提升办学水平、深化产教融合和推动区域创新驱动发展发挥了重要作用。

（一）创新治理结构与运行机制

部分本科高校根据产业学院的特殊性，创新组织架构和运行机制，建立符合产业学院自身特点的治理体系。如华南理工大学和东莞理工学院成立校企共建共管的产业学院理事会，完善建设规划、经费预算、组织架构、教学质量、目标达成评价等各项规章制度。华南理工大学软件学院实行理事会领导下的院长负责制，成立由学校、企业、行业协会、政府等多方代表组成的理事会，负责对产业学院办学中有关课程体系建设、实训平台运营、联合研发与成果转化、跨学科跨专业建设、国际化、教师队伍管理、企业专兼职教师遴选、校内外基地建设等重大问题进行审议、决策、检查、指导、咨询、监督和协调。华南理工大学微电子学院面向"新工科"领域,深化改革,落实"双院同岗"(学科学院+产业学院,两个学院同一岗位,资源共享)的组织管理体制。佛山科学技术学院则实行管委会领导下的院长负责制。在校企合作机制上,部分学校设立专项资金以保障其正常运行,制定产业学院管理办法和建设实施方案,明确合作目标、任务、职责和具体措施。部分产业学院配备了专职管理人员负责校企合作,形成常态化的联系与协调机制,校企双方定期磋商,明确企业与学校双方的要求及任务,形成规范化的操作方案。同时,注重通过签订校企双方战略合作协议框架确保双方经费投入,如东莞理工学院先进制造学院(长安)和粤港机器人学院校企双方协议总投入经费分别超过3 000万元和1 000万元。

(二) 探索人才培养模式改革

广东省本科高校产业学院积极探索人才培养模式改革,形成了"3+1""4+3""2+2"等模式。如华南理工大学微电子学院探索"企业教师"队伍建设机制,与企业共同实施"3+1"、"4+3"(本硕贯通)教学模式,提升产业教学环节比重,以培养微电子领域"产业精英""行业领袖"和"企业骨干"等高端人才为目标,把微电子产业学院建设成为广东地区乃至全国的产学融合育人示范区、综合改革试验田、高素质人才培育摇篮。华南理工大学软件学院依托粤港澳大湾区软件行业发展特点和产业调整优化需要,参照计算机学会全文数据库(IEEE-CS)和ACM 2005学科教程知识体系(ESWBOK),引进CDIO国际工程教育改革模式来实施人才培养过程,创新"3+1+X"模式。其中:"3"为本科课程体系培养(含国外高校双学位);"1"为企业实习实训环节;"X"为混合模式,包括本硕连读、国外高校双学位或直接推荐攻读硕士学位、国际知名IT企业就业等。另外,软件学院与澳大利亚西澳大学合作开设软件工程专业"3+2中澳班",获得华南理工大学软件工程专业本科学位以及获得西澳大学的硕士学位。东莞理工学院先进制造学院(长安)创新"校政企协"多方协同育人模式,依托"校园+工业园"双园办学场地,实施"3年高等工程教育+1年现代师徒制"培养模式,将工程实践能力培养和技术创业有机结合,打造"教育+培训+就业+创业"完整教育服务链,形成高素质应用型人才协同培养的长效机制。粤港机器人学院大力推进跨境、跨校、跨学院、跨专业多学科和多专业交融,采取"2+2"产教融合、校企协同育人模式,以项目为引导,以能力为导向,实施探究型教学模式。佛山科学技术学院实行问题导向、项目学习的工科教学方法,创建了"双学院"人才共育新机制，实施专业设置与产业发展对接、课程内容与企业需求对接、校内学习与企业工作对接"三对接"人才共育新体系，建立了"专业共建""师资共培""课程共创""项目共研""就业共助""资源共享"的人才共育新方法，形成了产业学院建设的典型经验。

（三）打造产业特色的专业课程教学体系

产业学院遵循行业急需、企业认可、学生自主的原则，着重体现学生综合能力、创新意识和实践能力，建立面向企业需要的学生、学校、企业三赢模式的工程应用型人才课程体系与培养架构，以工程教育专业认证为标准，以学习产出为导向，制定与产业紧密结合的人才培养方案，结合工程逻辑构建特色化的课程体系。如东莞理工学院先进制造学院（长安）通过构建适应与支撑3C产品制造产业链需求的动态课程体系，有针对性地根据产业链工程环节需求设计和规划"最后一公里"工程化课程，实施案例化、项目化、做中学、师徒制、创业化、国际化等工程实践模式；粤港机器人学院将"项目驱动式"方式贯穿于人才培养体系全过程，开设创新项目课程、金融课程和创业课程，为学生提供了入门课程训练、Robocon机器人竞赛课程以及多项跨专业项目设计课程，通过开设创新企业课、创新创业项目和竞赛等形式培养创新实践能力、培养实干精神，提升综合解决复杂问题的能力。佛山科学技术学院根据产业和技术的最新发展，增设行业、职业标准类课程，增加需在企业完成的专业课程、实践环节或实验项目；构建项目驱动式实践教学，成立学生工作室，由科研导师指导参与企业横向项目研发，将企业技术项目作为毕业设计题目；同时，注重科研项目成果引入课程，定制工程专题课程，开设智能制造专项训练系列课程，通过企业项目、实物制作、考证相结合方式，让学生全面融会贯通所学专业知识，如通讯工程专业设立以职业化为导向的（MIMPS）教学模式，35个学分，包括项目案例分析、大学生创新创业训练项目（SRP）、岗位技能技术应用课程等；适时调整工科人才培养方案，校企共建课程达45学分以上，实验、实训、实践教学由26%增加到35%以上；近三年与企业共创产业前沿、行业紧缺、企业急需的课程85门和教材资源27种。企业全过程全方位参与人才培养方案制订、课程建设、教学组织和质量评价等各个环节；近两年新建物联网工程、自动化等11个工科专业，服务佛山市支柱产业的专业占比达75%，已建成地方支柱产业和国家战略性新兴产业紧密融合的工科专业体系。

(四)构建"双师型"师资队伍

广东省本科高校产业学院通过校企师资共培,积极引入企业师资走进合作单位进行定向培训,多形式多渠道培养了一批专兼结合、工程实践能力强的"双师型"教师。如华南理工大学软件学院按照3个1/3配备师资:院内专任教师、其他高校相关专业教师和企业外聘教师,一方面充分利用和挖掘学校、学院资源优势和平台优势,采取从全球、全国范围内引进高水平优秀人才与选拔培养现有优秀青年教师相结合的方法,构建软件工程学科建设的人才高地;另一方面,通过产学研项目合作、校企课程共建等方式,由企业委派技术专家和工程师作为企业外聘教师讲授专业课程、指导实训以及开设技术创新课、担任创新创业项目导师等,加大合作企业高级技术人员进校园参与协同育人力度。聘任科研成果转化、技术推广与服务岗位的教师,主要考察其实施科研成果转化的工作绩效,并作为职称(职务)评聘、岗位聘用的重要依据。东莞理工学院粤港机器人学院融合境内外人力资源、松山湖产业基地与企业资深工程师、金融创投知名人士,构建具有不同文化背景、国际化视野的一流师资队伍。佛山科学技术学院与行业企业实施"双聘、双挂"制度,即双方互聘兼职教师、创业导师或工程师、设计师等,双方专业技术人员互换到对方挂职;组织中青年教师到企业挂职锻炼,根据科研方向,选拔教师成立学科团队、项目组,组建课程组,搭建交流学习提升平台,加强课程建设,提升中青年教师的实践能力和业务水平;近三年约180名来自产业一线的"大城工匠"、企业高管和技术专家独立或合作承担专业导论、创新创业基础等课程教学任务;选派约200名中青年教师到产业学院进行产品研发、技术开发等实践锻炼,具有工程背景、企业经历的"双师型"教师达35%。

(五)提升科研创新和社会服务能力

产业学院通过校企项目共研,师生直接面向产业行业企业生产实际问题,参与产品研发、技术攻关,搭建政产学研平台,强化"产学研用"结合。广东省教育厅与佛山市政府共同在佛山市设立广东高校科技成果转化中心,吸引和汇聚全省高校科技成果在佛山转化并逐步拓展到珠江西岸城市,探索高校服务产业转型升级、支撑地方经济社会发展的新机制新模式。佛山科学技术学院整合多方资源,校企联合搭建实验实训平台,促进科研与产业化合作,实现共享人才智力、仪器设备、实验平台和专利基础信息等创新资源,与酷鱼创客学院成立虚拟现实联合实验室,与佛山市飞驰汽车制造有限公司成立新能源汽车联合实验室，成立粤嵌 ICAN 众创空间实验室，与广汽研究院共建车联网协同创新发展中心，共同构建创新型、开放型、综合型的产业孵化开发平台，如成立广汽研究院-华广智能电子技术协同创新发展中心、香港 IGS-华广大湾区技术研究与创新中心、优尼-华广技术创新中心、利迅达-华广智能制造技术创新中心等。华南理工大学微电子学院与广东省/广州市半导体行业协会、国家集成电路产业化基地、大湾区骨干电子科技企业、大湾区相关高校等产学研深度合作，同时结合美国硅谷模式，与技术驱动型的微电子创业公司蜂巢式协同创新，构建大湾区集成电路公共技术服务平台，成为大湾区人才培养、创新企业孵化的摇篮。华南理工大学软件学院积极与本地区 IT 龙头企业，如腾讯、华为、中兴、金山、金蝶等合作建立高水平联合实验室平台，争取共同承担国家级高水平研究课题。加强与知名 IT 企业的研究机构（例如微软研究院、百度研究院等）和国内知名科研院所（例如中科院软件所、自动所等）的合作，建立实习基地，通过项目合作促进人才培养和学术交流，打造软件工程优势专业。佛山科学技术学院近三年工科学生毕业设计和教师科研课题 85% 以上来源于企业实践项目，专利申请数从 67 项、874 项增加到 1 618 项，其中 2013 级食品与安全专业和光电信息"科技创新班"实现了"人人有专利"目标。

四、产业学院建设存在的困难问题

（一）产业学院运行政策制度体系建设有待加强

2019 年，广东省教育厅下发《关于开展首批示范性产业学院遴选工作的通知》，遴选 10 所省级示范性产业学院，这是广东从省级层面支持和探索产业学院建设的重要行动标志。但目前，首批示范性产业学院并没有相对应的经费支持、考核评估及"双师型"教师聘任评价制度等配套政策。各学校产业学院处于自发探索阶段，缺乏协同平台和合作机制，省级统筹还需进一步加强。在发展经费上，参与企业经费投入机制尚不健全，产业学院发展缺乏长期稳定经费资助，运行经费制度化、庞大的师资人员经费支出及管理制度化建设缺乏多方主体的协调，对学生实训实习、教师指导和课程开发缺乏激励，在一定程度上制约了产业学院可持续发展；在考核评估上，产业学院的考核办法及动态调整机制尚未很好实施；在"双师型"教师聘任评价上，因企业和高校运行机制不同，教师和企业技术人员互聘机制仍不通畅，部分高校教师评价标准仍然沿袭传统的以论文和科研成果为导向，分类评价体系尚未健全，影响了"双师型"教师的晋升发展和工作积极性。

（二）产业学院建设成熟模式尚未形成

产业学院起源于英国的"产业大学"，国内实践始于中山职业技术学院，建设主体起初是以高职院校为主。随着创新驱动发展对高校人才培养定位转型要求，一批应用型本科院校和高水平大学逐步与地方行业企业探索开展协同人才培养，产业学院建设逐步蔓延至本科层次院校。虽然在当前国家强调"新业态"和"新工科"的背景下，无论是"复旦共识""天大行动"还是"北京指南"都不同程度地指出"新工科"建设需要建设产业学院，但是无论是"新工科"的概念落实，还是产业学院建设和发展均处于刚刚起步状态，产业学院内涵界定和发展理念未达成共识，没有成熟模式与路径可借鉴。大部分产业学院的推进工作仍然只是停留在企业师资的引入和校内师资的培训、部分产业课程替代现有理论专业课程、"3+1"和"2+2"教学模式改革等传统校企合作模式。国内产业学院多围绕工科专业建设，但多数高校工科专业基础和师资队伍相对薄弱，科研创新和社会服务能力有待加强，难以和相关龙头企业建立长期稳定的产学研合作关系。在实践运作过程中，少数产业学院是集聚多方资源重新建立，多数产业学院是依托原有传统学院，嫁接企业资源整合产生，校内建设场地空间有限，依托产业学院开展教学活动空间严重不足；原有学院体制机制与产业学院发展不相适应，如学科、专业和课程不能有效调配共享，原有师资队伍、学科专业、课程教学短期内难以契合企业合作需求，企业未能参与浸入人才培养方案制定、专业标准制定、课程教学方案制定等人才培养全过程；人才培养模式改革、人才培养方案设计、"双师"结构教师队伍建设、实践教学组织与管理等自身内涵建设不完善，未有效发挥科学研究和社会服务功能；特别对于跨学科、跨专业的产业学院，未能集聚跨界优质资源建立学科专业群，直接影响人才培养供给侧和产业需求侧各要素的深度融合，制约教育链、人才链与产业链、创新链的有机衔接。

（三）政行校企多方长效合作机制尚未确立

教育的公益性与企业的逐利性互相矛盾，如何找到二者之间的平衡点是当前产业学院建设的核心难点。多数产业学院运行存在高校"一头热"的现象，企业参与办学大多依靠企业领导者的教育情怀和企业短期人才需求，合作积极性不高，政行校企多方未能形成真正互利共赢的"利益共同体",尚未建立供需吻合的长效合作机制。利益是企业支持产业学院建设的动力根源,但当前在政策层面,缺乏对企业参与办学较为明确的财政税收减免等优惠政策,针对校企合作的税前抵扣减税政策缺乏可操作性,多数政策流于形式,未能落地;政策宣传力度不够,高校和企业对校企合作优惠政策解读不充分,阻碍了合作的达成。企业缺少专门的校企合作对接人员或组织机构,校企合作配套的制度建设滞后,校企各层次的合作不平衡导致产教融合深度不够,加上部分教学型高校缺乏高层次创新型教师队伍,科研创新能力不足,科技成果转化不多,社会服务能力有待提升,未能发挥高校对企业技术研发和技术引领作用,企业的愿景在合作过程中无法实现或效能过低,导致双方合作后劲不足。

(四)治理结构和管理体制有待完善

一些产业学院探索建立了理事会、董事会等管理组织架构和考核评估办法等制度,但也有部分产业学院存在治理结构和管理制度缺失问题。产业学院涉及政行校企等多方力量,是一个多元主体参与治理的组织,具有特殊性和复杂性,因此建立科学合理的现代化治理体系起着至关重要的作用。在实际运行过程中,部分产业学院仍面临内部组织架构悬浮、运行机制阻塞不畅的共性问题,多主体之间利益关注目标各异,在缺乏有效合理的法人治理结构情况下,价值冲突难以解决,资源调配能力弱化,拟定方案与举措难以真正落地,严重制约办学成效。部分产业学院理事会成员存在较大不确定性,特别是企业成员深度参与决策的权力未充分履行。董事会、理事会等组织存在过于依靠签订合作协议,忽略人才培养规律和协同育人共识等问题。特别是对于跨境、跨校、跨学院、跨专业多学科和多专业交融的产业学院,各主体之间统筹协调不力,缺乏强有力的领导核心和治理机制,难以建立校际、专业之间学分承认机制,仍存在教学模式的冲突和专业之间管理壁垒,不利于产业学院良性运行。

五、产业学院建设的路径

"新工科"建设背景下,广东省本科高校产业学院仍需加强政行校企资源深度融合,在完善政策制度体系、健全共赢机制、优化人才培养模式和提升治理能力等方面发力,助力建设粤港澳大湾区产教融合示范区。

(一)完善法律政策制度体系,激发多方办学活力

加强省级政府对产业学院建设的统筹,大力推动本科高校产业学院建

设，从法律政策机制上保障产业学院稳健发展。一是政府应明确产业学院成立的基本条件和要求，制定行政审批规范和程序，出台产业学院运行管理和人事管理制度，加强过程管理和过程服务，凸显办学成效考核。二是基于产业学院的特殊性质，允许产业学院登记为独立的法人，拥有相对独立的决策权力，鼓励产业学院市场化运行，自由吸收民间资本，根据市场变化进行供给侧改革，建立产权认证和保护机制，确保产业学院健康发展。三是依托首批示范性产业学院，协同政府、高校、企业和智库力量，搭建校企优势资源、校企需求的交互式信息平台，实现大数据产业学院建设、人才培养、科研创新、社会服务与区域产业链的紧密对接。建立省本科高校产业学院联盟，组织经验交流活动，着力构建省校两级示范性产业学院体系。四是建立由政府、行业协会、高校专家等多方力量组成的管理或评估机构，制定省校两级产业学院建设成效评价考核办法，把产业学院制度建设纳入省"十四五"规划和"创新强校工程"考核指标，实行滚动支持和动态调整，对发展较好的产业学院给予表彰奖励，推广办学经验。五是划拨产业学院建设专项经费，积极拓展社会力量参与办学，广泛开发多元化经费渠道，细化经费管理体系，提高经费使用效率，由单纯的硬件设施投入转向以软性建设（如课程开发、师资引进、教研教改、专项奖补等）为主，促进内涵建设。

（二）加强多主体利益协调，构建长效互惠共赢机制

产业学院建设是多参与主体之间政治权力、行政权力、学术权力、教师权益、学生诉求等力量之间的博弈与制衡，唯有坚持需求导向，强化共赢意识，增强制度效能才能提高多方参与办学的积极性。在政府层面，发挥产业学院在地方经济社会发展中的作用，为产业学院的发展创造市场条件，对积极投身产业学院的企业、高校给予财政、税收以及土地使用等方面的优惠，增强政策的针对性、普惠性和可操作性，吸引更多的优秀企业、高校参与到产业学院的建设上来。组织校企供需洽谈会，聘请专兼结合的宣讲队伍，全面厘清校企双方开展产业学院建设的利益共赢点，政府官方媒体可利用电视、网络等新兴主流媒体，加强对产业学院的宣传报道，在舆论上积极引导，提升参与企业在公众中的影响力。在校企层面，以合作框架协议的制订为起点，全面分析产业行业企业需求和高校发展契合点，在人才培养、课程开发、师资培训等方面加强与产业的精准对接，积极开展项目合作、技术共研、专利申报在内的产品技术研发共赢，既满足学校提升办学质量、改革人才培养模式的诉求，又保障企业的既得利

益，提高企业参与合作的积极性，营造"共建、共享、共创、共赢"的良好合作氛围，真正实现协同育人、协同创新、协同发展。

(三) 创新产业学院建设模式，提升社会服务能力

产业学院的可持续发展根基仍深植于学校自身的内涵建设。高校应贯彻以学生为中心、以学院为主体的管理理念，将产业学院打造为学校管理体制改革的"特区"，逐步扩大学院在专业课程调整、人才引进、资源整合等方面的管理权限，在课程、教学、师资、人才培养模式一体化改革和产业学院建设模式创新上持续发力。以人才培养方案的制订与完善为抓手，梳理企业教育资源与学校教育资源，根据区域产业行业企业发展需求开发合适的产业学院建设模式；结合"新工科"建设，面向产业整合学科专业教学资源，分类定位、因校制宜，加强平台支持与政策保障，积极探索多学科跨界组建、多校协同组建、粤港澳高校共建等多元化、多层次产业学院建设新模式；厘清课程的模块化建设思路，加强课程体系建设的科学性和系统性，建立集独立性、指向性、开放性于一体的模块化课程群；关注教学模式改革研究，以课堂教学成效改进为核心，提升学生基础理论学习和实践运用能力；以兼职兼课、项目合作等方式引入企业师资，充实高水平"双师"结构教师队伍；加强校企孵化平台、科技成果转化平台和创新创业平台建设，提升科技成果产出孵化效率；加强创新创业教育，以"三接触"——学生与生产设备接触、与企业工程师接触和与工程实际问题接触为契机，启发学生和教师团队发现问题、研究问题、解决问题的能力，提升科研创新能力和技术转移能力。以应对变化、塑造未来为指引，以继承与创新、交叉与融合、协同与共享为主要途径，推动思想创新、机制创新、模式创新，实现从学科导向转向以产业需求为导向，从专业分割转向跨界交叉融合，从适应服务转向支撑引领，总结、提炼办学成效与不足，借鉴吸收国内外产业学院办学经验，形成产业学院建设的"广东经验""广东模式"。

(四) 加强"双师型"师资队伍建设，提升科技成果转化能力

聘请企业优秀人才参与产业学院课程方案制定和教育教学改革，创新企业人员参与教学的评价和福利制度，与高校教师享有同等待遇。改变在教师职称（职务）评聘、收入分配中过度依赖和不合理使用论文、专利、项目和经费等方面的量化评价指标的做法，适当增加完成项目与成果转化在职称（职务）评聘中的比重。给予产业学院教师职称晋升自由选择的权

利,既可以参与高校教师序列的职称评定,也可以选择企业方面的职称评定,以宽松的政策吸引更多的教师、企业员工加入到产业学院的人才培养队伍中来。聘任科研成果转化、技术推广与服务岗位的教师,主要考察其实施科研成果转化的工作绩效,并作为职称(职务)评聘、岗位聘用的重要依据。落实国家关于高校教师离岗创业有关政策,保障教师在科技成果转化中的合法收益。大力促进教师开展科研成果转化工作,鼓励教师积极参与技术创新和产品研发,组建个人(团体)新型技术转移服务机构,实行科技成果转化现金奖励个税减免,鼓励教师通过许可、转让、作价入股等方式加快科技成果转化和产业化,把科研成果转化作为着力培育大众创业、万众创新的新引擎,通过一系列创新性路径实现教师教学、科研、社会服务三大能力的融合。

(五)完善治理体系,提升治理能力和水平

改善内部组织架构及运行设计,是产业学院履行人才培养、科学研究、创新孵化等职能的组织基础。多主体参与的产业学院,需建立现代产权制度与现代学校制度相结合的法人治理结构,构建理事会或董事会组织架构,实行校企共建共管的理事会或董事会制度,形成完备的校企合作框架体系。在学校章程中明确产业学院的地位和作用,完善产业学院运行的有效机制和管理制度,通过落实相应的机构职责、人员配置及资金支持,健全机构功能和运行机制,为校企长效合作提供组织管理保障。通过引入产业链、创新链和教育链等主体参与理事会,实行理事会(董事会)领导下的院长(执行院长)负责制,优化内部管理制度,建立决策、执行、监督相互制衡的治理结构,决策产业学院建设与发展的重大事项,如修改章程、制定规划、选聘或解聘产业学院院长、审核预决算等。依托二级学院增设执行院长,执行院长在机构设置、人员评聘和管理、资源配置等方面拥有自主权,按照市场化原则建立竞争性激励考核制度。成立产业学院协调机构,设立"跨界院长",与执行院长共同统筹协调产业学院发展,形成以核心决策团为主的组织、协调、运行机制,打通决策落实的"最后一公里";强化产业学院的教代会、学术委员会和工会等的监督职能,保证决策民主、执行到位、监督有效、责任共担。借鉴企业化运行机制,强化校企双主体地位,以项目为载体,依托产学研协议,落实合作内容、合作计划,吸纳合作方管理人员实质性参与人才培养全过程,对学院发展规划、人才培养方案、课程开发、师资选派、课堂教学及实践环节、项目申报、实习学生管理等校企共同开展的事项进行协调与落实。

参考文献

[1] 朱为鸿,彭云飞. 新工科背景下地方本科院校产业学院建设研究 [J]. 高校教育管理,2018,12 (2):30-37.

[2] 励效杰. 产业学院的制度逻辑及其政策意义 [J]. 职业技术教育,2015 (31):49-52.

[3] 黄彬,姚宇华. 新工科现代产业学院:逻辑与路径 [J]. 高等工程教育研究,2019 (6):37-43.

[4] 宜葵葵,王洪才. 高校产业学院核心竞争力的基本要素与提升路径 [J]. 江苏高教,2018 (9):21-25.

[5] 范立南,李佳洋. 新工科视域下多方协同产业学院的共建共管机制研究 [J]. 教育现代化,2018 (1):129-131.

[6] 林建胡,李文芳,陈志勇. 新时代新工科产业学院建设刍议 [J]. 绥化学院学报,2019 (3):126-128.

(执笔人:贾秀险;审稿人:孙丽昕)

广东教育改革发展研究报告2020

"十四五"广东高等教育发展的基础、问题与重点任务研究

○广东省教育研究院高等教育研究室*

摘 要:"十三五"以来,广东高等教育在办学规模、质量、开放合作和改革发展等领域均取得了较大进展,但仍存在高等教育毛入学率不高、布局结构有待优化、部分地方高校办学定位模糊、高等教育内涵建设需要加强、大湾区合作广度和深度有待拓展等诸多问题。面向"十四五",广东需要厘清总体目标和分段分类目标,重点加快优化高等学校布局结构,扎实推进高等教育"冲一流、补短板、强特色",着力打造国际一流产学研结合创新高地,推动粤港澳大湾区高等教育合作发展,全面提升高等教育国际交流合作水平等。

关键词:"十四五" 广东省 高等教育

一、"十三五"时期广东高等教育发展基本状况

(一)办学规模稳步增长

"十三五"以来,广东省高等教育办学规模稳步增长,结构进一步优化。全省普通高校从2015年的143所,增加到2018年的153所。2018年,全省高等教育毛入学率达到42.43%,比2015年的33.02%提高9.41个百分点(见图1)。

---

* 本文系广东省哲学社会科学规划2019年度一般项目"粤港澳大湾区国际高等教育示范区建设标准研究"(批准号:GD19CJY07)阶段性研究成果;全国教育科学"十三五"规划2018年课题(EZA180494)阶段性成果。

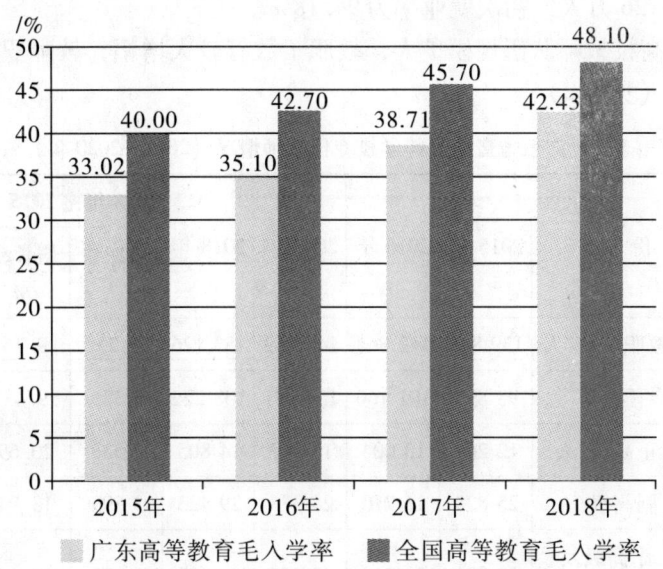

图1　2015—2018年广东高等教育与全国高等教育毛入学率对比图

普通高校学生规模有所增长。普通本专科和研究生招生数分别增长4.91%和38.71%，在校生数分别增长5.75%和28.44%，毕业生数分别增长9.86%和10.33%（见表1）。

表1　广东省普通高等学校规模概况（2015—2020年）

年份		2015年	2016年	2017年	2018年	2018年比2015年		预估2020年
						增加数/人	增长率/%	
招生数/人	研究生	30 650	32 393	38 832	42 515	11 865	38.71	50 400
	普通本专科	561 456	549 822	570 775	589 034	27 578	4.91	607 500
在校生数/人	研究生	89 404	92 875	102 912	114 830	25 426	28.44	132 000
	普通本专科	1 856 355	1 892 878	1 925 775	1 963 170	106 815	5.75	2 035 000
毕业生数/人	研究生	26 174	27 155	27 148	28 878	2 704	10.33	30 700
	普通本专科	476 901	489 397	511 222	523 936	47 035	9.86	555 300

注：数据根据《广东省2018/2019学年教育事业统计简报》整理而成。

毕业生就业保持同步增长平稳态势，2018年普通高校参加就业毕业生人数为54.26万人，初次就业率为94.18%。

普通高校教师队伍规模扩大，教职工数有较大增幅，教师职称结构进一步优化（见表2）。

表2 广东省普通高等学校专任教师情况（2015—2020年）

年份		2015年	2016年	2017年	2018年	2018年比2015年		预估2020年
						增加数/人	增长率/%	
专任教师数	教职工数/人	139 888	142 864	148 059	153 126	13 238	9.46	162 000
	专任教师/人	98 897	101 160	104 381	108 222	9 325	9.43	114 500
职称	正高级/人	12 267	13 004	13 982	14 805	2 538	20.69	16 500
	副高级/人	25 824	26 710	28 373	29 423	3 599	13.94	31 800
	副高级及以上/人	38 091	39 714	42 355	44 228	6 137	16.11	48 300

注：数据根据《广东省2018/2019学年教育事业统计简报》整理而成。

（二）办学质量显著提升

高校学科发展水平明显提升，学科结构不断优化。根据《广东省2018/2019学年教育事业统计简报》，截至2018年9月，全省有一级学科博士学位授权点187个、一级学科硕士学位授权点438个，分别比2015年增长34.53%和24.43%。高水平学科不断涌现，截至2018年底，全省共有11所高校入选四大全球排行榜（世界大学学术排名、泰晤士世界大学排名、QS世界大学排名和USNews世界大学排名）；331个学科入选上海软科公布的中国最好学科排名，居全国第4位，比2017年增加41个；15所高校共69个学科入围基本科学指标数据库（ESI）全球排名前1%，比2015年增加34个，增长97%。2016—2018年，全省新增理工类本科专业181个。截至2018年底，全省理工类本专科在校生占比达到39.2%，比2015年提高3.8个百分点。

本科教学改革成果显著。2018年全省获得国家级高等教育教学成果奖31项，较上一届增加13项，获奖总数居全国第五位，其中地方高校获奖总数居全国第二，为历史最好成绩。

高校科学研究能力得到提升。截至2018年底，全省有国家重点实验室

12个，国家工程研究中心10个，国家工程技术研究中心9个，省部级重点创新平台400多个。2016—2018年，全省高校共获得国家科学技术"三大奖"（国家自然科学奖、国家技术发明奖、国家科学技术进步奖）30项，获得授权专利29 063项，累计签订技术转让合同1 455项，累计技术转让收入47 707.1万元。

（三）开放合作办学持续深入

实施对外合作与交流提升计划，充分利用各类友好资源，加强与欧美国家、亚洲国家、大洋洲国家的教育交流与合作，重点推进与"一带一路"沿线国家、太平洋岛国、东南亚的教育交流。打造"留学广东"品牌，推动来粤留学工作内涵式发展，留学生规模不断扩大。办好北京师范大学－香港浸会大学联合国际学院、香港中文大学（深圳）、广东以色列理工学院、深圳北理莫斯科大学等合作大学，推动香港科技大学（广州）建设，具有法人资格的中外合作办学或内地与港澳台地区合作办学机构数居全国第一。支持一批不具有法人资格中外合作办学或内地与港澳台地区合作办学机构建设。

以粤港澳大湾区建设为契机，深化粤港澳教育交流合作。推进港澳高校来粤合作办学的8个项目和4个高等教育合作联盟建设。2016年启动实施粤港澳联合实验室建设工作，首批立项5家；开展粤港澳资历框架合作，推动粤港澳大湾区人才有序流动。截至2018年，广东省可招收港澳台学生高校54所，比"十二五"期间增加14所，其中考试招收香港学生的高校22所，比"十二五"期间增加2所，占全国同类学校点数的1/5强，招收澳门保送生高校19所。2018学年，在广东省高校就读的港澳台学生10 643人，教育部共给予3 597个港澳台侨学生奖学金名额。

（四）改革发展不断深化

1. 坚持党的领导，全面落实立德树人根本任务。完善党委领导下的校长负责制，遵循《广东省普通高等学校党委工作规定》《广东省普通高等学校校长工作规定》《广东省普通高等学校教职工代表大会工作规定》和《关于进一步规范和完善普通高等学校党委会议、校长办公会议制度的实施办法》，从运作机制上确保党委领导下的校长负责制的落实。夯实高校基层党建工作，坚定不移推进高校全面从严治党。印发《全省高校贯彻落实〈广东省加强党的基层组织建设三年行动计划（2018—2020年）〉实施方案》《广东省属民办高校党委书记和督导专员选派管理暂行规定》《高校党建工作考核评价指标体系》等文件，推动夯实高校党建工作基础。

2. 坚持教学中心地位，全面提高人才培养质量。实施"强师工程"，印发《中共广东省委 广东省人民政府关于全面深化新时代教师队伍建设改革的实施意见》（粤发〔2018〕25号），全面部署教师队伍建设。印发《广东省教育厅关于加强本科高校在线开放课程建设和应用的意见》，实施广东在线开放课程建设"千百计划"，组建粤港澳大湾区高校在线开放课程联盟，推动湾区优质课程资源共建共享及学分互认。推动应用型、技能型人才培养，深化校政行企协同育人和创新创业教育改革，搭建校政行企、产学研用合作和交流平台，遴选213个培育校企合作协同育人项目。完善社会监督和分类评价的教学质量保障体系。印发《广东省人民政府关于强化实施创新驱动发展战略 进一步推进大众创业万众创新深入发展的实施意见》（粤府〔2018〕74号），实施高校毕业生就业创业促进计划，全面提升高校毕业生就业创业能力，进一步增强创新创业活力。推动研究生培养机制改革，调整和优化研究生教育结构，构建政产学研深度融合的人才培养体系，引导高校研究生培养特色化发展。

3. 开展高等教育分类体系建设，优化高等教育布局结构，推动高校分类特色发展。根据《广东省教育厅关于印发〈广东省"十三五"高等教育"创新强校工程"总体方案（试行）〉的通知》（粤教高〔2016〕6号）、《中共广东省委 广东省人民政府关于建设高水平大学的意见》（粤发〔2015〕3号）、《中共广东省委 广东省人民政府关于加强理工科大学和理工类学科建设服务创新发展的意见》（粤发〔2016〕1号）、《教育部 国家发展改革委 财政部关于引导部分地方普通本科高校向应用型转变的指导意见》（教发〔2015〕7号）、《关于印发〈高等教育"冲一流、补短板、强特色"提升计划实施方案〉的通知》（粤教科函〔2018〕119号）、《广东省教育厅关于推进本科高校产业学院建设的若干意见》（粤教高函〔2018〕102号）等文件精神，加快推进"双高"、应用型转型、"新师范"、"新工科"以及产业学院等建设，统筹推进世界一流大学和一流学科建设，实施"冲补强计划"，推动全省公办本科高校分类特色发展，在各自领域争创一流。目前在建7所高水平理工科大学、14所应用型转型试点高校、18所"冲一流"组团高校（整体建设高校10所、重点学科建设高校8所），遴选省内首批10所示范性产业学院。

4. 加强管理体制改革，健全保障机制。印发《关于广东省深化高等教育领域简政放权放管结合优化服务改革的实施意见》（粤教人〔2017〕5

号），深化高等教育领域"放管服"改革，进一步扩大高校办学自主权。印发《广东省人民政府办公厅关于深化高校科研体制机制改革的实施意见》（粤府办〔2015〕58号），提出高校科研创新改革的9条具体措施，有效激发了高校科研人员的创新活力。健全保证财政教育投入持续稳定增长的长效机制，坚持把教育放在优先位置，妥善处理预算安排方式与优先发展教育的关系，逐年加大对教学的投入，以"冲补强"计划、"创新强校"工程、提高生均拨款系数等为抓手，统筹"双一流"建设、"双高"建设、"创新强校"建设等重点工作。加大省级财政教育转移支付力度，明确并落实省、市财政"确保一般公共预算教育支出逐年只增不减，确保按在校学生人数平均的一般公共预算教育支出逐年只增不减"（"两个只增不减"）支出责任。

二、"十三五"时期广东高等教育发展存在的主要问题

（一）高校数量不足，高等教育毛入学率不高

2018年全国高等教育毛入学率达48.10%，广东为42.43%。国内生产总值（GDP）900 309亿元，人口139 538万，高校2 663所，每千亿GDP和每百万人口拥有的高校数分别为2.96所和1.91所，校均规模10 631人（本科13 633人，高职高专7 995人）。广东省GDP 97 277.77亿元，常住人口11 346万，高校153所，每千亿GDP和每百万人口拥有的高校数分别为1.57所和1.35所，校均规模12 916人（本科17 708人，高职高专9 430人），广东不仅高校数量少，而且校均规模大。2019年1月5日，广东省政府常务会议审议通过《广东省进一步提高高等教育毛入学率实施方案（2019—2021年）》（粤府〔2019〕7号），该方案明确广东省高等教育毛入学率到2020年提高到50%左右（全国平均水平），实现这一目标需要充分调动所有积极因素并采取强有力措施，尤其要全面打通中职—高职—本科升学通道。

（二）区域发展不平衡，布局结构有待优化

在空间布局上，广州地区高校82所，占全省总量的53.59%，其中本科36所，高职院校46所，5所"双一流"大学均在广州。广州地区每百万人口、每千亿GDP拥有高校数分别为5.50所和3.58所，深圳、佛山、东莞等分别为0.56所和0.31所、0.91所和0.74所、0.84所和0.92所，高等学校与区域经济社会发展水平不相适应。同时，区域发展不均衡还包

括粤东西北地区高等教育落后,主要表现为:学校内部管理体制机制动力不够;办学特色不鲜明,学科专业与珠江三角洲地区高校同质化严重,与经济社会发展结合不紧密;主动服务地方意识和能力不强,主动服务意识不够,学生在本地就业比例不高,大部分学生到珠江三角洲就业。科技创新和服务能力不足,缺乏科研创新平台;人才队伍数量不足,高水平人才缺乏;政府对粤东西北高校发展的政策倾斜不够、经费支持不足。在层次布局上,广东2018年经济总量和人口占全国的10.80%和8.13%,一流大学和一流学科建设高校仅占4.76%和3.16%,不仅与北京(31所)、江苏(15所)、上海(13所)等相去甚远,而且与四川(8所)、湖北(7所)、陕西(7所)等相比也有不小差距。2018年全国在学博士生38.95万人、硕士生234.17万人,每亿元GDP所拥有的博士生和硕士生数分别为0.433人和2.601人。广东在学博硕生分别为1.70万人、11.03万人,每亿元GDP所拥有的博士生和硕士生数分别为0.175人和1.134人。与此相应的还有高水平学科、平台数较少,院士、长江学者等高层次人才数量较少,高等教育总体发展水平难以支撑全国经济大省和强省发展需求。

(三)部分地方高校办学定位模糊,人才培养与经济社会发展结合不够紧密

当前不少高校学术本位思想仍然较重,在研究型和应用型的定位中摇摆不定,导致人才培养与经济社会发展的结合不够紧密。高校的科技创新对全省经济社会发展、创新驱动发展战略和粤港澳大湾区发展战略支撑能力有待加强。关键共性技术研发及工程化平台不多,新型研发机构需要大力建设发展,科研成果转移转化机构急需建设培育,科技成果转移转化机制需要完善,科技成果转化的效率和质量需要提升。

(四)高等教育内涵建设需要加强,现代育人体系有待健全

一是高校教师队建设有待加强,高素质专业化创新型教师总量仍不足。少数高校对师德建设重视不够,主体责任落实不到位。对师德师风建设的重要性认识不够,在师德管理方面存在"宽松软"现象,责任落实不到位;与国家创新发展的要求相比,高校高层次人才总量偏少,与广东省改革发展对高层次人才的需求不相适应;师范院校特色弱化、力量分散,与基层教育实际脱节,注重师范生知识教育而忽视教育实践能力培养,优秀教师来源不足;高校人才成长的环境有待改善,科学合理的人才评价机制有待健全。二是人才培养方式和模式改革有待深入。部分教师和教学管理人员仍满足于传统的教学和管理方式,创新创业元素未能融入人才培育过程，应用型人才与行业产业社会需求之间存在差距，理工类专业布点需要加强，专业布局不合理，重复建设现象严重，专业结构与产业结构对接不紧。本科教学改革力度有待加大，教学质量标准难以涵盖本科教育教学全过程各方面各环节。

（五）资源融通不畅，大湾区合作广度和深度有待拓展

在合作办学方面，港澳高校到大湾区内地合作办学的诉求有政策限制；在人才培养的衔接融通方面，粤港澳高校学生联合培养水平有待提升；在师生的交流合作方面，内地学校师生赴港澳交流学习通道需更畅通；在高层次人才引进方面，大湾区人才社会保障制度不完善成为引进港澳高层次人才的主要障碍；在科研合作方面，广东高校与港澳科研合作在实质性和深入性上都存在不足；在协同发展力度方面，珠江三角洲高校除中山大学、华南理工大学、暨南大学、南方科技大学和深圳的一批高端研究院外，其他高校很难与香港多所世界大学100强的高校有比较接近的合作平台和对话基础，各方合作基础不对称也不广泛，甚至不如香港地区高校和中国内地9校联盟（C9）的合作；现有的粤港澳高校联合实验室认定了10家，覆盖范围有待扩大，离打造全球科技创新中心这个层面的深度合作还有较大距离。

三、"十四五"时期广东高等教育发展目标考虑

（一）总体目标

高等教育办学规模稳步增长，高等教育内涵建设不断增强，高等学校人才培养质量和自主创新能力明显提升；高等教育类型结构不断优化，以高水平大学和高水平理工科大学建设为引领，构建大湾区中国特色一流大学群，建成一批具有示范效应的应用型大学；高等教育治理体系更加科学，高校办学体制机制更加灵活，现代大学制度建设更加完善。焕发高等教育发展活力，构建高等教育资源互联互通的粤港澳大湾区国际高等教育中心，初步实现开放包容、协同创新、共建共享、运转高效的教育现代化，形成中国最具活力和较强国际影响力、吸引力、竞争力的高等教育创新发展体系。

（二）具体目标

1. 构建国民高等教育育人体系。到2025年，高等教育毛入学率达到55%以上，进入高等教育普及化阶段，高等教育在校生总规模达到294万

人以上，多形式办学满足人民大众接受高等教育需求。全面落实立德树人根本任务，注重培养学生自主学习意识和高尚的人格修养，将大学生核心素养培养根植到立德树人全过程，把立德树人融入教育各环节、各领域，将思想政治工作体系贯穿人才培养体系。扎实推进"新工科""新师范"建设，不断推进课堂教学模式改革，不断优化拔尖创新人才和高层次应用型人才选拔培养机制和就业创业环境，构建一流本科教育体系，人力和智力支撑能力不断增强。

2. 构建多元特色一流高等教育体系。构建高等教育分类发展、分类指导、分类管理政策体系，以"创新强校"工程为引领，继续实施高等教育"冲一流、补短板、强特色"，大力推进高水平大学建设，加强理工科大学和理工类学科建设，重点建设一批与经济社会发展紧密相关的特色学院，推进省市共建普通本科高校，引导部分普通本科高校向应用型转变。到2025年，理工科学生占比达到52%；ESI入围学科较"十三五"期间翻一番。开展粤港澳大湾区高校学历互通、学分互认，构建多元立体的高等教育资历框架。

3. 构建创新要素集聚的湾区高等教育创新体系。面向粤港澳大湾区经济社会发展需要，超前布局知识创新和社会服务重点，新建、扩建8~10个大学科技园和品牌孵化器，建成一批特色鲜明的国家重点学科、国家重点实验室、国家工程（技术）研究中心、新型研发机构等创新平台。实现粤港澳大湾区创新要素无障碍流通，实施高校＋产业园区精准对接，构建一批产业链、创新链、教育链融合发展的创新要素集聚区。

4. 构建灵活开放的现代大学治理体系。依法治教水平明显提升，办学体制灵活开放，人才培养体制机制不断优化，学校内部管理机制不断完善，考试招生制度逐步完善，现代大学制度不断健全，全面落实"一校一章程"，构建适应发展、科学规范、运行有效的现代大学治理体系。

四、"十四五"时期广东高等教育发展重点任务建议

（一）加快优化高等学校布局结构

1. 以全球视野和国家及区域战略推动广州、深圳高等教育发展与经济结构布局相适应，与人口总量和结构变化相协调，与城市功能定位相匹配。围绕推动综合城市功能出新出彩、城市文化综合实力出新出彩、现代服务业出新出彩、现代化国际化营商环境出新出彩（"四个出新出彩"）实现老城市新活力，统筹广州地区高校资源，着力打造一批能服务国家重大

战略和引领区域经济社会发展的高等院校；深入实施大学城水平提升计划，建设学生学分互选互认、转学转专业试点，打造集协同育人、科研、服务为一体的新型智慧中心；打造一批服务国家重大战略的国家级平台，形成一批服务地方经济社会发展的特色高端平台，构建一批高水平协同创新中心，建立一批产学研技术创新联盟。加快广州交通大学、华南财经政法大学、香港科技大学（广州）、中国科学院大学广州学院、香港中文大学（深圳）、深圳北理莫斯科大学、中山大学深圳校区、哈尔滨工业大学（深圳）等建设步伐，建立国际化开放式创新型高等教育体系，成为国内一流高等教育中心城市。支持深圳围绕建设中国特色社会主义先行示范区总部署，集聚优势资源，对标国际一流，深化改革创新，高起点建设10所左右与5G、人工智能、网络空间科学与技术、生命信息与生物医药、智能经济、健康产业等相关的高水平本科院校，将深圳大学、南方科技大学建设成为国内一流大学。

2. 珠江三角洲地区多形式高起点发展特色应用型本科学校和高职院校。鼓励各地市按需、量力、多形式、多主体重组或新设一批规模较小、富有特色、与区域主体产业群关联紧密的特色本科学校。充分调动地方政府加大资源投入和政策支持力度，全力推进省市共建本科院校，鼓励各地市重点引进或培育一所以上高水平大学。重点建设大湾区大学、中山科技大学、中科院深圳理工大学、佛山理工大学、碧桂园机器人学院等一批理工、财经类为主的院校。紧密对接新一代信息技术、高端装备制造、绿色低碳、生物医药、数字经济、新材料、海洋经济、现代工程技术、现代种业和精准农业9大产业，重点布局建设与城市规划、大健康、大数据、智能制造、航空航天、石油化工、海洋装备、新能源、新材料、节能环保、金融贸易、国际法律、国际财会、旅游休闲、养老服务、5G和移动互联网等相关的学科专业。

3. 粤东西北地区各地级市重点建设适应本区域经济发展需要的本科学校和高职院校。以合作办学、合并或升格、分校（校区）等形式在阳江、汕尾、揭阳建设本科学校，加快实现本科学校地市全覆盖步伐。在粤东西北地区各重点打造一所在国内同类型院校中具有较强影响力的高水平大学。集聚相关资源改善高职院校办学条件，提高职业院校教育质量和水平。按照地区经济社会发展规划，分区域调整优化学科和专业结构，重点建设与海洋医药、石油化工、装备制造、交通运输、医疗卫生、种植养殖、生态保护等相关的学科和专业。

(二) 扎实推进高等教育"冲一流、补短板、强特色"

1. 加快世界一流大学和一流学科建设。对进入国家"双一流"计划的高校予以持久强力支持,确保参建高校在"双一流"建设中走在全国前列。持续推进高水平大学和高水平理工科大学建设,推进南粤重点学科提升计划和特色重点学科建设计划,探索建立广东特色新工科发展模式,加快建成一批国内一流、世界知名的高水平大学和学科。健全拔尖创新人才培养体系,深化考试招生制度改革,推进创新创业教育。提高师资队伍层次和水平,造就一批领军人才和国内一流的创新团队。依托重大科技基础设施、实验装置和科研平台,建设一批高精尖研究中心和产学研用一体化创新中心。打造重点优势学科群,加快提升基础研究水平。

2. 补齐高等教育发展短板。深入实施振兴粤东西北高等教育计划,加大高等教育转移支付力度,提升高等教育内涵式发展水平,切实发展优势、特色、新兴学科专业,积极发展专业学位研究生教育。在高层次人才计划评选中,粤东西北地区高校名额单列。加强粤东西北地区科研平台培育和建设,新建一批体现区域学科集群优势和特色的重点实验室、工程研究中心和人文社科研究基地,提升区域经济社会发展服务能力。

3. 强化高等教育发展特色。深化人才培养模式改革,强化协同育人机制,突出专业特色,培养一大批适应现代产业需求的高素质创新型、应用型、复合型人才。全面打通中职—高职—应用型本科—专业学位之间的壁垒,形成交流畅通的人才培养通道。分类推进高等学校建设模式创新,着力建设一批特色突出、在国内具有较高影响力的学科专业。支持理工类院校深入探索"高校+研究院+企业"的产学研合作新模式;支持人文社科类、艺术类高校立足南粤大地,加强哲学社会科学和先进文化研究,构建新型高端智库,提升资政育人能力。

(三) 着力打造国际一流产学研结合创新高地

1. 推动高校超前布局知识创新和社会服务重点。把握世界科技发展趋势,参与国际重大科技竞争与合作,继续强化基础研究和原始创新能力。建设一批特色鲜明的国家重点实验室、国家工程(技术)研究中心、国家工程实验室等科研平台,协同建设若干国家技术创新中心,成为全球创新中心、创新设计中心和制造业科技创新中心。

2. 健全高校科研创新和科技成果转化机制。健全高校科学研究支撑体系,完善高校自主科研支持机制,推进科技资源共建共享。完善创新导向的评价制度,对从事基础、应用等不同创新活动的科研人员实行分类管理、分类评价、分类支持,鼓励科研人员持续研究和长期积累。强化知识产权创造、保护和运用,构建有利于科技成果转化的机制,推动高校建立专业的科技成果转化与知识产权运营机构,完善科技成果转化登记、公示和收益分配制度。发挥高校学科集群优势,构建一批人才培养链、产业链、创新链融合发展的创新要素集聚区,推动形成若干国际一流区域科技创新中心。

3. 加强高校高素质专业化教师队伍建设。扩大高校选人用人自主权,实行高校人员总量管理,严把高校教师选聘入口关。推进高校教师职务聘任制改革,探索多种形式师资聘任制度和科学合理考核评价制度,实行准聘与长聘相结合,探索以岗位为基础的协议工资制、项目工资制等多元收入分配形式。加强高层次人才引进培养前瞻谋划和布局,支持高校面向全球招聘高素质人才和创新团队,建立高校国际人才和团队清单制度,定期发布紧缺需求。加大资金投入,以重大科研平台、重大科研项目为带动,支持交叉学科群和科技攻关团队建设,为国际一流人才再攀科学高峰奠定基础。改革高层次人才管理机制,引进更多院士、长江学者等高层次人才,造就一批世界一流教育领军人才和一流科技创新团队。

(四)推动粤港澳大湾区高等教育合作发展

配合粤港澳大湾区战略布局,创新教育交流与合作机制,构建世界一流的高端教育资源要素集聚平台。完善教育发展统筹协调机制,制定粤港澳教育协同发展政策,推动教育合作常态化、制度化。推进粤港澳教育服务贸易自由化工作,巩固和深化粤港澳高等教育交流与合作。打造世界级的国际高等教育创新发展中心,探索建立粤港澳各具特色的高校联盟,建设一批教育交流与合作品牌,建成"一小时学术圈"。充分发挥香港中文大学(深圳)、北京师范大学-香港浸会大学联合国际学院、澳门大学横琴校区等合作办学的示范效应和带动作用,推动区域若干大学建立学分互认试点。创新粤港澳合作培养人才模式,积极实施粤港澳大学生创新创业行动。鼓励香港大学、香港科技大学等世界一流高校在粤布局实验室、研究中心等,支持粤港澳高校、科研院所合作设立实验室,在三地开展科研合作及成果转化工作,不断丰富充实合作内容和形式。以新理念、新机制、新模式高起点建立开放式国际化的一流研究型湾区大学系统。

(五)全面提升高等教育国际交流合作水平

1. 实施"一带一路"高等教育行动计划。充分发挥广东作为"海上

丝绸之路"南线支点的作用，全面深化与沿线国家和地区的教育交流与合作，支持高校与当地教育部门、学校合作开展文化、科学探究活动，鼓励高校与沿线国家及地区高校建立科研、技术、办学、联合培养的合作平台，探索建立若干所境外办学机构和一批境外办学项目。不断深化与发达国家教育合作，大力引进优质资源。继续推进参与双边、多边和区域性、全球性教育交流合作，密切与国际组织的合作关系，积极为国际组织提供人才、资金与空间支持，吸引国际组织及其二级机构等到珠江三角洲地区等地落户，鼓励积极参与国际教育规则、标准、评价体系的研究制定，提升教育国际影响力。

2. 大力推进高等教育中外合作办学。积极探索中外合作办学管理联动机制。坚持以学历教育为主，重点引进国际排位前200名的高校新建具有独立法人资格的高水平中外合作大学或非法人资格的二级学院，注重加强与世界知名的富有特色的单科性大学合作，培养某些领域具有较强世界竞争力的创新人才。着力加强学科专业规划与建设，统筹考虑一流大学、一流学科和应用型高校建设需要，科学确定合作办学的国家或地区、层次、类型和形式等，着力引导合作办学特色发展、错位发展。有机融合中华优秀文化与国外优质教育资源，丰富学生职业素养和创新创业体会，提升学生社会责任感、法治意识、创新精神和实践能力。

（执笔人：王志强、贾秀险、田锋、廖诗艳；审稿人：耿景海、邓荣海、靳天来）

广东教育改革发展
研究报告 2020

教育宣传舆论研究

教育宣传舆论研究

新媒体环境下区域教育智库舆论引导现状与策略研究
——以广东省各地级以上市教育智库为例

○广东省教育研究院办公室*

摘　要：市级教科研和教研机构①是区域新型教育智库不可或缺的重要组成部分。近年来，各级教育智库正逐步借助新媒体的传播优势，在舆论引导领域积极探索、积累经验。本研究报告立足广东实践探索，将广东省内21个地级以上市教科院（所、室）作为研究对象，从教育智库自媒体建设、信息传播特征、信息传播类别、舆论引导案例、主流媒体影响力等方面对研究对象进行分析，呈现新媒体环境下区域教育智库舆论引导现状，并针对存在问题提出提升区域教育智库舆论引导能力的建议。

关键词：新媒体　区域　教育智库　舆论引导

市级教科研和教研机构是区域新型教育智库不可或缺的重要组成部分，在本级区域承担着创新教育理论、服务教育决策、指导教育实践、引导教育舆论的重要作用。当前，在基于互联网的新媒体环境下，门户网站、微信公众号等平台为教育智库舆论引导功能发挥提供了更便捷的途径和更广阔的空间。市级教科研和教研机构正逐步借助新媒体的传播优势，在舆论引导领域积极探索、积累经验，为推动教育改革发展注入新的力量。

---

* 本文系广东省教育科学"十三五"规划2017年教育科研重点课题"区域教育智库建设路径研究——基于大数据背景下广东教育研究机构实践探索"（编号：2017ZQJK041）、广东省教育科学"十三五"规划2018年教育科研一般课题"新媒体环境下广东教育智库舆论引导策略研究"（编号：2018YQJK364）的阶段性研究成果。

① 本报告研究对象为广东地级以上市教育局教研室（教科院、教研中心），所称"市级"指地级以上市。

为充分研究新媒体环境下区域教育智库舆论引导现状，本研究报告立足广东的实践探索，将广东21个地级以上市教育局教研室（教科院、教研中心）作为研究对象，从机构自媒体建设、信息传播特征、信息传播类别、舆论引导案例等方面对研究对象进行分析，呈现新媒体环境下区域教育智库舆论引导现状；并结合现阶段媒体环境下主流媒体的社会影响力，呈现主流媒体对各市教育智库的宣传报道情况，探讨智库应如何借力主流媒体进行舆论引导，以期找准存在问题，提出提升区域教育智库舆论引导能力的建议。

一、市级教科研和教研机构门户网站运营情况分析

（一）门户网站建设情况

门户网站作为传统的网络自媒体平台，在当前新媒体环境下对于教育智库的自我宣传和舆论引导发挥着重要作用。如表1所示，目前广东省21个地级以上市教育局教研室（教科院、教研中心）中，有4个机构建有门户网站，均位于珠江三角洲地区；有10个市级机构虽然未建设门户网站，但在市教育局门户网站或教育相关网站设有教研专栏；此外，有7个机构未建设门户网站，也未设相关专栏。

表1 广东21个地级以上市教研室（教科院、教研中心）门户网站开设情况

网站	开设单位
已开设门户网站	广州市教育研究院、深圳市教育科学研究院、东莞市教育局教学研究室、中山市教育教学研究室
市教育局网站设有教研专栏	珠海市教育研究中心、汕头市教育科学研究所、佛山市教育科学研究所、韶关市教育科学研究院、惠州市教育科学研究院、江门市教育研究院、湛江市教育局教育研究室、茂名市教育局教育教学研究室、潮州市教育局教学研究室、云浮市教育局教学研究室
未开设官网及相关专栏	河源市教育教学研究院、梅州市教学研究室、汕尾市教育局教学研究室、阳江市教育教学研究院、肇庆市教育局教学研究室、清远市教育教学研究院、揭阳市教育局教育教学研究室

（二）门户网站信息传播发布情况

1. 信息类型分析。课题组通过网络大数据手段抓取了上述机构门户

网站或网络专栏在 2018 年 1 月 1 日至 2019 年 10 月 31 日期间发布的有关信息,将发布信息按工作报道,观点类文章,实用性、服务性文章,署名文章四类进行分类分析。其中,工作报道包括该机构举办的教研活动动态、教研工作成果等信息,观点类文章为该机构转发或以机构名义发布的阐述教育观点的文章,实用性、服务性文章主要为该机构发布的通知公告,署名文章是该机构专家学者发布的署名文章。

表 2　广东已开设门户网站的地级以上市教研室(教科院、教研中心)网站信息发布情况

智库名称	总发文量/篇	工作报道/篇	观点类文章/篇(收集发布)	实用性、服务性文章/篇	署名文章/篇(自有专家)
广州市教育研究院	57	7	—	50	—
深圳市教育科学研究院	312	100	1	211	—
东莞市教育局教学研究室	836	130	—	706	—
中山市教育教学研究室	119	92	26	1	—
总计	1 324	329	27	968	—

如表 2 所示,在已开通门户网站的市级教科研和教研机构中,东莞市教育局教研室从 2018—2019 年间发文总量最多。需要说明的是,广州市教育研究院门户网站发布的信息在网站个别栏目存在显示不全的情况(如仅显示截止到 2018 年 10 月的新闻),因此数据量相对较少。其中,广州市教育研究院、深圳市教育科学研究院、东莞市教育局教学研究室的门户网站主要功能在于发布通知公告,而深圳市教育科学研究院、东莞市教育局教学研究室、中山市教育教学研究室工作报道相对较多,自我宣传意识较强。

表3　广东部分地级以上市教育局教研专栏信息发布情况

机构名称	总发文量/篇	工作报道/篇	观点类文章/篇（收集发布）	实用性、服务性文章/篇	署名文章/篇（自有专家）
珠海市教育研究中心	214	—	—	214	—
汕头市教育科学研究所	80	15	4	61	—
佛山市教研室、教育科学研究所	34	33	—	1	—
韶关市教育科学研究院	121	105	2	14	—
惠州市教育科学研究院	44	44	—	—	—
江门市教育研究院	15	13	2	—	—
湛江市教育局教育研究室	59	26	2	31	—
茂名市教育局教育教学研究室	130	129	—	1	—
潮州市教育局教学研究室	93	45	1	47	—
云浮市教育局教学研究室	10	10	—	—	—
合计	800	420	11	369	—

如表3所示，部分地级以上市教研室（教科院、教研中心）未开设自己的门户网站，但在教育局网站设有教研专栏。其中，珠海市教育研究中心以发布通知公告为主，其他机构则发布工作报道较多，观点类文章发布较少，均无自有专家署名文章。

表4　广东部分未开设门户网站和教研专栏的
地级以上市教研室（教科院、教研中心）信息发布情况

机构名称	总发文量/篇	工作报道/篇	观点类文章/篇（收集发布）	实用性、服务性文章/篇	署名文章/篇（自有专家）
河源市教育教学研究院	—	—	—	—	—
梅州市教学研究室	47	43	—	4	—
汕尾市教育局教学研究室	4	3	—	1	—
阳江市教育教学研究院	3	2	—	1	—

续上表

机构名称	总发文量/篇	工作报道/篇	观点类文章/篇（收集发布）	实用性、服务性文章/篇	署名文章/篇（自有专家）
肇庆市教育局教学研究室	9	8	—	1	—
清远市教育教学研究院	9	9	—	—	—
揭阳市教育局教育教学研究室	14	14	—	—	—
合计	86	79	—	7	—

如表4所示，未收集到开设门户网站或在市教育局网站开设相关教研专栏的有：河源市教育教学研究院、梅州市教学研究室、汕尾市教育局教学研究室、阳江市教育教学研究室、肇庆市教育局教学研究室、清远市教育教学研究院和揭阳市教育局教育教学研究室。课题组主要通过收集该市教育局官网与教研相关的信息来对其进行统计，说明上述机构在宣传和教育舆论引导方面欠缺积极性。

综上数据，如图1所示，近两年来广东省各地级以上市教育研究机构发布的网站信息共1 344篇实用性、服务性文章，占61%；有828篇工作报道，占37%；有38篇观点类文章（收集发布），占2%；暂无自有专家的署名文章。市级教育智库通过门户网站进行教育观点传播、教育舆论引导的功能尚未充分发挥。

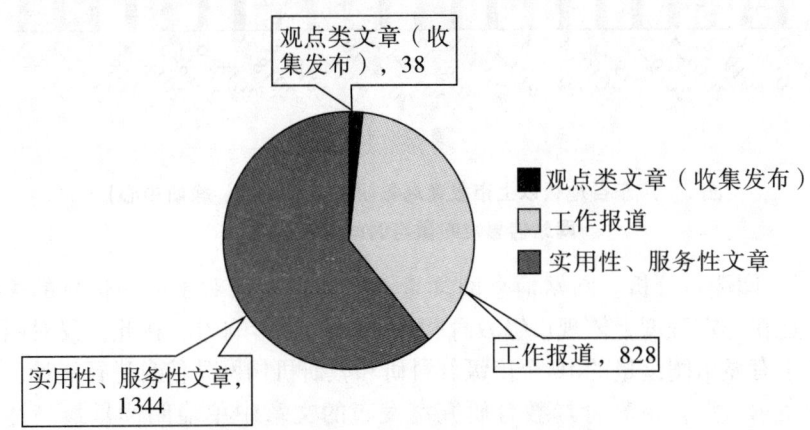

图1　广东各地级以上市教育局教研室（教科院、教研中心）官网和专栏信息发布类型汇总

2. 发文量分析。结合发文时间观察广东各地级以上市教研室（教科院、教研中心）近两年的网站信息发布情况，首先可以清晰发现，发文量的低谷集中在每年的1月、2月、7月、8月，恰逢我国寒假、暑假的时间段，信息发布的活跃时间与学校教学时间是同步的。其次，在2018年12月和2019年3月，各市教育研究机构的发文量达到了两个高峰值（见图2），在一定程度上说明年末和次年初各地的工作安排比较集中，在此期间智库应加强宣传和教育舆论引导工作人员配备，以防因信息发布量大增而造成工作失误。

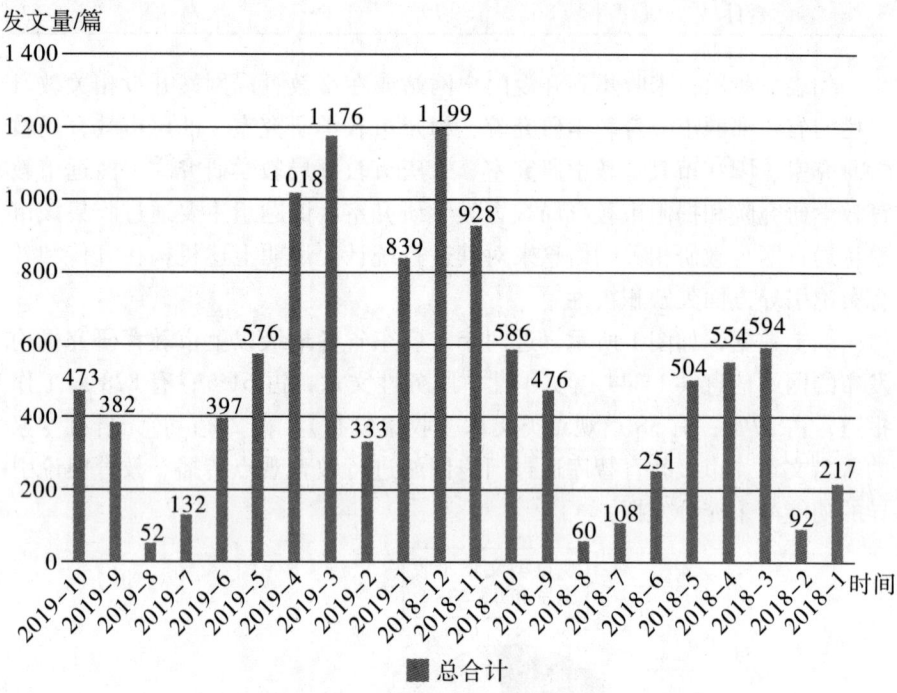

图2　广东各地级以上市教育局教研室（教科院、教研中心）
网站信息发布量与时间分布情况

3. 阅读量分析。网站信息阅读量不仅体现受众对于某一信息的关注度，也在一定程度上体现市级教育智库在当地的影响力。在此，仅对网站文章中有显示阅读量的10个市级教科研和教研机构网站信息进行统计。如图3所示，湛江市教育局教育研究室发布的文章中单篇阅读量最高达到17 008次，篇均阅读量也保持在较高水平，达11 339.69次/篇，呈现出较强的信息传播能力。揭阳市教育局教育教学研究室也表现较为突出，篇均阅读量达到 6 594.86 次/篇。汕头市教育科学研究所篇均阅读量虽然不及前两者，但其单篇最高阅读量也达 1 6073 次，部分文章具有较强的传播"爆发力"。相较而言，韶关市教育科学研究院、中山市教育教学研究室及梅州市教学研究室在文章的传播效果上还存在较大的提升空间。

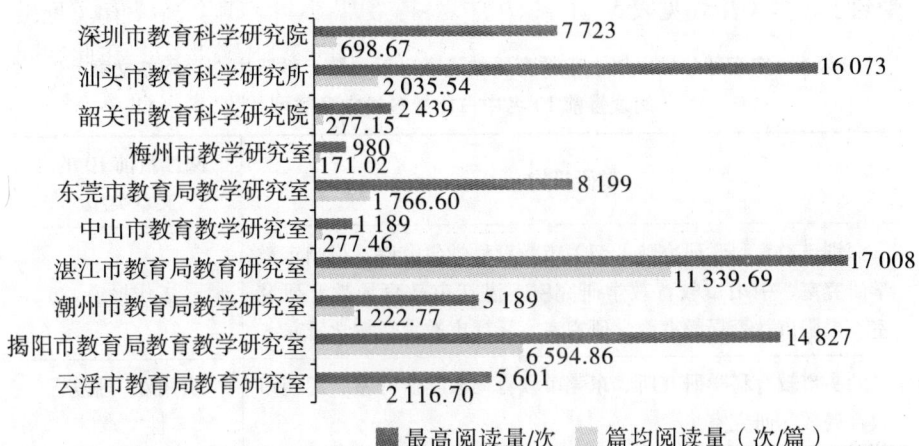

图3　广东部分地级以上市教育局教研室（教科院、教研中心）
网站文章阅读量统计

对前述 10 个市级教科研和教研机构网站阅读量排名前 10 的文章类型进行统计，如图4 所示，工作报道类文章和实用性、服务性文章占"绝对优势"，其中工作报道类文章占比达 67.00%，而实用性、服务性文章占 33.00%。

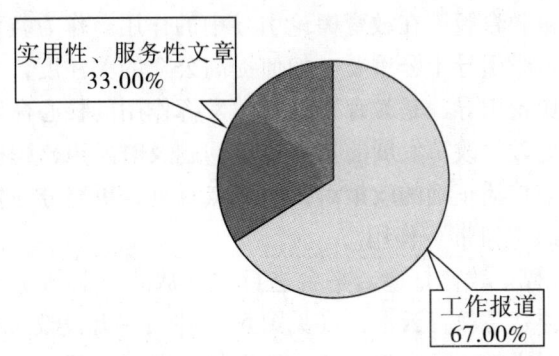

图4　广东部分地级以上市教育局教研室（教科院、教研中心）
网站阅读量前 10 名文章的类型统计

从具体单位而言,深圳市教育科学研究院、韶关市教育科学研究院、梅州市教学研究室、中山市教育教学研究室、湛江市教育局教育研究室、揭阳市教育局教育教学研究室及云浮市教育局教学研究室的阅读量前10文章中,工作报道类文章数量占最大比例,表明教科研和教研相关工作进展受到了较多关注(见表5)。

表5 广东部分地级以上市教育局教研室(教科院、教研中心)网站文章阅读量前10名中占比最多的文章类型

教研机构	阅读量前10的文章类型
深圳市教育科学研究院、韶关市教育科学研究院、梅州市教学研究室、中山市教育教学研究室、湛江市教育局教育研究室、揭阳市教育局教育教学研究室、云浮市教育局教学研究室	工作报道
汕头市教育科学研究所、东莞市教育局教学研究室、潮州市教育局教学研究室	实用性、服务性文章

(三) 市级教科研和教研机构基于门户网站开展舆论引导的案例分析

1. 广州市教育研究院积极发挥教育政策与民意的"纽带"作用。广州市教育局在2018年12月29日发布的《〈关于进一步深化高中阶段学校考试招生制度改革的实施意见〉等4份文件政策解读》一文中,广州市教育研究院化学科科长李南萍针对"2021年,化学中考要考实验操作"这一教育热点进行了解读。截至2019年12月,该文阅读量已经达到30 528次,体现了市级教育智库在教育舆论引导中的作用。作为教育智库,对公众舆论动向的科学引导十分重要。如何提高公众的关注度,并更好地运用公众关注进行舆论引导,是教育智库有效发挥作用的核心命题。教育智库专家应结合当地教育改革发展的热点难点问题及时发声,积极思考如何在舆论热点产生前传播正确的政策解读、观点意见,更充分地发挥其衔接教育政策与民意的"纽带"作用。

2. 云浮市智慧教育打造云平台进行"开放式"教研引导。云浮市教育局开设了云浮智慧教育云平台(见图5),平台中开设教研相关专栏并向公众开放,云浮市教研员、教师甚至学生都可以将自己的教学方法、教育观点等文章发布到平台上供大家阅览。通过数据挖掘技术,课题组收集到近两年云浮智慧云平台教研专栏发布的观点类文章共3 372篇,这表明云

浮市教育局为公众搭建了一个共话教育的平台,通过思想交流、观点碰撞、方法分享等共同营造良好的教育舆论环境。

图5　云浮市教育局教学研究室教研专栏

二、市级教科研和教研机构微信公众号建设情况分析

当前,微信公众号越来越受到政府部门、企事业单位的关注,成为重要的自媒体平台。课题组按广东省21个地级以上市教育局教研室(教科院、教研中心)名称搜索微信公众号,仅能收集到广州市教育研究院和深圳市教育科学研究院2个机构的微信公众号。进一步搜索2个智库2018年1月至2019年10月的公众号发表文章,广州市教育研究院发文篇数总计28篇,深圳市教育科学研究院总计12篇。与这2个机构在门户网站上发布的文章类型进行对比,广州市教育研究院在微信公众号自媒体平台上更倾向于发布工作报道类文章,而深圳市教育科学研究院微信公众号发文特征与其门户网站相似,均以实用性、服务性文章数量为主(见表6)。总体而言,在公众号已日益成为新媒体环境下重要传播平台和阵地的环境下,广东各市级教科研和教研机构以公众号为传播平台进行教育宣传及舆论引导的意识还有待加强,亟待提升教育舆论引导主动性,学习探索通过运营公众号等自媒体来提升智库影响力、科学引导教育舆论。

表6 广州市教研院和深圳市教科院微信公众号与门户网站发文情况比较

教研机构	来源	总计/篇	工作报道/篇	观点类文章/篇（收集发布）	实用性、服务性文章/篇	署名文章/篇（自有专家）
广州市教育研究院	微信公众号	28	19	3	6	—
	门户网站	57	7	—	50	—
深圳市教育科学研究院	微信公众号	12	3	—	9	—
	门户网站	312	100	1	211	—

三、市级教科研和教研机构主流媒体影响力分析

当前，新媒体环境发展进入融媒体时代，传统主流媒体如省级和市级电视台、报刊、互联网媒体等通过自身转型发展，借助互联网技术的支撑，其影响力在大众传播中仍占据主导地位。因此，课题组在研究市级教科研和教研机构自媒体建设的同时，也进一步探讨机构在主流媒体中的关注度和影响力。

（一）主流媒体关注度

课题组以广东21个地级以上市教育局教研室（教科院、教研中心）的全称、简称及机构主要负责人姓名为关键词，搜索2018年1月至2019年10月在主流媒体中出现的相关文章。经筛选，各市教育智库相关媒体报道文章共1 153篇，其中搜狐网发布（含转载各主流媒体的）文章数量最多达566篇，其次东方网、南方网、南方+、新浪网发布相关新闻和专家观点类文字数量均达100篇以上，其中观点类文章和各机构专家署名文章数量相对较多。相较于其他地级市的传统媒体，深圳新闻网、湛江新闻网、中山网等对当地教育局教研机构的相关动态给予了更多关注（见表7）。

表7 部分主流媒体中与广东部分地级以上市教育局教研室
（教科院、教研中心）相关的发文数统计

主流媒体	文章类型				署名文章/篇（自有专家）
	总计/篇	工作报道/篇	观点类文章/篇（收集发布）	实用性、服务性文章/篇	
搜狐网	566	492	42	32	—
东方网	126	110	11	5	—
南方网、南方+	125	105	16	4	—
新浪网	112	69	26	12	5
腾讯大粤网	40	27	10	2	1
网易	34	29	2	3	—
深圳新闻网	28	24	2	2	—
南方都市报	25	18	5	2	—
湛江新闻网	10	9	1	—	—
南方日报	9	3	6	—	—
金羊网	9	8	1	—	—
人民网	8	6	—	1	1
中国教育新闻网	8	4	—	—	4
中山网	8	7	1	—	—
茂名网	7	5	2	—	—
信息时报	4	2	2	—	—
大洋网	3	2	1	—	—
光明网	3	1	1	—	1
揭阳新闻网	3	1	2	—	—
梅州网	3	2	—	1	—
韶关新闻网	3	3	—	—	—
新华网	3	—	1	2	—
中国网	3	3	—	—	—
凤凰网	2	1	—	—	—
汕尾日报网	2	1	—	1	—
央广网	2	1	—	1	—
环球网	1	1	—	—	—
清远传媒网	1	1	—	—	—
新快网	1	—	—	1	—

续上表

主流媒体	文章类型				
	总计/篇	工作报道/篇	观点类文章/篇（收集发布）	实用性、服务性文章/篇	署名文章/篇（自有专家）
阳江新闻网	1	—	1	—	—
中青在线	1	1	—	—	—
中新网	1	1	—	—	—
珠海新闻网	1	1	—	—	—

综合表7数据，主流媒体中发布的与广东各市教科研和教研机构相关文章中以工作报道类文章最多，占比达81.44%，主要包括主流媒体对机构主办、协办及该机构人员参与的会议、活动、培训和调研报道；主流媒体发布的观点类文章数量占比为11.62%，主要包括主流媒体探讨相关教育热点问题时对各机构专家的采访报道；实用性、服务性文章占比较低，各机构更倾向于将实用性、服务性文章发布于门户网站或教育局相关网站；主流媒体中发布或转载的各机构专家署名文章数量也较少，仅有1.04%，说明广东各市教科研和教研机构在主流媒体中发声引导社会舆论的意识还有待提升（见图6）。

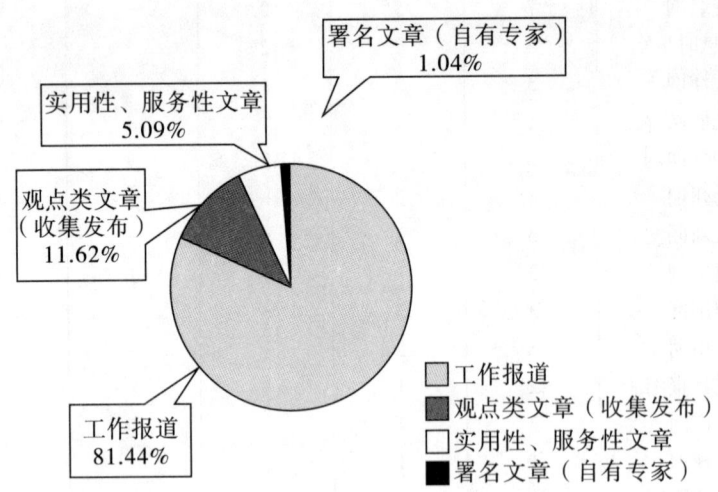

图6 部分主流媒体中与广东各市教科研和教研机构相关的发文类型总量统计

此外，从主流媒体中搜索到的深圳市教育科学研究院、广州市教育研究院相关文章数量较多，分别达到274篇、209篇，其中以工作报道类文章占比最高。此外，深圳市教育科学研究院专家在主流媒体上发表署名文章6篇，中山市教育教学研究室的专家署名文章5篇。总体而言，珠江三角洲地区市级教育智库的相关工作开展和活动举办受到主流媒体的更多关注，而粤东西北地区受到的关注度较少。珠江三角洲地区教育智库专家能积极与主流媒体互动，以发表署名文章的方式传播教育理念、引导教育舆论。

表8 广东省内各市级教育智库在部分主流媒体中的发文类型统计

教研机构	文章类型				
	总计/篇	工作报道/篇	观点类文章/篇（收集发布）	实用性、服务性文章/篇	署名文章/篇（自有专家）
深圳市教育科学研究院	274	206	38	24	6
广州市教育研究院	209	157	43	9	—
中山市教育教学研究室	156	130	18	3	5
清远市教育教学研究院	144	136	6	2	—
佛山市教育科学研究所	58	53	4	1	—
东莞市教育局教学研究室	46	41	3	1	1
江门市教育研究院	40	34	5	1	—
湛江市教育局教育研究室	33	25	3	5	—
惠州市教育科学研究院	28	26	—	2	—
珠海市教育研究中心	25	17	6	2	—
汕头市教育科学研究所	22	22	—	—	—

续上表

教研机构	文章类型				
	总计/篇	工作报道/篇	观点类文章/篇（收集发布）	实用性、服务性文章/篇	署名文章/篇（自有专家）
揭阳市教育局教育教学研究室	15	12	3	—	—
韶关市教育科学研究院	15	14	—	1	—
茂名市教育局教育教学研究室	14	12	1	1	—
汕尾市教育教学研究室	14	8	—	6	—
阳江市教育教学研究院	14	11	2	1	—
肇庆市教育局教学研究室	14	8	1	5	—
梅州市教学研究室	12	9	—	3	—
云浮市教育局教学研究室	8	8	—	—	—
潮州市教育局教学研究室	6	5	—	1	—
河源市教育教学研究院	6	5	1	—	—

（二）社会公众关注度

教科研和教研机构的门户网站和微信公众号由于带有工作信息发布的性质，受众相当一部分为教育系统、教研系统的从业人员，而主流媒体主要受众为社会公众，主流媒体文章的阅读量在一定程度上也能体现社会公众对于教育热点问题的关注。

提取搜狐网数据为例。在数据统计时间段内，搜狐网上各市教科研和教研机构相关阅读量大于 1 000 次的文章共计 71 篇，有 13 个市的教育智库至少有 1 篇文章阅读量大于 1 000 次。其中深圳市教育科学研究院、广州市教育研究院、清远市教育教学研究院阅读量大于 1 000 次的文章较多，分别为 20 篇、16 篇和 13 篇，其次为中山市教育教学研究室、东莞市教育局教学研究室及佛山市教育科学研究所，在一定程度上表明珠江三角洲地区市级教育智库相比广东其他区域的市级教育智库更受社会公众关注（见图 7）。

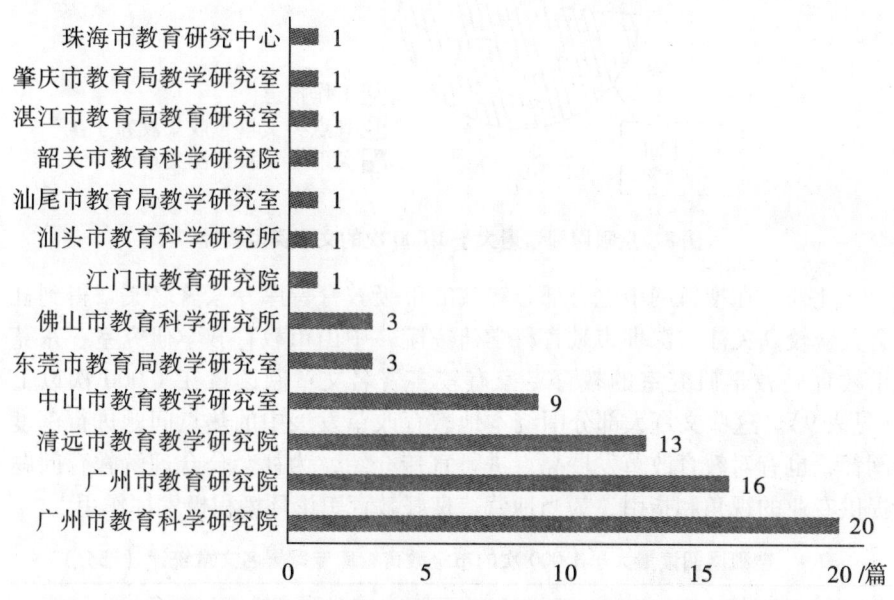

图 7　搜狐网中部分市级教育智库阅读量大于 1 000 次的文章分布情况

从文章类型角度而言，阅读量大于 1 000 次的文章中有 74.65% 为工作报道，收集发布的观点类文章占 16.90%，且该类大多数文章为媒体采访深圳市教育科学研究院专家的报道。其中，《深圳将如何深入推进中小学创客教育?》《深圳市教科院赐招：学生如何选科　学校如何排课》阅读量均超过了 1 万①，这两篇文章均为深圳市教育科学研究院教育专家针对教育热点问题进行解读，较好地发挥了教育智库对舆论热点的引导作用。

---

① 资料来源于搜狐网。

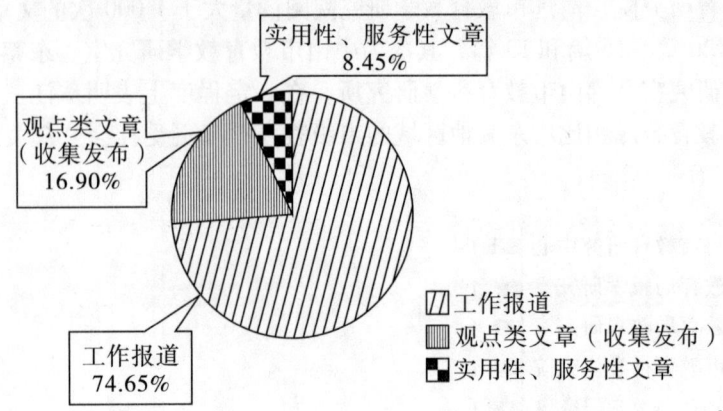

图 8 搜狐网阅读量大于 1 000 次的文章类型统计

此外,在搜狐网中也有部分转载的市级教育智库专家署名文章得到社会大众较高关注,深圳市教育科学研究院、中山市教育教学研究室、东莞市教育局教学研究室的教育专家有较多署名文章阅读量在 1 000 次以上(见表9)。这些文章大部分围绕本地教育改革发展中的热点问题进行深度阐释,也有对教育改革发展亮点进行宣传介绍,为社会公众理解教育问题提供专业的视角和指引,为当地营造良好教育舆论环境积极发挥作用。

表9 搜狐网阅读量大于 1 000 次的市级教育智库专家署名文章统计(部分)

单位	作者	文章标题
深圳市教育科学研究院	叶文梓	培养创新人才:新时代的教育责任与使命
		以课程形态变革引领学生素养发展
	潘希武	赋予区域课改新时代内涵
		创新教师综合素养培养路径
		"放管服"改革追求什么
		该为学校提供什么样的服务
中山市教育教学研究室	张华	高考作文:如何戴稳镣铐跳好舞,得高分?
		[转载]高考作文:如何戴稳镣铐跳好舞,得高分?
	郭跃辉	为什么教师不会写课题的"研究框架"
		教师如何撰写课题的"研究框架"
		2018年第14篇:体式与策略——《长安晚秋》再解读

续上表

单位	作者	文章标题
东莞市教育局教学研究室	王健	学之道贵在"疑中悟"

四、对新媒体环境下区域教育智库舆论引导功能发挥的建议

（一）打造教育舆论阵地，加强门户网站和自媒体平台公众号的建设与管理

随着当前教育治理现代化的推进，教育舆论作为教育治理的软环境，营造健康良好的舆论环境对深化教育体制机制改革具有积极的促进作用。教育智库专家通过具有专业性、权威性、前瞻性和思想性的声音，积极主动地宣传教育思想、解读教育政策、透析教育事件、回应社会质疑，能在一定程度上对社会舆论起到积极正向的引导。根据上述广东市级教科研和教研机构的门户网站、网站专栏和微信公众号建设情况，目前各机构的信息发布平台以宣传机构动态和传播工作信息为主，利用自媒体开展舆论引导的意识较为欠缺，舆论引导职能的发挥尚不充分。因此，为打造教育智库的舆论阵地，各级教科研和教研机构应注重加强门户网站建设和管理，丰富网站信息；探索开设微信、今日头条、南方+、网易新闻等自媒体平台公众号，与时俱进把握新媒体趋势。同时，尽可能配备专职的自媒体运营工作人员，建立信息发布机制，为教育智库的信息传播和舆论引导提供必要保障。

（二）借力主流媒体，打造多元传播渠道引领教育舆论健康发展

如前文所述，相对于主流媒体而言，教育智库的门户网站、微信公众号等自媒体平台受众大多为教师、教研人员等教育行业从业人员，现阶段的社会公众关注度和影响力与主流媒体相比尚有一定差距。在当前媒体融合发展的趋势下，教育智库与主流媒体合作打造多元传播渠道是提升智库舆论影响力的重要途径。市级教育智库主要为当地的教育改革发展提供智力支持，在当地重大教育政策法规发布或出现教育危机事件时，教育智库应对其社会反应和潜在的舆论危机进行预估，及时与主流媒体合作以发布解读文章、接受媒体采访、举办座谈会及讲座等方式介入舆论引导。此外，地方教育智库专家应充分关注当地舆论短期内热议的教育问题，通过挖掘教育舆论背后的核心点、关键点，深入研究并通过主流媒体积极发

声，以客观理性的分析解读和有针对性的意见建议影响公众对教育热点问题的认识和态度，进一步发挥教育舆论引导作用。

（三）增强传播意识，提升智库专家教育舆论的参与和引导能力

地方教育智库舆论引导职能未能充分发挥的主要原因，一方面在于教育智库专业人员遵循传统工作模式，缺乏舆论参与和应对经验；另一方面也在于市级教育智库人员配备有限，缺乏新闻传播的专业力量。近年来，新型智库建设对智库专业人员提出了更高要求，教育智库专家势必要转变原来"埋头做研究"的工作方式，不仅要"走出象牙塔"积极关注舆论、引导舆论，更要充分运用新媒体的传播优势，主动宣传先进教育思想理念和重要研究成果，发挥科学、专业引领功能，以公众易于理解和接受的表达，解读教育政策问题、澄清误读曲解，为教育改革发展和现代化建设争取更多理解和支持。同时，市级教育智库也应注重充实人才队伍，加强教科研和教研人员的媒介传播意识和新媒体应用能力，吸收部分具有新闻传播专业背景的人才，通过自媒体平台和主流媒体相结合的多元传播渠道，积极参与社会舆论，逐步扩大智库的舆论影响力。

（执笔人：刘慧婵，耿丹青，蔡炜，周巧怡，郑颖琪，张辛，冯洁莹，贺蓓蓓，范琪，易治铭；审稿人：刘慧婵）

教育宣传舆论研究

粤港澳大湾区建设背景下应用型课程教材建设研究

○广东高等教育出版社

摘 要: 近年来,随着国家经济、科技与社会的飞跃发展,经济结构开始进行战略性调整,国家经济态势进入新常态,各行各业也进入了崭新的发展阶段,其对人才的需求也进入了多层次、多维度、多类型的阶段,作为高等教育的主要培养主体,应用型技能人才的作用日益凸显。粤港澳大湾区建设是我国应对经济新常态的重要战略与制度创新,结合粤港澳大湾区的优势地位,办好应用型高等院校的相关专业,是提升区域经济水平、促进区域协同发展的重要路径之一,而作为教学实施的重要载体——教材,便在其中发挥不可或缺的基础性作用。本文尝试在粤港澳大湾区建设的大背景下,思考并阐述应用型课程教材的建设问题。

关键词: 粤港澳大湾区 应用型课程 教材建设

近年来,随着国家经济、科技与社会的飞跃发展,经济结构开始进行战略性调整,国家经济态势进入新常态,各行各业也进入了崭新的发展阶段,其对人才的需求也进入了多层次、多维度、多类型的阶段,作为高等教育的主要培养主体,应用型技能人才的作用日益凸显。粤港澳大湾区建设是我国应对经济新常态的重要战略与制度创新,结合粤港澳大湾区的优势地位,办好应用型高等院校的相关专业,是提升区域经济水平、促进区域协同发展的重要路径之一,而作为教学实施的重要载体——教材,便在其中发挥不可或缺的基础性作用。

一、应用型课程教材建设的时代背景及现实意义

应用型课程是产教融合背景下职业教育向上延伸并长足发展的关键性因素,是指以产教融合、校企合作为教学模式,强调和突出应用性、实践性的课程。应用型课程目标的确立应基于国家职业标准、专业教学标准、课程标准,在课程内容构建上应做到与相关职业标准对接、重新设计与融合优化、遴选优质教材或自编应用型教材,在课程实施方面应深化产教融合、教学主体团队化、教学方法多样化、教学评价多元化等。应用型课程教材是体现应用型课程教学内容和教学方法的载体,是进行教学的基本工具,同时也是保障教学改革顺利实施、保证人才培养质量的重要条件。应用型课程教材是国家经济新常态发展、粤港澳大湾区融合发展、应用型本科高校转型发展推动下应用型人才培养的迫切需要。

(一)适应新常态下经济结构转型升级对应用型技能人才的需要

我国经济当前正处于发展的重要战略机遇期,经济增速虽然放缓,实际增量依然可观,经济增长更趋平稳,增长动力更为多样,经济结构优化升级,发展前景更加稳定。在国家经济新常态下,我国产业经济必须破旧立新,完成结构转型升级的重要任务。经济结构的转型升级势必要改变增长方式,走集约型经济发展道路,这对我国各类应用型技能人才培养将是一个新的挑战。

2019年10月,国家发展和改革委、教育部等6部门印发的《国家产教融合建设试点实施方案》指出:"深化产教融合,促进教育链、人才链与产业链、创新链有机衔接,是推动教育优先发展、人才引领发展、产业创新发展、经济高质量发展相互贯通、相互协同、相互促进的战略性举措。"强化产业和教育政策牵引,探索建立体现产教融合发展导向的教育评价体系,支持高职院校、应用型本科高校、"双一流"建设高校等各类院校积极服务、深度融入区域和产业发展,推进产教融合创新。

(二)粤港澳大湾区融合发展的需要

2019年2月,《粤港澳大湾区发展规划纲要》发布,一个国际级湾区与世界级城市群逐渐显露出来。粤港澳大湾区是世界级的金融、贸易、物流汇集中心,同时也是国家高等教育与职业教育的重点发展地区。粤港澳大湾区的地方高校应"因地而设、受地支持、为地服务",主动对接区域经济新常态。因此,借助粤港澳全面合作的契机,充分发挥粤港澳三地高

等教育的优势,加强粤港澳大湾区高等教育合作,构建优势互补、联系紧密、沟通高效、协调有力的教育合作机制,有利于为粤港澳大湾区建设提供强有力的应用型人才支撑,为粤港澳大湾区建设注入活力。但从当前现实看,粤港澳三地职业教育协同发展机制尚未真正建立,三地教育合作还相对松散,合作模式有待进一步探索和创新。

另外,据麦肯锡的一项权威预测,到2020年,中国企业将需要1.4亿应用型技能人才,而缺口将达约2 200万人。在"中国制造2025"战略背景下,应用型技能人才的培养无疑成为制约粤港澳大湾区快速发展的重要一环,能否实现湾区"弯道超速",应用型高层次人才培养的质量和数量至关重要。

(三)试点和发展应用型本科高校的需要

国家发展和改革委员会、教育部"十三五"期间实施教育现代化推进工程应用型本科高校建设项目。2019年1月,国务院印发《国家职业教育改革实施方案》(国发〔2019〕4号),提出"没有职业教育现代化就没有教育现代化",具体包括七个方面20项政策举措,并进一步提出"一大批普通本科高等学校向应用型转变"的发展目标,明确提出引导高校从治理结构、专业体系、课程内容、教学方式、师资结构等方面进行全方位、系统性改革。《国家职业教育改革实施方案》支持省级试点高校发挥示范作用,300所地方本科高校参与改革试点,部分高校通过二级学院开展试点,在校地合作、校企合作、教师队伍建设、人才培养方案和课程体系改革、学校治理结构等方面积极改革探索;支持各省份推荐100所应用型高校建设,对每所项目高校拟投入1亿元,推动项目高校将产教融合项目建设和学校转型深化改革相结合,切实把办学真正转到服务地方经济社会发展上来,转到产教融合校企合作上来,转到培养应用型人才、技术技能型人才上来。

因此,办好应用型高等院校的相关专业,是提升区域经济水平、促进区域协同发展的重要路径之一。对于高等教育适应和服务经济新常态,助力创新创业、产业转型和国家一系列重大经济战略的实施有着十分重要的意义。

应用型课程教材建设直接影响应用型本科院校教学质量、人才培养的高低以及教学秩序的有序进行,是实现培养合格应用型技能人才的重要保障。应用型教育教材建设的广度、深度与质量更对现代高等教育的发展速度与发展质量有着重要作用,基于此,有必要重视并加强高等教育应用型课程教材建设。

二、应用型课程教材建设的现状

教材作为教学活动的基本工具,不仅是教学内容的载体,也是各种教学方法的基础指导。而在当前的教改过程中,应用型课程教材的建设相对于高等教育的改革与发展已明显滞后,教材建设难以跟上高等教育飞速发展的步伐。目前,国内市场上与应用型课程内容相匹配的优质精品教材匮乏,主要存在以下问题。

(一)教材建设管理制度、服务体系不健全,缺乏规范的教材评价体系

《国家中长期教育改革和发展规划纲要(2010—2020年)》中明确要求:"适应经济社会发展和科技进步的要求,推进课程改革,加强教材建设,建立健全教材质量监管制度。"要充分发挥教材建设在提高人才培养质量中的基础性作用,促进现代职业教育体系建设,应全面提高职业教育教学质量。

长期以来,国内缺乏一套系统的高等教育和职业教育教材的评价体系,缺乏统一的评比标准,这对于人才的高层次发展和人才培养对应的教材体系建设十分不利。

2020年1月,国家教材委员会印发《全国大中小学教材建设规划(2019—2022年)》,这是新中国成立以来首次对各学段、各学科领域教材建设作系统设计。教育部印发《中小学教材管理办法》《职业院校教材管理办法》《普通高等学校教材管理办法》《学校选用境外教材管理办法》,重点解决各级各类教材谁来管、管什么、怎么管的问题。应用型课程教材的规范建设迎来极大的政策红利。

(二)教材编写理念落后,与专业标准、行业标准对接不紧密,应用型特色不鲜明

目前各高等教育学校校本教材众多,参与教材编写的人员水平参差不齐,高水平精品教材难觅。在教材的编写和表现形式上,多数教材略显陈旧。在倡导职业能力和综合素养的今天,以教师为中心、以灌输为目的、以考试为任务的教材依然在大量使用。项目引领、任务驱动型教材虽然有所增加,但是主编往往理解不到位,任务驱动成了形式。任务设计生硬,知识点和实训无法结合,考核拘泥于形式。重理论、轻技能,教材编写注重知识理论体系的完整,而对专业技能的培养和训练重视不足。

（三）教材呈现形式单一，配套资源开发不足，新方法、新技术的研究与运用不够

国内应用型课程教材的编写周期较长，新知识、新技术、新工艺、新案例、新材料不能及时反映到教材中来，这与应用型本科高校培养管理、服务一线的技能型人才的要求相悖。教材与企业实际脱节，致使学生的能力难以达到用人单位的要求。

国内应用型课程教材的编写还没有突破传统学科课程的羁绊，尚未形成应用型课程教材特有的内容体系，没有真正转到以学生为主体、以教师为主导的轨道上来。

国内应用型课程教材的选择权在教师，教师使用老教材驾轻就熟，而使用新的应用型课程教材往往会增加备课难度，教师的实践动手能力也达不到要求。

（四）中高本衔接教材脱节、断层，或交叉重复现象严重

《教育部关于推进中等和高等职业教育协调发展的指导意见》（教职成〔2011〕9号）中提到："当前职业教育仍然是我国教育事业的薄弱环节，中等和高等职业教育在专业、课程与教材体系，教学与考试评价等方面仍然存在脱节、断层或重复现象，职业教育整体吸引力不强，与加强技能型人才系统培养的要求尚有较大差距。教育规划纲要明确将中等和高等职业教育协调发展作为建设现代职业教育体系的重要任务。这是构建现代职业教育体系，增强职业教育支撑产业发展的能力，实现职业教育科学发展的关键所在。"

中高、高本的许多课程在名称、内容上的区分度不大，甚至有的使用同一教材，中职教育使用高职教材，高职教育使用本科教材，造成了中高职、高本课程的重复和累赘，还有些高本课程则出现断层、脱节现象，这些状况导致的直接后果就是人才培养不能体现其层次性和独特性。

（五）学用脱节，区域特色不明显

学用脱节，在培养学生学以致用等方面规划不足。培养对象和社会职业需求不相适应，体现不出地区文化差异及行业需求差异。

2017年3月12日，十二届全国人大五次会议记者见面会上，教育部长陈宝生说："我们还存在着一些教育教学方面的问题，就是重课堂教学，轻实践能力的培养。教学和实践两张皮脱节，课堂上学的不会熟练操作。在内容建设方面也有这样的问题，内容比较陈旧，讲的还是过去的技术。

学生学了去就业,这个技术是过时的,没有用。"说明学用脱节问题是应用型课程教材普遍存在的问题。

三、应用型课程教材建设的重难点

应用型课程教材将专业内容融会贯通,增强学生解决多领域问题的综合能力,从而培养出更多面向行业、服务地方的复合型人才。通过以上对应用型本科院校教材建设必要性的分析,进一步提出教材建设改革亟须突破的重难点。

(一)应用型课程建设是应用型课程教材建设的基本前提

作为直接承载应用型课程教学内容的教材,课程的定位、课程体系的构建、教法的改革、教学评价的改革都直接影响到应用型课程教材编写的内容和形式,关系应用型课程教材的质量。只有厘清并明确以上问题,承载专业建设的应用型教材体系才有可能真正逐步建立。反过来才能达到落实教学目标、增强教学有效性的建设目的。

1. 应用型课程定位。课程是高校人才培养的基本环节和主要抓手。应用型课程要围绕"培养什么类型、层次的人才""课程如何服务于该专业的培养目标"等关键问题做好课程定位,按照职业能力形成的逻辑关系,从简单到复杂,从专项到综合,参照国家职业技能标准的要求,构建专业课程内容。

2. 应用型课程体系构建。应从人才培养体系创新、课程体系及教材重构、教学范式变革、质量评价与持续改进等方面构建应用型课程体系,注重课程内容的层次性和衔接性。应依据"行动逻辑"构建应用型课程体系,按工作过程和能力目标做好课程设计。在课程设置和教材建设等基本工作环节上,强调基础、成熟和适用的知识。

3. 应用型课程教法改革。应面向企业真实环境推行任务式培养模式。设计真实环境,让学生"真学""真做""掌握真本领",使"校外课堂"工作任务课程化,"校内课堂"教学任务工作化,实现工作过程系统化。采用项目引导、任务驱动的教学模式,开展模块化教学、讨论式教学和案例式教学,引导学生积极、主动参与学习。

4. 应用型课程教学评价。采用过程性评价和终结性评价相结合的评价方式。按照课程特点,突出学生的应用能力、创造能力和综合素质的考核。增加侧重学生探究、解决问题过程的考评比例。

（二）产教融合、校企合作是应用型课程教材建设的核心关键

应用型人才的培养过程更强调与一线生产实践的结合，更加重视实践性教学环节如实验教学、生产实习等，实践教学是巩固理论知识的有效途径，是培养具有创新创业意识的高素质应用型人才的重要环节。对于转型试点的应用型本科院校，办学条件尤其是实践教学条件相对于高职高专院校有明显差距，是未来几年亟待解决的重点问题。

同时，实践教学环境也是促进教学方法改革的硬件支撑。应用型本科院校应开展多形式校企合作，如与企业共建学院、共建专业、共建课程、共建教材、共建团队、共建平台，协同建构以能力为本位的应用型课程体系，实现"厚基础、强实践、擅应用、长技能"的人才培养目标，实施"以学生为中心"的工学一体化课程的教学改革与实践。

（三）"双师型"队伍建设是应用型课程教材建设的持续动力

应用型本科院校多为新建院校，师资队伍尚不健全，尤其缺乏应用型和"双师型"教师，这将制约应用型人才的培养。这就要求学校在引进教师时，要有针对性地引进具有行业企业工作经历的师资人才。

同时，已有的大部分教师是学科体系培养出来的，教师要在课程教学中按照完整行动的"过程逻辑"将理论教学与实践教学集成化，而不是按照严密论证的"科学逻辑"仅仅传授系统理论。需要教师转变重知识轻能力的观念，积极架构应用型课程建设的理论教学和实践教学两大体系，根据岗位工作过程所需要的专业技能和岗位能力要求，将基础知识、专业技能融入课程中，推行"教、学、做"一体化教学模式，实现学做合一的"教、学、做"一体化。

四、应用型课程教材建设要点问题的思考

鉴于以上问题，为进一步贯彻落实《国家中长期教育改革和发展规划纲要（2010—2020年）》，充分发挥教材建设在提高人才培养质量中的基础性作用，促进现代教育体系建设，全面提高教育教学质量，在比较和借鉴国外应用型课程教材开发经验的基础上，探索和规范我国应用型课程教材建设就显得十分必要。在国家新常态发展形势下，应用型课程教材建设需重点解决以下问题。

1. 应用型课程教材应融入"立德树人"内容。应用型课程内容应注重并突出学生"工匠精神"的培育，"工匠精神"是新时期职业教育立德

树人的特征和灵魂，是学生应该树立的理想，也是高等教育容易忽视的一个盲区。真正的"工匠精神"应该是专业精神、职业态度、人文素养三者的统一。要将"工匠精神"的培育贯穿教育教学改革的全过程。在课程设置、实践教育和顶岗实习等教学环节中加强理性教育的内容，在产教融合落实上利用校企合作的人才培养模式改革平台，加强"工匠精神"的养成教育、体验教育和实践教育。

应用型课程教材应增加职业道德教育、工匠精神等内容，并成为应用型本科教育思想政治理论课彰显自身特色、符合职业教育规律的重要体现。

2. 应用型课程教材的编写团队应由产学研多方组成。应用型课程教材应由应用型本科教育的课程专家领衔，一线教师、相关学科专业领域的教学专家、教科研专家、行业企业的技术专家组成一个团队来编写；数字教材还应加上信息技术的专家。当前相当部分的专业教材不同程度地存在脱离实际的情况，究其原因，就是缺少一个合理的教材编写队伍。

学校的专业教师有自身的长处，他们在专业方面有较高的理论造诣，但自身也有明显的不足，他们缺少企业的实践，对企业往往是一知半解的。在这方面，企业一线的技术人员有着丰富的实践经验，他们可以帮助教师了解哪些专业知识和技能对于员工的就业和发展是必不可少的。

3. 应用型课程教材应适应市场的变化。应用型本科教育适应市场变化的最佳选择是构筑富有弹性的可组合的课程。可组合的课程是建立在对现有专业和现有课程进行标准化处理的基础之上，即我们常说的模块或项目。可组合的课程及其相应的教材由基本的标准单元模块构成，每一标准单元模块的学时数大致相同；标准单元模块又分为必修单元模块和选修单元模块两部分；每一标准单元模块是相对独立的，但和其他标准单元模块之间又是可以衔接和转换的；可随时根据生产力发展状况增加新的标准单元模块和淘汰过时的标准单元模块；可随时根据客户的需求对标准单元模块进行组合，可根据客户的需求随时对标准单元模块的组合进行调整。

4. 应用型课程教材应与信息技术同步发展。信息技术的数字化特点使信息的存储更加简易，传输更加可靠，处理更加统一；信息技术的网络化特点支持资源的共享，使人们的信息活动突破了时空的限制，扩展了学习的时间和空间；信息技术的多媒体化特点使教学信息更加丰富，教学过程更加生动，教学效果更加显著；信息技术的智能化特点使语音识别、语音合成、文字识别达到了实用化水平，使智能代办成为可能。

从终身教育的视野看,应用型课程教育应努力满足不同对象的学习、不同时间的学习、不同地点的学习、不同方式的学习、不同进度的学习、不同目标的学习。现代信息技术的发展,网络平台和网络课程的出现,基本上实现了上述要求,可以实现集中学习、分散学习、离线学习,可以实现教案、答疑、讨论、作业、考试、统计等功能,可以不受人数多少、场地大小、时间先后限制,等等。从这个意义上说,应用型课程教育资源库的建设和应用型课程教材的数字化建设应进入快速发展阶段。

5. 应用型课程教材应体现终身教育的理念。终身教育的本质特征是整合性,是教育在时间上的整合,贯穿于人的一生。人在某一时段所接受的教育,是由先前的教育所决定或影响的,也将对未来的教育起决定或影响作用。终身教育不仅是教育内部一切因素的整合,而且是教育与其外部诸因素的整合。体现终身教育理念的应用型课程教材建设,就要把教育作为一个整体加以设计,在终身教育的框架下开发应用型课程教材。

参考文献

[1] 马改艳. 高校转型背景下应用型课程改革新探 [J]. 安徽农学通报, 2017, 23 (23): 136 - 139.

[2] 冀宏, 张然, 张根华, 等. 基于校企合作教育的应用型课程建设理路 [J]. 应用型高等教育研究, 2017, 20 (1): 40 - 44.

[3] 姜大源. 工作过程系统化:中国特色的现代职业教育课程开发 [J]. 顺德职业技术学院学报, 2014, 12 (3): 1 - 11.

[4] 姜大源. 关于职业教育课程体系的思考 [J]. 中国职业技术教育, 2003 (5): 37 - 39.

(执笔人:钱丹;审稿人:王兰萍)

探索数字教材在广东省中小学校课堂应用的途径和方法

○广东音像教材出版社

摘　要：分析广东省课堂数字教材的应用现状，结合广东音像教材出版社在基层实验学校开展课堂信息教学实验的经验，从信息技术与课堂教学融合的角度，探索广东省中小学课堂应用数字教材教学的途径和方法。

关键词：数字教材　课堂信息化教学　信息技术　智能纸屏软件系统

随着通信技术的迅猛发展，人工智能、物联网、云计算、区块链、视频社交等新技术新产业的广泛应用，"云平台＋教育"实现全国教育资源大数据共享成为可能，为数字教材进入中小学课堂提供了技术支撑。世界各国纷纷投入大量资源，促进教育信息化建设，以推动本国教育系统改革。韩国在2007年提出了本国"促进数字化教科书商业化政策"；2019年6月，日本公布《学校教育信息化推进法》；我国数字教材的开发始于2002年人民教育出版社研发的手持式电子教材，现在已开发出第三代数字教材。截至2018年，广东省可供数字教材品种152种，其中人民教育出版社（简称"人教版"）106种，粤版数字教材46种。2019年2月，中共中央、国务院印发《中国教育现代化2035》，明确提出"加强课程教材体系建设，科学规划大中小学课程，分类制定课程标准，充分利用现代信息技术，丰富并创新课程形式"。数字教材的规模化应用无论是国家政策层面还是内容建设方面，都已具备进入广东省中小学课堂规模化应用的基本条件。广东省教育厅于2018年开展的"广东省义务教育阶段国家课程数字教材规模化应用全覆盖"项目，开始推进义务教育阶段数字教材的应用。

一、数字教材的内涵

数字教材的本质是一个有效整合内容、学习终端、教学工具与教学服务的数字化学习系统（见图1）。人教版数字教材是"以传统纸质教材为蓝本"，"利用互联网、数字媒体、大数据等技术手段融教材、数字资源、学科工具、应用数据于一体的立体化教材"。人教版数字教材根据基层学校信息化设备的差异提供了三种应用场景：传统课堂（投影仪）、交互课堂（电子白板／一体机）和智慧课堂（Pad）。

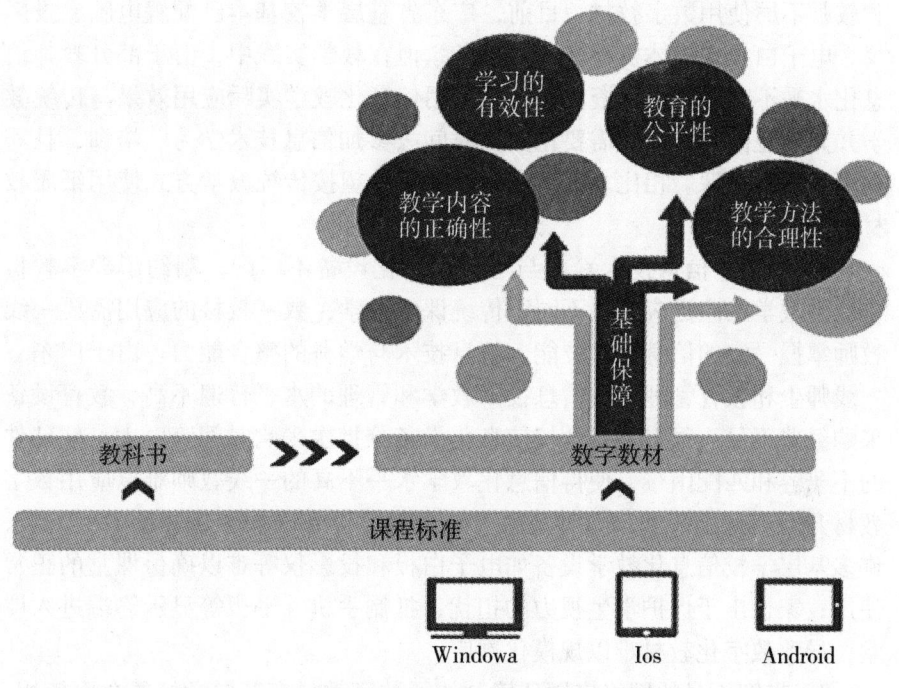

图1 数字教材的内涵

广东省经过多年的教育现代化建设，全省独立建设学校互联网接入率已达100％，多媒体教室普及率达82％，基本满足数字教材的应用要求。如何实现"数字教材的全覆盖"，全面普及信息化教学？基层教育行政部门和学校对教育信息化的态度和积极性是信息技术与课堂教学深度融合的难题。本文结合广东音像教材出版社在广东省基层实验学校开展课堂信息化教学实验的试点经验，从信息技术与课堂教学融合的角度探讨广东省中小学课堂应用数字教材教学的途径和方法。

二、数字教材在广东省中小学课堂应用的问题分析

广东音像教材出版社从 2013 年开始,先后为 200 多所参与省级课题"信息技术与学科深度融合的实证研究"的实验学校提供优质数字资源、教师信息化技术培训、信息化课堂教学设备等多种方式的综合服务,搜集了广东省课堂教学与信息技术融合所存在的普遍性问题,主要表现在以下四个方面。

1. 纸质教材与信息化教学成效的实验对照结果不显著,使部分学校和教师不愿使用数字教材。目前,广东省基层学校基本已配置电脑、投影仪、电子白板或一体机等多媒体设备,但在教学实践中,由于部分教师信息化水平不高,其数字资源在课堂应用信息化教学实际应用效果与传统教学并无明显区别,反而需要花更多时间去参加信息技术学习、培训,且需花更多精力备课。相比之下,部分教师更希望按传统教学方式使用纸质教材教学。

2. 教师的信息技术素养与学校信息化设备不匹配,制约了数字教材在课堂教学的广泛应用。不同于传统课堂教学,数字教材的应用需要一线教师掌握一定的信息技术技能、信息技术与学科的整合能力。由于广东省一线师生和教育管理者的信息技术教学和管理的水平普遍不高,教育设备采购经费不足,很多基层学校信息化设备分批次采购时间跨度大,软硬件的不兼容和匹配困难,使得信息化教学水平不高的一线教师难以应用数字教材开展信息化教学;同时又由于缺少教学设备维护和保养的专业人员,许多基层学校信息化教学设备如电子白板和投影仪等难以确保课堂的正常使用;家长出于保护学生视力的担忧,抵制手机、平板等显示终端进入课堂,导致数字化教材难以规模化推广。

3. 带宽不足的网络应用环境制约了数字教材在基层学校的全面使用。数字教材进入广东省中小学课堂,需要足够的带宽以支持数字资源在课堂的应用。广东省教育信息技术基础设施存在不足,30% 以上中小学接入带宽不足 10 M,大多数学校 10 M 带宽不足以让全校所有课堂同时开展信息化教学。网络环境带宽的不足,严重影响了数字教材在一个基层学校的全面使用。

4. 教育类社会教育资源精细化加工服务的缺位影响了教师对数字教材的长期使用。数字教材的应用需要教师把优质数字资源融入学校课堂和学生生活,以增强课堂的互动性和个性化的指导。教师只有在数字教材的

优质资源中加入本地和学生周边的生活元素，才能充分激发广大学生的学习兴趣。大多数教师没有足够的时间和精力去收集本地化素材，也缺乏对素材的加工能力。因此，教师对数字教材的应用只能停留在"点点用"的层次上，难以上升为"改改用"，从而降低了教师对数字教材长期使用的吸引力。

三、数字教材进入广东省中小学课堂的思路分析

广东音像教材出版社多年来在实验学校开展信息技术与课堂信息化教学的融合实验，积累了一些可操作性强的实践经验。数字教材规划如何融入广东省中小学课堂，总体思路可分为两类：一类是走技术创新思路，另一类是走应用创新思路。

就技术创新思路而言，我们将数字教材分为两种：一种是制作与纸制教材相对应的 PPT 课件或视频课件，使之与新型的课堂教学软硬件系统无缝集成（见图 2）；另一种是组织基层一线教师编写与纸制教材对应的电子教学案，在课堂教学中由教师自由生成调用（见图 3）。

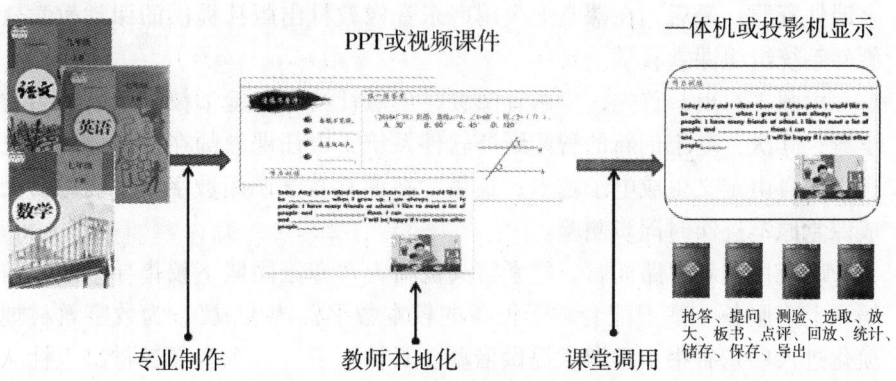

图 2　与传统纸制教材相对应的课件

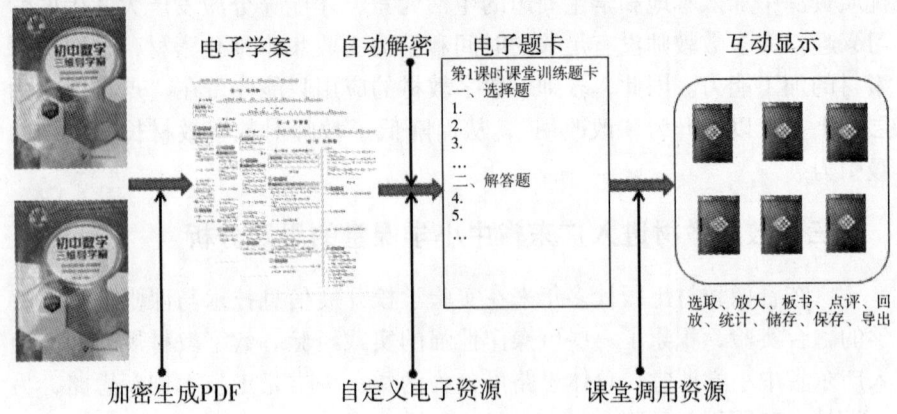

图3　电子教学案

由图2得知，首先，广东音像教材出版社组织一线优秀教师根据各学科教学课时要求，制作与纸制资源相对应的PPT课件和视频课件，提供给实验学校；其次，由各实验学校学科组或任课教师适当修改生成本地化数字课件资源；最后，在课堂上应用广东音像教材出版社提供的课堂教学软硬件系统组织课堂教学。

由图3看出，首先，广东音像教材出版社给各实验学校提供电子版教学案；其次，基于创新的智能纸屏软件系统，由任课教师在备课环节对电子学案自由定义生成电子题卡；最后，在课堂教学调用数字题卡资源，完成课堂原笔迹实时同步测验。

就应用创新思路而言，笔者将其概括为"专家团队下校指导＋技术与培训上门服务＋基于配套教学设备的校本数字资源生成"，为数字教材规模化进入广东省中小学课堂提供借鉴。具体而言，广东音像教材出版社从2013年开始，开发了一批优质数字资源，分批组织各学科专家和信息化技术专家下校指导，培训实验学校教师，指导教师以信息化教学的思路进行课堂教学综合改革；为基层学校开发校本教学资源，并提供自主知识产权的"师同霸方"纸屏同步智能课堂教学系统（含软硬件和不需要互联网支持的独立构建的物联网）进行信息化教学实验；与地方教育管理部门密切合作，探索为基层学校和教育机构提供集教师信息化教学能力培训、本土数字教育资源加工、信息化设备使用和维护于一体的全方位服务模式。

1. 信息化教学习惯的培养是教师从使用纸质教材过渡到数字教材教学的必要过程。广东音像教材出版社为韶关市、湛江市、肇庆市、惠州市、江门市和东莞市等地的实验学校提供的优质数字资源、学科教育和信息技术专家指导以支持其进行课堂教学改革，使教师快速适应信息化课堂的教学方式。广东音像教材出版社提供的"师同霸方"智能信息化教学设备，可以在教师电脑连接互联网的同时连接全班学生，让基层学校免除网络环境建设的烦恼，其教学课件视频即点即停，支持教师在暂停的画面上手写点评讲解，为课堂教学提供了极大的方便，解决了信息技术能力不足的教师使用数字教材教学的难题。

2. 积极探索为基层学校提供教学教研社会化服务新模式，为保护数字教材版权、创新使用数字教材教学提供新方向。由于"师同霸方"纸屏同步智能教学系统可以收集学生原生态学习数据，广东音像教材出版社利用系统对主客观题目的统计功能，为基层学校提供批改课堂作业和学生课堂教学表现的数据分析支持，教师也可以实时生成导出全班每个学生课堂练习成绩的精准统计分析表。根据实验学校的实际要求，以自有的优质资源为基础，融入实验学校本地、本校生活元素，通过专业媒体手段加工做成标准的数字教学素材，为基层学校提供本土化的校本数字教育资源。

3. 信息化教学设备以租代售的服务模式使基层学校使用数字教材进行互动教学有了更多选择。广东音像教材出版社将具有自主知识产权的"师同霸方"纸屏同步智能教学系统软硬件设备以租赁的方式供部分实验学校使用，这种以租代售的方式为基层学校在信息化设备应用方面提供了一个新的解决方案。该智能教学系统保持了传统书写习惯，原笔迹实时同步传输到教学一体机或投影机显示，打消了家长们对学生视力的顾虑；该系统组成的无线物联网，将学生书写原笔迹和按键值同步上传至一体机或投影机显示，再结合原笔迹的视频回放，为教师和教育管理者科学评价课堂教学与数字教材深度融合的教学效果提供了准确而客观的大数据。

四、数字教材在广东省中小学课堂教学中应用的途径和方法

数字教材要进入广东省中小学课堂，教育主管部门必须按照"服务全局、融合创新、统筹发展、智能泛在"的原则，充分发挥信息技术对教育的革命性影响作用，通过技术创新和体制机制创新的方式，营造良好的政策氛围，引导社会力量——各级各类教育类企事业单位参与数字教材教学应用的信息技术、教学内容、教学模式、应用服务和教学评价等应用策略的研究，为数字教材进入广东省中小学课堂提供更好的途径和方法。

1. 促进学科教学与信息技术深度融合，推动数字教材在基层学校应用

的广度和深度。整合教研机构和信息技术力量，组织各级各类名师工作室、名校工作室，开展信息技术与学科课堂教学深度融合的课题研究，联合教育类出版社、内容供应商、服务提供商对数字教材应用的教学模式、教学内容、数字教学素材等课题成果进行整理并以各种形式出版和展示，为基层教师开展数字教材教学提供参考。

2. 为数字教材应用提供专项资金，制定相关政策，引导各级各类企事业教育机构和团体参与到数字教材信息技术与各学科深度融合的应用模式研究，鼓励企事业单位为基层学校开展数字教材应用提供数字化增值服务，以其探索可持续发展的商业模式和营利模式，为数字教材进入广东省中小学课堂应用打造良好的应用生态环境。

3. 整合市场和企业资源，加大信息技术设备以租代售的力度，改变过去只顾建设不管安全、只管硬件忽视软件、只管数据采集不顾数据维护的粗放式管理模式，彻底解决基层学校和教育机构在信息化教学设备采购中的软硬件兼容与匹配难题，为基层学校在开展数字教材应用的信息化设备应用中提供更多选择。

4. 扩大对广东音像教材出版社"师同霸方"纸屏同步智能课堂教学系统的试点使用范围，利用本系统采集学生课堂原生态学情的特点，为精准分析数字教材在学科教学中的数据，科学评价数字教材的应用效果提供参考。

（执笔人：刘胜，谭燕梅；审稿人：程天）

广东教育改革发展
研究报告 2020

教育改革发展个案研究

教育改革发展个案研究

《3-6岁儿童学习与发展指南》背景下区域幼儿园课程质量提升的研究

——以广州市越秀区为例

○广州市越秀区教育局

摘　要：越秀区深入贯彻落实《3-6岁儿童学习与发展指南》，以教科培有效结合为支点，借助立体多维的区域学前教育研训体系和"三联六合"区域教师研训模式，搭建扎实有序的教师专业成长阶梯，以课题研究引领研训和课程实践。这些措施优化了区域幼儿园一日活动的安排和组织，促进了区域幼儿园游戏活动的有效开展，构建了幼儿园心理健康教育课程，制定了区域幼儿园教育质量评价体系，整体上促进了区域幼儿园课程质量提升。

关键词：幼儿园课程　质量评价　区域研训

一、研究的背景及意义

越秀区作为广州市第一个广东省教育强区、第一个广东省推进教育现代化先进区，一直以来自我发展定位高，其基础教育在全市起着示范引领作用，学前教育是越秀教育品牌的重要组成部分。目前已经初步构建了科学、和谐、可持续发展的学前教育公共服务体系，迈入了学位充足、特色彰显、优势显著、高位发展的轨道，形成了"三多、两强、一高"的良好局面（即公办幼儿园多、等级幼儿园多、示范性幼儿园多；公办幼儿园竞争力强，等级幼儿园示范辐射力强；适龄幼儿入学率高），基本满足了人民群众对学前教育的需求，得到了社会的认同。虽然目前越秀区学前教育在广州市仍处于领先地位，但由于区域特点及历史遗留问题等原因，越秀区存在着幼儿园用地面积达标率低、学前教育发展不平衡等突出问题，越秀区学前教育的比较优势正在减弱。因此，如何缩小园际差距，促进全区幼儿园均衡发展，如何增强区辖幼儿园软实力，促进区辖幼儿园内涵发展，是目前越秀区学前教育发展需要破解的难题。攻破这一难题离不开幼儿园课程质量的提升。课程是幼儿园作为专业教育机构的核心实力的体现，要增强幼儿园软实力、促进幼儿园内涵发展，必须大力提升幼儿园课程质量。

《3-6岁儿童学习与发展指南》（以下简称《指南》）的颁布，为幼儿园课程质量提升提供了很好的抓手。《指南》提出的一整套幼儿学习与发展的目标体系，可以很好地帮助教师观察、了解幼儿，也为幼儿园课程目标的确立、课程内容的选择和课程评价的开展指引了方向；《指南》配合目标提出的一系列有针对性、有操作性的教育建议，将正确的教育观、儿童观、发展观自然地渗透其中，引导教育者以适宜的方法、途径支持幼儿的学习与发展，为幼儿园课程实施提供了指引和参考。因此，越秀区结合本区实际，以贯彻落实《指南》来推动区域幼儿园课程质量提升，具有必要性和可行性，是破解区域学前教育发展难题的重要出路。

二、研究的推进路径

越秀区在广东省《3-6岁儿童学习与发展指南》实验区项目研究基础上，继续深入贯彻落实《指南》，以教科培有效结合为支点，借助立体多维的区域学前教育研训体系和"三联六合"区域教师研训模式，搭建扎实有序的教师专业成长阶梯，以课题研究引领研训和课程实践，促进了区域幼儿园课程整体质量提升。

（一）优化立体多维的区域研训组织架构

经过多年发展，越秀区学前教育研训已形成较为完善的、立体多维的组织架构，并且处于动态发展、不断优化的过程中。越秀区教育发展中心幼教科作为区域学前教育研训研究、指导、管理、服务部门，全面负责越秀区学前教育研训工作，重点组织全区性研训活动，服务全区幼儿园及2 300多名园长和教师的专业发展需要。横向维度，全区分为11个教研片，由22所省一级园担任片长园，负责组织片内研训活动，发挥示范引领作用。纵向维度，全区设立10个领域及专题教研组，由骨干园长担任组长，吸纳公办园、民办园骨干教师，开展深入持续的研训活动。垂直维度，设立中心教研组，吸纳全区等级园骨干园长、副园长，开展组内教研和区内视导活动。

通过不断完善区域研训组织架构，越秀区幼教研训活动得以纵横有序地开展，既有覆盖广的面上研训，又有深入领域和专题的深入研训；既有宏观引领性的研训，又有具体实操性的研训；既有数量上的保证，又有质量上的追求。全区参与区内研训活动的教师每学期4 000~5 000人次。

（二）践行"三联六合"区域教师研训模式

1. "三联"指的是区域研训、教研片/组研训、园本研训互相联动。在区域层面，注重引领；在片/组层面，注重互动；在园本层面，注重特色。区域层面在推动《指南》落实，促进幼儿园一日活动有效组织和游戏活动有效开展、防止幼儿园"小学化"现象方面，做了大量的引领性研训。教研片紧跟全区研训主题，立足片内实际找寻研训切入点，挖掘、共享片内研训资源，有效带动了片内幼儿园发展。教研组结合具体领域及专题，开展了形式多样的、富有实效的研训活动。教研片和教研组还定期开展全区性展示活动，分享、推广研训成果，间接助推全区幼儿园园本教研和保教质量提升。

2. "六合"是指主题导引、头脑风暴、案例展示、片/组内互动、园本跟进、区域共享六步合力程式，借以完成研训主题在各个层面上的落实，提升研训品质。结合区域实际，越秀区采取教研员主讲、高校专家引领等方式开展"主题导引"，涉及幼儿园一日活动有效组织、自主游戏开展、环境创设、观察评价等多方面，及时跟进学前教育实践中的热点、难点问题。研训活动中利用"头脑风暴"，为区域研训收集智慧方案。越秀区还充分利用公办园多、等级园多、优质园多的优势，发挥优质园所、骨干园长、骨干教师的示范引领作用，挖掘优质经验进行"案例展示"。借助"片/组内互动"和"园本跟进"在教研片、教研组层面和幼儿园层面围绕研训主题进行深度研讨和实践反思，将最终形成的各类课程资源、教研成果等进行"区域共享"。

（三）搭建扎实有序的区域教师专业成长阶梯

教师是课程改革的生力军，越秀区以"夯实基础、分层有序"为工作思路，搭建起扎实有序的区域教师专业成长阶梯，助力区域幼儿园课程质量的提升。

1. 培训课程多样化，夯实教师专业发展基础。一是深入推进《指南》落实，开展针对性强、实效性强的区级面授课程。如面向全区业务园长的系列课程"幼儿园一日活动的有效安排与组织"，从一日活动合理安排、各类活动的有效组织入手开展系列研训。课程要求业务园长结合课程内容

开展园本研训,有力保障了全员培训工作的落实。系列课程"幼儿园游戏组织与评价"着重探讨游戏环境创设、游戏活动组织、游戏观察评价,既有面向全区教师的课程,也有面向普惠性民办园或薄弱园业务园长和骨干的课程,落实分层分类培训。面授课程采取专家讲座、案例分析、现场观摩、小组研讨等形式,收到了良好的研训效果。二是挖掘区域研训资源,开发优质便捷的远程课程。越秀区利用优质园多、骨干教师多的优势,组织越秀教师团队开发市级远程课程,目前已开发的市远程教育课程有20门,内容涵盖面广,受惠教师多,为区域教师专业发展提供了更多样化的选择,有效促进了全员培训的落实。

2. 展示平台分层有序,激励教师阶梯式发展。结合教师职业生涯发展阶段,越秀区为幼儿园教师提供了分层有序的展示平台,如幼儿园新教师风采展示、幼儿园青年教师风采展示、幼教名师风采展示、园长讲坛等,为处于不同职业生涯发展阶段的教师和园长提供自我挑战、自我展示的机会。各教研组、教研片也定期开展全区性展示活动,为骨干教师提供展示和示范引领的舞台。展示形式既有讲座、说课、演讲,也有现场教学展示、个人才艺展示、教研工作坊等。各类展示平台激励着教师自我规划、逐级发展。此外,"越秀区幼儿教师专业能力大赛""越秀区青年教师大赛""越秀区幼教科研成果评比"等,也为愿意自我挑战的教师提供了展示和发展的空间。

(四)开展立足区域、富有实效的课题研究

课题研究是课程改革的有力助推器,科研、教研、培训一体化有利于三力合一提升区域幼儿园课程质量。越秀区一向重视课题研究工作,对取得市级以上课题立项的幼儿园,给予每年不低于1万元的课题经费补助。越秀区有8所幼儿园成为广东省《指南》实验园,立项省级课题。全区115所幼儿园成为区《指南》实验园,立项区级子课题。国家、省、市级课题"幼儿园心理健康教育课程构建研究""幼儿园教师心理健康教育能力提升研究"在全区有20多所实验园,初步形成区域幼儿园心理健康教育特色。越秀区还与华南师范大学专家团队合作进行区域幼儿园教育质量评价研究,探索开发"越秀区幼儿园教育质量评估体系",以过程性质量为重点考察区域幼儿园课程质量。省级课题"区域普惠性民办园游戏环境创设研究"聚焦普惠性民办园游戏环境的整改、优化,以评价工具为抓手促进普惠性民办园自评和反思性实践。2019年立项的市级课题"区域幼儿园一日生活课程现状研究""'文溪雅荷'幼儿园一日生活课程资源开发研

究"聚焦幼儿园一日生活课程质量，以评价工具和课程资源开发推动课程实践。各级各类课题立足本区实际，践行《指南》精神，来自于实践也服务于实践，带动区域研训有方向、有重点地开展，对区域幼儿园课程质量提升起到了积极推动作用。

三、研究取得的成效

（一）优化了区域幼儿园一日活动的安排和组织

幼儿园一日活动皆课程，一日活动的安排和组织体现着幼儿园课程实践的真实状态，关系着幼儿园课程的实际质量。《指南》明确要求"合理安排一日生活"，贯彻落实《指南》必须从优化幼儿园一日活动的安排和组织入手。通过调研，越秀区梳理了区域幼儿园在一日活动安排与组织方面存在的主要问题，并借助区域研训活动和视导调研活动，将引领和督导相结合，不断优化区域幼儿园一日活动的安排和组织。

1. 促进了区域幼儿园一日活动的合理安排。越秀区将落实《指南》与落实《广东省幼儿园一日活动指引（试行）》相结合，将高校资源引入培训课程，邀请专家高位引领，聚焦幼儿园一日活动的时间安排、场地利用、转换过渡、组织形式等。制定了区域幼儿园一日活动安排参考模板及相关指引，借助区、片、园三级联动，实行层级研训和指导，一园一案地完善各园一日活动安排；通过各类视导、调研、年审、评估活动等，现场指导幼儿园改进一日活动安排。通过一系列研训与督导，区域幼儿园一日活动安排不断优化，特别是自主游戏时间、户外活动时间、餐隔时间等方面改善明显。目前，越秀区正准备通过调查问卷阶段性摸查幼儿园一日活动安排现状与存在问题，下阶段将根据问卷调查和现场调研结果，制定区域研训方案，进一步促进幼儿园一日活动安排的合理性、科学性。

2. 促进了区域幼儿园一日活动的有效组织。越秀区从生活活动、体育活动、自主游戏、学习活动四大类活动的有效组织入手，一学期一专题地开展区域研训，采用集中面授培训与园本研训结合、案例分析与观摩实践结合、情景体验与交流分享结合，增强研训实效性。通过近年来系列性的研训活动，区域幼儿园普遍增强了一日活动组织有效性意识、课程质量意识，特别是自主游戏、学习活动的开展质量有较多的改善。目前，越秀区正围绕幼儿园生活活动的有效组织开展课题研究和研训活动，聚焦生活活动各环节和过渡环节，探索有效策略、开发课程资源，促进区域幼儿园生活活动质量迈上新台阶。

（二）促进了区域幼儿园游戏活动的有效开展

幼儿园"以游戏为基本活动"，是我国学前教育改革的重要命题，也是幼儿园课程改革的重要指导思想。《指南》特别强调了要珍视游戏的价值，把游戏看作促进幼儿学习与发展的重要途径。《广东省幼儿园一日活动指引（试行）》进一步提出幼儿园每日开展连续不少于一小时的自主游戏。针对区内部分幼儿园存在的"重上课，轻游戏""假游戏""低质量游戏"等现象，越秀区多管齐下，依托立体多维的区域研训网络和"三联六合"区域教师研训模式，以丰富多彩的研训活动推动区域幼儿园开展游戏研究与实践，取得了较好成效。

1. 促进了区域幼儿园游戏环境的优化。幼儿园积极创设符合幼儿年龄特征和心理发展需要的游戏环境，是保护幼儿游戏权利的具体体现，也是落实"以游戏为基本活动"的重要保障。改善幼儿园游戏环境质量，为幼儿园游戏活动有效开展提供充分保障，才能真正促进幼儿园课程结构调整和课程质量提升。越秀区通过开展专题培训、组织幼儿教师技能大赛（游戏环境创设、游戏及材料设计）、开展"普惠性民办园游戏环境创设研究"、成立"幼儿园游戏"教研组、组织区内外幼儿园参观交流等途径，推动区内幼儿园开展不同层次的游戏环境创设研究。目前，越秀区编制了幼儿园游戏环境评价工具，并以此为抓手促进幼儿园自评和反思性实践，区内幼儿园游戏环境有了不同程度的改善，为幼儿园游戏活动的正常开展、有效开展提供了保障，也有效防止了"小学化"现象在幼儿园的出现。

2. 促进了区域幼儿园教师游戏组织、观察与评价能力的提升。有效开展幼儿园游戏活动，离不开教师相关专业素养的提升。针对游戏实践中存在的"放的分寸""看的门道""做的多少"等热点和难点问题，越秀区开设幼儿园游戏组织与评价方面的系列培训课程，同时不定期邀请高校专家、教研员、骨干园长进行游戏方面的专题讲座，更新观念，引领实践；组织以游戏观察指导为主题的全区幼儿教师专业能力比赛，通过园内评选—片内评选—区内评选—全区展示等流程，掀起全区幼儿园游戏研究和实践的热潮；组织区内幼儿园参观区内外、省内外优质幼儿园，实地学习优质园在游戏开展方面的先进经验。目前，越秀区开展了全区性的幼儿园自主游戏阶段性小结，各园梳理自主游戏探索与实践过程中的做法、经验，并反思存在的问题与困惑，各类幼儿园自主游戏质量有不同程度的提升。下阶段越秀区将以存在的问题为起点，深入开展有针对性的区域研训，进一步以游戏活动质量促进幼儿园整体课程质量提升。

（三）构建了幼儿园心理健康教育课程

《指南》在健康领域强调了促进幼儿的身心健康发展，特别关注幼儿的心理健康问题。越秀区积极推进广东教育学会重点规划课题"幼儿心理健康教育课程构建研究"，在前期研究与实践基础上，依托区域内25所课题实验园，开展立足实践的幼儿园心理健康教育课程建构研究，最终形成了《幼儿园心理健康教育课程》（即将出版），为区域幼儿园心理健康教育实践提供了抓手，有助于较大面积地推动幼儿园心理健康教育的规范开展和持续开展，促进了区域幼儿园课程质量的提升和课程特色的打造。

1. 确立幼儿园心理健康教育的目标体系。幼儿园心理健康教育目标体系包括总目标、年龄目标、主题目标。总目标是幼儿园心理健康教育课程的统领目标，年龄目标围绕情绪管理、人际交往、自我意识、适应能力4个方面、12项主要目标，确立了大、中、小各年龄班的具体目标。主题目标主要围绕"可爱的我""我与身边的人""我与周围世界"3个主题板块、9个主题内容，确立了各年龄段主题教学的目标。各级目标均落实《指南》各项目标和要求，并根据课程进行了进一步的细化。

2. 形成幼儿园心理健康教育的内容体系。幼儿园心理健康教育课程主要包括发展性课程和渗透性课程。前者是面向全体幼儿的、旨在预防和发展的心理健康教育课程；后者是针对特殊儿童或暂时出现心理行为问题偏差的正常儿童、旨在进行个别性矫治的心理健康教育课程。发展性课程又包括主题课程和渗透性课程。前者是结构性课程，主要围绕"幼儿与自我""幼儿与身边的人""幼儿与周围世界"三个内容板块进行各年龄段的主题教学；后者是半结构性课程，主要结合一日生活、游戏活动、环境创设、家园互动等进行渗透性教育。

3. 探索幼儿园心理健康教育课程实施体系。幼儿园心理健康教育课程实施体系提出课程实施四大主要原则：发展性教育和补偿性教育相结合、面向全体和关注个别相结合、幼儿园教育与家庭教育相结合、园内资源和园外资源相结合。组织形式上强调个别活动、小组活动、集体活动有机结合。主要实施途径包括生活活动、游戏活动、教学活动。从养成教育和补偿教育两方面提出具体的教育教学方法。养成教育主要运用情境教育、榜样示范、角色扮演、木偶剧、绘本阅读、心理游戏等方法；补偿教育主要运用教育疗法、行为疗法、心理咨询法、游戏矫治法、美术疗法等。

4. 提出幼儿园心理健康教育课程的评价体系。幼儿园心理健康教育课程围绕情绪管理、人际交往、自我意识、适应能力4个大指标项目、12项分类指标,形成了各年龄段具体评价指标,呼应课程目标和内容。如,以"情绪管理"项目中"情绪认知"这一分类指标为例,其指标要点是"辨识情绪、理解原因",小、中、大班有阶梯式的具体评价指标。考察的途径包括:日常观察(幼儿正负情绪的比例、负面情绪的表达、调节,是否理解他人的情绪等)、幼儿作品分析(作品内容、色调表达出的情绪,幼儿通过作品表达情绪之后的状态等)、交谈(师幼、同伴谈话或讨论中涉及的情绪经验,是否喜欢分享情绪等)、家园沟通(幼儿在家的情绪状态及表达方式等)。

(四)制定了区域幼儿园教育质量评价体系

提升区域幼儿园课程质量,必须依托具有针对性、先进性、可行性的评价体系。越秀区与高校专家团队合作,依据《中华人民共和国教育法》《幼儿园管理条例》《幼儿园工作规程》《幼儿园教育指导纲要》《3—6岁儿童学习与发展指南》《广东省幼儿园督导评估方案》及《广东省幼儿园一日活动指引(试行)》等相关法规文件,借鉴国际先进的幼儿学习环境评价工具,如幼儿学习环境评量(Early childhood environment rating scale,ECERS-R)、课堂评价评分系统(The classroom assessment scoring system)等,在对试点幼儿园进行调研的基础上,结合越秀区学前教育发展现状及需求,制定了《越秀区幼儿园教育质量评价体系(初稿)》。

1. 确立该评价体系所遵循的原则。一是遵循全面性原则。面向广州市越秀区所有幼儿园,面向全体幼儿,面向一日活动的各个环节。对保教质量评估既注重实绩,也重视幼儿个性发展、能力提高等要素。二是遵循科学性原则。对保教质量的评估必须建立在科学的基础上,要有充分的科学依据、态度和方法。坚持发展性评估,做到评估与教学管理相结合,评估与教学研究相结合,评估与教师发展相结合,评估与保教质量的持续提高相结合。三是遵循保教并重原则。"保教并重"是幼儿园教育的基本原则,体现着幼儿园教育的特殊性。评价体系从定性和定量两个方面对幼儿园保教质量进行评估。

2. 形成评价体系的内容及标准。《越秀区幼儿园教育质量评价体系(初稿)》设3个一级指标、8个二级指标、36个三级指标,分为幼儿园一日生活与常规、教育支持与教学互动及家庭、社区与幼儿园的互动三部分。每个三级指标包含若干个评价重点与评价标准,标准分为"等级1"、"等级3"与"等级5"。"等级1"是指幼儿园教育质量不足状态;"等级

3"是指幼儿园教育质量合格标准,是每一所幼儿园必须达到的基本要求;"等级5"是指幼儿园教育质量优秀标准,是较高层次的要求。幼儿园教育质量要在符合"等级3"的基础上再以"等级5"来衡量与评价。

3. 评价体系对于区域幼儿园课程质量的意义。《越秀区幼儿园教育质量评价体系(初稿)》努力将新的教育观念、理论具体化,并渗透在各项评价指标中。该体系重在帮助幼教工作者建立质量意识,关注保教实施的过程与质量,增强行为的自觉性,为幼儿园质量监控与评价提供参考。《越秀区幼儿园教育质量评价体系(初稿)》的制定,为区域幼儿园教育教学诊断和质量提高提供了可操作化的标准,也为区域幼儿园均衡发展与特色建设提供了可靠的依据。该评价体系初稿完成,需通过实践—反思—修订—再实践的循环方式,逐步加以完善。下一阶段,越秀区将以该评价体系(初稿)为抓手,小范围开展指标研讨、现场评价、反思,进一步完善评价体系细节,提高评价体系内容效度。该评价体系成熟后可用于区域幼儿园自评和互评,促进区域幼儿园课程质量的提高。

综上所述,越秀区立足区域实际,以《指南》落实推动幼儿园课程改革,教科培有效结合,引领方向,促进实践,优化了区域幼儿园一日活动的安排和组织,促进了区域幼儿园游戏活动的有效开展,构建了幼儿园心理健康教育课程,制定了区域幼儿园教育质量评价体系,整体上促进了区域幼儿园课程质量提升。

(执笔人:张艳婷,许凯;审稿人:陈晓)

高质量实施国家课程，探索立德树人的实践路径

——来自珠海市义务教育改革发展的经验

○ 珠海市教育研究中心

摘　要：当前，中国基础教育由体量扩张进入质量提升转变和均衡发展的关键时期，基础教育的国家课程质量保证体系建设具有重要的时代价值。"立德树人"是党和国家对教育提出的根本任务，在开齐开足国家课程的基础上，如何在区域内高质量实施国家课程，强化国家课程的基础性地位，固本培元，探索立德树人的实践路径，珠海各区进行了积极实践与探索。

关键词：国家课程　课程标准　立德树人　教育现代化

《中国教育现代化2035》提出了推进教育现代化要更加注重以德为先。党和国家对新时代我国义务教育提出了新的质量要求，要求树立科学的教育质量观，深化改革，构建德智体美劳全面培养的教育体系，健全立德树人落实机制，着力在坚定理想信念、厚植爱国主义情怀、加强品德修养、增长知识见识、培养奋斗精神、增强综合素质上下功夫。坚持德育为先，教育引导学生爱党爱国爱人民爱社会主义；坚持全面发展，为学生终身发展奠基。如何探索立德树人的实践路径，珠海教育在开齐开足国家课程的基础上，保证国家课程的刚性地位不动摇，始终坚持国家课程的完整性和主导性，高质量实施国家课程，落实立德树人这一根本任务，努力培养担当民族复兴大任的时代新人，培养德智体美劳全面发展的社会主义建设者和接班人。

一、国家课程的育人价值

国家课程具有统一规定性和强制性。从广义上来说,国家课程指国家有关部门制定和颁布的各种课程政策,如教育部制定、颁布的课程管理与开发政策、课程方案,各类课程的比例和范围,教材编写、审查和选用制度等。从狭义上来讲,国家课程是指国家委托有关部门或机构制定的基础教育的必修课程。无论广义的国家课程还是狭义的国家课程,都集中体现了国家的意志,是决定一个国家基础教育质量的主要因素。

2019年6月23日,中共中央、国务院印发《关于深化教育教学改革全面提高义务教育质量的意见》(以下简称《意见》),强调加强课程教材建设,国家建立义务教育课程方案、课程标准修订和实施监测机制,完善教材管理办法。省级教育部门制定地方课程和校本课程开发与实施指南,并建立审议评估和质量监测制度。县级教育部门要加强校本课程监管,构建学校间共建共享机制。学校要提高校本课程质量,校本课程原则上不编写教材。严禁用地方课程、校本课程取代国家课程,严禁使用未经审定的教材。义务教育学校不得引进境外课程、使用境外教材。《意见》从各个视角提出了国家课程的重要地位和育人价值,并对各级教育行政部门和学校提出了明确具体的要求。

二、国家课程实施过程中的异化

国家课程体现国家意志,地位特殊而重要。尽管国家课程在学校育人过程中的教育价值显著,但在学校实施过程中我们仍发现存在诸多问题,主要表现在以下三个方面。

(一)校本课程无序扩张,挤占国家课程的应有空间和时间

校本课程建设在我国已有十余年的发展历程,我们必须反思当前校本课程实践过程中产生的偏离,如盲目追求学校特色和亮点、深受升学考试束缚等。校本课程应该立足于学生的发展,满足于学生的需求,并且能够自然凸显学校的整体发展战略。要想使校本课程回归本真,需要理性分析学生的发展需求,灵活应对学校的实际情况,整体规划校本课程的发展框架,科学构建校本课程开发共同体,重新审视校本课程的评价体系。校本课程的大规模无序开发,挤占国家课程资源,这种现象在民办学校体现得格外显著,丰富的校本课程成为民办学校宣传办学特色和招生的噱头。同时,受教育工具价值的影响,某些学校和区域的中考学科挤占非中考学科

的教学时间也时有发生。很多学校不按国家课程实施方案设置课程,综合实践活动、小学科学、研究性学习、社会实践等课程在很多学校只是停留在课程表上,没有按最低标准开设国家课程。

(二)课程评价单一,纸笔测试依然是学业评价的主要方式

近年来,随着素质教育的全面推进,中小学评价与考试制度的改革得到了社会各界的广泛重视,各地积极探索,取得了有益的经验。早在2002年,教育部出台了《关于积极推进中小学评价与考试制度改革的通知》(教基〔2002〕26号),明确要求课程评价要从培养一个完整的人的角度出发,从道德品质、公民素养、学习能力、交流与合作能力、运动与健康、审美与表现六个方面进行多元评价,十多年过去了,课程评价并没有得到实质性的改观。现行中小学评价和考试制度与全面推进素质教育的要求还不相适应,对测试工具的开发与研究不积极,很多地方对师生和学校的教学评价停留在考试分数的排序上,对基于课程标准评价没有实质性的实践进展,突出反映在强调甄别与选拔功能,忽视改进与激励的功能;注重学习成绩,忽视学生全面发展和个体差异;关注结果而忽视过程,评价方法单一;尚未形成健全的教师、学校评价制度等。

(三)教材的课程载体作用被削弱,课堂普遍缺乏学科特质

在调查中我们发现,某些学校的课堂教学游离于课程之外,甚至不教国家统编教材,教师上课的随意性强,将正常的课堂教学变为讲述故事、刷题训练、看影视资源,还强调这是在实施新课程、培养学习兴趣和探究问题的能力,这种随意性开展的教学削弱了统编教材的课程载体的作用。课堂依然缺乏学科特质,教师在没有领悟课程改革的本质前提下,错误地进行课堂教学改革,表现为不少学校甚至区域层面上动辄推行所谓的课堂教学模式改革,如生态课堂、生命课堂、本色课堂、绿色课堂、道德课堂,却未能深刻理解新课程改革对课堂教学的要求,不准确把握课堂的本质属性和课堂教学的内涵,其结果是流于造新名词、流于形式,并无课改的实质内容。

三、坚持国家课程的主导性、完整性和权威性

要高质量实施国家课程,探寻一条立德树人的实践路径,坚持国家课

程的主导性、完整性和权威性是前提和保障①，基础教育阶段的各类学校开展的任何形式的课程改革都不能动摇这一根基。

珠海教育坚持国家课程的主导性。国家课程是国家对学生素养发展基本要求的规定，实施国家课程可以主导课程的核心价值观，可以主导学生发展核心素养。不仅如此，珠海要求国家课程、地方课程和校本课程这三类课程既相对独立，又要在国家课程标准的主导下形成育人合力，而绝不是各自为战。对国家课程在课程结构中、在学校教育中的主导地位意识要进一步增强。随着珠海社会经济的发展，珠海基础教育教学质量面临新时代的要求，社会对教育的期望值也在增加。如何进一步提升基础教育的课堂教学质量，如何在教学中实践社会主义核心价值观，如何突出培养学生的核心素养，珠海教育在坚持国家课程的主导性方面进行了思考并作出相应回答，由人民政府教育督导部门牵头，每年对国家课程的实施情况进行视导与检查，由市、区教研部门对国家课程的主导性进行多次研究与指导。

珠海教育坚持国家课程的完整性。我们认识到国家课程是一个完整的体系，有其严谨的内在逻辑，其课程标准由全国知名教育专家学者、教科研人员、优秀一线教师反复研制，是国家有关部门反复审查通过的纲领性文本。我们认识到国家课程留给教师较大的创造空间和第二次开发的价值，但绝不意味着一线教师可以随意分解与整合，课程的整合要坚持以国家课程为主干，市教育研究中心各学科教研员在教学指导过程中作观察，重点对课堂进行考量。

珠海教育坚持国家统编教材的权威性。我们深刻认识到统编教材是国家的战略工程，是党中央的决定，集中体现了国家的意志和要求。只有用好统编教材，才能更有意义地培育与践行社会主义核心价值观，真正落实立德树人的根本任务，培养担当民族复兴大任的时代新人。对此，珠海教育保持清醒的认识，认真提升使命感、责任感和自觉性，教师严肃对待教材和课标。各学校开展的课堂教学改革，必须在核心素养的总要求下进行，其主旨是高质量地实施国家课程，做到不折不扣、有序而扎实推进，让统编教材把握意识形态的话语权。

---

① 成尚荣. 坚持国家课程的主导性、完整性与权威性 [J]. 基础教育课程，2018（9）：1.

四、珠海市义务教育改革发展经验

核心素养是指学生应具备的，能够适应终身发展和社会发展需要的必备品格和关键能力，它突出强调个人修养、社会关爱、家国情怀，更加注重自主发展、合作参与和创新实践。珠海教育坚持以习近平新时代中国特色社会主义思想为指导，全面贯彻党的教育方针，落实立德树人根本任务，遵循教育规律，强化教师队伍基础作用，围绕凝聚人心、完善人格、开发人力、培育人才、造福人民的工作目标，发展素质教育，培养德智体美劳全面发展的社会主义建设者和接班人。珠海教育从下面几个关键方面进行卓有成效的实践，促进高质量实施国家课程，探索立德树人的基本实践路径。

（一）深化管理体制改革，建立可持续发展的现代教育治理体系

2015年，珠海市九年义务教育阶段的学校和幼儿园全部交给区一级管理，珠海市直管全部高中阶段学校，各区不再有直属高中。各区不断强化教育发展的要素保障，统筹教育资源配置，一心一意推进义务教育阶段的课程建设。珠海市教育局投入大量精力开展高中阶段的教学研究，为各级各类学校发展提供更宽广的平台，不断改善办学条件、提升办学质量，通过"优质带动"，推进区域教育均衡发展。2018年，为了推动教育均衡化，珠海教育将推进西部教育振兴发展作为市委教育工作领导小组重要议题。进一步理顺义务教育管理体制，合理划分区、镇两级政府在教育领域的财政事权和支出责任，将万山区教育管理职能移交香洲区。2019年，珠海市教育研究中心设立义务教育研究室，通过建设市级网络教研平台，带动教研力量薄弱的各功能区的教育教学研究，这种办学体制和教育研究关系的理顺，有利于珠海义务教育在市的指导下以区为主进行国家课堂的管理与实施。

当前，珠海正在加快建设成为粤港澳大湾区经济新引擎和大湾区魅力之城，并大力推进西部中心城区建设成为珠海城市中心。高质量实施国家课程需要区域间教育优质均衡可持续发展，全方位破解西部地区教育发展所面临的困境，找到适合珠海市西部教育优质可持续发展之路，提升珠海教育整体水平。珠海2015年高中入学将全面取消择校生，全市国家级示范性普通高中招生计划中70%以内的名额作为指标生分配到各初中。珠海加快学校建设，夯实西部地区教育可持续发展基础，大力支持珠海西部地区学前教育普惠提质发展，重点改善农村较小规模学校办学条件，大力发展

服务乡村振兴的职业教育。同时搭建东西部优质教育资源共享平台，加强云协同课堂建设和应用，建设教育资源公共服务平台，实现数字教材资源100%全覆盖，推进智慧教育创新发展，支持引进国内优质教育资源在西部地区合作办学，支持引进优质专业机构开展西部地区教师队伍培训。珠海在政策和资金等方面鼓励和支持在西部地区新建优质民办学校，横琴新区和高新区创新办学体制，以名校带动区域义务教育阶段学校的布局与高质量发展。

（二）开展教科研协作工作，建立可持续发展的教育科研工作机制

课程的实施需要教研的力量注入活力。珠海统筹扶持教科研工作，促进区域间教育质量优质均衡化，2019年珠海召开首次全市教育科研工作会议，强化了教育科研对全市课程建设与课程管理的意识。珠海统筹建设市区两级"1+3模式"布局优化教育科研队伍，建立市区校"三位一体"的西部地区教研帮扶体系，探索办学联盟和集团化办学多元发展的实现路径。为通过教研活动促进落实国家课程标准，根据珠海西部地区教育的不同特点，探索东西部地区共同发展的最优模式，珠海市教育研究中心首创"同课同构"教研模式，引导学校间教师的交流与合作，2019年9月"同课同构"作为课改试验区项目在常州进行全国范围内的成果展示，得到了专家的好评。近年珠海市开展同课同构500多节，超过1 000名教师参与，同课同构促进了学校间和教师间的交流合作，加强学科融合并在执行国家课程方面起到了很好的作用。2018年举办了珠海市东西部教育均衡办学联盟同课同构公开课活动，有228名教师参与同课同构活动。斗门区教师发展中心每年开展教研节，内容丰富，形式多样，主动吸纳全区初中和小学教师的广泛参加，对繁荣珠海西部地区的学术氛围，加强教师队伍建设，推动西部地区的义务教育学业质量起到了积极作用。该区还针对教师年龄结构特征大力倡导教法变革，在"目标多元、智慧生成、合作共享、改革创新"等方面提出了该区域的教学主张。高栏港经济区无教研员编制，没有成立教师发展中心，该区要求各中小学校长兼任学科教研员，通过项目活动，积极推进学科建设。

珠海市教育研究中心创建了多学科联动课堂观察主题研究活动。两年来完成了"基于课程标准的教学与评价""基于课程标准的试题编制""学生小组合作学习研究""复习课学生学习任务完成情况的观察与研究"和"多学科课堂教学有效性实证研究"等多项联动活动，依据课程标准和教学标准创新了课堂观察量表的设计，课堂观察活动拓展了观课评课的视

野,成为常态化的教研模式。科研协作促使珠海市教研员的研究水平得到了显著提高,在 2019 年广东省基础教育教学成果奖公示中,珠海市教育研究中心教研员主持的研究成果获 3 项一等奖、2 项二等奖,为珠海教育历史上最高水平。

(三)因地制宜开发精品课程,促进国家课程的内涵发展与建设

在完成国家课程任务的基础上,珠海市教育局积极开发适宜珠海教育特色的地方课程,珠海市教育研究中心近年组织珠海市骨干教师开发了"筑梦航空""人文珠海""珠海国家安全""珠海研学旅行读本""大学物理先修课教程"等地方课程,丰富珠海学生的课程选择性,为珠海学生提供适合他们发展成长的课程。2017 年珠海市启动了首批市级校本精品课程建设,共有 40 门课程评为市级校本精品课程,其中国家课程校本化课程 16 门,学校选修类课程 24 门。通过专项经费的资助,大大促进了学校校本课程的开发与建设。如化学教研员主持的校本精品课程"珠海市中学化学实验教程"出版著作 2 部,带动了全市化学教师的广泛参与,课程开发与建设产生了积极的影响,其校本精品课程的核心成果于 2017 年获得广东省基础教育教学成果奖一等奖。校本精品课程"数学文化艺术生活校本课程"出版了研究著作,课程对中学数学教学进行了有益补充;艺术教研员积极指导音乐教师加强精品课程"中学戏剧课程"的建设。2019 年 11 月,在第五届中国教育创新成果公益博览会上,珠海市有 30 项精品课程汇总提炼了"深情惜福感恩的民族教育""富有校本特色的精品课程""焕发共享活力的湾区教育"和"彰显融合创新的教育信息化"四个主题,进行全方位展览。珠海精品课程在理解国家政策的前提下,为国家课程校本化实施提供了实践样板。

高栏港经济区以关注每个儿童的健康成长,增强区域师生的文化自信为要旨,利用区域独有的自然与人文资源,聚焦体现区域特征的育人目标,创建了可供区域共享的特色课程集群;金湾区教师发展中心充分发挥地域和当地产业优势与特色,加强本地中小学生的地方乡土教育和航空科普教育,为实现航空强国发展战略打下人才基础,树立学生爱航空的人文意识,结合国家课程必要的知识拓展与补充,出版了《金湾航空》《走进航空金湾》等系列通过广东省地方教材审定委员会审定的地方教材,并在全区进行教学实践。在执行国家课程方面,珠海市教育研究中心引导教师开展学科教学研究,以学科教研为出发点,着眼于学科本质开展深度学习,如在物理教研员的指导下,中学物理课程教学研究蓬勃发展,斗门区初中物理"知识发生过程的初中物理教学"研究成果2019年获广东省教育教学成果二等奖。珠海市教育研究中心学科教研员近年重点引导教学研究回归到学科研究，让学生在情境中重新经历发现问题、解决问题、总结规律、形成认知、迁移应用的过程，学生通过这样的路径获取知识，才能知道知识的来龙去脉，理解其价值，这样的学习具有意义，有意义的学习才能构建有意义的生命。

（四）创新学业质量评价体系，引导学校对国家课程的有效实施

珠海教育历来重视学业质量评价工作，通过建立科学的测评体系最终规范学校的教育教学行为，用评价来引导学生，发展学生核心素养并有效实践国家课程。珠海市教育研究中心教研室开展了多年的"基于标准正态化的二十层回归分析"，精确地解决了评价学校教学成绩的问题，解决了学校水平差异对数据的影响；通过回归分析，解决了两次考试数据之间的关系问题。经过实际运用，能够非常精确地反映学校各层次学生的发展现状，肯定薄弱学校的努力，能及时发现某些学校存在的问题。2019年11月，《珠海市初中学生综合素质评价实施方案（试行）》在全市初中学校开始实施评价，评价内容包括学生的思想品德、学业水平、身心健康、艺术素养和社会实践五大方面。这些具有现代教育测量评价特征的评价模式得到各学校的普遍认同，对全市基础教育质量整体提升发挥了巨大的作用。

珠海市教育研究中心带领各区研究学业质量的可持续评价机制，香洲区教师发展中心近10年的时间实践了符合珠海教育发展战略的义务教育学业质量评价综合改革试验。为减轻小学生过重的学业负担，将试卷和试题进行了差异化设置；为探索基于课程标准的学业评价，实践了从内容标准中提炼测量标准；为引导中学更好地提供适合的教育而非寻找合适的学生，开展了学业质量增值性评价；为了解学校对课程的执行力，开发了远程考试和网上问卷系统；通过"测试+同步问卷"的创新模式探寻影响学业质量的各种可能因素，获取学业成就的途径和付出的代价，通过开展承前启后的七年级能力测试，既关注了初中入学的质量起点，又能反映出全市各小学毕业生出口质量，这一系列的评价改革能引导区域学业质量向"绿色GDP"时代迈进。① 同时，香洲区开展的学业质量评价改革措施，对落实体现国家意志的课程标准有积极推动作用，为落实立德树人根本任

---

① 熊志权，李自立. 基于课程标准的区域学业质量差异化评价研究与实践：来自广东省珠海市义务教育综合评价改革的案例［J］. 中国考试，2015（12）：11-18，23.

务,着力推进教育内涵发展和国家课程的实施提供了具体操作指引和实践指南。香洲区教师发展中心具备学业质量评价研究与实践的环境和人力资源,该区开展的各类学业质量评价研究成果近五年曾三次获得广东省教育教学成果奖二等奖。

(五)共建实验区开展战略合作,提升区域对国家课程的执行能力

为了高质量实施国家课程,珠海市教育局从2017年开始与广东省教育研究院开展"提质创优建高地"战略合作。珠海继续借助广东省教育研究院这一教育科研高地,全方位帮助和指导珠海基础教育开展教学改革和教学研究,着力提升珠海基础教育水平。2019年在过去合作的基础上,双方继续紧密合作,深入贯彻全国、全省教育大会精神,围绕服务粤港澳大湾区建设,加快推进珠海教育"提质创优建高地",教育合作有效地提高了珠海教育的显示度,推动珠海在粤港澳大湾区教育合作发展中发挥极大的作用。

2019年3月,为了保证在执行国家课程政策时不发生偏倚,提升珠海市对国家课程的执行力,珠海与教育部基础教育课程教材发展中心、课程教材研究所共建基础教育课程改革实验区,成为教育部基础教育课程教材发展中心在全国选拔的14个基础教育课程改革实验区之一。双方共建基础教育课程改革实验区,将有利于珠海借鉴全国先进省、市、区、学校基础教育课程与教学改革典型经验,开展基础教育课程综合改革研究与实验,全面提升珠海市基础教育竞争力,促进教育教学质量提升,建成全国独具特色的基础教育课程改革实验区,为全省乃至全国提供示范和引领,为珠海市推进教育现代化提供强有力的智力支撑,为实现"珠海特色、国内一流、粤港澳大湾区教育高地"的目标打下坚实的基础。

五、反思与展望

义务教育固本培元是一项重大工程,义务教育质量事关少年儿童健康成长,事关国家发展,事关民族未来加快推进教育现代化,建设教育强国,办好人民满意的教育,必须切实提高义务教育质量,更好地发挥义务教育在实现中华民族伟大复兴中国梦中的奠基作用。① 要实现这一目标,我们还需要在以下三个方面进行思考。一是如何继续保持珠海市普通高中

---

① 汤贞敏,余奇. 深化改革提高义务教育质量[N]. 南方日报,2019-07-22(A10).

的高质量特色发展，需要研究珠海市基础教育各阶段课程教学的衔接问题，我们要以"提质创优建高地"为抓手，积极深入推进各学段、各学科国家课程教学改革，扎实推进珠海市教育现代化。二是义务教育质量监测如何从香洲经验有效推广并发展成为珠海经验，让学业质量监测推动珠海市义务教育全面优质均衡发展，通过学业质量监测协助实现各类教育协调发展和学校办学的内涵发展，积极探索绿色可持续发展教育的珠海义务教育特色评价体系。三是实现公共教育服务均衡化、缩小区域差距、发展更加公平更高质量的教育已成为全市战略性任务，我们需要继续推进珠海市东西部地区的教育均衡发展，要从各个方面形成合力，努力实现珠海市教育综合实力逐年增强，区域教育发展整体水平不断提高。

珠海教育将全面贯彻党和国家的教育方针，认真贯彻党的十九大报告、全国教育大会精神，以绿色可持续发展理念为指引，以高质量实施国家课程为重要契机，深入推进西部地区教育综合改革，逐步实现基本公共教育服务一体化，推动珠海形成东西部优质均衡、全面融合、可持续发展的现代教育体系。站位新时代、新起点，珠海将准确把握珠海城市新地位、新定位、新方位和珠海教育发展的大局大势，努力打造珠海教育品牌，办人民满意的教育，助力珠海经济特区"二次创业"加快发展，探索立德树人的实践路径，奋力推进教育现代化示范市和粤港澳大湾区教育高地建设。

（执笔人：熊志权；审稿人：袁长林）

依托教育科学发展实验区推进教研工作转型创新的实践探索

——以韶关市始兴县为例

○ 韶关市始兴县教育局教研室

摘　要： 在创建广东省教育研究院教育科学发展实验区的大背景下，始兴县教研室积极推动教研工作的转型创新，在加强教师队伍培训、深化中小学课堂教学改革以及推动校本教研等方面取得了突出的成效。

关键词： 教研工作　实验区　队伍建设　课堂教学改革　校本教研

随着我国基础教育课程改革的深入发展，基础教育已转入以内涵发展为重点的新阶段。但同时课程改革仍面临着许多新挑战，尤其受"应试教育"的影响，实践层面教学改革的任务十分艰巨。《国家中长期教育改革和发展规划纲要（2010—2020年）》明确指出："面临前所未有的机遇和挑战，必须清醒认识到，我国教育还不完全适应国家经济社会发展和人民群众接受良好教育的要求。教育观念相对落后，内容方法比较陈旧，中小学生课业负担过重，素质教育推进困难……教育优先发展的战略地位尚未得到完全落实。"党的十九大报告提出："要围绕全面提高教育质量这一核心，大力发展素质教育，全面改进教与学的方式，建立健全以学生发展为本的教学关系，加强创新型人才培养，着力提高学生发现问题、提出问题、分析问题和解决问题的能力。"而教研工作是解决课程教学改革中的实际问题、为一线教师提供专业服务和指导的基础性工作，是深化教学改革的核心环节，是促进教师专业发展的重要途径，因此，加强教研工作，进一步完善教研工作机制，提高教研队伍的专业服务能力，成为新时代深化课程改革、进一步推进素质教育的紧迫任务，同时也是教研组织不可推卸的责任和神圣的使命。

为了深入贯彻广东省教育"创强争先建高地"战略决策，落实省委、省政府《进一步促进粤东西北地区振兴发展的决定》（粤发〔2013〕9号）和《广东省中长期教育改革和发展规划纲要（2010—2020年）》精神，2014年，广东省教育研究院在韶关市始兴县建立省内第一个教育科学发展实验区，从全面深化教育体制机制改革、全面提升基础教育学校教学质量和办学水平、全面建设高素质专业化教师队伍、全面推进信息技术与学科教学的深度融合等方面，推动经济欠发达地区走特色发展之路，提高始兴县教育现代化水平。在实验区五年的工作实践中，广东省教育研究院与始兴县教育局教研室建立了上下联动、运行高效的教研工作机制，本文主要介绍始兴县教育局教研室在广东省教育研究院的专业指导下，依托实验区建设推动教研工作转型创新的实践经验。

一、实验区建立之前始兴县基础教育教研工作的问题表现

《教育部关于加强和改进新时代基础教育教研工作的意见》（教基〔2019〕14号）指出："进入新时代，面对发展素质教育、全面提高基础教育质量的新形势新任务新要求，教研工作还存在机构体系不完善、教研队伍不健全、教研方式不科学、条件保障不到位等问题，急需加以解决。"在较长的一段时间里，始兴县的教研工作仍然沿用传统的自上而下、科层化管理模式和学科本位的价值取向，已经明显地暴露出一些弊端和不足，并在教研职能发挥、工作方式及工作成效上表现出与课程改革不相适应的现实问题，具体表现在以下五个方面。

（一）教研职责不清，教研职能偏离

首先，始兴县教研室不仅履行着学科教学业务管理和教学研究的职责，还承担着视导、督导、评估、验收等部分行政管理工作，其工作时间和精力受到很大影响，常常将几项业务工作合并进行，导致各项工作的针对性和实效性都大打折扣。其次，在研究、指导、服务职能的发挥上还没有完全到位。研究职能薄弱，缺少以问题研究促进教学质量提升和教师专业发展的先进教研理念，表现为以活动促提升，以任务促发展，教研工作的针对性和实效性不强。最后，教研员常受到例行性工作经验的束缚，单凭自身的经验和感悟对教师进行教学指导，对课程教学改革前沿性理论及实践的领会和把握不够，教研工作缺乏前瞻性、针对性，导致教研指导和服务的质量不高。

(二)教研方式行政化、形式化,教研内容单一

长期以来始兴县教研室习惯于自上而下的指令性工作方式和管理模式,与学校教研之间缺乏紧密的联系,常常以行政指令代替教学研究,以行政评价和检查代替教学指导,导致教研员与学校及教师形成一种领导与被领导的关系,教研工作的群众性基础薄弱,对校本教研尚未能提供有效的指导和支持。《教育部关于加强和改进新时代基础教育教研工作的意见》中提出了教研工作的主要任务是:引领课程教学改革,指导教师改进教学方式,研究学生学习和成长规律,加强基础教育理论、政策和实践研究。但始兴县教研室的工作仍局限于教学检查、听评课、命题备考研究、常规教研活动及各类教学评比等方面,在推进区域课程教学改革、教学诊断与改进、课程教学资源建设、推动教师的专业发展、培育推广优秀教学成果等方面做得不够。

(三)教研队伍建设相对滞后,自身发展的动力不足

一是教育行政部门对教研工作的重要性认识不足,缺乏教研工作可持续发展策略和远景发展规划,没有形成较完善的教研员准入制度和遴选配备办法。二是由于行政事务性工作繁重、缺乏激励机制、经济待遇、职称评定等因素,优秀的一线教师不愿意担任教研员,教研员队伍的更新和补充遇到困难,年龄结构不够合理,部分教研员同时负责2~3个学科的教研工作。三是长期以来缺乏针对教研员发展的课程或培训,教研员专业发展受到限制,教研工作力不从心。

(四)校本教研活动缺乏有效的制度管理、文化建设和专业引领

始兴县中小学的校本教研活动长期存在着目标不明确、形式单一、主体倒置、专业支持不足、组织推进乏力和成果层次不高等问题,困扰着中小学校的教研实践。具体来说,一是大部分的学校校本教研制度建设在科学性、规范性、合理性和适应性上还显得较为稚嫩,其导向性和长效性的特征与功能还难以显现;二是教师自主参与校本教研的意识不强,缺乏问题意识和反思习惯;三是教研活动任务布置多,深入研讨少,基于课堂教学问题的实践跟进式的研究更显欠缺;四是研究的氛围不足,研究质量在低层次徘徊,缺乏发现问题、分析问题、解决问题的教研机制和途径方法;五是教研活动缺乏有效的专业引领,教研员普遍采用的"听评课后对教师的课堂教学给予教法方面的经验指导"的教研方式,与教师的实际需求有较大的差距。

（五）自上而下的执行性培训不适应教师的专业发展需要

教研与培训是两项并列又交叉的业务工作，目的都是促进教师的专业发展，但教师培训的理念、形式、效果都还存在许多不尽如人意的实际问题，教师参与培训的动力明显不足甚至反感。首先，培训理念落后，培训中忽视教师已有的经验基础和教学实际，一味强调所谓的先进理念、模式、经验，难以与教师已有的观念和认识产生碰撞、共鸣，混淆教师高层次学习与基础学习的界限。其次，培训形式单一，表现在：集中培训主要以专家讲座、实践观课等"灌输式"的培训方法，漠视教师的主体地位，教师的实际需求与培训内容之间严重脱节，不利于教师教学实践中具体问题的交流反思，缺乏有效的后续跟踪和长期联动机制。最后，培训队伍专业水平不足，缺乏领军式的优秀教研员、名师，对课程教学改革前沿性理论和实践的领会和把握不足，缺乏对教师的需求分析，缺乏对培训形式的深度思考。

二、始兴县推进教研工作转型创新的措施与经验

教育科学发展实验区成立前的一段时间里，始兴县基础教育发展正处于十分困难的时期，部分学段的教学质量在韶关市处于下游位置，优质生源大量流失的局面持续多年。伴随实验区的教育综合改革，始兴县教研室着手对全县教研工作进行综合改革创新，依托广东省教育研究院在始兴县成立教育科学发展实验区带来的宝贵资源，从完善教研制度、深化课堂教学改革、加强校长及教师队伍培训、建立教学质量监测机制、推进现代化特色学校建设等方面进行了循序渐进、卓有成效的改革。

（一）服务教师专业成长，提升校长教师队伍培训活动品质

为实现"以研优培、以培兴研、研培整合、研培双赢"的价值追求，始兴县教育局对教研和培训两项业务工作进行了资源整合，将教师培训工作一并纳入教研室管理，达到了优化教师培训项目实施过程的目的。

1. 优化培训队伍资源，提高教育培训的引领力。组建优秀的培训团队是实现有效培训的重要保障。广东省教育研究院派出教研员、名校长、名教师组成专家组，定期到始兴县开展教育培训活动，内容丰富，涵盖教育教学管理培训、教育科研理论培训、课程教材研究培训、现代化特色学校建设培训、教学改革培训、课程标准解读培训和基于问题解决的实践性培训。培训对象涉及面广，包括教育局行政干部、校长、学校中层领导、

中小学教师、县和学校两级教研队伍等。省级专家亲自承担培训任务，极大地提升了教育培训的质量，更为重要的是通过他们的引领示范、言传身教有效提高了始兴县教研队伍的专业素养，为始兴县培养出一批精干优秀的培训师队伍，实现了从"输血"到"造血"的转变。

作为基础教育课程改革的重要支撑力量，教研员的专业成长与教研队伍建设问题是当前推进教研工作发展的重中之重。我们的做法有以下几点：一是统筹规划落实教研员专项培训，加大对教研员队伍的培训力度。从2017年起至今，广东省教育研究院举办了三届全省基础教育教研员基础能力研修和骨干专题研修活动，始兴县教研室统筹安排全体教研员参与培训。二是搭建教研员专业发展展示交流平台，为教研员专业成长助力。广东省教育研究院经常邀请始兴县教研员列席参加省级各类教研教学工作会议，接触高端、前沿的教育政策、教育研究成果；将部分年青教研员列入省名师工作室、省级重点课题组的成员加以重点培养，打造若干品牌学科、教研骨干。

始兴县教研室十分重视校长队伍的培训，我们认为，要提高全县整体教育教学质量，最重要的是打造一批具有先进教育理念、高超管理水平的校长队伍来引领学校的快速发展。在每年的培训方案中，广东省教育研究院与始兴县教研室都会精心设计、系统规划提升校长专业发展的研修活动，着力建设一支专业化水平高的校长队伍，培养一批综合素质强的校长后备力量；规定每个校长每学年参与的培训不得低于两次，并要求每次培训必须撰写研修总结，通过对比分析反思，提出改善本校教育教学管理的措施，每次研修活动结束时由教研室组织总结交流会议。

2. 做好培训需求分析，提高教师培训的适切度。明确"为什么培训"是做好教师培训的重要问题，我们的做法是从社会发展、学校建设和教师专业成长的角度分析新课程改革背景下中小学教育发展对教师培训的需求，着重落实调研工作，实现教师培训与教师专业发展的有机整合。以实验区为例，2014年广东省教育研究院组织专家组赴始兴县开展教育教学情况调研，深入学校广泛听课，召开各个层次的座谈会，明晰了教师培训应该为教师"解决什么问题"和"如何解决问题"，制定出实验区五年工作规划中教师培训的总体方向和目标；每学年定期组织一次常规调研，准确把握不同时段始兴教育教学的发展状况和存在问题，为每年的培训工作制订出详细的计划。广东省教育研究院与始兴县教研室根据培训资源与条件对教师培训需求进行科学分析和论证，聚焦当前最为迫切的实践问题，确

定有针对性的培训主题,以保证培训项目更加契合教师需求,并为有效培训目标和培训课程的设计奠定基础。

3. 创新活动组织形式,提高教师培训的发展力。我们在教师培训中注重发挥研修主体的参与作用,链接参培教师已有的实践经验和智慧,深入基地校开展多种形式的顶岗实习和技能培训,使参培教师切身体验到培训学习与工作实践的有机整合。在广东省教育研究院的牵线搭桥下,始兴县实验区确定了顺德富安初级中学、南海石门实验中学、肇庆高要二中、广州沙面小学为教师培训基地学校。2018年,始兴县与南海石门实验中学进一步深化合作,共同制定《南海石门实验中学—始兴县初中中学精确帮扶工程实施方案》,该校成立了五个指导小组分别对应始兴县五所初级中学,有计划地开展跟岗学习、专业指导、特色学校建设指导等帮扶活动,使跟岗培训达到常态化,学校和教师参训的积极性得到了极大的提升,取得了显著的成效。

(二)服务学校教育教学,引领课堂教学改革

为了突破当时的教育困局,提升教育教学质量,始兴县教育局在2013年制定《始兴县中小学高效课堂建设实施方案》,从而拉开了在全县范围内开展中小学课堂教学改革的序幕。涂立龙主任提出了深化课改的四条重要措施:一是加强课堂教学的视导,以考核评价促进改革;二是依托广东省教育研究院的科学指导,引入优质教育资源优化改革;三是建立激励机制,评选课改优秀学校、优秀校长带动改革;四是加强教学模式的建立,以新课程理念下的课堂教学评价标准引领改革。

1. 组织课堂教学视导活动,建立课堂教学评价平台。我们把教学视导视为了解区域内教学情况、改进教学问题、促进课堂教学改革的有效手段。五年来一直坚持每学期一次全县范围内的教学视导活动,集"研究、指导、服务"为一体,对常规的视导工作做了改革创新,得到了学校的欢迎和支持。一是不断完善课堂教学评价标准,引领课堂教学发展走向。一方面是以新课程理念、课程标准和中国学生发展核心素养为依据,尽可能地研制科学化、规范化的课堂教学评价标准;另一方面注重从整体发展的角度把握课堂教学实质,避免片面化割裂课堂教学行为。二是组建视导机构,明确人员分工。视导组由教研员、各校教学副校长、教研(导)主任、学科带头人等不同层级人员组成,目的是使来自不同学校的教学管理干部进一步明确课堂教学改革的要求和评价标准,搭建学校间互相学习、交流的平台。三是改变传统的"听课评课"方式,从听课走向观课,从评

课走向议课。观课要求我们从不同的维度、多视角去感受和体悟课堂,以达到诊断教学问题,帮助教师改进课堂教学中的具体问题,改变教师日常的课堂研究行为的目的。议课要求围绕课改这一主题,做好素材收集,直面问题、平等对话,促进教学行为改进。四是形成视导报告,向视导学校反馈视导意见,达成共识,并注重发现区域教学倾向性问题,作为区域教研的主要内容,组织骨干力量研究解决,以进一步指导学校改进教学。

2. 组织名师课堂观摩活动,建立课堂教学示范平台。以往由于受到封闭的课堂文化、教师教育教学观念陈旧、评价单一、组织不当等因素的影响,县级公开课异化、形式化、同质化现象较为严重,课后交流研讨常局限于浅层次的意见交换与感受表达,缺乏研究氛围和不同观点的争鸣,少有教学精神与思想的展现与交流,学术含量不高。怎么去改善?实验区的建设为我们破解了这一难题。广东省教育研究院每学期组织一批省级骨干教师到始兴县开展"送教"活动,基本上达到了各学段各学科全覆盖。这些高品质的公开课风格鲜明,充分体现了新课程理念,展现了新颖的教学方法、高超的教学艺术、完美的教学效果,具有很强的研究性、示范性和创新性,对新课程课堂教学改革的推进具有引领和示范作用。

我们在组织名师公开课观摩活动时十分重视把握课的"研究"导向。一是使公开课成为课堂教学的思想高地,突出对新课程背景下教学思想的引领和交流,在课后的研讨会上,请执教者呈现自己对新课程、新思想的理解和探索,同时引导观摩教师透过教学现场捕捉执教者行为背后的思想火花,从而从教学经验的"是什么"和实践操作的"怎么办"提升到思想层面的"为什么"。二是使公开课成为课堂教学的研究阵地,使之成为以教师教学经验传播和提升为目的的群体性教研活动,要求教研员、执教者和观摩者共同关注公开课的研究价值和教学展示经验的开发利用,创设多种渠道和形式为参与者的交流研讨提供条件,从而更多地以研究的眼光、研究的精神透视教学现场,不断增强公开课观摩活动的学术内涵。

3. 指导学校、教师优化教学模式,建立优秀课改学校展示平台。教学模式能为各学科教学提供具有一定理论支撑的、模式化的教学法体系,为教师在仅凭经验和感觉进行教学与重视教学的提高和反思之间,搭起一座沟通理论和实践的桥梁。始兴县中小学在探索课堂教学改革研究的基础上,紧紧围绕构建符合新课程理念的教学模式这条主线,充分发挥学校和教师作为改革主体的作用,彰显学校自主发展的需求,并采取符合学校自身实际的切实可行的教学改革举措,自主、分类、分步推行建模工作,将建构新型教学模式作为学校课改的重点工作和关键环节。始兴县教研室既是本县中小学课堂教学改革的发起者、监督者、评价者，同时也是指导者。一是强化学校、教师对教学模式构建的理性认识，二是指导学校、教师把握教学模式构建的核心要素和关键抓手，三是组织开展以"课堂教学模式探索"为主题的教研活动，通过对不同范式、不同特色课堂教学模式实践的梳理总结和概括提升，引领学校、教师在碰撞、交流中领悟课堂教学模式改革的真谛，在经验反思中形成自己的教学模式和特色。

近年来经过现代课程理念与改革实践的洗礼，一大批教师在课堂教学改革中得到锻炼成长并逐步走向成熟，树立了"教师为主导、学生为主体"的教学观，积极引导学生自主学习、合作学习、探究学习；一大批学校建立起完善的教学模式，教师的课程意识、学科素养、教研能力以及课貌、课质、课效得到明显提升，有效提高了教育教学质量。2018年6月5日，《中国教育报》以"突破从抓实课改做起"为题报道了始兴县在广东省教育研究院的指导下，力推教学变革改变山区教育的成功经验。

（三）发挥专业引领作用，推进校本教研建设

《教育部关于加强和改进新时代基础教育教研工作的意见》提出："市、县级教研机构要重心下移，深入学校、课堂、教师、学生之中，紧密联系教育教学一线实际开展研究，指导学校和教师加强校本教研，改进教育教学工作，形成在课程目标引领下的备、教、学、评一体化的教学格局。"校本教研的提出充分体现了教学研究要向学校回归、向教师回归、向教学实践回归的发展趋势，并被赋予具有时代精神的价值取向。

校本研究虽然是围绕"本校"的事实和问题展开，但校本教研并不是狭隘的"本校"教研，而是需要专业研究人员等多方力量参与的教学研究。离开了多方力量的支持和参与，校本教研常常会在同水平反复或低层次徘徊，所以说，多方力量的参与和支持是校本教研向纵深可持续发展的关键。其中，教研员就是校本教研专业引领的重要力量。正是基于以上考虑，始兴县教研室要求教研员转变角色，强化以校为本的教研理念，变"教练式"的组织管理和"检查员式"的效果评价为"合作式"的共同研究和"陪练式"的全程参与，把教研的主体身份还给教师。教研员怎样发挥在校本教研中的专业引领作用，我们经过深入的思考和实践探索，提炼出一套自己的做法。

1. 做校本教研的指导者。与一线教师相比，教研员的优势在于具有较为系统的教育理论知识和较高的专业素养，为此，我们要求教研员承担

起校本教研中专业指导的职能,引领教师在教育教学观念、行为及教研方式等方面进行调适,将理念融入实践。一要指导教师学习教育教学理论,指导教师"学什么",指导教师懂得"怎么学";二要指导教师反思教学实践,创新教学模式,优化教学风格。

2. 做校本教研的推进者。教研员要立足中小学校需求,以创新区域教研活动为载体,以完善区域教研制度为保障,尊重校际差异,激活优势资源,切实推进校本教研向纵深发展。我们重点做了如下工作:

一是推进跨区域、校际间协作教研。由于学校之间发展的不平衡,教研员充分发挥中介服务作用,创新教研工作模式,通过校际共研、区域联研等多种形式交流经验、共享资源、推广成果,推进县内中小学均衡发展。

二是搭建教师专业发展平台。我们有两种做法:一种做法是基于教师专业成长需求规划教研活动项目,实践证明,根据教师不同发展阶段需求分层、分类组织教研活动,是提高教研活动针对性和实效性的有力保障;另一种做法是周期性地将本县内各学校学科教研组和教师个人的教学成果以课例、论文、案例和多媒体作品的形式进行展示交流、评选奖励,并在此基础上宣传推广。

三是开展优秀教研组评选。开展优秀教研组评选就是要正确引导教研组建设的价值观、精神风貌、行为规范和文化信念,营造教研组持续成长的生态环境,充分发挥优质教研资源的区域绩效和激励导向功能,实现共享共建,推进区域内校本教研的整体提升。为此,始兴县教研室制定出优秀教研组评选标准及要求,通过组织专题的教研组交流展示活动,推选出优秀教研组,并发挥示范引领作用。2016年,始兴县墨江中学物理教研组在广东省初中物理优秀教研组评比中脱颖而出,被评为"广东省初中物理示范教研组"。

三、始兴县基础教育教研工作面临的挑战

在取得进展与经验的同时,我们也必须清醒地认识到当前教研工作面临的困难和艰巨的任务。

(一)教研制度的建设还不够完善,教研工作需要进一步加强

教研员的教育教学理论素质、教育观念、学科知识面、科研能力等还需要进一步提高;教研工作的着眼点更多的是教材、教法、教师等,对学生关注、研究较少;深入学校、深入课堂做得还不够,办公室做研究的现

象普遍存在，习惯于闭门造车，离真实的课堂有一段距离，对学校的专业引领、服务不够；研究成果重理论轻应用，转化不够，理论与实践脱节，没有很好地解决学校教育教学中或教师教学中存在的主要问题。

（二）部分学校课程改革的意识薄弱

一些学校仍然把升学当成办学的全部目的，把分数作为育人的标准，把"人的教育"异化成了"分的教育"，破坏了教育生态。教研部门、教研员要通过举办各种教研活动，积极引导改革舆论，重塑价值理念，要始终强调课程改革的价值和意义，端正课程改革的态度取向。

（三）难以将信息技术运用于教研工作中，实现网络教研

伴随着新课程改革的推进实施和网络技术的成熟发展，网络教研应运而生并日益受到重视，它充分利用了网络资源，实现跨区域、大范围、多层面的交流和互动，扩大了教研工作的辐射面和影响力，促进了教研方式的变革。但由于受到多方面因素影响，始兴县对网络教研的作用和意义认识不足，网络利用水平低，网络教研仍处于空白的状况。

尽管始兴县教研事业面临着一些困难，但同时也是发展的机遇和挑战。随着始兴县教师发展中心的建立，通过资源整合，将实现教科研训一体化，做到管理统一、资源共享、信息贯通、精准施训、提高效益，使教师培训重心下移，更好地为教师的专业发展服务。在此基础上，始兴县教研工作一定能够更上一层楼。

（执笔人：涂立龙，郑建斌；审稿人：吴有昌）

镇域"立体式"教师队伍培养实践探索
——来自中山市南头镇的样本

○ 中山市南头镇教育事务指导中心

摘 要： 中山市南头镇以义务教育现代化学校建设试验区建设为契机，积极探索南头镇教师队伍"立体式"培养策略，通过深入调研，摸清教师队伍建设现状；系统规划，设计教师队伍人才培养框架；建章立制，制定教师队伍人才培养制度；搭建平台，实施"立体式"培养计划；抓"点"布"线"构"面"，推进"立体式"主题培训；打造学习共同体，探索"立体式"校本教研；以评促建，实施"立体式"评价考核7大举措，不断提升教师专业发展水平，带动南头镇教育教学质量不断提升。

关键词： 教师队伍人才建设 "立体式"培养 教师专业发展

教师是教育的第一资源，是发展教育的最强保障。中山市南头镇以义务教育现代化学校建设试验区建设为契机，在广东省教育研究院的指导下，南头镇党委、镇政府结合经济社会发展，提出把南头教育打造成"队伍精良有名人、均衡发展有潜力、质量领先有内涵、特色鲜明有影响"的中山市先进教育镇区发展目标，并积极探索教师队伍"立体式"培养策略，取得较好成效。

一、深入调研，摸清教师队伍发展现状

为摸清教师队伍发展现状，广东省教育研究院成立专家组，通过问卷、随机访谈、座谈、听课、查阅资料、实地察看等方式对南头镇教育现状进行深入调研，明确教师队伍建设面临的困难及挑战。一是教师队伍结构有待进一步优化。南头镇教师整体年龄偏大，30岁以下教师占比12.4%

（中山市平均41.5%），40岁以上教师占比43.3%（中山市平均20.7%）；高级职称教师偏少，高级职称教师比例为8.1%（中山市平均11.1%）；教师整体学历水平偏低，研究生学历教师占比4.5%（中山市平均96%）；临聘教师比例偏高，全镇临聘教师比例为7.9%，个别学校达20.7%。二是部分教师职业倦怠感较为明显，教师工作"疲于应付"，出现"敬业不乐业"状态。三是名师队伍建设成效不明显，影响力、辐射力不强，特别是缺少高层次的名校长、名教师、学科带头人。四是教师教育教学能力急需提升，包括课堂教学能力、现代教育信息技术运用能力、科研能力等。五是教师培训经费投入不足。

二、系统规划，设计"立体式"教师队伍人才培养框架

摸清教师队伍建设存在的主要问题后，南头镇组织召开多次教师队伍建设专题会议，广泛听取意见，深入研究并制定《南头镇教育队伍建设五年规划》，明确教师队伍"立体式"培养方略，"四个类别、三个层级"的阶梯式教育人才培养框架。"四个类别"包括学科教师、班主任、后备干部、校长四支队伍梯队。其中，学科教师发展路径为"学科骨干教师培养对象—名教师培养对象—名教师"，班主任发展路径为"骨干班主任培养对象—名班主任培养对象—名班主任"，后备干部队伍发展路径为"后备行政干部培养对象（非行政人员）—骨干中层干部培养对象（在岗干部）—校级领导（正、副校长）培养对象"，校长队伍发展路径为"骨干校长培养对象—名校长培养对象—名校长"。"三个层级"包括两个层面：一是"四个类别"之间分"三个层级"。学科教师梯队与班主任梯队并列为第一层级，后备干部队伍为第二层级，校长队伍为第三层级。从第一至第三层级，指向的是从优秀教师、优秀班主任到学校中层干部，再到校级领导的培养过程。二是每个类别梯队内又分"三个层次"，旨在培养各类别教育骨干人才和教育名人。"四个类别、三个层级"人才框架为南头镇教育人才培养明确了方向，为实施分类别、分梯次培养教育领军人才提供了遵循。

三、建章立制，制定"立体式"教师队伍人才培养制度

为落实"立体式"教师队伍人才培养框架，南头镇制定系列有关教师专业发展制度。一是建立教育骨干人才梯队选拔与培养制度。出台《南头镇教育骨干人才梯队建设及管理方案》，经过动员申报、严格评审、确定

全镇骨干学科教师、骨干班主任、后备干部、骨干校长等"四个类别"教育骨干人才共94人,明确教育骨干人才的条件、职责及管理使用等方面的要求。出台《南头镇实施"人才强教"培训工作规划》,明确将94名教育骨干人才梯队纳入培训系列,进行重点培养。二是建立"三名"系列人才评选与管理制度。在教育骨干人才梯队选拔与培养两年后,南头镇启动"三名"工程人才选拔与培养工作并出台"1+5"配套文件。其中,"1"是《南头镇名教师名班主任名校长系列人才评选工作方案》,"5"包括《南头镇名教师名班主任名校长工程系列人才评选办法》《南头镇名教师名班主任名校长系列人才工程管理办法》《南头镇名校长工作室建设与管理实施细则》《南头镇名教师工作室建设与管理实施细则》《南头镇名班主任工作室建设与管理实施细则》等配套文件。在此基础上组织召开申报评选动员会,评选镇级名校长1名,名教师、名班主任2~3名。三是建立人才成长激励制度。修订完善《南头镇教育系统人事管理制度》,支持教育骨干人才梯队成员、"三名"人才外出学习和讲学,拓宽自主发展空间。设立南头镇教育基金会,修订完善《南头镇教育系统奖励方案》,对"三名"人才实施专项奖励,给予"三名"人才工作室经费支持,设立教育科研立项、教育科研成果获奖、教育教学技能比赛、论文发表或获奖、出版专著专项奖励资金。四是建立培训及教研经费投入保障制度。修订完善《南头镇教育系统财务管理制度》,明确每年用于教师培训经费按不少于公用经费5%的标准纳入年度预算;设立"教研课题"专项资金。近三年,全镇用于教师培训经费累计超过200万元,用于教研及课题研究的经费超过100万元,为南头镇实施教师全员培训、引导教师全员参与教育科研提供了充足的经费保障。

四、搭建平台,实施"立体式"教师队伍人才培养计划

借助义务教育现代化学校建设试验区合作平台,南头镇积极搭建多种专业平台,促进教师专业发展。

(一)确定教师专业发展"七大工程"计划

根据《南头镇义务教育现代化学校建设工作方案》,确立南头镇教育系统学习提升工程、新课程改革工程、科研能力提升工程、特色学校建设工程、教育质量监测提升工程、"三名"(名校长、名教师、名班主任)人才培养工程、教育信息技术提升工程等"七大工程"计划。一是年初围绕"七大工程"制订年度工作计划,实施"菜单式"培养。二是积极参与

教育改革发展个案研究

"南方教育高峰年会""粤港澳大湾区校长论坛"等高端学术交流活动,参与的校长和骨干教师达80多人次。三是实施名校名师跟岗计划。19名校长和骨干教师分赴广东实验中学、广州市五山小学、东风西路小学、华南师大附属小学等名校进行跟岗学习;卢艺莹、张毅、陈伟等教师加入广东省教育研究院鲍银霞研究员主持的广东省小学数学乡村骨干教师培养计划。四是承办高端活动,促进自身提升。承办广东省义务教育监测专题培训、与广东实验中学名师"同课异构"交流、基于"小组合作学习"的课改交流、广东省小学数学课程与教学专题研讨会暨名师交流等高层次活动。

(二)搭建与市内外名校结对交流平台

全面启动与名校结对交流项目。全镇五所公办中小学校分别与中山市第一中学、中山市实验小学、开发区第一小学、小榄镇广源学校、小榄镇丰华学校五所名校签订结对交流协议。制定结对交流三年行动计划,着眼"质量全面提升"目标,坚持"队伍专业化发展"主线,把握"高效课堂建设"与"优化学校管理"重点,每学年组织1~2批次跟岗学习,开展1~2次"同课异构"活动,组织1~2次学校管理研讨交流活动,促进教师成长和办学质量的持续提升。南头初中与湖南省许市中学签订课堂教学改革专项指导协议。分六批次安排教师到许市中学进行为期一周的跟岗学习,并先后四次邀请许市中学领导和骨干教师前来南头初中指导课堂教学改革和学校管理改革。

(三)建立镇内三级"教研"平台

为深入推进"三级"课程建设与课堂教学改革,交流和推广学校教学管理与改革经验,南头镇不断探索和优化全镇教研管理工作,搭建"镇教育事务指导中心—镇中心教研组—学校学科组(备课组)"三级教研管理机制,形成镇域教育事务指导中心教研员统筹管理、镇中心教研组具体策划、学校学科组(备课组)具体落实的教研工作格局,确保教研管理"不落下一个学科,不削弱任一学段",实现全学科、全学段覆盖。对镇教育事务指导中心教研员进行科学分工。为确保教研工作落到实处,每个中心教研组至少有一名中小学行政干部成员,各学校学科组(备课组)均实行学校行政联系制度。

五、抓"点"布"线"构"面",推进"立体式"主题培训

实施"学科岗位专业培训与骨干教师培训齐抓,常规教学与教育科研

齐抓"的策略,构建"点、线、面"立体式培训,确定"一学期一主题"工作思路,将镇、校两级培训主体有机融合,实施全方位、多层次的"立体式"培养。

(一)抓"点",补齐教师素养短板

一是精准抓住教师发展"点",对照职称评审和市级"三名"人才评选条件,开展"教师素养体检"活动,引导教师制定成长目标,为个体成长注入原动力。二是精心设计每学年培训"点",拟定专题培训,归结为"点",落实细化培训,如针对教师教育科研能力不高的问题组织主题式循序渐进培训。三是开拓信息化培训"点",开设教师培训微课平台,开展主题式"每周一课"活动。镇级培训,多以微课形式由学校集中在每周的全体教师业务培训时间上进行;校级培训,采用灵活方式进行,鼓励开展领导干部、骨干教师上讲坛活动。开展"教师培训优秀微课"评选活动,及时将优秀讲学课题和优秀讲课人纳入培训课题库和师资库,并将优秀微课作为镇培材料推广使用。目前,全镇各中小学均已形成培训常规,做到"一星期一培训",学习成为工作常态。

(二)布"线",优化教师专业结构

在构建"教师、内容、形式"为"点"的基础上,搭建以教育系统为"线"的教师教育培训网络,形成点点相连格局。结合德育、教研、体艺等工作板块的特点,围绕《南头镇教育工作发展纲要》,围绕习近平新时代中国特色社会主义思想解读、新时代师德教育、课程改革等线条开展专题培训。以"月主题"形式贯穿于每一学年教师培训,结合"师德教育月""科研验收月""体艺综合节"等活动开展,根据培训主题精心安排培训内容。

(三)构"面",提升教师综合素养

一是坚持全员培训,扩大培训"面"。为做到精准培训,每年初提前组织调查,按教师需求精心规划主题培训,分德育、语数英学科教学、艺术学科教学、体育学科教学、学校管理等组别到山东、浙江、上海、武汉等地外出培训,基本实现全员一年一轮训。二是坚持主题式培训,构建理论与实践相结合"面"。围绕每学年培训主题,坚持每学期开设"专家大讲坛",组织专题式外出考察,把理论与实践相结合。三是开展联合研训,打造校际交流"面"。着力引导学校校本培训逐步由校内自主的探究活动转化为校外深层的校际联动培训,进一步整合培训资源,实施整体推进。

四是开展融合研训，建立学科互促"面"。为引导教师树立大教育观，注重打通学科、工作板块的壁垒，开展跨学科融合研训，如信息技术与学科教学、学校管理的深度融合、德体艺学科的融合创新等，促使学校发展呈现多元化。

六、打造学习共同体，探索"立体式"校本教研

积极引导学校从实际出发，依托学校自身的资源优势和特色进行教育教学研究。一是打造"学校项目管理"特色。项目管理小组以一所学校为主，其他学校个别教师为辅，从人员组成上呈点型发散状，一校带多校。为找准项目，推动教师队伍建设，通过问卷调查、实地访谈、现场调研等方式，开展学校现状分析，找准学校优势与短板，确定教师队伍提升项目。镇教育事务指导中心负责进行过程管理，项目管理小组开展的活动既有本校教师参加，也有兄弟学校项目组教师参与。举办活动的学校既可以是本校，也可以辐射到邻校。二是打造导师培养特色。坚持为骨干教师聘请中山市教研室、进修学院及市内名专家为导师，开展"142"教师培训活动，即聘请1名专家，带好4名骨干教师，再由骨干教师带好2名优秀青年教师，形成"导师—骨干教师—青年教师"的师训架构，同学科或同研究项目不同学校的4名骨干教师及其所带的团队组建教研链，形成市镇校三方合力，确保校本教研有方向、有成效。

七、以评促建，实施"立体式"评价考核

（一）评干部，以全面考核促干部综合能力提升

推进教育行政干部考核制度改革，打破自上而下的考核制度，制定《南头镇教育行政干部绩效考核评价实施办法》，实现"三个首次"。一是根据不同类别教育行政干部的工作职能特点，构建《南头镇文体教育局机关工作人员考核指标框架》《南头镇教育事务指导中心人员考核指标框架》《南头镇中小学校长考核指标框架》《南头镇中小学校中层干部考核指标框架》。二是将文体教育局、教育事务指导中心人员列入考核范围，接受各中小学校行政干部及教师代表的考核评价，打破原来"自上而下"考核评价人制度的不足。三是首次引导镇领导、社区干部、镇属相关部门工作人员参与对教育行政干部的考核评价，形成教育行政干部接受"全员考核、全面考核、全程考核"新机制，对促进教育行政干部的思想建设、组织建设、作风建设以及能力建设发挥重要的推动作用。

(二)评项目,在打造学校亮点特色中促教师发展

每年初确立 1~2 项重点项目,制定项目建设与考评方案。如出台《南头镇深化课堂教学改革三年行动计划》,将课改分为"课改启动年""课改规范年""课改提升年"三个阶段,根据不同阶段对各中小学校推进课改的进程和成效进行考评。出台《南头镇中小学校园文化建设标准》,引导学校结合学校办学理念、育人目标、特色培育等开展新一轮校园文化建设,既抓制度优化完善,又重人文素养培育。出台《南头镇体艺特色项目建设方案》,评选一批镇级优质体艺项目及优质社团,促进中小学体艺项目从"一校一品"向"一校多品"发展。实现"以评促建"现亮点、建特色,让广大教师在实践中获得更多锻炼,累积更多经验,有效促进教师专业发展。

(三)评整体,在丰富学校内涵中促教师发展

出台《南头镇中小学办学质量综合评价方案》,构建由教学质量(权重35%,含音乐、美术、体育、科学等学科)、师生获奖(权重15%)、特色发展水平(权重15%)、重点项目建设(权重10%)、常规工作过程管理(权重15%)、违规办学(权重10%,有一票否决指标)六个部分组成的评价指标体系,全面涵盖学校文化艺术教育、内部管理、德体艺项目建设等涉及学校工作内容,以学年工作为限,对各中小学开展全面评价,不仅为学校走向全面发展、内涵发展指明方向,也让广大教师在推动学校发展中获得自身发展。

经过几年的不断探索,南头镇教师队伍建设取得较好成效,带动南头镇教育教学质量的不断提升。

一是教师的专业素养得到明显提升。经过几年实践,南头镇教师在课堂教学、论文撰写、课题研究等多个方面有了长足进步。其中,冯锡来、童小芳两位老师分别在 2017 学年和 2018 学年代表中山市参加广东省物理教师实验操作比赛,均获得一等奖;佘希翼老师参加中山市主题班会教学比赛,朱殷沂老师参加 2018 学年中山市小学英语教师教学技能比赛,李兰兰老师参加中山市小学数学教师教学技能比赛,均获得一等奖。2018 年全镇教师公开发表论文 18 篇,获市级以上立项课题 33 项,在市级以上教学比赛获一等奖 28 人次,较 2016 年有大幅度提升(见图1)。卫坤、胡映芬等 6 名校长成为中山市名校长工作室成员,吴钊和、梁红令等 8 位老师成为中山市名师工作室成员,苏红娇等 3 位老师成为中山市名班主任工作室

成员，杜蓉蓉、陈甜等3位老师在2018学年被评为中山市学科骨干教师。

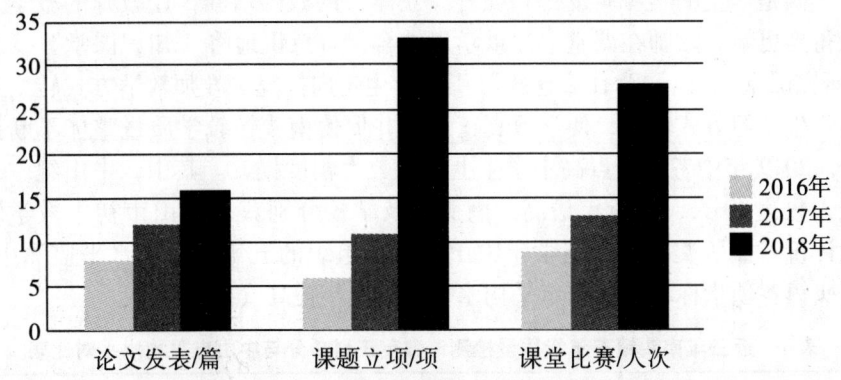

图1　近三年南头镇教师科研能力提升对比

二是课堂教学改革获得广泛认可。南头镇课堂教学改革逐步呈现全员、常态、高效良好态势。教师功夫用在课前，学生自主学习从课前开始，课堂上教师"静"了下来，学生"动"了，课堂"活"了。不仅解放了教师，也激活了学生，产生了良好的课堂效应，吸引省内多所学校前来学习交流。近三年南头镇多次承办省、市"学本课堂"建设大型交流展示活动。中山市教研室副主任陈春艳高度评价南头镇课程改革工作的成效。他认为，南头镇在课程改革之路上能理性借鉴，区域推进工作出色、实验成效明显，将助力各镇区各学校进一步探索课堂改革的有效策略，助推中山市全面提升教学教研质量。

三是特色学校建设不断深化。学校体艺项目从"一校一品"向"一校多品"方向发展，形成南头初级中学的足球和田径、中心小学的足球和管乐、民安小学的武术、升辉小学的书法、将军小学的跆拳道等一批学校特色，影响力和辐射面正不断扩大。省级、市级体育传统项目学校跆拳道锦标赛等一批影响大、级别高、辐射广的赛事在南头镇举办。升辉小学举办第十二届中山市青少年"南头涛美杯"书法大赛，并成为中山市书法家协会在镇区唯一创作基地；民安小学在第八届世界传统武术锦标赛中获得5金7银12铜及南拳集体二等奖。将军小学的"'将军'之道"、民安小学的"厚德笃学　崇文尚武"、三鑫学校的英语绘本丛书以及中心幼儿园的"'棋'乐融融"在2018年广东省中小学特色课程建设优秀成果征集活动中获奖。民安小学特色学校办学经验在第六届南方教育高峰年会上发言交流，并得到《广东教育》杂志专题报道。中山市电视台、中山日报等媒体多次对南头镇中小学特色建设进行宣传报道。

四是学生的学习质量得到提升。立体式的教师培养,让教师的教学观念得到更新,教师在课堂上注重学思结合,有意识地将"知识课堂"变为"研究课堂",以"为什么这样"引导学生走向探究。教师教学方式转变带动学生学习方式转变,使学习真正发生并促使南头镇教学质量整体不断提升。2019年中考,重点高中学生上线人数大幅度提升。其中,中山纪中上线人数达40人,为历年最高。南头镇及学校分别获"中山市初中教学质量评价"二等奖。在近三学年中山市统一组织的五年级期末水平监测中,南头镇各项指标均超出全市平均水平,且逐年提高(见表1)。

表1 近三年南头镇五年级质量检测语数英三科总分与中山市平均水平对比表

单位	2016 学年/分	2017 学年/分	2018 学年/分
南头镇	253.57	237.64	245.94
中山市	243.87	227.10	234.90

(撰稿人:谢桂华,梁柳珍;审稿人:谢绍熺)

内外结合　　上下联动
——梅州市丰顺县普通高中教育质量提升的实践探索

○梅州市丰顺县教育局

丰顺县位于广东省东部、梅州市南端，毗邻潮汕地区，素有"梅州南大门、潮汕后花园"之美誉。丰顺县是泰国前总理他信和英拉兄妹的祖居地，洋务运动领袖之一丁日昌、华夏女杰李坚真的故乡，朱德、陈毅、罗荣桓、聂荣臻、粟裕等著名将领曾在此留下战斗足迹，八乡山是东江苏维埃政府和红十一军诞生地。同时拥有中国温泉之城、中国火龙之乡、中国长寿之乡、中国金融生态县、原中央苏区县、国家可持续发展实验区、中国民间文化艺术之乡、广东电声之都之美誉。人文厚重，客潮相融，孕育出典型的"半山客"文化。

国以人立，业以人兴，百年大计，教育为本。近年来，丰顺县承载着习近平总书记给人民"更好的教育"的期望，遵循着广东省"争先进、当标兵、建高地"的部署，举全县之力办好让人民满意的教育，旗帜鲜明地在全县推进教育教学改革，持续加大教育投入，积极整合资源，改善办学条件、提升师资水平、提高教育质量，全县教育事业呈现出良好的发展态势，群众对教育的获得感、幸福感和满意度不断提升。

一、制约丰顺县普通高中教育质量提升的主要因素

（一）教师的教学理念、知识结构以及教师对其角色的定位是影响丰顺县普通高中教育质量提升的重要因素

教师是教育活动的组织者和引导者，教师有什么样的教学理念，不仅直接关系着教师的教学行为，而且间接地影响着教学的质量以及未来教育

的性质与发展。丰顺县高中教育基本上是以教师为中心，以知识传授为核心，加重教师和学生的负担，教师苦教、学生苦学，教师体验不到教书育人的乐趣，学生体验不到学习的乐趣，这样的教学理念是对学生主体性的忽视，势必影响教学质量的提高。一位优秀的教师，要想在教育事业中获得成功，先进的教学理念必不可少。

知识结构是一位教师从事教育事业的基本条件，知识的多寡以及结构是否合理，直接影响着教师的教学水平，也会给教育教学质量带来举足轻重的影响。目前，丰顺县部分高中教师存在知识结构老化、基础薄弱、更新速度缓慢等问题，严重影响他们在新课程改革中发挥更大的作用。教师要想做到新课程改革所倡导的成为学生学习的促进者，必须更新知识领域，提高自身学习、研究和实践的能力，只有这样，才能保证教育教学质量的提高。

知识传授者的角色是教师的角色之一，但是，丰顺县不少高中教师仍然把知识传授者当作教师的唯一角色。在新课程改革的背景下，教师应该打破传统只扮演知识传授者的固化思维，改变对自己角色的定位，努力实现由知识的传授者到学生学习的促进者，由课程的实施者到课程发展的参与者，由"教书匠"到"教育研究者"角色的转换。教师只有实现了这些角色的成功转换，才能促进其教学质量迈上一个新的台阶，否则，固守着"知识传授者"这一唯一角色的教师，其教学质量也难以跟上新时代教育改革的步伐。

（二）部分学校在落实教学常规上不同程度地存在一些问题

一是教学不规范，常规未落实。有些学校个别教师的备课笔记只写提纲，内容过于简单，甚至对毕业班复习课是否要写教案还存在疑问；作业只布置不批改，作业量严重不足；听课记录有弄虚作假的现象。二是管理不到位，教学检查流于形式。个别学校对教学常规有要求，有布置，也有制度，却无检查，使教学管理制度形同虚设；或直接把教学检查工作安排给教研组或年级组，对检查结果不汇总，不反馈，失去教学检查的真正意义；个别学校兴师动众，耗费了大量的人力组织考试、阅卷和统计，但对试卷的数据不分析、不研究，使教学检查失去矫正能力。三是措施不到位，管理缺乏实效性。单从常规教学管理的过程看，部分学校对各环节都认真实施了，有检查统计，也发现分析了问题，但是没在解决问题上下功夫，或是解决问题的措施没跟上，或是落实措施的力度不够。四是课堂教学效率不高。由于个别教师责任心不强和业务素质不高，对学生智力开发不够，"满堂灌"等较机械的教学方法屡见不鲜，不注重学生学习品质的培养，不主动和学生共同探究，不从提高自身素质上备好课，不在提高学生学习效率上下功夫，而是用"题海战术"来应对灵活多变的高考。

（三）优质生源流失严重，直接影响丰顺县普通高中教育效果

在丰顺县，只要谈到高中教育，优质生源流失总是一个沉重的话题。优质生源的外流，是制约丰顺县高中教育进一步发展的又一瓶颈。生源是教育之基、学校之本。生源质量的优劣，直接关系到学校教育的兴衰。随着经济社会的发展、交通条件的改善，优质生源外流形势越来越严峻。如2019年丰顺中考900分以上的学生中，被丰顺县录取的仅为18.96%，即900分以上输出率高达81.04%。反观其他县区，输出率最低的仅为3.09%，最高的也只有28.35%，丰顺县优质生源输出比例排在全市之首。如此大量的优质生源流失自然对丰顺县高中教育的发展产生很大的负面影响。留住优质生源，是优化教育资源，提升办学质量，推动教育事业持续、健康、快速发展的重要保证。

二、提升丰顺县普通高中教育质量的主要措施

近年来，丰顺县委、县政府和县教育局都把教育当作最重要的一项工作去谋划、去推动，正确地判断、理性地分析全县教育发展的现状，内外结合，上下联动，举全县之力推动教育事业的发展。从近三年来丰顺县的高考情况看（见表1），丰顺县普通高中教育水平在不断提升，发展态势良好。特别是2019年高考，在2016年中考优质生源输出率达83.14%的情况下，仍然取得了历史性突破。

表1　近三年丰顺县高考成绩统计

年度	考生数/人	本科录取最低控制线以上		优先投档线以上	
		人数/人	比率/%	人数/人	比率/%
2017年	3 611	744	20.60	36	4.84
2018年	3 512	996	28.36	72	7.23
2019年	3 521	1 001	28.43	101	10.09

（一）加强顶层设计，谋划制度体系

根据《建设广东省教育研究院教育现代化实验区（丰顺县·留隍镇）合作协议》的共建目标，通过三年努力，建成布局合理、制度完善、师资优良、课程体系完备、设施设备先进、学生综合素质一流的基础教育体系，构建全新的教育生态，把丰顺县建设成为粤东西北新时代教育现代化先进县，把留隍镇打造成新时代教育现代化先进镇和全省乡村振兴教育发展排头兵。为扎实推进广东省教育研究院、广东省合生珠江教育发展基金会、丰顺县人民政府三方建设广东省教育研究院教育现代化实验区（丰顺）工作，提升丰顺县教育教学质量，结合丰顺县实际，成立了以丰顺县委书记曾永祥同志为组长的推进建设广东省教育研究院教育现代化实验区（丰顺）工作领导小组。建立定期联系机制，及时处理相关事宜，每年召开1~2次实验区教育现代化工作重大问题专题研讨会。丰顺县教育局负责按国家、省的规定和广东省教育研究院的有关要求，严格规范教育管理行为、办学行为和教学行为；县财政局、县教育局、各镇（场）负责保障本级教育财政足额投入；县委编办、县发展和改革局、县教育局、县人力资源和社会保障局负责做好深化教育体制机制改革、加强校长和教师队伍建设等工作。

（二）深化课程改革，发展核心素养

在教育部举行的《普通高中课程方案和语文等学科课程标准（2017年版）》有关情况发布会上，教育部长助理、教材局局长郑富芝表示："新的普通高中课程方案不是推倒重来，而是在继承中前行，在改革中完善，修订后的课程方案力求反映先进的教育思想和理念，高度关注促进学生全面而有个性的发展。"广东省及时发布了《广东省教育厅关于做好普通高中课程教材实施工作的通知》并进行解读，明确2018级、2019级高一新生应用现行课程方案、使用现行教材参加新高考，2020级高一新生实施新课程方案、使用新教材参加新高考。新课程方案与新课程标准强调由落实三维目标转向落实学科核心素养，新高考在考试科目、评价方式、高校招生等方面都有方向性的变化。这些变化都将引发学校、教师、学生、家长、社会的高度重视，因此，丰顺县密切关注高考动态，以课程改革为契机，研究适合学生发展的课程体系，及时应对新高考改革，推进教学教研的制度化、规范化建设，努力践行发展学生核心素养。

为了提高高中学科教研员在新课程实施、新高考备考方面的能力，促进教研员的专业成长,发挥教研员专业引领作用,2018年7月,在山东师范大学举行了梅州市高中教研员新高考方案研修班,取人之长,为我所用。为更好地深入了解新高考、破解选课走班的难题,学习新高考模式下教育教学管理经验,适应高考改革的新变化,2018年12月,丰顺中学曾建明副校长、徐秋红副校长带领高一级各科备课组长、班主任一行20人,远赴山东部分重点中学进行了为期五天的学习考察活动。2019年5月20日,受丰顺县教育局邀请,广东省名校长工作室主持人、广州市基础教育首批十名教育专家、广州市名校长、正高级教师、"为中华而教"项目组首席专家、丰顺教育顾问、广州市第五中学裘志坚校长在丰顺县会展中心开设"广东省高考综合改革实施方案专题讲座",就新高考的难点、新高考背景下教学形态选择作了科学的阐述,使在座的师生、家长对新高考有了更深刻的认识和理解,有力促进全县高中顺利推进新课程、新课标,以适应新高考。

(三)加强队伍建设,创新培养模式

根据《建设广东省教育研究院教育现代化实验区(丰顺县·留隍镇)合作协议》的共建内容,广东省教育研究院帮助丰顺县培育教育人才,全面提升教育管理干部、校长、中层干部、教师队伍整体素质。广东省教育研究院依托高校、名校、名校长工作室,每年对丰顺县教育管理干部、教研员、校长和中层干部开展有针对性的分层分类培养。广东省教育研究院选派高水平专家组成导师组,同时发挥省督学作用,以课题研究为依托,采用理论学习、专家讲座、实践锻炼、走访考察等形式开展高端研修,提升丰顺县教育管理干部的教育政策法制水平、教育管理能力、业务工作素质和教研员的教研管理水平、学科建设和教学指导能力,以及名校长的教育理念、办学治校能力、课程建设领导力,促进优质化、多元化、特色化现代学校建设。丰顺县评选出10~20位名师培养对象,设名师工作室,广东省教育研究院成立学科教师导师团,对名师培养对象开展教学、教研指导,提升他们的专业素养、教学水平和科研能力,并为培养对象提供展示平台,带动提升全体教师专业素养,其中有的教师已成为市或省名师、特级教师和中小学正高级教师。

2019年3月,广东省教育研究院李海东副院长及专家组成员,丰顺教育发展顾问、"为中华而教"项目组负责人、中山大学南方学院副院长龚鸣,广州市第五中学夏海波副校长,佛山市南海区石门中学何轩副校长等领导、专家莅临丰顺中学,共同探讨欠发达地区拔尖人才培养问题,并就办学理念、学校管理、教育教学、教学资源、教师队伍建设、创新人才培养等方面进行了深入交流,实现了与珠江三角洲名校、名师的深度合作交流,以提高师德素养和业务能力为核心,把促进学生健康成长作为教师工作的出发点和落脚点,围绕提高教育质量的要求,创新教师管理体制机制,加强教师队伍建设,为提高丰顺县高中教育质量起到了积极的推动作用。

(四)更新教学理念,引领有效教学

教学理念是教学行为的旗帜和方向,具有引领和指导作用。叶澜教授曾经指出:"今日教学改革所要改变的不只是传统的教学理论,还要改变千百万教师的教学观念,改变他们每天都在进行着的、习以为常的教学行为。"作为学生生命成长的重要支柱,教师必须转变理念,认识到教学活动并不是围绕书本传授"符号"的过程,做教材的"奴隶",而在于以课程为中介,通过师生之间的积极互动,将课程"动态化",通过体验和发现去开发新的课程,能动地、个性地解读教材,去创建新的课程意义,使课程活起来,使教学活起来,力求达到生命的一次又一次的提升。作为教师,教学的首要目标是激发学生学习的欲望,调动他们自主学习的兴趣。只有学生对教师上课有了兴趣,才能形成教与学的共同体,才能提高课堂教学的有效性,提高教育的质量。在教育教学过程中要公平对待每个学生,对教师来说更重要的是努力做到过程的公平,每一位教师都要倾注更多的感情,用无私真诚的爱心教育学生。

在广东省教育研究院、广东省合生珠江教育发展基金会的通力协调下,佛山市南海区石门中学同意对口帮扶丰顺中学,签订了建立友好合作学校关系的协议。根据该协议,两校之间将通过不定期开展多形式的教育教学交流活动,以点带面,促使全县教师树立以人为本的教学理念,处处、事事、时时从发展、成长的角度去关注学生、爱护学生,以珍视的眼光看待每一次教学活动,将教学过程视为具有生命价值的一段经历,视为师生之间生命质量的丰富、体验、提升的过程。只要是有利于学生终身发展的事就应努力去做,这是教育之本。

(五)强化质量意识,落实教学常规

丰顺县教育局教研室坚持以"提高教学质量"为中心,及时修订了《丰顺县中小学教学工作管理制度》,狠抓教学常规的落实,从教学设计、教学内容、教学艺术、教学手段、教学过程及教学反思等多角度打造优质

高效课堂。在教研思路上聚焦课堂，以学生为中心，提倡合作探究，加强学科融合，优化课堂教学，提高教学质量，引导学校从经验感悟到科学分析的转变，从关注学科到关注课程的转变，从关注教师到关注学生的转变。近年来，我们探索基于问题教学研究与实践，开展"同课异构""同课同构""异课同构""接力课"等教研新模式，促进区域教育均衡，提高教师教学技能，开辟有效教研新途径。常规调研、专项调研、考试调研是丰顺县教育局教研室的主要教研活动，更是我们聚焦课堂、提升质量的重要抓手。教研室每年组织学科教研员深入高（完）中一线研课、听课、评课、开设讲座等调研指导不少于20次；每年组织全县高中统一考试、网上统一评卷不少于6次，每次考后都进行监测数据分析与反馈，召开全县、各学科质量分析会，充分用好监测数据；每年至少组织2次教学常规工作检查，对教师的教学工作进行细致的检查，认真做好记录，提出改进措施，及时反馈，总结实践经验，发掘先进典型，各项检查都公正公平地评价教师的工作，充分调动广大教师的工作积极性，促进学校教学工作的扎实、有效开展。

（六）借力名校帮扶，努力练好内功

为更好地解决优质生源流失问题，在丰顺县委、县政府的关心和重视下，在合生珠江教育发展基金"为中华而教"项目组和广州市第五中学的大力支持下，2018年5月，丰顺中学首届"优质生"培养工程（腾飞班）共102人签约并被丰顺中学录取。丰顺县教育局李志奎局长、黎足年副局长为了"腾飞班"的同学能有更好的学习平台，亲赴广州协调与联络"为中华而教"项目组和广州市第五中学，促成广州市第五中学与丰顺中学"腾飞班"签署共同培养协议，达成广州市第五中学与丰顺中学"腾飞班"联合考试、数据共享、每学期接收"腾飞班"若干优秀师生跟岗学习的共识。根据丰顺中学与广州市第五中学达成联合培养"腾飞班"优秀学生的协议，本着"联合办班、资源共享、精准帮扶"的原则，2019年1月，丰顺中学高一级首届"腾飞班"10名优秀学生到广州市第五中学学习交流，并安排教师全程陪同，跟岗学习。

同时，丰顺县各高（完）中都在努力练好内功，从师德建设、办学条件、学校环境、教学质量等方面提升自己，用自身的吸引力去影响群众，留住优质生源。群众评价一个学校好坏的标准很简单，也很实际，就是看学校的教学质量。作为广东省国家级示范性普通高中、梅州市十所重点中学之一的丰顺中学更注重内涵发展，提升质量，通过近三年的努力，高考

成绩也明显提升（见图1、图2、图3、图4），对中考优质生源也具有一定吸引力。丰顺中学作为丰顺县教学质量的领头雁，在努力提高本科以上录取比率的同时，要把着力点放在提高优先投档线人数上，只有这样才能与其他重点高中一争高下，吸引更多的优质生源留在县内就读。

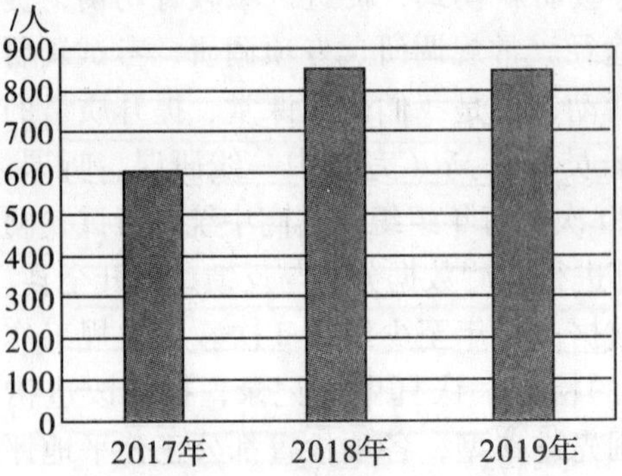

图1 本科线以上人数

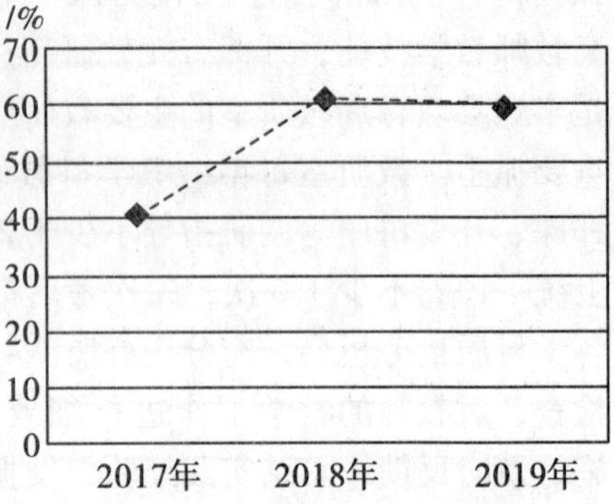

图2 本科线以上人数占比

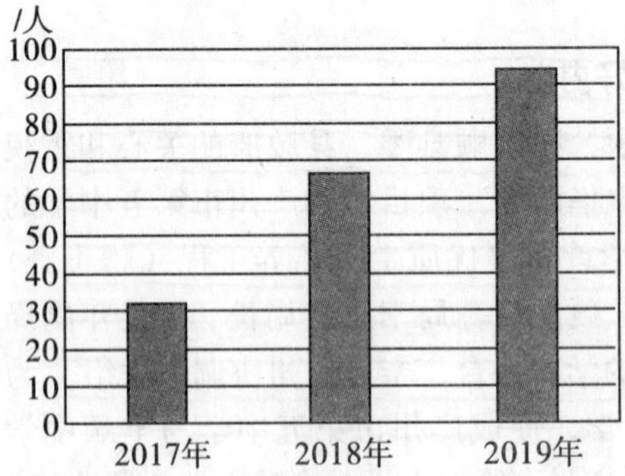

图3 优秀投档线以上人数

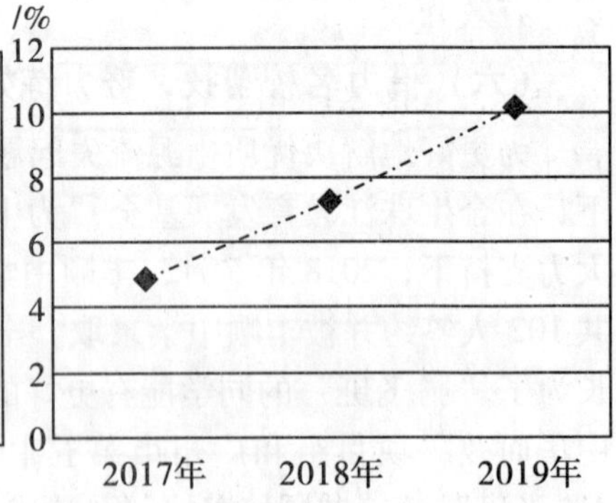

图4 优秀投档线以上人数占比

（七）夯实课题研究，立足科研兴教

丰顺县教育科研坚持以《国家中长期教育改革和发展规划纲要（2010—2020年）》提出的"德育为先、能力为重、全面发展"的战略主题来规划、思考、前瞻学校教育科研的与时俱进和持续发展，获得符合新时期特点和要求的学校教育科研的正确认识，努力夯实课题研究，打造精品课题，立足科研兴教，建设科研雁阵，打造县级精品课题，引领全县科研，并要求各校立足本土、面向全县、放眼全市，精心设计、精细实施和精致提炼，注重前期化反思、注重程序化思路、注重草根化研究、注重精品化呈现。为提高丰顺县课题研究的实效，2019年11月15日，广东省教育研究院吴有昌研究员在丰顺县汤坑中学开设了"开展中小学教学课题研究的策略与教研成果提炼"专题讲座，引领教研员、各校教研领导和骨干教师要以课题研究作为切入点，转变教育教学观念，加强研究力度，带领教师们"动"起来、"活"起来，盘活教学，把课题研究作为发现、分析、解决问题的思考过程，力促教育质量有效提升。

三、进一步提升丰顺县普通高中教育质量的工作设想

（一）进一步高效利用与广东省教育研究院的合作平台

要进一步高效利用丰顺县与广东省教育研究院合作共建教育现代化实验区的契机，针对当前丰顺普通高中教育改革发展中存在的问题，邀请广东省教育研究院专家组就丰顺普通高中教育发展顶层设计、队伍建设、课程建设、课堂改革、教育科研、特色发展等进行全方位把脉问诊，进一步梳理教育改革发展思路，把准教育发展突破口，明确发展策略，借助广东省教育研究院专家组的智慧、力量及名校、名师资源，优化丰顺普通高中教育发展的顶层设计，强化骨干队伍培养，深入开展教育研究，深化课程建设与教学改革，积极打造学校特色，全面提升全县普通高中教育综合发展水平。

（二）进一步牢固树立"高中三年一盘棋"思想

所谓"高中三年一盘棋"，就是指整个高中三年要对学生在知识、能力、素养等方面进行通盘思考、系统规划、分段落实、逐层推进，把素质教育、常规教学、高考目标有机结合，做到一年高考三年备、三年教学一盘棋。高一要夯实基础、养成品质、掌握方法，高二要凸显优势、形成素养、构建体系，高三要完善网络、提升能力、深挖潜能，从而达到教师成长、学生成才、学校成功的目标。

（三）进一步推进课堂教学建模，打造高效课堂

丰顺县教育局教研室各学科教研员要深入学校教研组和课堂，与各校教研组、一线教师一起合力研究教学路径与教学策略，与学校共同研讨课堂教学建模，开展课标研读、课例研究、主题教研活动，强化教师对教学模式构建的理性认识，指导教师把握教学模式的核心要素和关键抓手。组织开展各种形式的以"课堂教学模式探索"为主题的区域教研活动或主题论坛活动，通过对不同模式、不同特色课堂教学模式实践的梳理总结和概括提升，引领广大教师在交流碰撞中领悟课堂教学模式改革的真谛，在经

验反思中追寻自己的教学模式。

（四）进一步盘活教师资源，促进各校教学质量的共同提高

一是建立健全全县高中教学质量研讨机制。以丰顺中学为龙头，以各学校学科骨干教师为依托，以全县教研活动为载体，不定期地组织教师进行研讨交流。二是坚持充分发挥丰顺中学各学科骨干教师的示范与辐射作用。教研室要有计划地组织各学科骨干教师加强对薄弱学校、薄弱学科进行重点指导与帮教活动。三是抓好骨干教师队伍建设，加大对青年教师的培养，有目标地开展"传""帮""带"活动，尽快促进青年教师的成长。

四、结束语

丰顺县委、县政府和丰顺县教育局始终坚持把教育放在优先发展战略位置，加大教育投入，强化政策保障，教育综合改革步伐不断加快，全县教育生态充满活力。2015年1月，丰顺县成功创建广东省教育强县，并于2018年8月顺利通过了复评；2016年6月，被国务院教育督导委员会认定为"全国义务教育法治基本均衡县"；2018年8月，被广东省教育厅授予"广东省推进教育现代化先进县"称号。2019年1月，丰顺县人民政府和广东省教育研究院、广东省合生珠江教育基金会签订协议，成立"广东省教育研究院教育现代化实验区（丰顺县·留隍镇）"，聚焦前沿解决关键问题，探索丰顺教育的特色发展、内涵发展之路。

2019年9月5日，《梅州日报》头版对丰顺教育作了题为"丰顺：最好的建筑在学校　最好的资源给师生"的专题报道。这篇报道讲述了丰顺教育的好故事、好传承，展示了丰顺教育的好前景、好成果。丰顺县委书记曾永祥表示，丰顺县将认真贯彻落实全市教育大会精神，结合丰顺实际，巩固提高丰顺创建教育现代化先进县的成果，谋划推动丰顺各类教育实现质量稳中提升，激励广大教师辛勤教学、广大学生勤奋学习，落实立德树人的根本任务，高质量办好新时代丰顺人民满意的教育。丰顺教育腾飞已在路上，我们定将不忘初心，继续前行！

（执笔人：洪鉴椎；审稿人：吴有昌）

后 记

回首2019年，广东省教育系统以教育"争先进、当标兵、建高地"为统领，在学习贯彻习近平新时代中国特色社会主义思想和习近平总书记关于广东工作重要讲话、指示批示精神，贯彻落实全国、全省教育大会精神上迈出了坚实的步伐。展望2020年，广东省将以深化教育体制机制改革为动力，加快推进教育现代化，全面提升教育内涵发展水平。广东省教育研究院继2013—2019年每年编撰出版《广东教育改革发展研究报告》引起广泛关注和好评后，又隆重推出《广东教育改革发展研究报告（2020）》。

《广东教育改革发展研究报告（2020）》坚持高举中国特色社会主义伟大旗帜，以习近平新时代中国特色社会主义思想和习近平总书记关于教育的重要论述为指导，以服务教育决策、创新教育理论、指导教育实践、引导教育舆论为基本定位，通过文献研究、调查研究、比较研究、数据分析、理论探索、政策解读，梳理、归纳、提炼2019年广东省各级各类教育改革发展取得的成就、形成的经验和存在的困难问题，分析、研判、预测2020年教育改革发展和现代化面临的形势任务及其重点、热点、难点问题，形成研究报告，为各级党委、政府及教育行政部门的教育决策、教育治理提供科学依据，为各级各类学校教育教学改革发展和办学水平提升提供有效指引，为社会各界以及海内外关心支持广东教育改革发展和现代化的人们提供权威参考。

编撰出版《广东教育改革发展研究报告（2020）》，始终坚持六项原则。一是坚持全局性原则，从全球、全国、全省高度审视问题。立足广东特色、国家需要、世界眼光，努力把握国内外教育改革发展趋势，大胆探索广东特色教育改革发展和现代化的路径与举措，为完善中国特色社会主义现代教育体系做贡献。二是坚持前沿性原则，打造理论与实践研究品牌。追踪国内国际教育理论、战略、政策和实践前沿，致力于打造教育理论与实践研究精品，力求具有思想先进性、理论创新性、战略前瞻性、政策可行性、实践科学性。三是坚持科学性原则，遵循学生认知成长规律、教育教学规律和经济社会发展规律。走解放思想、实事求是、与时俱进的思想路线，做到理论与实践相结合、继承与创新相结合、定性研究与实证研究相结合、问题与对策相结合，梳理总结教育改革发展和现代化成就，提炼归纳先进经验，研究分析存在问题，提出深化教育体制机制改革、加快教育现代化的策略。四是坚持针对性原则，立足广东教育改革发展和现代化需要。从市情、省情、国情出发，针对各级各类教育改革发展和现代化问题，特别是重点、热点、难点问题深入研究，实实在在回应百姓关切、学校关注、政府关心的问题。五是坚持重点性原则，围绕中心工作研究关键问题。深刻领会省委、省政府的战略决策，紧密围绕全省教育中心工作，按照办好人民满意的教育的要求，切实把握广东教育改革发展和现代化大方向，研究重点问题，跟踪热点问题，剖析难点问题，寻求推进教育改革发展和现代化之道。六是坚持客观性原则，在求真务实中探索教育规律、破解教育难题、引领教育创新。实事求是盘点广东及各地教育改革发展和现代化成就，分析广东及各地教育改革发展和现代化问题，预测广东及各地教育改革发展和现代化走势。

编撰出版《广东教育改革发展研究报告（2020）》，一直得到中共广东省委教育工委、广东省教育厅高度重视，并列入省委教育工委、省教育厅年度工作要点,成立编辑委员会,主任由省教育研究院院长担任,副主任由副院长担任,委员由省教育研究院有关机构负责人和珠海市、广州市越秀区、韶关市始兴县、梅州市丰顺县、中山市南头镇有关负责同志担任;总主编和副总主编由省教育研究院院长、副院长担任。各研究报告由省教育研究院各机构以及有关合作单位撰写。广东高等教育出版社为全书出版提供全方位服务。在此,一并致以衷心感谢!

我们的宗旨是把《广东教育改革发展研究报告(2020)》打造成广东教育研究品牌,成为广东教育改革发展和现代化研究的权威发布、广东各级各类教育改革发展和现代化决策与治理的重要参考、社会各界了解广东教育改革发展和现代化的重要窗口。敬请读者不吝赐教!

《广东教育改革发展研究报告(2020)》编委会
2020年3月13日